세계 경영학 필독서 50

일러두기

국내 출간작들의 경우 원어 표기를 병기하지 않았으며, 저자 표기는 국내 출간작에 의거했다.

세계 비즈니스 리더들이 읽는 경영 필독서 50권을 한 권에

세계 경영학 필독서 50

── 톰 버틀러 보던 지음 ──────── 강성실 옮김 ──

MUST READ IN WORLD BUSINESS ADMINISTRATION

센시오

CONTENTS

Part 2 | 경영 전략과 혁신

Part 3 | 경영과 조직

Part 4 | 마케팅과 고객 이해

Part 5 | 경영자 역량과 리더십

"사람들은 사업이 복잡하다고 과대평가한다. 하지만 사업은 복잡한 로켓 과학이 아니다. 우리는 세계에서 가장 간단한 직업을 하나 선택한 것이다."

– 잭 웰치, 제너럴 일렉트릭 전 회장

경영학은 예술 이상의 그 무엇이다

이 책에 경영에 대해 더 깊이 성찰할 수 있는 아주 흥미로운 이론과 실제 사례, 유익한 이야기를 한곳에 모았다. 여전히 중요한 의미를 지니는 정통 고전에서부터 최근 집필된 최고의 저작을 총망라했다. 가치 있는 아이디어를 떠올리고 그것을 사업으로 전환해 성공한 전략을 세울 수 있게 도움이 되는 가장 중요한 내용만을 추렸다.

대다수의 경영서는 한두 가지의 중요한 주제만을 담고 있다. 나머지 페이지들은 그 주장을 뒷받침하는 사례와 근거들로 채워진다. 기억에 남아있는 한 가지 아이디어가 여러 가지 개념이나 예시보다 더 강력하다는 사실을 전제로 책의 내용을 요약하고 핵심만을 포착해 제시했다. MBA와 같이 비싼 경영학 과정에 대해 마케팅 이론가인 세스 고딘Seth Godin은 언젠가 다음과 같이 적은 바 있다. "30~40권의 책을 읽으며 실무 경험을 쌓는 것보다 MBA 과정에 등록하는 편이 왜 시간과 돈을 더 가치 있게 사용하는 길이라 생각하는지, 나로선 도무지 이해하기 힘들다." 물론 《세계 경영학 필독서 50》이 종합적인 경영학 과정을 대체할 수 있다고 주장하는 바는 아니다. 하지만 우리가 읽었어야 했는데 읽지 못한 많은 저작을 대대적으로 읽어보느라 들이는 시간을 많이 절약해 줄 수는 있을 것이다. 경영은 복잡한 로켓 과학은 아닐지라도 일을 하는 방식을 바꾸거나 향후에는 어떤 사항이 중요해질지 찾아내도록 도움을 주는 아이디어다. 이 책은 그 아이디어에 닿을 수 있는 지름길을 제공한다.

경영은 예술일까, 과학일까? 20세기 초반 경영학을 가르치는 학교들이 우후죽순으로 늘어나고 경영학이 자체적인 학문 분야로 자리 잡기 시작했을 때, 많은 이들은 경영학이 '과학적'이라고 주장했다. 하지만 그럼에도 불구하고 경영은 과학이 되거나 심지어 사회과학도 되지 못했다. 그 이유 중 하나는 경영학에서 연구의 가장 중심 단위인 기업이 수십억 개의 다른 형태와 규모, 성향을 가지고 있으며, 저마다 다른 사람들이 관련되어 있기 때문이다. 따라서 하나의 비즈니스 상황에 적용되는 법칙을 다른 비즈니스 상황에도 적용할 수 있는 것으로 일반화하기에는 약간의 무리가 따른다. 또 다른 이유는 기업이 끊임없이 변화하는 시장 안에 존재한다는 것이다. 해당 시장의 분위기를 파악하기가 무섭게 시장은 크게 변화하거나 사라지고, 더 전문적으로 분화되기가 쉽다. 경제학자가 경제를 바라볼 때 사람의 기대 심리와 동기에 좌우되는 것을 분명하게 규정하고 분석하기가 어렵다. 경영도 이와 마찬가지다.

경영은 엄밀히 따졌을 때 진정한 과학이 될 수는 없다고 해도 예술 이상의 그 무엇이다. '실행'이라고 표현하는 편이 가장 적절할 것이다. 경영에는 기업과 시장에서 유효하게 받아들여지는 통찰과 실행, 사고방식이 존재한다. 그리고 그것은 경영서를 통해 규정되고 전파되었다. 좋은 경영서는 독자가 조직에 적용 가능한 성공적인 사례를 보여주면서 사업을 어떻게 꾸려나가는 것이 좋을지에 대한 새로운 발상을 제공한다. 훌륭한 책은 이에 그치지 않고 일종의 발전과 돌파구를 약속하며 상상력을 자극하기도 한다. 경영서 분야는 가끔 충분한 통계적 근거 없이 너무 동기 부여적이라는 비판을 받아오기도 했다. 그러나 가끔은 약간의 동기 부여가 사람들의 삶을 더 수월하고 생산적이고 아름답게 만들어준다.

경영의 범위를 알고 지나자

이 책은 크게 1부 기업가 정신과 경영 철학, 2부 경영 전략과 혁신, 3부 경영과 조직, 4부 마케팅과 고객 이해, 5부 경영자 역량과 리더십로 나누었다.

사업의 초창기 스토리는 과학적으로 입증된 것은 아니지만 동기 부여에 매우 효과적인 경우가 많다. 보통 사람들은 대기업, 체인 레스토랑, 호텔, 또는 성공한 온라인 플랫폼 기업을 보고 그들의 성공을 당연하게 생각하기 쉽다. 하지만 초기의 열정이 식지 않고 문제들을 극복하며 자신의 비전을 실현하도록 사람들을 이끄는 힘은 단순한 비과학적 요소들(투지, 열정, 행운, 신념)만이 아니다. 직접 해보기 전까지는 회사를 운영하는 것이 얼마나 어려운 일인지 알 수 없다.

기업가가 처음에 가진 비전이 컸다면 그것이 계속 그 길을 걷게 하는 힘이 될 수 있다. 《루징 마이 버지니티》에서 리처드 브랜슨은 돈을 벌기 위해서만 사업한 적이 없다고 강조한다. 세상을 바꿀 수 있는 방법을 찾고 그 일이 재미있어야 한다고 말한다. 애슐리 반스의 《일론 머스크, 미래의 설계자》는 전기 자동차와 저렴한 우주여행으로 세상을 바꾸려는 인물의 모습을 보여준다. 머스크의 성격은 거의 불가능한 일을 이루려고 사람들을 열광시킨다는 점에서 스티브 잡스와 비슷하다. 두 사람 다 미래를 바꾸고 완전히 새로운 제품을 만들거나 심지어 새로운 산업을 창출한다는 의미에서 '선지자'라고 할 수 있다. 그들은 다른 경쟁 기업이 하는 것에 따라가기보다는 자신의 비전을 세우고 실현한다. 실제로 《제로 투 원》에서 페이팔 창업자이자 벤처 투자가인 피터 틸은 기존의 것을 개선하거나 보완하는 것만으로는 충분하지 않다고 말한다. 정말 필요한 것은 세상을 변화시키는 제품과 커다란 문제를 해결할 수 있는 완전히 새로운 산업이라고 주장한다. 역설적으로 이런 일은 그리 특별해 보이지 않는 발명으로 이루어질 수도 있다. 마크 레빈슨은《더 박스》에서 화물 컨테이너의 발명이 비효율적인 과정을 줄이고 글로벌 공급망을 전례 없이 밀접하게 연결하면서 세계 무역에 큰 영향을 끼쳤다는 과정을 설명한다.

　존 록펠러의 석유 산업에 대한 끊임없는 열정은 때로는 욕심스러운 행위로 보이기도 했지만 원유의 품질을 표준화하려는(더 안전하고 규격화하려는) 그의 노력은 자동차 시대를 가능하게 했다. 그렇다고 해서 아마존의 제프 베이조스와 같은 소매업 혁신가들의 업적을 무시해선 안 된다. 그들은 소비자에게 제품을 저렴한 가격에 팔면서, 안전한 구매와 동시에 수백만 사용자의 상품평을 제공해 상품 구매 결정을 더 객관적으로 할 수 있게 도왔다. 중국 소매업에서 잭 마의《알리바바》에서 소개한 타오바오와 T몰닷컴 웹사이트도 비슷한 업적을 달성했다. 하지만 알리바바는 국영백화점, 소매점, 전통시장을 매력 없는 형태로 결합했다는 비판을 받기도 했다

　모든 기업가와 혁신가는 수익을 올리는 동시에 인류를 발전시켜야 한다. 1935년에 레인 형제가 최고의 작품을 새로운 시리즈로 출판해 아주 저렴하게 판매한 것은 좋은 예이다. 그 덕분에 저

소득층도 자녀에게 마땅한 교육을 제공하고 자신을 정신적으로 성장시킬 수 있었다. 또한 펭귄의 입장에서도 레인 가문을 부유한 최초의 글로벌 미디어 기업 중 하나로 성장시킬 수 있었다.

새로운 사업을 시작할 때 훌륭한 스타트업 관련 도서를 읽어보면 많은 자원 낭비를 줄일 수 있다. 사업을 운영하면서 세부적인 실전에 지치지 않도록 도와주는 마이클 거버의《사업의 철학》은 인기가 여전하고, 가이 가와사키의《당신의 기업을 시작하라》도 여전히 많은 이들이 참고하는 경영서이다. 마지막으로 에릭 리스의《린 스타트업》은 혁신에 대한 점진적이고 반복적인 접근법에 대해 소개한다. 이 접근법은 이론적으로는 옳게 보여도 현실에서는 실패할 수 있는 자기중심적인 생각을 현실적으로 검증하게 해준다.

경영은 어디에서 나왔을까

경영management이라는 용어는 20세기 초 프랑스 광산 기술자 헨리 파욜Henri Fayol이 쓴 책에서 처음 사용되었고, 미국에서는 프레더릭 테일러의《프레더릭 테일러, 과학적 관리법》에서 처음으로 소개된 개념이었다. 테일러는 철강 공장에서 기계 기술자로 일하면서 수작업으로 제품을 생산하는 과정에서 계급 체계의 비효율성을 발견했다. 그래서 그는 상품 생산의 모든 단계를 표준화하여 더 높은 품질의 상품을 훨씬 빠르게 생산할 수 있게 했다. 테일러의 과학적 관리법은 현대 세계에 대량 생산된 저렴한 상품을 선사했다. 헨리 포드Henry Ford의 공장이 대표적인 예이다.

대량 생산이 보편화되면서 생산물의 품질이 기업과 국가를 구별하는 기준이 되었다. W. 에드워즈 데밍은 품질 관리 체계를 연구했고, 미국의 제조사들은 관심을 보이지 않았지만 일본의 제조업체는 그 연구 결과의 통찰에 감탄했다. 품질에 집중하는 일본기업의 부상은 워맥의《더 머신 댓 체인지드 더 월드》에 잘 기록되어 있다(토요타는 린 생산 방식과 적시 생산으로 유명해졌다).

자본주의 사회에서는 일반적으로 시장의 '보이지 않는 손'이 수요를 이끈다는 생각이 통용된다. 그러나 앨프리드 챈들러는 실제로 경제 활동을 조정하고, 자원을 분배하는 다수의 전문 경영인이 존재하는 현대적 기업의 형태로 경영의 '보이는 손'이 수요를 이끈다고 주장했다. GMGeneral Motors, 이하 GM가 바로 이를 가장 잘 보여주는 사례다. 앨프리드 슬론이 GM에서 30년간 경영권을 쥐고 있었던 시기의 이야기는 거대 기업이 어떻게 변화하는 소비자의 취향과 요구에 발 빠르게 대처할 수 있었는지에 대한 통찰을 보여준다.

더글러스 맥그레거의 혁신적인 저작《기업의 인간적인 측면》에서는 대기업의 계급적인 지휘 및 통제 체계에 문제를 제기하며 피고용인은 더 많은 자율성과 책임이 주어질 때 더 일을 잘하고 만족도도 높아진다고 주장한다. 'Y 이론' 기업은 사람들이 돈에 의해서만 동기 부여를 받는 것이 아니라 개인의 발전과 공헌에 대한 열망에 의해서도 동기 부여를 받는다는 점을 이해하고 있다. 피터 센게가 《제5경영》에서 말했듯이 훌륭한 기업은 모든 구성원의 잠재력이 실현될 수 있도록 진정으로 헌신하는 공동체다. 로버트 타운센드는 자신이 에이비스Avis를 성공적으로 경영할 수 있었던 것은 맥그레거의 원칙을 따른 덕분이었다고 말했다. 팀워크의 중요성을 강조한 맥그레거의 가르침은 오늘날에도 여전히 영향력을 발휘하고 있다. 이라크에서 미국 군대를 지휘한 스탠리 매크리스털 장군은 정보의 완전한 공유와 권력 이양만이 알카에다를 무너뜨릴 수 있는 힘을 기를 수 있게 한다는 사실을 깨달았다.

경영과 조직, 개인의 목표는 효율성을 극대화하는 것이다. 《피터 드러커의 자기 경영 노트》는 '당장의 불을 끄기 위해서'가 아니라 조직과 조직의 목적을 규정하는 매우 중요한 몇 가지 결정을 내리기 위해 경영 간부를 채용하는 것임을 상기시킨다. 진정한 경영자는 일어난 상황에 대응하기보다는 언제나 더 전략적인 자세로 경영에 임한다. 경영자 또한 자신이 가진 약점을 고치려고 하기보다는 강점을 활용해서 일해야 한다. 이것이 바로 더 최근에 출간된 톰 래스와 배리 콘치의 《스트렝스 베이스드 리더십》에서 다루고 있는 주제다. 갤럽 연구원은 리더십은 사람들이 자신이 가지고 있는 재능을 최대한 강화할 때 필연적으로 발휘된다고 말한다.

셰릴 샌드버그는 《린 인》에서 조직이 인구 전체를 대표하려는 의식적인 노력을 기울이지 않는 한 그 어떤 조직도 진정으로 효율적인 조직이 될 수 없다고 말한다. 그러한 노력을 기울이지 않는다면 100퍼센트의 인구를 충족시키는 상품과 서비스를 개발하지 못하는 1차원적인 기업에 머물고 만다. 빌 게이츠는 한 콘퍼런스에서 사업 성공에 있어 가장 중요한 비결을 들려달라는 요청을 받았을 때 이렇게 말했다. "인구의 절반을 차지하고 있는 지적 능력과 다른 재능과 관점을 가진 여성을 노동 인구에서 제외시킨다면 경제적 잠재성을 온전히 발현하기 어려울 것이다."

당신이 금전적인 성공을 이루게 되면 마음은 자연스럽게 더 큰 영향력을 끼칠, 당신이 남기고 싶은 유산으로 쏠리게 된다. 앤드루 카네기가 말한 것처럼 부자로 삶을 마감하는 것은 '불명예스러운 일'이다. 카네기는 자신의 재산을 수백 곳의 도서관과 평화재단에 기부했다. 워런 버핏의 돈은 빌 게이츠 재단에 기부되어 예방 가능한 질병 퇴치를 돕는 데 사용될 예정이다. 비즈니스는 진공 상태에서 존재하는 것이 아니라 사회의 일부로서 존재한다. 그러므로 기업이 성공할 때는 그것을 가능하게 해준 사회에 감사를 표시하고 환원해야 한다.

경영에 활력과 영감을 불어넣자
전략은 전쟁에서 기원했지만 기업의 규모가 점차 커지고 복잡해

지면서 자원을 어디에 배분할지에 대해 중대한 선택이 필요해졌다. 이에 비즈니스 세계에서도 전략을 활용하기 시작했다. 전략의 본질은 집중이다. 즉, 회사가 강점을 가지고 있다고 판단하는 분야에 모든 역량과 지적 능력을 집중시키며, 목표로 삼지 않을 시장과 분야를 구분해야 한다. 전략적 집중의 최대 이점은 경쟁을 줄여준다는 점이다. 김위찬과 르네 마보안이 초베스트셀러 경영 전략서《블루오션 전략》에서 말한 것처럼 목표는 아주 차별성 있는 제품이나 서비스를 만들어 새로운 분야를 창조하고 그 시장을 '장악하는 것'이 되어야 한다.

같은 맥락의 책으로 리처드 코치와 그레그 록우드의《무조건 심플》은 포드에서 이케아, 구글에 이르기까지 훌륭한 사업 성공 스토리들은 모두 가격이나 제품을 극단적으로 단순화한 사례라고 주장한다.《마이클 포터의 경쟁 전략》에서는 기업이 가격 우위나 제품의 차별성 중 하나를 선택해야 한다고 말했다.《무조건 심플》은 이 개념을 현재의 독자들에게 확실히 보여주는 에어비앤비와 우버, 페이스북 등 무수히 많은 최근의 사례를 담고 있다.

클레이튼 크리스텐슨은《혁신 기업의 딜레마》에서 훌륭한 전략을 세우는 것의 어려움에 대해 언급하며, 기존의 지배 기업이 어떻게 자신의 성공으로 인해 피해자가 될 수 있는지를 보여주고 있다. 그들은 고정비를 부담하고 수익을 내기 위해 수익성 있는 제품을 판매해 계속해서 매출을 올려야 한다. 하지만 그 과정에서 떠오르는 기술을 알아보지 못할 가능성이 높다. 처음에는 그것이 상업적 가치가 별로 없어 보이기 때문이다. 작은 기업은 잃을 게 별로 없기 때문에 한정된 시장에 기본 버전의 기술을 적용한 제품을 판매하기 시작한다. 그러나 제품이 더 발전함에 따라 그 기업은 점점 성장하는 틈새시장을 지배하게 된다. 이때 즈음이 되면 기존의 지배 기업은 그 기술로 명성을 얻기에는 이미 때가 늦은 것이다.

그러나 짐 콜린스가《위대한 기업의 선택》에서 관측했듯이 인텔Intel에서 제넨텍Genentech에 이르기까지 많은 기업은 새롭고 혁신적인 아이디어에 열린 자세를 보여주는 동시에 재무 목표를 고수하는 데 있어서는 흔치 않게 단련된 태도를 유지함으로써 성공했다. 이렇게 균형 잡힌 상태에 도달하기 위해서는 조직이 무엇을 상징하는지 아주 분명히 이해하고 있어야 한다. 사이먼 시넥의《스타트 위드 와이》는 길을 잃은 기업에게 영감을 불어넣고 있다. 사업을 시작하는 사람이라면 반드시 읽어봐야 할 필독서다.

전략과 마케팅 사이에는 미세한 차이가 존재한다. 실제로 알리스와 잭 트라우트의《포지셔닝》은 '전략 마케팅'이라는 새로운 분야를 탄생시켰다. 전략 마케팅은 기업이 시장 내에서 자사를, 또는 상품이나 서비스를, 어떻게 포지셔닝할 것인가에 대해 분명히 이해할 수 있게 돕는다. 대중은 당신이 판매하는 상품을 떠올렸을 때 재빨리 어떤 개념과 동일시하므로(예, 볼보 = 안전) 이러한 인식을 가지고 있다면 처음부터 상품을 기획할 때 마케팅을 감안한 이미지를 구축하려 할 것이다. 소비자의 마음속에 어떻게 포지셔닝할지에 대한 완전한 이해가 없이 상품을 만든다면 전략적으로 예상한 만큼 판매를 달성하기가 어려워지니 반드시 신경 써야 하는 부분이다.

마지막으로 영국 경제학자 존 케이의 《우회 전략의 힘》은 수익이나 주주를 최우선 순위에 두지 않는 기업이 성공 가능성이 높다는 사실에 주목해 독창적인 사업 전략을 제시한다. 그 이유는 기업이 어떤 훌륭한 사명감을 가지고 일을 할 때, 그들은 그 사명을 달성하기 위해 관련된 모든 이들에게 활력과 영감을 불어넣어주고 그들의 상품을 구매하는 대중 역시 그 진정성에 감사하기 때문이다.

목록 선정에 대하여

목록에 올라가 있는 도서 중 절반은 아마도 누구도 부정할 수 없는 고전으로 분류되는 책들이다. 나머지 절반은 주관적인 선택이었고 더 널리 읽힐 가치가 있지만 저평가되어 있거나 경영에 관한 중요한 견해를 아주 잘 설명해 주는 저작들이다. 또한, 도서 선정 작업을 하면서 그저 '고전'으로 널리 알려져 있다는 이유만으로 목록에 포함시키지 않으려고 세심하게 신경 썼다. 고전의 정의는 세월이 흐르고 끊임없이 기업 환경이 변화함에도 불구하고 변함없이 영향력을 지닐 수 있는 책이다.

　예를 들어, 존 브룩스의《경영의 모험》같은 경우, 빌 게이츠와 워런 버핏의 추천을 받긴 했지만 1960년대 미국 기업 및 금융계에서 일어난 주요 사건들의 기사를 모아놓은 책이어서 현재에는 관련성이 높지 않다고 판단했다. 톰 피터스와 로버트 워터맨의 《초우량 기업의 조건》은 그 시대에는 획기적인 경영서였지만 이제는 존재하지 않는 기업이나 나중에 완전히 상황이 바뀐 기업의 사례를 담고 있다. 최근의 사례를 담은 최신판이 출간되었다면 목록에 포함시켰을 것이다. 그래도 책 부록에 위에서 언급한 분류 기준에 따라 선정한 '또 다른 경영학 명저 50' 목록을 추가했고, 그 목록에서 지금 언급한 도서를 포함한 다른 책들도 확인할 수 있다.

　이 책이 경영에 대한 개념과 텍스트, 잘 알지 못했던 인물에 대해 알아가는 데 도움이 되기를 희망한다. '선무당이 사람 잡는다'라는 말이 있다. 이 속담은 얕은 지식에 만족하는 사람들에게는 필요한 말이겠지만 대다수의 사람들은 지식의 맛을 보면 더 많은 지식을 원하게 된다. 이 해설서를 즐기는 동시에 여기서 다룬 책들을 실제로 찾아서 완독해 보기를 권한다. 책상 위에, 또는 침대 머리맡에 놓아둔 실제 책을 대신할 수 있는 것은 아무것도 없다.

part
1

기업가 정신과
경영 철학

BOOK 01

The Art of Money Getting

적성에 맞는 일, 건강, 노력은 부자가 되는 지름길

《부의 황금률》

"우리는 모두 특별한 목적을 가지고 태어났다.

얼굴 모양이 다른 것처럼 우리 머리도 사람마다 다르다.

어떤 사람은 타고난 기술자고 어떤 사람은 기계를 싫어한다……

자신의 재능에 맞는 일을 하지 않으면 성공할 수 없다."

P. T. 바넘 Phineas Taylor Barnum

1810년 미국 코네티컷주 베델에서 5남매 중 맏아들로 태어났다. 바넘은 어렸을 때부터 사업 재주가 뛰어났으며, 이색적인 전시회와 연주회, 서커스 등을 대중에게 확산시킨 장본인으로 꼽힌다. 저서로 자서전 《위대한 쇼맨》을 비롯하여 《세계의 사기꾼들》, 《투쟁과 승리》 등이 있다.

P. T. 바넘은 서커스 공연과 호기심 박물관으로 역사상 가장 유명한 쇼맨이다. 바넘의 쇼는 19세기 엔터테인먼트 산업에 혁명을 일으켰고, 오늘날에도 바넘의 마케팅 기법은 많은 전문가가 따라하고 배울 만큼 혁신적이었다. 바넘의 자서전은 19세기 말에 인쇄된 책 중에서 신약 성서 다음으로 많이 팔릴 만큼 대단한 인기를 끌었는데, 사후 100년이 훌쩍 넘은 시기에 그의 생애를 기록한 영화 〈위대한 쇼맨〉이 2017년 개봉할 정도다. 여기서 휴 잭맨 Hugh Jackman이 바넘을 연기했고, 영화 같은 삶은 산 바넘의 인생에 사람들은 흥분했다.

바넘의 자서전에서는 파란만장한 인생 역정을 담고 있지만, 《부의 황금률》은 사업 성공을 위한 처방을 제공한다. 마케팅의 고수답게도 제목이 내용에 비해 약간은 과장된 것이 사실이다. 사실 바넘이 돈을 벌게 된 아이디어나 기술에 대한 자세한 내용은 책에 나오지 않는다. 그보다는 개인의 발전과 인격 개발을 위한 스무 가지 원칙을 제시하고 있다. 서커스 기획자로 지나치게 강조된 바넘의 이미지와는 다르게 《부의 황금률》은 사실상 **비즈니스 윤리를 다룬 기본 지침서**라 할 수 있다.

건강과 부 그리고 행복

바넘은 명확하지만 간과하기 쉬운 원칙에 주목한다. 그것은 바로 '성공하기 위해서는 건강해야 한다'는 것이다. **부를 추구하기 위**

해서는 열정이 필요하며, 건강하지 못하면 열정은 사라진다. 따라서 성공한 사람은 그 성공을 잃고 싶지 않다면 건강에 소홀해져서는 안 된다.

　바넘은 한때 하루에도 10~15개나 되는 시가를 피웠다. 그러나 흡연으로 인해 맛있는 과일과 같은 삶의 소소한 즐거움을 누리지 못하고 있음을 깨달았다. 담배를 끊으려고 해도 끊을 수 없었다. 담배를 피우지 않는 시간마저 다음에 언제 담배를 물 수 있을지 고민했다. 그러나 술은 거의 마시지 않았다. "친목을 위한 술을 마시는 동안 얼마나 많은 기회가 지나가버리는지 생각해라!"라고 말했다.

　바넘은 '와인은 사기꾼'라고 말하면서 술이 처음에는 기분을 좋게 하고 무엇이든 할 수 있을 자신감을 주지만 결국은 생기를 빼앗아 가는 것이라고 지적했다. 그리고 좋은 사업 기회를 찾거나 발전시키기 위해 필요한 시간을 술에 허비하는 것이 얼마나 어리석은 일인지 강조했다.

적성에 맞는 일을 선택하라

바넘은 미국처럼 '인구에 비해 땅덩이가 넓은' 나라에서는 자신의 적성에 맞는 일에 열심히 하면 부를 얻을 수 있다고 말한다. 어떤 분야든 인재가 필요한 자리는 많다. 그러나 중요한 것은 자신에게 맞는 일을 선택하는 것이다.

바넘은 자신이 좋아하는 일을 하라고 권했다. 그는 **취향과 재능에 맞는 일을 선택하는 것이 젊은이들이 성공할 수 있는 가장 확실한 길**이라고 말했다. 우리는 모두 특별한 목적을 가지고 이 세상에 왔으며, 사람마다 다른 특성을 갖고 있다고 강조했다.

"자신의 천부적인 능력과 잘 맞는 일을 하지 않으면 성공할 수 없다. 많은 사람이 자신에게 맞는 일을 찾으려고 노력하는 것은 좋은 일이다. 그러나 대장장이부터 성직자까지 자신의 소명을 잘못 알고 있는 사람들도 많다. 예를 들면, 언어에 능한데 언어 교사가 되기보다는 대장장이가 되어버린 학식 있는 사람도 있을 것이고, 대장장이나 제화공이 더 어울렸을 변호사, 의사, 성직자도 있었을 것이다."라고 말했다.

적합한 장소 고르기

바넘은 좋아하는 일을 어떤 장소에서 할 것인지도 중요하게 여겼는데, 다음 말이 그 의미를 잘 드러낸다.

"당신은 호텔에서 일하면서 하루에 500명의 고객을 만족시킬 수 있는 재능이 있을 수 있다. 하지만 당신의 집이 교통이 불편한 작은 마을에 있다면 그건 큰 단점이다."

바넘은 런던에서 호기심 박물관을 운영하던 한 남자를 예로 들었다. 그는 일에 적성이 있었으나 관객이 부족했다. 바넘은 그에게 미국으로 가서 시도해 보라고 조언했다. 미국에는 그의 박물관에 관심이 줄 사람들이 많을 것이라고 생각했다. 그 남자는 바넘의 말을 듣고, 처음 2년간은 바넘의 뉴욕 박물관에서 일했고, 후에 자신의 '순회 공연 사업'을 시작했다. 몇 년 후, 그 남자는 '적성과 장소를 잘 선택한 덕분에' 부자가 되었다.

한 분야를 고수하고 거기서 최고의 전문가가 되어라

너무도 많은 사람이 자신의 힘을 분산시킨다. 바넘은 "하나의 못을 쉬지 않고 망치질하면 결국 그 못은 박힌다."라고 말한다. 한 가지 일에만 집중할 때 그 일을 더 잘할 수 있는 방법을 곧 찾게 되고 더 많은 가치를 창출하게 된다. 여러 가지 일에 동시에 도전하고 싶은 유혹을 느끼겠지만, 깊이 있게 일하기보다는 여러 가지 일로 넓게 확장하려고 함에 따라 행운은 그들을 비켜 간다.

바넘은 **자신의 분야를 안팎으로 속속들이 알지 못하면 성공할 수 없다**고 주장했다. 19세기 사람에게 맞춘 그의 이야기는 어떤 시대 어떤 장소에 사는 사람에게도 적용될 수 있다.

계획은 주의 깊게 행동은 대담하게

'계획은 주의 깊게 행동은 대담하게' 이 말은 로스차일드 금융 가문의 초창기 멤버들의 신조였다. 처음에는 모순적으로 들릴 수 있지만, 계획을 세울 때는 매우 조심스럽게 고민하고 일단 **계획이 확정되면 두려워하지 않고 실행하라**는 뜻이다.

스스로 배워라

사업을 시작할 때 큰돈을 받거나 빌리면 좋겠지만, 바넘은 "돈의 가치를 경험으로 배우지 못하면 돈은 쓸모가 없다."라고 말했다. 존 제이콥 애스터John Jacob Astor는 처음에 수천 달러를 모으는 일이 나중에 수백만 달러를 벌어들이는 일보다 힘들었다고 말했다. 그러나 처음 자본을 모으면서 얻은 교훈(자기 절제, 근면, 끈기, 인내)은 무엇과도 바꿀 수 없는 가치가 있다는 것이다. 바넘이 살던 시대에도 가장 성공한 사업가들은 자수성가를 이루었으며, 오늘날에도 마찬가지다. 다른 사람의 돈을 의지하거나 그들의 지원, 특히 유산을 기대하지 마라. 그렇게 '쉽게 얻은 돈'은 당신의 성장을 방해할 것이다.

좋은 상품을 가지고 있으면 사람들에게 알리라

당대 최고의 쇼맨, 바넘은 **판매하는 상품을 알리라**고 조언했다. 지금은 매우 상식적인 말로 통하지만 말이다.

"고객이 사용하고, 만족하고, 가격에 비해 가치가 있다고 느낄 수 있는 물건을 가지고 있다면, 그 물건이 있다는 것을 사람들에게 널리 알려야 한다. 어떤 방법이든 주의 깊게 홍보해야 한다. 아무리 좋은 물건을 팔고 있어도 아무도 모르면 돈을 벌 수 없다."

불운한 사람이나 장소를 피하라

바넘은 불운한 사람이나 장소와 관련된 것과는 거리를 두어라라 는 로스차일드 가문의 신조를 상기시킨다. 사람이 정직하고 능력 이 있어도 운이 없다면 그에게는 반드시 그 이유가 있다. 명백하 지 않아도 그들의 성공을 방해하는 요인은 항상 있다.

좋은 신문을 읽어라

바넘은 신문을 보지 않는 자는 '그 집단에서 제명하라'라고 말한 다. 그 시대에도 기술과 산업은 날마다 급속도로 변화하고 있었 다. 어느 분야에서든 성공하려면 그 안에서 무슨 일이 벌어지고 있는지 알아야 한다.

(함께 읽으면 좋은 책) 앤드루 카네기《부의 복음》, 론 처노《부의 제국 록펠러》

톰 버틀러 보던의 한마디

《부의 황금률》은 자신의 재능과 삶의 기회를 최대한 이용하고 싶은 사람들에게 매우 도움이 되는 책이다. 바넘이 전국을 돌아가며 한 연설을 바탕으로 한 책으로 분량도 짧아서 금방 읽을 수 있다. 특히 **개인의 미덕이 부의 기초**라는 점은 기억해야 한다. 정 직성과 좋은 평판이 없으면 부는 순식간에 사라질 수 있다. 그것이 있어야 기업이나 조직은 모든 구성원을 위한 부를 만들 수 있다. 바넘은 자신의 삶에서 '고난과 성공'을 모두 직접 겪었지만 자신의 공을 자랑하지는 않았다. 바넘은 "항상 또 다른 인물이 나 타날 수 있다."라고 말하는데, 이는 다른 경쟁자를 의미한다. 그가 이런 태도를 유지하 지 않았다면, 그는 그렇게 부자가 되지 못했을 것이다. 로스차일드 가문에 대한 이야 기가 책에 두 번이나 나온 것은 당연하다. 로스차일드 가문은 부정적인 방법이 아니라 신뢰를 바탕으로 부를 쌓아 올린 가문이다.

Losing My Virginity

성공하려면
남과 다름을 두려워 말라

《루징 마이 버지니티》

"나는 군중 속에서 돋보이고 오래도록 남는

되도록이면 중요한 목적에 기여할 수 있는 독특한 것을 만들고 싶다.

무엇보다도 자신감을 가질 수 있는 무언가를 만들고 싶다.

이것이 내가 항상 따르는 사업 철학이다.

솔직히 말해서 나는 돈을 벌려고 사업을 한 적이 없다."

리처드 브랜슨 Richard Branson

1950년 영국 런던에서 태어났다. 16세에 학생 잡지를 창간하며 기업가의 길에 들어섰다. 1967년 버진 레코드의 성공을 시작으로 항공, 철도, 모바일서비스, 레저, 스포츠, 미디어, 금융 등 손대지 않는 분야가 없을 정도로 다양한 사업을 펼쳤다. 2009년, 세계 최초의 민간 우주여객선 스페이스십 II 를 공개하며 우주여행의 상업화를 선도했다.

세상에 리처드 브랜슨을 모르는 사람은 거의 없을 것이다. 버진Virgin 그룹의 유명 기업가 브랜슨은 열기구를 타고 바다를 횡단하는 모험가이자 영국 여왕에게서 기사 작위를 받은 자선 사업가이기도 하다. 하지만 이러한 사실은 TV에 나온 단편적인 정보와 신문 기사에서 본 내용일 뿐이다. 브랜슨의 숨은 진짜 이야기를 살펴보자. 유명 사업가들의 '성공 비결' 스토리는 수도 없이 많지만《루징 마이 버지니티》는 그중 가장 훌륭하다. 이는 브랜슨이 가지고 있는 풍부한 자료들 덕분이다(25년 이상 메모하고 일기를 쓰고 낙서하는 습관이 그가 책을 쓰는 데 토대가 되었다). 하지만 브랜슨은 자기 과장을 삼가려고 노력했다. 장차 기업가가 되고자 하는 꿈을 가지고 있다면 이 책을 아주 흥미롭게 읽을 수 있을 것이다. 이 책의 주제는 **장애물은 사업 성공을 달성하는 데 필수적인 요소**라는 것이다.

범법자가 아니면 백만장자가 될 거야

1950년에 태어난 브랜슨은 자녀를 동등한 인격체로 대하고 자기 주도적으로 성장하도록 자극하는 부모 아래에서 행복한 어린 시절을 보냈다. 브랜슨의 가족은 중상류층이었지만 큰돈은 없었고 어머니는 차고에서 소규모 사업을 하며 부수입을 벌었다.

브랜슨은 학교에서 느리고 게으른 아이로 취급받았다. 사실 난독증이 있어서 여덟 살이 될 때까지 읽지 못했고 수학과 과학은 아주 못했다. 브랜슨이 학교를 그만둘 때 교장 선생님은 이렇게 말했다. "너는 범법자가 아니라면 백만장자가 될 거야."

브랜슨은 학생 잡지 〈스튜던트〉로 처음 사업적 성공을 거두었다. 잡지에 믹 재거Mick Jagger와 존 레논John Lennon과의 인터뷰를 실었다. 브랜슨은 그 사업을 돈을 벌려고 시작한 것이 아니라 재미있어서 시작했다고 말한다. 사실 잡지로 돈을 많이 벌진 못했지만 친구들의 원조와 약간의 광고 수입으로 사업을 유지할 수 있었다.

브랜슨의 친구들은 음악에 열중했고 우편으로 음반을 저렴하게 팔자는 아이디어를 냈다. 특히 시내 중심가 음반 가게에서는 구하기 어려운 음반을 팔 계획을 세웠다. 이 사업은 급속도로 성장했다. 하지만 우체국이 파업하자 브랜슨은 사업 모델이 얼마나 위험한지 깨달았고, 이를 계기로 소매점을 물색하기 시작했다.

범법자는 백만장자가 될 수 없다

1971년에 문을 연 첫 번째 버진 레코드 가게는 젊은이들의 모임 장소가 되었고 완전히 젊은 소비자의 취향에 맞춘 최초의 레코드 가게였다. 그 후 영국 전역에 이런 스타일의 상점들이 생겼다.

버진의 초창기는 범상치 않았다. 업무는 본사 사무실이 아니라 지하 창고나 교회 지하실, 또는 주거용 보트 위에서 여러 봉사자들의 도움을 받아 이루어졌다. 그들 중 일부만이 주당 20파운드의 기본 급여를 받으며 일했다. 브랜슨은 친구들과 동업을 하지 말라는 사업 규칙을 따르지 않았다. 처음 15년간 버진의 중추 세력은 그와 함께 성장한 친구들이었다. 물론 필연적인 다툼도 발생했지만 이런 **즉흥적인 경영 전략은 큰 효과를 발휘**했다.

자유 연애와 약물이 유행했던 당시 누군가는 일찍 일어나 청구서와 급여를 신경 써야 했다. 그리고 브랜슨은 다른 친구들처럼 한 가지에 열광하기보다는 즐거운 시간을 보내면서도 긴장감을 잃지 않는 것을 좋아했다. 장발 머리에 맨발인 히피 뒤에는 **변화를 만들고 싶은 사업가**가 있었다.

체인 레코드점은 번창했지만 사실 버진은 간접비 때문에 적자를 냈다. 브랜슨은 어린 시절 교장 선생님의 예언을 증명하듯 한 가지 묘책을 생각했다. 벨기에로 판매할 음반이라고 거짓말하고 도매로 음반을 사서 세금을 피하는 꼼수였다. 영국 해협을 건너 가공의 상인에게 세 번 음반을 팔고, 그 음반을 다시 버진이 되사기를 반복했다. 결국 브랜슨의 부정행위는 관세 및 소비세 담당 공무원에게 들통났다. 구속을 피하기 위해 원래 내야 했던 세금의 세 배를 내야 했다(1971년 당시에 6만 파운드는 아주 큰돈이었다). 자금 부담이 컸지만 음반으로 벌어들인 수익으로 어렵게 벌금을 냈다. 하지만 이 경험은 그에게 큰 충격을 주었고 다시는 법을 어기는 일은 절대로 하지 않겠다고 다짐했다. 브랜슨은 겨우 스물한 살이었지만 빠르게 성장하고 있었다.

음반 산업에서 대성공을 거두다

브랜슨은 자신의 음반 회사를 만들고 버진 음반 매장에서 아티스트를 홍보하면 좋겠다고 생각했다. 계획을 실행하기 위해서 우선 돈을 끌어모아 옥스퍼드주에 있는 낡은 영주의 저택을 사서 녹음 스튜디오로 개조했다.

버진이 계약한 첫 번째 아티스트는 특이한 사람이었다. 마이크 올드필드Mike Oldfield라는 젊은 뮤지션은 보컬도 없이 벨과 특이한 악기들로 수개월 동안 녹음을 반복했다. 이는 록 뮤직 회사를 목표로 하는 음반 회사에게는 어울리지 않는 선택이었다. 하지만 이 선택은 신의 한 수였다. 올드필드의 〈튜뷸러 벨〉는 1970년대에 가장 인기 있는 앨범 중 하나가 되었고 초기 버진의 자금원이 되었다. 그 후에도 더 섹스 피스톨스The Sex Pistols, 컬쳐 클럽Culture Club, 필 콜린스Phil Collins, 더 휴먼 리그The Human League 등 많은 스타들과 계약했고 80년대 초에는 대형 음반사로 성장했다. 브랜슨은 '수직적으로 통합된' 음반사를 만들고 싶었고 그것을 이루었다. 유명한 버진 메가스토어를 포함해 버진 음반 매장에서 버진 뮤직의 밴드를 홍보할 수 있게 되었다.

항공 산업에서 대성공을 거두다

음반 산업에 전력을 다하고 있었던 브랜슨은 항공 산업에 뛰어들 생각은 해본 적이 없었다. 하지만 영국 항공과 경쟁할 대서양횡단

서비스를 구축하는 사업을 제안받자 거부할 수는 없었다. 브랜슨은 참모들의 반대를 무시하고 시애틀의 보잉사에 전화해 747을 1년간 빌릴 수 있는지 협상했다. 버진 애틀랜틱 항공이 일사천리로 설립되고 영국 항공에 밀려 파산한 프레디 레이커Freddie Laker의 레이커 에어웨이스Laker Airways가 맡았던 수요를 채우려고 했다.

버진 애틀랜틱 항공의 시작은 순탄치 못했다. 첫 비행에서 새 떼가 보험에 들지 않은 엔진 하나에 빨려들어 60만 파운드의 손해를 입혔다. 이 때문에 버진 애틀랜틱은 거의 파산 위기에 처했다. 해결책은 버진 그룹의 해외 자회사들로부터 긴급 자금을 받는 것이었다. 그렇게 해서 1984년부터 1990년까지 버진 애틀랜틱 항공은 몇 대의 비행기로 소규모 항공사로 운영되었다.

2001년 9·11 테러로 인해 항공객이 급감한 데다 걸프 전쟁으로 인한 연료비 상승이 큰 장애물이 되었다. 게다가 버진 애틀랜틱 항공을 파괴하려는 영국 항공의 수단과 방법을 가리지 않는 악랄한 공격에 버진 항공은 반격해야 했다. 버진 항공이 점점 더 많은 자금을 쏟아붓자 은행들은 손을 떼기 시작했다. 브랜슨은 어려운 선택을 해야 했다. 버진 뮤직을 팔아서 버진 애틀랜틱 항공을 구하거나, 버진 애틀랜틱 항공을 포기하고 버진 브랜드의 이름값만 남기는 것이었다. 이 선택에는 직원 수천 명의 생계가 달려 있었다.

가족과 친구들의 반대에도 불구하고 브랜슨은 20년 동안 키워

온 버진 뮤직을 팔기로 결심했다. **비통한 결정**이었다. 특히 당시는 롤링 스톤스Rolling Stones와 막 계약을 맺고 음반사로서 정상에 있을 때였다. 브랜슨은 자신의 '첫 사업'을 잃은 것이었다. 하지만 버진 뮤직을 팔아서 5억 6,000만 파운드(당시 환율, 10억 달러)를 얻은 브랜슨은 은행의 간섭을 받지 않고 버진 그룹의 **미래를 결정할 수 있는 자유**를 얻었다. 그는 버진 뮤직을 팔아서 예상보다 훨씬 많은 돈을 확보했다고 말했다.

브랜슨 스타일

브랜슨은 사업 성공을 위한 하나의 '처방전'은 존재하지 않는다고 말한다. 하지만 사업가가 되고 싶은 이들에게 도움이 될 만한 브랜슨 특유의 사업 방식은 있다.

책을 읽다 보면 브랜슨이 특별히 똑똑하다는 느낌은 들지 않는다. 브랜슨은 책에서 "불가능해 보이는 큰 목표를 정하고, 그것을 넘어서려고 노력하는 것이 삶의 즐거움이다."라고 말했다. 브랜슨은 대담하게 꿈꾸고 위험을 무릅쓴다는 사실을 알 수 있다. 또한 다른 사람들보다 불확실성에 대한 스트레스를 잘 견디는 듯하다. 그리고 사람들의 생각이 틀렸음을 증명하려고 노력한다. 버진 뮤직의 매각이 이를 잘 증명한다. 한 마디로 브랜슨은 **'할 수 있다'는 간단한 신념**으로 자신을 믿고 일을 추진한다.

한때 브랜슨은 은행에 5,500만 파운드의 빚을 갚아야 했고 사업을 살리기 위해 여러 가지 재주를 부려야 했다. 한번은 이렇게 말하기도 했다. "은행에 대출 한도를 늘려달라고 설득하느라 인생을 모두 낭비한 느낌이 들 때도 있다." 버진 그룹은 항상 수익을 사업에 재투자했기 때문에 안정적인 기업처럼 현금 준비금을 갖고 있지 않았다. 그래서 항상 현금 부족의 위험에 처했다. 브랜슨이 맺은 음반 계약들 때문에 버진 애틀랜틱 항공은 더 힘들어지는 것 같았고, 90년대 중반에야 버진 그룹은 안정되었다. 브랜슨은 이 힘든 시기를 회고하며 자금난에 허덕이는 사업가에게 조언을 한다. "상황이 아무리 어려워도 마음속에 큰 목표를 가지고 있어야 한다." 그는 궁지에 몰리고 주변 사람들이 조금 뒤로 물러나 안전하게 가라고 조언할 때마다 타협하지 않고 위험을 감수했다.

또 다른 브랜슨 스타일은 뭐가 있을까. 브랜슨은 일반적으로 사람과 신사업 제안과 관련된 결정을 '30초 이내로' 내린다. 사업 계획이 훌륭하긴 해야겠지만 궁극적으로는 직관으로 결정한다. 또 브랜슨은 빠른 말솜씨나 대중 연설 실력이 뛰어나지 않다. 그리고 "사람들이 능숙하고 빠른 답변보다는 느리고 고민하는 듯한 답변을 더 신뢰해 주길 바란다."며 질문에 대답하는 데 시간이 좀 걸린다고 솔직하게 말한다. 그는 직원을 비난하지 않으며, 가장 힘들었던 순간이 직원들을 해고해야 했던 때라고 말한다. 브랜슨은 성공의 많은 부분을 자기 혼자 이룬 것이 아니었음을 인정한다(회사명 '버진'조차도 그가 생각해 낸 것이 아니었다). 보통 대기업은 한 사람의 기업가가 홀로 이끌어가는 이미지를 가지고 있지만, 버진은 신뢰할 수 있는 핵심 관리자 및 조력자들이 힘을 합쳐 건설한 것이다.

또 독특한 점이 있다. 버진은 커다란 본사 건물을 가지고 있지 않다. 영국과 미국 도시에 주택 건물을 사들여 직원들이 일할 수 있게 했다. 브랜슨은 집에서 일했기 때문에 두 자녀가 자라는 모습을 많이 볼 수 있었다. 브랜슨 부부는 런던의 선상 가옥에서 30대까지 살았다.

(함께 읽으면 좋은 책) 던컨 클라크 《알리바바》, 콘래드 힐튼 《호텔 왕 힐튼》, 하워드 슐츠 《스타벅스, 커피 한 잔에 담긴 성공 신화》, 애슐리 반스 《일론 머스크, 미래의 설계자》

톰 버틀러 보던의 한마디

책 내용의 많은 부분은 브랜슨이 열기구와 모터보트 타기로 세계 신기록을 도전하고 성공한 이야기로 채워져 있다. 그는 왜 굳이 (몇 번이나 목숨을 걸었던) 그런 모험을 하고 싶었을까? 이미 '모든 것(부와 성공, 행복한 가정)'을 갖춘 성공한 인물인데도 불구하고 말이다. 브랜슨은 그런 모험을 통해 인생에 새로운 도전과 즐거움을 찾고 살아있음을 느낀다고 답했다.

흥미로운 부분은 브랜슨이 마흔이 되면서 겪은 자기 성찰이다. 회사를 창업하고 발전시키는 것만이 인생의 전부일까? 다른 무언가가 있지 않을까? 한때 브랜슨은 재산을 처분하고 대학에 가서 역사를 배우고 싶다는 생각도 했다. 하지만 지금은 일하는 시간 외에도 자선 활동에 많은 에너지를 쏟고 있다. 주요 관심사는 기후 변화, 에이즈 퇴치, 아프리카 야생동물 보호, 젊은 기업가 지원 등이다.

그렇지만 브랜슨이 새로운 가치를 사람들에게 전파하고 사람들의 삶을 가장 크게 바꾼 것은 기업 활동을 통한 것이다. 저가 항공이나 휴대전화, 또는 이자율이 낮거나 연회비가 없는 신용 카드 등을 선보이면서 말이다. 버진 갤럭틱(Virgin Galactic)은 우주여행을 꿈꾸는 여행자를 우주로 내보내주는 최초의 기업이 될 수도 있다. **사업은 재미있고 흥미로운 일이자 돈도 버는 일**이라는 브랜슨의 사업 철학에 아주 걸맞는다.

The Gospel of Wealth

부자가 되었다면
다른 사람도 돌아보라

《부의 복음》

"다음은 부를 가진 자가 행해야 할 의무다.

첫째, 수수하고 사치스럽지 않은 삶의 표본이 되어야 하며

과시욕이나 오만함을 경계해야 한다. 그에게 의존하고 있는

사람들의 정당한 요구에 대해서는 적절한 금전을 제공한다……

부자로서 죽는 것은 부끄러운 일이다."

앤드루 카네기 Andrew Carnegie
1835년 스코틀랜드에서 태어났다. 십 대에 가족과 함께 미국으로 이민했다. 열세 살에 방적
공장을 시작으로 전신 기사와 기차역 사환으로도 일했다. 펜실베이니아 철도 회사에서 고속
승진을 한 후 피츠버그에서 철강업에 종사하기 시작했다. 《사업의 왕국》, 《제임스 와트》, 《오
늘날의 문제들》 등을 저술했다.

앤드루 카네기는 가난한 스코틀랜드 방직공의 아들에서 백만장자가 된 전형적인 미국 이민자 성공 스토리의 주인공이다. 강철왕이라는 별명을 얻기까지 카네기는 뛰어난 판단력과 투지로 적절한 타이밍과 장소에서 막대한 부를 얻었다. 1901년, 카네기 철강 회사를 금융가 J. P. 모건John Pierpont Morgan에게 매각하고, 개인적으로 2억 2,500만 달러가 넘는 돈을 손에 거머쥐었다.

카네기 가족은 19세기 중반 스코틀랜드를 떠나 미국 산업 혁명의 중심지였던 피츠버그에 정착했다. 젊은 시절 카네기는 당시 신흥 산업이었던 전신과 철도 분야에서 일하며 경력을 쌓았다. 후에 업계 최고 경영자가 되어 임금을 낮추고 근무 시간을 늘려 노동자들의 반발을 사기도 했다(1892년 홈스테드 철강 공장 파업에서 노동자 10명이 목숨을 잃었다). 하지만 역설적이게도 카네기는 자기 재산을 공공의 복리를 위해 기부하는 방법을 찾으려고 애썼다.

공헌이 먼저다

카네기의 공익에 대한 관점은 가난한 어린 시절과 할아버지가 영향을 미쳤다고 볼 수 있다. 카네기의 할아버지는 공공 도서관이 없었던 시절 스코틀랜드 던펌린에 최초로 작은 도서관을 세운 사람이다. 카네기는 가난한 집안에서 자랐지만 책에 대한 사랑과 존경심은 어린 시절부터 깊게 각인되었다. 그래서 카네기가 도서관 건립에 큰돈을 기부한 것은 어쩌면 당연한 일이었다.

1868년 어느 저녁, 서른세 살의 카네기는 머물던 뉴욕의 세인트 니콜라스 호텔에서 노트에 자신의 목표를 적었다. '서른세 살에 연 소득 5만 달러 벌기!' 카네기는 이 **목표를 달성하기 위해 사업을 운영했고, 그 이상의 수익은 '자선기금'으로 쓰기로 했다.** 카네기는 35세에 은퇴하고 나머지 인생을 독서와 공부에 바치겠다고 다짐하기도 했다. 결국 그렇게 하지는 않았지만, 그전부터 자선가가 될 준비를 했음을 보여준다. 카네기는 독서와 공부를 통해 얻은 지식이 진정한 가치를 가진다고 믿었다. 좋은 삶은 사람의 마음을 열어주며, 돈만으로는 좋은 삶이 만들어지지 않는다고 생각했다.

학교를 오래 다니지 못한 벤저민 프랭클린_{Benjamin Franklin}하고 비슷하게, 카네기도 고등 교육을 받지 못했다. 하지만 카네기는 '책을 읽는 사람이 리더가 된다'는 말과 깊은 지식과 풍부한 사유가 부를 만들어냄을 잘 알고 있었다. 카네기가 처음으로 기부한 도서관이 건설되었을 때, 도서관 측에서는 그의 문장(紋章)을 정문 위에 달아주겠다고 제안했다. 그러나 카네기는 거절하고, 대신 '빛이 있게 하소서'라고 쓰인 태양과 빛을 상징하는 명판을 걸어 달라고 요청했다.

《부의 복음》은 원래 〈노스아메리칸 리뷰〉에 게재된 에세이였는데, 영국에서 출판되면서 널리 알려졌다. 윌리엄 글래드스톤_{William Gladstone} 영국 전 총리도 〈펠멜 가제트〉에 이 에세이를 소개했다. 이 책은 겨우 몇천 단어로만 이루어져 있지만, 오늘날까지도 강력한 영향력을 발휘하고 있다.

자유, 불평등, 부

카네기는 에세이의 시작 부분에서 현대 세계에서 나타나는 거대한 부의 차이를 지적한다. 카네기는 당시의 일반적인 관점을 반영하며, 이 불평등은 세상의 자연스러운 질서이고, 적자생존의 법칙과 유능한 자들의 확장성을 명확하게 보여준다고 주장한다. 카네기는 운도 부를 결정하는 요소 중 하나라고 인정하지만, 자유로운 사회에서는 능력과 야망이 있는 사람은 자연히 부유해지고, 그렇지 못한 사람들은 뒤처지기 마련이라고 말한다. 모든 부는 건전한 개인주의와 창조와 노동의 자유에서 나오며, 자유 국가에서는 누구는 백만 달러를 벌 수도 있고 굶을 수도 있다고 말한다. 카네기의 경험에 따르면 이것은 당연한 일이다. 하지만 자본주의 체제가 직면한 중요한 문제는 이런 것이다. 만약 자본주의 체제가 소수에게 엄청난 부를 집중시키게 한다면, 그 초과분의 부는 어떻게 처리해야 할까? 일부 사람들은 '운 좋게 좋은 재능을 타고났다'고 할 수 있지만, **부가 기업을 통해 축적된 것이라도 대중의 지지 없이는 성공할 수 없다는 것도 사실이다.** 그래서 카네기는 엄청난 부는 결국 그것을 만들도록 도움을 준 사회에 속한다고 결론지었다.

재산으로 무엇을 할 것인가

카네기는 '죽을 때 재산을 짊어지고 갈 수 없다'는 분명한 사실을 지적하며 부자가 그들의 재산을 처분할 수 있는 몇 가지 방법을 말했다.

- 가족에게 상속한다.
- 사망한 후 공공재산으로 기증한다.
- 살아있는 동안 베풀고 나누어준다.

'가족에게 모든 돈을 남기는 것이 무슨 의미가 있는가?'라고 카네기는 물었다. 통계적으로 보면, **큰 재산을 상속받는 것은 상속자에게 좋은 일이라기보다는 나쁜** 일이 되는 경우가 많았다. 물론 가족의 재산을 성실히 운용하는 상속자도 있지만, 대부분의 부자의 자녀들은 열심히 일할 동기가 사라져 평범한 삶을 살았다. 일부는 거대한 재산 때문에 오히려 삶이 망가지기도 했다. 카네기는 아내와 딸들이 부족함 없이 살 수 있도록 해주고 싶었다. 하지만 아들들에게 많은 재산을 남기는 것은 신중하게 고려해야 한다고 생각했다.

카네기는 대부분 부모는 자녀의 삶을 걱정하기보다는 가문의 명예를 위해 재산을 상속한다고 말했다. 하지만 자신이 죽으면 명예도 소용없다는 것이다. 카네기는 부를 창출하는 과정에서 보여주었던 동일한 상상력과 근면성을 발휘해 생전에 재산을 나누어주는 편이 훨씬 더 좋다고 생각했다. 즉, 단순히 자선 단체에 기부하는 전형적인 자선 활동 방식을 지양하고 **자기 재산의 공익을 극대화할 방법을 스스로 적극적으로 찾아야 한다**는 뜻이다.

재산을 어디에 사용할 것인가

카네기는 가난한 사람에게 곧바로 돈을 주는 것은 돈을 낭비하는 일이라고 생각했다. 그들은 돈을 '도박'이나 '불필요한 것'에 쓸 가능성이 크다고 보았다. 카네기는 한 **개인이든 민족이든 구호 활동으로 발전을 기대하기는 어렵다**고 강조했다. 자원은 스스로 노력하는 이들이나 정부가 진행하기에는 자금이 부족한 가치 높은 공익사업에 쓰여야 한다는 것이다.

 카네기는 사업가의 기부금을 받을 만한 분야를 열거했다. 목록에는 대학교, 도서관, 공원, 박물관, 미술관, 병원, 콘서트홀, 수영장, 교회 등이 올라가 있다. 부가 '사람들 각자에게 소액으로 분배되는 경우보다 소수의 손에 쥐어지는 것이 훨씬 더 강력한 힘이 되어 전체 인구의 삶을 고양시킬 수 있다'고 생각했다. 카네기는 (전 세계 5,000여 곳의) 공공 도서관과 평화 재단에 많은 재산을 기부한 것으로(그는 1차 세계대전을 막기 위해 할 수 있는 모든 노력을 다했다) 유명해졌다.

 뉴욕시에는 이미 존 제이콥 애스터와 제임스 레녹스가 기부한

도서관들이 있었고, 이들은 새뮤얼 J. 틸던Samuel J. Tilden의 기부금
도 합쳐져서 유명한 뉴욕 공립도서관이 되었다. 카네기는 틸던,
쿠퍼Cooper, 프랫Pratt, 스탠퍼드, 밴더빌트Vanderbilt 가문 등의 다른
자선가들에게 존경의 마음을 표현했다.

함께읽으면좋은책 P. T. 바넘《부의 황금률》, 론 처노《부의 제국 록펠러》

톰 버틀러 보던의 한마디

부자들은 언제나 성경 구절에서 길을 찾기를 좋아한다. "부자가 천국에 들어가는 것
보다 낙타가 바늘구멍을 통과하는 것이 더 쉽다." 그러나 카네기는 씁쓸하게 '부자가
천국에 가는 것이 아주 어렵다는 뜻'임을 인정하며 이 경고에 이의를 제기하지 않았
다. 카네기가 쓴《부의 복음》에는 부자로 죽는 것은 '불명예스럽다'라는 깨달음과 함
께 예수님 말씀의 온전한 의미가 담겨 있다.

일각에서는 '수많은 이들에게 하찮은 돈을 나누어주는 것보다 지혜롭게 소수에게 큰
돈을 쥐어 주는 편이 사회에 훨씬 더 큰 도움이 된다'는 카네기의 태도가 가부장적이라
고 보기도 한다. 그럼에도 카네기는 인류 전체의 번영에 있어서, 개인은 그다지 중요
하지 않다는 믿음을 솔직히 드러냈다. 여기서 개인에는 그 자신도 포함되어 있었다.

우리 시대 최고의 갑부인 소프트웨어 황제 빌 게이츠(Bill Gates)와 투자자 워런 버핏
(Warren Buffett)은 모두《부의 복음》의 영향을 받았다. 지금까지 빌앤드멜린다(Bill
and Melinda) 게이츠 재단에 기부된 금액은 역사상 최대 기부금을 기록하고 있다. 해
마다 수십억 달러를 의미 있는 목적에 쓰고 있으며, 대부분이 건강 및 교육과 관련된
사업이다. 애틀랜틱 필랜스로피 (Atlantic Philanthropies) 재단을 만든 억만장자 척 피
니(Chuck Feeney) 또한 카네기의 책에서 영감을 받았다. 카네기는 큰 재산의 기부와
관련해 현대적인 기준을 세웠다고 볼 수 있다. 그리고 수백만의 사람들이 카네기가 세
운 도서관과 기관들을 통해 깨우침을 얻게 되었고 이것이 카네기가 남긴 훨씬 더 위대
한 유산이다.

BOOK
04

The Visible Hand

경영자는
문명 설계자
《보이는 손》

"경제학자뿐만 아니라 역사가는 근대 기업의 부상이 초래할 결과를

예측하는 데 실패했다. 그들은 근대 기업을 등장시킨 기업가들을

연구했지만 분석적 차원보다는 도덕적 관점에서 바라보는 데 그쳤다.

미국 경제에서 새로운 경제적 역할을 맡은 경영자에게는

거의 주목하지 않았다."

앨프리드 챈들러 Alfred Chandler

1918년 델라웨어에서 태어났다. MIT와 존스홉킨스, 하버드대학, 하버드 경영대학원에서 교수로 재직했다. 챈들러는 초기의 철도 경영과 화학 및 제약 산업, 가전제품 및 컴퓨터 산업을 중심으로 경영 전략과 경영사에 대한 폭넓은 집필 활동을 했다. 1962년《전략과 구조》로 토머스 뉴커먼 상,《보이는 손》으로 토머스 뉴커먼상, 퓰리처상과 밴크로프트상을 받았다.

앨프리드 챈들러는 1978년에 퓰리처상을 받은 《보이는 손》에서 수백만 개의 소규모 가족 경영 기업에서 대기업으로 바뀌는 미국 산업계의 변화상을 기술하고 있다. 경제사학자라면 누구나 알 수 있는 사실이었지만, 챈들러는 **근대적 기업이 '경제 활동을 조정하고 자원을 할당하는 차원에서' 시장의 역할을 대신하게 되었다**고 주장하며 독창적인 견해를 제시했다. 즉, 애덤 스미스Adam Smith가 말한 시장의 '보이지 않는 손'을 경영의 '보이는 손'이 대체한 것이다.

시장은 상품과 서비스에 대한 수요를 만들어냈다. 그러나 공급은 점점 근대의 관료적 구조 안에서 운영되는 기업의 몫이 되었다. 기업은 현재의 생산량과 유통량뿐만 아니라 미래의 상품과 서비스에 대한 공급량도 계획하고 결정했다. 이것은 **경영자 자본주의 시대가 시작되었다**는 것을 의미한다. 전문 경영인이 이끄는 대기업은 미국과 다른 선진 경제국의 정치·경제를 구성하는 핵심 요소가 되었다.

근대적 기업과 경영 간부: 변화와 도전

챈들러는 근대적 기업을 월급쟁이 경영 간부가 여러 다른 사업 단위를 관리하는 조직이라고 정의했다. 근대 기업은 각 사업 단위나 부서는 독립적인 회사로 운영될 수 있는 가능성을 가지고 있다. 이것은 가족이나 소유주가 한 장소에서 한 가지 상품이나 서비스를 제공하는 전통적인 가게, 공장, 은행과는 크게 다른 형태이다. **소유주와 경영자가 같은 사람이었던 옛날과 달리 이제는 소유권이 없는 여러 중간급 관리자와 경영 간부들이 수천 명의 노동자들을 책임지고 지도한다.** 예전에는 은행 관리자가 다른 지역으로 이사하면 다른 은행에서 일해야 했지만 이제는 같은 은행 내에서 전근할 수 있다.

소규모 가족 경영 기업은 시장 변화에 취약해서 현재의 가격과 시장 상황에 따라 생산량이나 투자를 자주 바꿔야 했다. 반면에 새로운 전문 경영 시스템을 적용한 대규모 기업은 여러 지역이나 국가에 걸친 다양한 시장의 수요를 충족시키기 위해 설계되어 있었다. 그들은 더 큰 시장 지분을 확보하고 특정 상품이나 서비스를 독점하는 경우가 많아서 시장의 영향을 덜 받았다. **대기업은 규모의 장점을 이용해서 소기업이 시장에서 했던 역할을 기업 내부로 가져오고 통합할 수 있었다.** 《보이는 손》에서 챈들러는 이런 변화를 자세하게 분석하고 있다.

놀라운 점은 이러한 변화가 일어난 속도다. 1820년대부터 1940년대까지 약 120년 정도의 기간 동안 미국 경제는 농업 중심에서 도시 산업 중심으로 바뀌었다. 미국 기업의 모습도 완전히 달라졌다. 경제학자는 이 변화에 적응하는 데 시간이 많이 걸렸다. 경제학은 여러 소기업이 시장의 수요에 따라 생산과 분배를 조절한다는 전제를 바탕으로 했기 때문이다. 지리적으로 넓게 퍼져 있고 많은 업무들을 내부에서 스스로 해결하고 있는 듀폰, GM, 시어스로벅Sears, Roebuck 같은 거대 기업은 경제가 실제로 어떻게 운영되는지에 대한 의문을 제기했다. 사실 전문 경영인이 이끄는 대기업이 나타났을 때, 경제학자는 그런 현상을 독점적 권력의 욕망에서 비롯된 예외적 현상으로 보고 별로 신경 쓰지 않았다. 그저 개별 기업을 조사하고 '악덕 자본가인지 산업 정치가인지' 즉, 선인인지 악인인지 판단하는 것을 더 선호했다. **챈들러는 경제학자와 역사학자 모두 근대 정치 · 경제에 큰 영향을 미친 '경영의 부상'이라는 중요한 변화를 간과했다고 주장한다.**

경영인의 커리어와 기업 성과: 장기적인 성장을 위한 연결

챈들러는 근대적 기업이 성공하고 확장할 수 있었던 한 가지 이유가 경영 구조가 기업의 수명을 연장해 준 덕분이라고 말한다. 전통적인 기업은 종종 기업 소유주가 세상을 떠남에 따라 사라지곤 했지만, 신흥 대기업은 개인에게 의존하지 않았다. 즉, '사람은 죽어도 조직과 일터는 남는다'는 것이다. 그렇다고 해서 경영인이 단기적인 이익만을 추구했던 것은 아니다. 챈들러는 경영인의 커리어가 기업의 성공과 연결되어 있기 때문에 장기적으로 좋은 결정을 내리면 그에 상응하는 보상을 받았다고 주장한다. 실제로, 경영인은 단기적 수익보다 미래 성장에 더 관심을 보였으며, (자신의 생활비를 대기 위해 정기 배당금을 바라는) 소유주보다 더 오래 조직에 남아 일했다고 챈들러는 말한다.

전문 경영인이 이끄는 대기업과 전통적인 기업 사이에는 또 다른 큰 차이점이 있다. 바로 채용 기준이 가족 관계나 자본이 아니라 능력과 경험에 따라 결정된다는 점이다. 챈들러는 듀폰 일가가 1차 세계대전 전까지 그들이 소유한 기업을 직접 운영했다고 한다. 그 후 전문 경영인이 기업을 인수하면서 듀폰가의 일원이라도 일류 공대를 졸업하고 듀폰에서의 근무 경력을 갖춘 사람만이 경영진이 될 수 있는 기회가 생겼다.

경영대학들이 생겨나고 경영이 전문화되면서 자격 요건이 높아지자, 근대적인 전문 경영인이 이끄는 기업은 특별한 가족 구성원의 지혜나 자본가의 욕심에 의존하는 기업보다 빠르게 앞서 나갔다.

미국 경영자 자본주의의 탄생: 규모와 내수 시장의 역할

챈들러는 영국의 산업 혁명이 세계에 큰 영향을 미쳤음에도 불구하고, 경영보다는 기술에 초점을 맞추었다고 말한다. 대형 은행의 지원을 받은 창업주 가족들은 능력 있는 관리자와 감독들을 고용하여 회사를 운영했다. 그러나 1820년부터 1940년대까지 생겨난 경영자 교육 프로그램은 미국에서만큼 발전하지 못했다. 챈들러에 따르면, 미국이 경영자 자본주의의 중심이 되었던 이유는 국가의 규모와 내수 시장의 특성 때문이었다. 미국 시장은

1900년에 이미 영국 시장의 두 배, 1920년에는 세 배였다. 게다가 미국 시장은 주요 유럽 국가보다 훨씬 빠르게 성장했으며, 더 동질화되었다(소득 수준이 유럽보다 평등했고, 사회 계급의 영향력도 낮았다). 마지막으로, 사회 정치적 독립체로서의 미국은 사업 방식이 고정되어 있지 않았고, 생산, 유통, 마케팅, 경영에 관련된 새로운 아이디어가 기술 혁신과 함께 빠르게 적용되었다.

관리에 집중한다는 것은 비용을 줄이고 생산성을 높인다는 것을 의미한다. 그래서 전통적인 사업 방식보다 수익률이 더 높아진다. 회사 내에서 많은 업무를 내부화하면 비용을 크게 절감할 수 있다. 제조 기업에서는 정규직 노동자를 고용하고 해고하는 비용을 줄일 수 있고, 영업, 마케팅, 유통 부서들은 시장 정보를 얻는 비용을 줄일 수 있다. 또한 공급 업체를 소유하면 생산 과정에서의 불확실성을 제거할 수 있다. 투입과 생산을 잘 관리하면 공장과 설비, 노동력을 보다 효율적으로 활용할 수 있다.

미국 기업의 변화의 핵심은 단일 상품을 대량으로 생산하고 그 상품 시장을 계속 확장해 준 신기술의 출현이었다. 챈들러는 기술과 새로운 시장이 새로운 형태의 기업을 만들어내는 힘이 되었다고 말한다. 인구가 빠르게 증가하고 미국 전역으로 퍼져나가면서, 전 지역에서 상품과 서비스를 생산하고 유통하는 데 관리와 조정의 역할이 강화되어야 했다. 1인당 소득의 상승으로 사람들은 대량으로 생산된 표준화된 옷감, 의류, 신발, 식료품, 제과,

담배, 가구, 약품, 보석, 식기 등의 새로운 상품을 살 수 있게 됐다. 생산 규모와 규모의 경제는 큰 기업에게 이익을 가져다주었고, 그중 많은 부분은 새로운 제품 라인 개발과 생산력 향상을 위해 재투자되었다. 이렇게 인구 증가와 임금 상승과 함께 소비재 생산 비용이 낮아지는 선순환 효과가 일어났다. 그리고 이런 추세는 주요 대기업의 시장 지배력을 더욱 강화했다.

시장 확장이 가져온 가장 큰 이점은 조직화(조정)였다. 한 국가 내에서만 운영되는 철도망과 달리, 승객과 화물을 장거리로 운송하는 대륙적인 철도망을 운영하기 위해서는 탁월한 관리와 조정 능력이 필요했다. 잘 운영하지 못하면 손실이 급속히 커지기 때문이다.

스탠더드오일Standard Oil이나 포드Ford와 같은 거대 기업은 자신들의 영업과 유통망을 구축하여 원자재 구매부터 매장 판매까지 생산 과정을 통제하는 데 성공했다. 조정 능력은 국가 전신 체계를 운영하기 위해서도 필요했다. 전신이 전화로 대체되기 시작할 때, 신기술에 적응할 수 있는 경영 체계는 이미 갖추어져 있었다. 위탁 판매를 하는 소상인은 대형 도매업자와 상품 딜러, 대규모 소매업체에게 밀려났다. 몇몇 국가에서는 소상인을 보호하기 위한 법률을 만들었지만, 체인점과 백화점이 큰 이익을 올리고 워너메이커Wanamaker, 크레스지Kresge, 현재 K-Mart, 스트라우스Straus, 울워스Woolworth는 유명한 브랜드가 되었다. 대규모 소매업체는 규모가 커짐에 따라 종종 자신들이 도매상 역할을 하기도 하고, 공급업체로부터 직접 재고를 구입하고 보관하기도 했다. 금융업에서도 규모의 중요성이 증가했다. 은행은 영업점을 확장함으로써 이미 구축한 중앙 집권화된 본사를 더욱 효율적으로 활용할 수 있었다.

전통적인 기업과는 완전히 반대되는 철도, 증기 기관, 통신, 에너지, 소매업, 금융 분야의 신생 대기업은 확장적 성격에 걸맞게 중앙 집권화 정책을 개발하기도 하고, 지역 사무소가 지역 상황에 맞게 자유롭게 대응할 수 있도록 재량권을 주기도 하는 등 두 가지 관리 형태의 훌륭한 조합을 보여주었다. 기업의 규모가 더 커질수록 생산성과 수익성은 더 높아졌고, 중간 관리자 이상의 직원들의 안정성은 보장되었다.

경영자 자본주의의 전 세계 확산: 경영 생태계의 성장

기업이 성장함에 따라 생존에 대한 압박감과 함께 경쟁 기업과의 시장 지분 경쟁에서 밀리지 않기 위한 부담도 커진다. **경영의 초점이 방어적인 조치에 치중되면, 그 결과는 소비자와 국가에게 최선이 아닐 수 있다.** 이를테면 19세기에 존재했던 개인 소유의 철도가 승객에게 여러 종류의 승차권을 구입하게 해서, 수차례 열차를 갈아타게 하는 등 혼란을 야기한 것을 그 예로 들 수 있겠다. 조명 및 운송용 연료를 표준화하여 공공의 혜택을 제공한 스탠더드오일은 경쟁자가 없는 시장을 만들기 위해 엄청난 양의 에너지와 돈을 쏟아부었다.

챈들러는 대규모 기업체에 대한 대중과 정부의 반대 움직임이 극심했다고 말한다. 이는 모두(특히 작은 사업체의 소유주, 공장주, 농부)에게 기회의 자유가 똑같이 주어진다는 미국의 가치에 반하는 것처럼 보였기 때문이다. 또한 새로운 경영 간부 계급은 대중이나 정치인이 아닌, 사장과 주주에게만 자신들의 행동이나 판단에 대해 해명하면 되었다. 그리고 대중적 분노는 이에 대응하기 위한 법적 제도를 마련했다. 그럼에도 대중의 반발은 미국을 비롯해 전 세계에서 거대 기업이 부상하는 것을 막는 데에는 별다른 힘을 발휘하지 못했다. **인구와 상품 및 서비스 수요의 증가로 말미암아 '경영 기술'은 이 수요를 충족시키는 데 있어서 제품 기술만큼이나 중요해졌다.**

미국 내수 시장의 상대적인 풍요로움이 증가함에 따라 대량 생산 기법의 개발이 거의 필수적이 되었다. 반면 규모가 작은 유럽과 일본 시장에서는 소매와 도매, 생산의 전통적인 구조와 경영 관리가 그렇게 빨리 바뀔 필요가 없었다.

2차 세계대전이 끝나고 시장이 확장되고 사회가 번영하면서 유럽, 일본, 미국 간에 있었던 차이가 줄었다. **경영자 자본주의는 경제 강국이 되고자 하는 국가라면 어디에서나 필수적인 조건이 되었다.** 챈들러는 "전문 경영을 위해 필요한 협회, 학술 잡지, 교육 기관, 컨설턴트 등이 모든 분야에서 생겨났다."라고 말한다.

(함께읽으면좋은책) 론 처노 《부의 제국 록펠러》, 앨프리드 P. 슬론 《나의 GM 시절》, 프
레더릭 테일러 《프레더릭 테일러, 과학적 관리법》

톰 버틀러 보던의 한마디

챈들러는 현대적 기업의 이야기에서 '더 강하고 큰 정부'의 역할이 중요하다고 강조한
다. 대공황과 2차 세계대전의 충격을 극복한 후, 정부는 케인스 경제학자의 영향을 받
아 정부 지출과 통화 정책을 통해 완전 고용을 유지하고 경제 수요를 안정시키는 데 노
력했다. 그러나 민간 부문은 힘이 있어도 수요를 조절할 수는 없었다. 그래서 또 다른
불황의 위기를 막는 것은 정부의 책임이 되었다. 대량 생산과 대량 유통 경제는 모든
것이 균형을 이루도록 하기 위해 그에 상응하는 큰 정부가 필요했다.

이는 이제는 **자본주의 문명이 아니라 경영자 문명이라는 점을 시사한다.** 가격과 시장
은 애덤 스미스가 말한 것처럼 자원이 어디에 할당되는 것이 가장 좋은지에 대한 중요
한 정보를 제공한다. 하지만 오늘날 소비자층의 규모와 다양한 상품 및 서비스를 고려
해 볼 때 우리를 먹이고 입히고 재우고 즐겁게 하기 위해서는 엄청난 조정 활동이 요
구된다. 큰 기업과 (그 기업의 이익을 보호하고 획득한 지적재산권을 강화해 주는 규제력을 지닌
환경 내에서 활동하는) 수천 명의 경영인이 존재하지 않는 상황에서 이러한 일들을 달성
한다는 것은 상상하기 어렵다. 보통 지적재산권은 연구와 설계, 기술에 막대한 투자를
한 결과로 생겨난다. 조지프 슘페터(Joseph Schumpeter)의 관측대로 경제와 사회의
규모가 더 커질수록 그러한 일들이 더 일상화되고 조직화되어 더 이상 개인 기업가의
일로 그치지 않는다. 부유한 국가에서는 기업가와 작은 기업의 소유주에 대해 감상적
인 시각으로 바라보는 경향이 있지만, 가난한 국가에서는 전문 경영과 대기업에 딸려
오는 고도의 전문성과 효율성을 기업가에게 기대한다.

BOOK
05

Titan: The Life of John D. Rockefeller, Sr.

거대 독점 기업이
과연 나쁘기만 할까?
《부의 제국 록펠러》

"록펠러는 동료들이 가장 당황할 때 유별나게 침착함을 유지했다……
선지자적 신념을 타고났으며 자신을 더 높은 목표를 달성하기 위한
매개체로 여겼다. 처음에는 사람들이 그의 활동을 오해하고 저항할
테지만, 그가 가진 생각의 힘과 진실은 끝내 승리할 것이라 믿었다."

론 처노 Ron Chernow

1949년 뉴욕 브루클린에서 태어나서 예일대학과 캠브리지대학에서 공부했다. 1980년대 중반 뉴욕의 20세기 펀드에서 금융정책 수석 연구원으로 일하면서, 경제사와 금융사 전문 저술가로서의 기반을 닦았다. 저서로 《금융제국 J. P. 모건》, 《알렉산더 해밀턴》, 전기 부문 퓰리처상을 수상한 《워싱턴》, 율리시스 S. 그랜트의 전기 《그랜트》 등이 있다.

론 처노는 미국의 대표적인 시사평론가 중 한 명이자 미국 최고의 비즈니스 전기 작가이다. 사실 처노는 존 록펠러John D. Rockefeller의 전기를 쓰라는 출판사의 제안에 별로 관심이 없었다. 이미 출간된 록펠러의 전기들은 이 거대 기업가를 '능력 있는 기계처럼 또는 악의적인 기계처럼' 묘사했고, 처노는 그렇게 인간미가 없는 사람의 부에 대해 몇 년 동안 연구하고 싶지 않았다.

그러나 어느 날 뉴욕에 있는 록펠러 기록 보관소에서 처노는 출판되지 않은 인터뷰 자료들에서 자신이 생각했던 것보다 더 흥미롭고 신비한 록펠러의 모습을 발견했다. 그의 인생은 '과도한 침묵과 비밀, 회피로 가득차' 있었다. 처노는 1950년대 이후 록펠러의 삶을 다룬 최초의 장편 전기를 쓰기로 하고, 친근하고 재미있는 할아버지 같은 록펠러의 말년 이미지 뒤에 숨겨진 것을 파헤치는 한편, 젊은 시절 록펠러의 탐욕스럽고 독점적인 면모를 캐내기로 했다.

성공을 위한 선천적 기질과 상상력

록펠러는 1839년 태어날 때 매우 운이 좋았다. 그는 남북 전쟁이 끝나고 산업이 번창하기 시작한 시기에 앤드루 카네기(1835), 제이 굴드(Jay Gould, 1836), J. P. 모건(1837)과 함께 성인이 되었다. 가능성이 무한한 시대였다. 록펠러는 뉴욕에서 침례교 복음주의자로 자라났다. 록펠러의 아버지는 매력적인 사업가였지만, 그

때문에 어린 시절에 여러 번 이사를 해야 했다. 아버지가 자주 출장을 가서 집을 비우자, 어머니는 록펠러를 가장처럼 대했다. 아버지는 결국 오하이오주 클리블랜드 근처에 있는 자기 누이 집에 가족을 맡기고, 다른 여자와 사귀어 재혼하게 된다. 록펠러는 평생 아버지의 거짓 행위들을 숨기기 위해 애를 썼다. 그러나 유전이 발견된 오하이오주는 성인이 된 록펠러에게 엄청난 기회를 제공했다.

록펠러는 뛰어난 학생은 아니었지만 숫자에 능했고 진지하고 고집스러운 성격 때문에 동급생들이 '사제'라고 놀렸다. 첫 직장은 클리블랜드의 무역 회사였고, 그곳에서 회계 보조로 일했다. 그리고 곧 식품과 곡물을 다루는 자신의 무역 회사를 설립했다. 1863년에는 부상하는 정유 산업에 진입했다. 작은 비용으로 정유 공장을 운영할 수 있어서, 미국 전역의 가정용 조명 연료인 등유를 생산하는 정유 사업이 유행했다.

록펠러는 겨우 25세에 클리블랜드 최대 정유 공장에 눈독을 들이고 있었고, 부유하고 교양 있는 집안의 딸인 세티 스펠먼Cettie Spelman과 결혼했다. 록펠러는 사회적 지위가 없었기에 스펠먼의 집에서는 이 결혼이 탐탁지 않았지만 록펠러는 집요하게 구애했다. 처노의 기술에 의하면 록펠러는 '사랑에 있어서도 사업을 할 때만큼 보통 사람들보다 장기적인 계획하에 확고한 의지로 밀고 나갔다'고 한다.

록펠러의 사업 동료들은 그의 (어머니에게서 물려받은) 과도한 절약 습관과 (아버지에게서 물려받은) 낭비 취향이 이상하게 혼합된 성격 때문에 곤란한 상황에 빠지기도 했다. '세심하게 모든 것을 통제하고 사업을 끊임없이 확장하며, 계획은 대담하고 실행은 조심스럽게 하자는 것이 록펠러가 사업을 할 때 지켰던 성공의 비결이었다'고 처노는 말한다. 예를 들어, 록펠러의 동료들이 더 신중하게 행동하기를 바랐을 때, 록펠러는 자신의 판단력에 매우 확신하고 사업 확장을 위해 은행에서 최대한 빌릴 수 있는 돈을 주저하지 않고 빌렸다.

품질과 효율성을 위한 독점: 록펠러와 스탠더드오일의 성공 비결

록펠러의 시대에는 사창가와 선술집, 도박장이 사회를 어지럽히고 있었고 석유 산업은 인기 있는 미개척 분야로 모두가 쉽게 돈을 벌고 싶어 모여드는 분야였다. **록펠러의 목표는 처음부터 석유 산업을 정돈하고 합리화하여 수익성 있는 산업으로 만드는 것이었다.** 법도 신도 존재하지 않는 이 사업을 독점하려 한 것이다.

정유 업계에서 그의 별명은 '스펀지'였다. 록펠러가 다른 사람들과 구별되는 점은 단순히 자신의 공장을 소유하고자 하는 것이 아니라, 전체 석유 산업과 현대 경제에서 그의 위치에 대해 큰 비전을 가졌다고 처노는 강조한다. 석유 산업을 지배하기 위해 장기적인 계획을 세우고 전략적 파트너십을 구축하기도 했다. 록펠러는 "스탠더드오일 컴퍼니는 언젠가 모든 원유를 정유하여 이 세상에 공급되는 모든 석유를 생산할 것이다."라고 클리블랜드의 한 사업가에게 말했다.

록펠러는 클리블랜드에 있는 작은 정유 회사들을 체계적으로 인수하기 시작했고, 페이퍼 컴퍼니를 만들어 몇몇 주요 정유사들과 철도 회사들과의 결탁을 쉽게 했다. 록펠러에게는 석유 산업에 공급 과잉과 '자살적'인 가격 경쟁이 일어난 시기에 카르텔을 만드는 것이, 석유 산업의 미래를 보장하고 발전시키는 유일한 방법이었다. 록펠러와 동료 헨리 플래글러Henry Flagler는 석유를 동부 해안으로 운송할 때 이리Erie 철도와 뉴욕센트럴 철도로부터 비밀스럽게 특별 운임을 받았다. 철도 회사들은 비용을 절감하고 수익을 증가시킬 수 있는 안정적인 대규모 거래를 하면서 자신들의 경쟁자인 펜실베이니아 철도에 대항할 수 있었기 때문에 기꺼이 운임을 할인해 주었다. 이런 유리한 협정 덕분에 스탠더드오일은 저렴한 비용으로 자신의 위치를 굳히고 미국 최대 정유 기업이 되었다. 록펠러는 이런 행위를 부당하다고 생각하지 않았고, 오히려 논리적인 문제로 보았다. 자신의 회사가 대규모 거래 계약을 제안하는데 철도 회사가 특별 운임을 주지 않을 이유가 있겠는가? 록펠러는 자신의 기업이 효율적인 대규모 첨단 기술 산업으로 성장하기를 바랐고, 그 목표는 전통적인 방식의 경쟁으로는 달성할 수 없는 것이었다.

록펠러의 생각은 거의 정답이었다. 스탠더드오일을 중심으로 한 정유업의 통합으로 인해 연구 개발에 많은 투자를 할 수 있게 되었다. 이에 따라 상품의 품질을 개선하고 일정하게 유지할 수 있었고, 동시에 정유 비용을 반으로 줄여서 소비자 가격을 낮출 수 있었다. **록펠러는 귀찮은 경쟁이 없어야만 품질과 효율성에 장기적인 투자를 할 수 있다고 생각했다.** 즉, 독점을 통해서만 혁신이 가능하다고 믿었고, 그렇게 하면 공공 서비스와 같은 역할을 하는 것이다.

시장 지배와 규제: 스탠더드오일의 성장과 도전

록펠러는 기업이 커짐에 따라 두 가지 무서운 시나리오를 대비해야 했다. 하나는 새로운 유전이 발견되어 시장이 석유로 넘치고 가격이 급락하는 것이다. 다른 하나는 새로운 유전이 발견되지 않고 기존의 유전이 고갈되는 것이다. 두 경우 모두 스탠더드오일이 기반 시설과 연구에 들인 많은 비용을 낭비하게 만든다. 그러나 록펠러의 경영진이 이 가능성들을 언급했을 때 그는 "주님께서 잘 해주실 거야."라고만 답했다. 1891년 록펠러는 정유 공정뿐만 아니라 원유 채굴을 위해 넓은 땅을 사서 미국 석유 생산의 4분의 1을 장악했다. 회사가 거대해질수록 비판 여론은 강해졌다. 그러나 대중의 공격을 받았던 문제들은 정당화되었다. 록펠러는 정치가 자신의 야망을 방해하지 못하게 막았다. 비록 그가 정치 기부금을 아끼긴 했지만 스탠더드오일은 자사를 지원해 주는 정치인을 '매수하는' 일에 반대하지 않았다.

스탠더드오일의 성장과 독점은 미국 대중에게 하나의 교훈을 주었다고 처노는 말한다. '아무런 규제가 없으면 결국 시장은 매우 불공정해질 수 있다'는 교훈이다. 시장에 관한 것은 자연스러운 것이 없다. 독점을 막는 법이 필요하다. 우리는 이제 독점 금지법을 당연한 것으로 생각하지만, 미국 자본주의의 초기에는 규제가 거의 없고 많은 부분이 면세였다. 록펠러는 소기업의 로비 활동을 경시했고, 그 결과 독점 금지법을 향한 소기업의 움직임을 막지 못했다. 1892년 그는 독점 금지법을 회피하기 위해 스탠더드오일을 20개로 분할하여 재구성했다. 그러나 독점 금지법은 규제력이 약했고, 뉴욕 브로드웨이 26번지에 본사를 두고 있는 스탠더드오일의 강력한 권력은 지속되었다. 1890년대에는 경제 침체와 함께 반자본주의에 대한 대중적 관심이 증가함에 따라 록펠러는 대중의 적대감을 받는 인물이 되었다. 그렇지만 조명용 기름과 윤활유의 수요가 계속되면서 스탠더드오일은 번영했다. 현금이 넘쳐서 더는 월스트리트의 은행에 의존할 필요가 없었다. 스탠더드오일 자체가 일종의 은행 역할을 하며 기업의 성장을 위해 자금을 지원했다. 결과적으로 다른 기업이 따라잡지 못할 만큼 성장했고 석유 제품의 가격을 낮추어 다른 기업이 경쟁에 나서기 힘들게 만들었다.

1907년 스탠더드오일은 미국에서 생산되는 등유의 87퍼센트를 생산했고, 미국 시장의 90퍼센트를 장악했으며, 세계 최대 석유 수출 기업이자 업계 2위 경쟁자보다 20배 큰 규모를 자랑하기에 이르렀다. 같은 해 시어도어 루스벨트 대통령은 반독점법 시행을 적극적으로 지원했고, 그에 따라 다수의 독점 금지 소송이 스탠더드오일을 상대로 제기되었다. 당시 60대였던 록펠러의 구속 가능성이 점쳐지고 있었다. 이 위기를 모면하기 위해 록펠러는 시카고 법정에서 기억력이 온전치 못한 노인처럼 행세했다. 하지만 대법원은 여기서 멈추지 않았고, 1911년 스탠더드오일을 서로 경쟁할 수 있는 작은 기업 34개로 해체할 것을 명령했다. 그러나 기업 해체가 이루어진 후, 기업의 주가는 급등했다. 자동차 시대가 도래하면서 기름에 대한 끝없는 갈망이 록펠러를 그어느 때보다 더 부자로 만든 것이다.

록펠러와 후손의 사회 참여와 자선 활동

스탠더드오일의 경영과 관련된 여러 일을 처리하고 의회 청문회와 법정에 출석하며 힘든 날들을 보내던 록펠러는 1890년에 몇 달 동안 사무실에 나타나지 않고 탈모증을 겪는 등 일종의 신경쇠약을 앓았다. 록펠러는 55세에 거의 은퇴했지만 사람들은 그가 여전히 경영을 주도하고 있다고 생각했다. 심지어 시카고대학을 설립하는 데 큰 기부금을 내고 재산을 나누어주기 시작한 후에도 비판가들은 그에 대한 비난을 그치지 않았다. 유명한 도축 산업 비판가인 업톤 싱클레어Upton Sinclair는 부도덕한 정유업을 폭로하려고 했고, 무정부주의자인 엠마 골드먼Emma Goldman도 비판자 중 한 명이었다. **록펠러는 대중과의 갈등, 더 나쁘게는 테러나 암살의 위험을 피하기 위해 그의 사유지에서 조용히 고립된 삶을 살았다.**

그는 미국 최고의 부자로서(1902년에만 면세 소득이 5800만 달러였다. 현재 환산하면 10억 달러가 넘는다) 매일 수천 통의 돈을 달라는 편지를 받았다. 필요한 경우에는 친절하게 답해 주기도 했지만 재산이 늘어감에 따라 책임감 있게 도움을 주는 유일한 방법은 체계적인 방식으로 대규모의 기부를 하는 것이라고 깨달았다. 록펠러는 청소년 때 처음으로 일을 해서 돈을 벌었을 때부터 자신의 소득에서 6~10퍼센트를 기부하는 자선가였다.

록펠러는 감리교 창시자 존 웨슬리John Wesley의 말을 따르며 다음과 같이 말했다. "주님께서는 제가 주변을 살피고 기부할 것임을 아시고 저를 선택하시고 부를 더해 주신 것 같습니다." 처노는 이런 생각이 록펠러가 양심의 가책 없이 열심히 사업에 몰두할 수 있게 해준 특별한 허가증이었다고 추정한다. **칼뱅파의 '소명' 의식은 자신이 일을 통해 얻은 모든 돈을 신이 주신 축복의 증거로 보는 것에서 비롯된다.**

시카고대학을 설립하고 흑인 대학에 기부한 것은 큰 자선 활동이었지만 이후 그가 1913년에 창설한 록펠러 재단을 통해 한 활동들에 비하면 서두에 불과했다. 록펠러 재단이 생기기 전에는 부자들의 자선 활동은 주로 작은 단체나 교향악단, 미술관에 자신의 이름을 붙이거나 학교나 고아원에 기부하는 정도였다. 하지만 록펠러가 만든 거대한 규모의 이 재단은 개인의 기분에 따라 이루어지는 자선 활동을 넘어서서 장기적으로 인류에 도움이 되는 방식으로 의료 연구와 교육에 초점을 맞춘 지식 창조에 투자할 수 있게 했다.

(함께읽으면좋은책) 앤드루 카네기《부의 복음》, 앨프리드 챈들러《보이는 손》, 월터 아이작슨《스티브 잡스》, 피터 틸《제로 투 원》, 애슐리 반스《일론 머스크, 미래의 설계자》

톰 버틀러 보던의 한마디

록펠러는 석유 산업을 현대적이고 효율적으로 만들고자 하는 목표를 달성했다. 수많은 사람을 고용한 것은 물론이고 상품의 품질을 높이고 소비자의 돈을 절약해 주었다. 사업에 대한 그의 탐욕이 없었더라면 현재의 록펠러 재단도 존재하지 못했을 것이다. 록펠러는 초창기 석유 산업에서 출혈 경쟁이 벌어지는 것은 누구에게도 도움이 되지 않기에 업계의 소기업을 모두 사들인 것은 공익을 위한 판단이었고, 산업이 성숙하기 위해서는 불가피한 행보였다고 바라보았다. 일각에서는 우리가 또 다시 대부분의 소득이 각 분야의 거대 독점 기업이나 서너 개의 과점 기업에게로 흘러 들어가는 불로소득 자본주의 사회에서 살아가고 있다고 반박할 수도 있을 것이다. 지배적인 플랫폼을 가지고 네트워크 효과를 누리고 있는 온라인 기업 분야가 그 좋은 사례다(구글과 페이스북의 세력을 생각해 보라). 그렇지만 피터 틸이《제로 투 원》에서 주장하듯이 **시장 독점이 대중에게 가져다주는 혜택은 꽤 클 수 있다.** 소비자는 선택권이 있음에도 다른 사람들이 사용하는 상품이나 서비스를 사용하고 싶어 하는 경향을 보인다. 사업 활동에서 가장 훌륭한 모범은 시장장악이 아니라 업계 표준을 세우는 것이다.

The Effective Executive

분명한 목표를 가져라,
성공은 따라온다

《피터 드러커의
자기 경영 노트》

"내가 어떤 기여를 할 수 있을까? 라고 자문하지 않는 경영자는

목표가 너무 낮을 뿐만 아니라 잘못된 목표를 겨냥하고 있을

가능성이 높다. 무엇보다도 그들은 자신이

조직에 할 수 있는 기여를 너무 협소하게 정의할 것이다."

피터 드러커 Peter Drucker

1909년 오스트리아 빈에서 태어나, 독일 프랑크푸르트대학에서 국제공법 박사 학위를 취득했다. 런던에서 은행과 보험 회사 등에서 일하다가 1943년 미국 시민이 되었다. 뉴욕대학에서 경영학 교수로 재직했으며, 1971년부터 클레어몬트대학원에서 사회과학 및 경영학 교수로 재직했다. 39권의 저서를 남겼으며 1975~1995년까지 〈월스트리트저널〉에 칼럼을 기고했다.

피터 드러커는 현대 경영학의 아버지로 불리며, 지식 사회와 지식 근로자의 개념을 제시하고, 다양한 분야에 걸친 깊이 있는 통찰력과 비전을 제공했다. 저서와 강연을 통해 기업, 정부, 비영리 단체 등 다양한 조직의 경영과 변화에 대한 방향과 원칙을 제시하고, 개인의 자기관리와 자기계발에 대해 조언했다. 2002년 90대의 나이에 조지 W. 부시 대통령으로부터 자유 훈장을 수여 받았다. 그만큼 그의 이론과 실천은 20세기 후반부터 21세기 초까지 많은 변화와 혁신을 이끌었으며, 오늘날에도 많은 사람에게 영감과 가르침을 주고 있다.

피터 드러커에 의하면 100년 전까지만 해도 대부분의 사람은 계급이나 사회적 지위를 기반으로 일자리를 구했다. 그 자리에서의 '목표 달성 능력'은 우리가 생각하는 것보다 훨씬 덜 중요했다. 하지만 오늘날 우리는 능력주의를 기반으로 작동하는 조직 사회에서 살아가고 있다. 어디에서 일하든 우리는 끊임없이 업무 성과와 실적을 추적당하고 있다. **우리가 맡은 일에서 얼마나 목표를 달성했는지가 중요해졌다.**

경영자란 무엇인가? 전략적 사고와 실행 능력

드러커가 살던 시대에는 목표 달성 능력이란 개념이 거의 없었다. 어떤 일이 잘되어가고 있는지 실제로 신경 써야 했던 사람들은 소수였고 다수는 맡은 업무에서 목표를 달성하기만 하면 되었다.

진정한 경영자는 지위나 보고서 숫자에 연연하지 않는다고 드러커는 말한다. 그들은 **본질적인 방법으로 조직이 목표에 다가갈 수 있도록 일하고 있는지 여부에 신경 쓴다.** 이를테면 기업이 앞으로 나아갈 방향을 보여주는 상품을 개발하는 연구소를 운영하거나 시장의 변화 방향을 분석해 똑똑한 전략을 내놓는 등의 일이 말이다.

일어나고 있는 상황에 대응해 '수많은 결정을 신속하게 내리는' 경영자가 훌륭한 경영자라는 말을 들어본 적이 있을 것이다. 하지만 드러커는 이것이 잘못된 인식이라고 말한다. 훌륭한 경영자의 임무는 '급한 불을 끄는' 것이 아니라 조직과 조직의 목적을 정의하는 아주 중요한 몇 가지 결정을 내리는 것이다. 이런 결정들은 오랜 숙고 끝에 천천히 내려진다. **훌륭한 경영자는 어떤 사안에 즉각적으로 반응하기보다는 항상 전략적으로 고민한다.**

드러커가 수많은 기업에 컨설팅을 제공하며 발견한 사실은 '목표 달성에 최적화된 성격'이란 없다는 것이다.

시간: 우선순위 결정

목표 달성 능력을 갖춘 경영자는 그들이 시간을 어떻게 사용하고 있는지 확실히 알고 있다. 그들은 온전한 자신만의 시간을 열성적으로 지켜낸다.

목표를 달성하는 사람들은 우선적으로 시간 배분에 신경 쓴다.

시간은 공급이 가장 부족한 자원이기 때문이다. 더 많은 자본이나 적합한 인재는 항상 구할 수 있지만 시간은 어디에서도 구할 수 없다. 드러커는 '시간을 세심하게 잘 활용하는 것만큼 목표 달성 경영자를 잘 구분해 주는 특징은 없다'고 말한다.

대부분의 경영자는 아무런 실질적 가치도 창출하지 않지만 그들의 자리에서 요구되는 일을 하는 데는 많은 시간을 들여야 한다. 중요한 일을 할 때는 시간의 상당 부분(이를테면 보고서 초안 작성을 위해 6~8시간)을 따로 떼어놓아야 한다. 2주 동안 매일 15분씩 보고서를 쓰는 것과는 다른 문제다. 마찬가지로, 이런저런 일로 부하 직원에게 10분씩 할애하는 것으로 친밀한 관계를 형성하기는 힘들다. **중요한 관계를 형성하고자 한다면 각 구성원에게 한 시간 이상은 할애해야 한다.** 조직 내에서 그들의 역할을 어떻게 보고 있는지와 업무 성과를 높이려면 무엇을 해야 하는지 등을 논의할 수 있도록 말이다. 반대로 고위 간부의 직무로 여겨지지만 사실상 지엽적인 일이라서 다른 사람이 할 수 있는 일들도 많이 있다. 예를 들면, 젊은 직원에게 출장 업무를 주면, 직원은 그 상황을 즐기며 회사 생활의 단조로움에서도 벗어날 것이다.

목표 달성 능력을 가진 경영자는 그의 20퍼센트의 시간이 회사의 80퍼센트의 결과물을 창출한다는 사실을 잘 알고 있으므로 그 시간을 열성적으로 수호하려고 한다. 일부 경영자는 일주일에 하루 재택근무를 하기도 한다. 또 전화 통화와 회의를 모두 오후로 미뤄서 잡는 이들도 있다. 중요한 것은 장기적으로 중요하지 않은 일에 시간을 허비하지 않고, **조직의 앞날을 결정할 크고 중대한 문제들에 두뇌와 통찰력을 발휘해야 한다**는 것이다. 결국 이것이 경영자가 급여를 받고 고용된 이유다.

공헌: 경영자의 역할과 가치

대다수의 경영자는 자신이 낸 결과가 아닌 자신의 노력에 초점을 맞춘다고 드러커는 말한다. 그들은 조직을 위해 그들이 공헌한 일을 생각하며 자신의 지위와 권위에 대해 항상 자각하고 있다. 누군가 회사 내에서 그들 직위의 필요성을 따지면 그들은 "300명의 영업 인력을 책임지고 있습니다."라고 답한다. 또는 "기술부를 이끌고 있어요."라고 말한다. 그 말이 사실일지도 모르지만 목표 달성 능력을 갖춘 경영자는 이렇게 대답할 것이다. "고객이 앞으로 필요로 할 상품이 무엇인지 찾아내는 일을 하고 있습니다." 효율적인 경영자는 자신이 행사하는 권력을 생각하기보다는 확실한 목표에 따른 자신의 성과를 측정한다. **목표를 달성하는 경영자는 끊임없이 이렇게 묻는다. "내가 이 조직에 기여할 수 있는 일이 무엇일까?"** 그들은 하루 일과를 시작할 때 '오늘은 10시간을 일해야지.'라고 생각하기보다는 '오늘은 그 업무를 마무리해야겠어.'라고 생각한다.

경영자가 실패하게 되는 가장 공통적인 원인은 새로운 일에 적응하는 능력의 부족이다. 그러나 경영자가 일을 시작할 때 "내가 무엇을 기여할 수 있을까?"라고 묻게 되면 그는 큰 영향력을 미칠 일 한두 개에 집중하게 될 것이다. 설사 새로운 것을 배워야 한다거나 그들의 방식을 바꿔야 해도 말이다. 결과에 초점을 맞추게 되면 경영자는 자신이 특히 잘하는 일에서 벗어나 조직 전체의 목표를 생각하게 된다.

경영자가 공헌에 초점을 맞추고 있으면, 그 조직의 모든 사람의 기준은 자동적으로 올라간다. 그들은 사소한 일에 마음을 빼앗기는 대신 지속적으로 더 높은 목표를 인지하고 그것을 향해 일한다. 공헌에 집중하는 태도는 경영진이 사건과 위기에 대응하는 하루하루의 소용돌이 속에서 살아가지 않아도 되게 해준다. 이는 훌륭한 팀을 조직하는 데 있어 가장 필수적이다. 분명한 목표가 없으면 아무도 협조하지 않을 것이기 때문이다.

강점: 강점이 있는 인재를 적재적소에

어떤 사람이 잘하지 못하는 부분에 초점을 맞추는 것은 '인적 자원의 낭비가 아니라면 오용'이라고 드러커는 말한다. 오늘날 업무 평가는 그 사람의 약점을 판단하는 기회이자 상사와 직원 사이의 관계를 갉아먹는다. 그렇지만 상사가 어떤 직원의 **약점은 보지 않고, 강점만을 알아보고 응원해 준다면** 그들은 상사를 위해 몸 바쳐 일할 것이다. 드러커는 규정대로 업무 평가를 하지 않는 경영자는 올바른 행동을 하고 있는 것이라고 말한다.

경영자의 직무는 단순하다. 어떤 한 가지 일을 '굉장히 잘하는' 사람들이 서로 협력하도록 조직화하는 것이다. 세무 일을 아주 잘하지만 사람들을 상대하는 데 재주가 없는 세무사가 있다면 목표 달성 경영자는 가급적이면 이 세무사가 사람들을 상대하지 않아도 되게끔 보호막을 쳐주고(조직에는 사람을 상대를 잘하는 다른 사람들이 있다) 그의 본업에 충실하게 한다.

드러커는 어떤 직무에서 자신이 최고의 인재임을 보여준 사람만을 승진시키라고 조언한다. 그 사람이 '나이가 너무 어리다'거나 '조직원에게 받아들여지기 어렵다' 해도, 또는 '현장 경험이 없는 사람을 그 자리에 임명한 적이 없어서' 내부 방침에 어긋난다 해도 상관없다. 그와 반대로 **일을 열심히 하지 않는 사람은 전체 조직을 오염시킬 것이므로 냉정하게 조직에서 제외시켜야 한다.** 사람에 대한 평가는 금물이며 오로지 그 역할에 적합하지 않은 사람이었다고 생각해야 한다.

목표를 달성하는 경영자가 되기 위해서는 아랫사람의 강점을 살려주기 위해 노력할 뿐만 아니라 상사의 강점을 살려주기 위해서도 노력해야 한다. 만약 상사가 숫자에 강하다면 당신의 제안을 뒷받침할 방대한 양의 데이터를 제시하라. 상사가 이해 관계자들과 집무실 내에서만 의사결정을 한다면 그가 읽지 않을 긴 보고서는 작성하지 마라.

집중: 변화를 선도하는 용기

조직의 새로운 리더는 기존의 절차를 따르면서 조직이 당면한 '반드시 해야 하는 일'이 무엇인지 분석해서 보여줄 수도 있을 것이다. 하지만 **새로운 리더에게 필요한 것은 분석이 아니라 용기다.** 최고의 기업이 될 수 있는 하나의 최우선 사업이나 기회에 모든 노력을 집중할 용기가 필요한 것이다. 그게 아니라면 대안은 다른 기업이 이미 좇고 있는 목표를 추구하면서 평범한 후발 주자가 되는 것이다.

하나의 최우선 사업에 모든 노력을 집중한다고 해서 경영진이나 리더의 유연성이 떨어지는 것은 아니다. 사실은 이것이 달성되는 즉시 조직은 또 다른 우선순위로 재빨리 옮겨갈 수 있다. 목표 달성 경영자는 가장 성과가 좋은 분야에 자원을 투입하고 이미 한물간 사업에는 자원 투입을 중단하면서 항상 미래에 집중하고 있다. 일부 법안이 지속적으로 자신의 존재 가치를 증명하지 못하면 자동 폐기되는 것처럼 민간 부문에도 이 논리가 똑같이 적용되어야 한다. **목표 달성 경영자는 오래된 것을 폐기하는 시스템을 구축한다.** 기업이 어떤 상품을 선구적으로 시장에 출시했다고 해서 그 상품이 계속 시장에 남아있어야 하는 것은 아니다. 신상품으로 대체하기 위해 해당 상품 또는 서비스를 폐기할 필요가 있다.

의사결정: 대안, 다각도 고려 및 종합적 판단

목표 달성 경영자는 몇 가지 올바른 근본적인 의사결정을 내리는 데 많은 시간과 노력을 투자한다. 의사결정과 관련해 일반적으로 가지고 있는 통념은 '먼저 사실을 파악하라'이다. 주장을 뒷받침할 만한 사실을 찾아내서, 의견으로 시작해 보는 것이 가장 좋다. 그리고 **다 같이 그 의견이 타당한 것인지 시험해 본다.** 결정은 판단이며 모든 판단은 불확실한 조건에서 내려진다. 따라서 다른 대안을 손에 쥐고 있는 것이 현명하다. 어떤 경우에는 현실을 직시하고 생각했던 계획을 모두 폐기하는 편이 목표를 달성하는 데 유리하게 작용할 수도 있다.

일반적인 통념상 좋은 의사결정은 합의에서 나온다고 본다. 하지만 사실은 그 반대라고 드러커는 말한다. **바람직한 의사결정은 대립되는 입장이 충분히 검토된 뒤 나오는 것이다.** 그렇게 할 때만이 올바른 판단을 내릴 수 있다. 많은 경우 의사결정은 이미 알려져 있는 것을 토대로 거의 '스스로 내려진다'.

의사결정을 내림에 있어 좋은 대안은 아무런 행동도 하지 않는 것이다. 어떤 결정의 결과가 너무나 많은 부정적 효과를 가져다주는 충격이 되는 경우가 많다. 그래서 드러커는 **의사결정의 이점이 확실하게 손실을 능가할 때만 행동에 나서야 한다**고 말한다. 하지만 **결정이 내려졌을 때에는 결코 주저하거나 타협해서는 안 된다.**

드러커는 컴퓨터가 인간의 의사결정을 대신해 주지는 못할 것이라고 말한다. 인간이 전체적인 그림을 훨씬 더 잘 보기 때문이다. 논리적인 부분만 놓고 본다면 컴퓨터가 더 뛰어나지만 옳은 의사결정을 내릴 때 중요하게 고려되어야 할 취향과 의견, 가치, 그리고 더 중요하게는 인간관계와 관련된 요소를 컴퓨터는 고려할 수 없다. 그렇지만 드러커는 더 많은 사람이 데이터와 정보에 접근이 가능해질 것이므로 컴퓨터의 연산 능력이 인간의 의사결정 능력을 끌어내릴 것이라 예견하기도 했다.

(함께읽으면좋은책) 앨프리드 챈들러 《보이는 손》, 더글라스 맥그레고 《기업의 인간적인 측면》, 톰 래스, 배리 콘치 《스트렝스 베이스드 리더십》, 피터 센게 《제5경영》, 로버트 타운센드 《업 디 오거나이제이션》

톰 버틀러 보던의 한마디

드러커는 목표 달성 경영자가 되는 것이 세상을 뒤흔드는 성취가 아니며, 더 높은 목표가 분명히 존재한다는 사실을 기꺼이 인정한다. 마찬가지로 사회는 목표 달성 경영자를 그 어느 때보다 더 많이 필요로 한다. 현대인의 삶에서 중요한 역할을 하고 있는 기업을 경영할 경영자 말이다. 국가가 국민의 생활 수준을 유지하기를 원한다면 지식 노동자와 경영자를 그저 교육만 많이 받은 인재가 아니라 목표를 달성할 수 있는 인재로 길러야 한다. 우리는 경제 발전을 위해 조직이 번영하고 사회와 자신의 발전을 위해 사람들이 번영하도록 촉진해야 할 것이다. **조직은 개인을 필요로 한다.** 물론 개인도 배우고 잠재력을 발휘할 수 있는 조직이 필요하다.

BOOK
07

Steve Jobs

대중도
아름다운 제품을 가질 수 있다
《스티브 잡스》

"애플의 핵심 철학이 1984년 출시된 매킨토시부터

한 세대 후인 아이패드에 이르기까지 하드웨어와 소프트웨어의

종단 간 통합이었던 것처럼 스티브 잡스 또한 그런 통합성을 보였다.

그의 열정과 완벽주의, 신들린 능력, 욕망,

예술가적 기질, 지배권에 대한 강박은……"

월터 아이작슨 Walter Isaacson

1952년 뉴올리언스에서 태어났다. 하버드대학에서 역사학과 문학을 공부했고 옥스퍼드대학 로즈 장학생으로 철학, 정치학, 경제학 학위를 취득했다. 런던 〈선데이 타임스〉에서부터, 〈타임〉을 거쳐, CNN의 CEO를 역임했다. 《아인슈타인의 삶과 우주》, 《일론 머스크》 등 다양한 인물의 전기를 썼다.

월터 아이작슨은 〈타임〉이 발표한 '세계에서 가장 영향력 있는 100인'에 선정되었다. 현재 툴레인대학 역사학과 교수로 재직 중이며, 아스펜연구소의 대표이다. 스티브 잡스Steve Jobs가 처음 아이작슨에게 자신의 전기 집필을 제안했을 때 아이작슨은 거절했다. 〈타임〉의 편집장이었던 아이작슨은 세상을 떠난 지 오래된 인물들, 벤저민 프랭클린이나 알베르트 아인슈타인Albert Einstein 같은 이의 전기만을 집필했기 때문이었다.

하지만 아이작슨은 두 가지 이유로 마음을 바꾸었다. 잡스가 췌장암을 앓고 있어서 계속 일하기 힘들다는 점, 그리고 잡스의 삶이 기술과 인문학의 교차 지점에서 소진되었다(프랭클린과 아인슈타인의 삶이 그랬던 것처럼 말이다)는 깨달음이 들었기 때문이다.

아이작슨은 잡스와 40차례, 잡스의 가족과 친구, 동료, 경쟁자와도 수십 차례 인터뷰를 진행했다. 잡스는 아이작슨이 쓴 원고에 아무런 내용도 보태거나 부정하지 않았다. 잡스가 유일하게 단호한 입장을 보인 부분은 표지였다. 잡스는 알버트 왓슨Albert Watson의 황량한 흑백 사진과 야단스럽지 않은 제목의 표지를 선호했다. 애플의 제품처럼 단순함 그 자체를 원했다.

어디에서 시작되었나

잡스의 오랜 동료였던 델 요캄Del Yocam은 잡스가 생물학적 부모에게서 버림받은 경험 때문에 자신의 환경을 극도로 통제하게 만들었고, 그가 개발한 제품까지도 자신의 연장선처럼 여긴 것 같다고 추정했다. 잡스는 조앤 시블Joanne Schieble과 압둘파타 잔달리Abdulfattah Jandali 사이에서 1955년 태어나자마자 입양 보내졌다. 자신의 출생에 대해 깊은 불안감을 가지고 있었던 잡스의 양부모, 폴Paul Jobs과 클라라 잡스Clara Jobs는 그를 맹목적으로 사랑했다. 아이작슨에 따르면 잡스는 신들린 듯한 재능과 우월감으로 스스로 버림받았다는 느낌과 동시에 선택받은 존재라고 느꼈으며, 이것이 그를 참아주기 힘든 사람으로 만들었다.

잡스는 현재 실리콘밸리의 심장부인 팔로 알토 남부 마운틴 뷰로 불리는 새로운 구획에서 성장했다. 그 지역의 집들은 주택 개발자 조셉 아이클러Joseph Eichler가 건축한 것으로 단순하고 저렴하지만 잘 설계된 것이 특징이다. 잡스는 어느 날 그 오래된 집들을 바라보며 아이작슨에게 말했다. "이 집들을 보며 **과도한 비용을 들이지 않고 대중을 위해 무언가를 품위 있게 만들 수 있다**는 생각을 하게 되었고, 이것이 애플의 모든 제품에 영감을 제공했다."

어떻게 시작되었나

1970년대 초에 학교를 떠난 잡스는 밥 딜런Bob Dylan에 심취해 있었다. 과일만 먹으며 사과(그렇다, '애플'이라는 기업명은 여기서 나왔다)를 재배하는 공동체에서 시간을 보내는가 하면 동양 종교에 깊이 빠져들었다. 잡스는 대학 진학에 별로 관심이 없었지만 양

부모는 생모와의 약속을 지키고 싶었다. 그렇게 잡스는 오리건주 포틀랜드에 위치한 작지만 비싼 문과 대학 리드칼리지를 선택했다. 대학 생활 중 잡스는 람 다스(Ram Dass, 미국의 영적 지도자)의 《지금 여기에 살라Be Here Now》와 스즈키 순류(일본의 선불교 지도자)의 《선심초심》과 같은 책에서 많은 영감을 받았고 캠퍼스를 맨발로 돌아다니기도 했다. 그러다가 부모의 대학 등록금 부담을 덜기 위해 대학을 중퇴하고 인도로 여행을 떠난다. 잡스는 후에 그가 캘리포니아의 반체제 문화를 경험한 마지막 세대, 즉 선불교와 환각제로 길러진 세대였음에 운이 좋았다고 회상한다.

그러나 대다수의 히피가 컴퓨터를 빅브라더(독재 정부)의 도구로 여긴 것에 비해 잡스는 컴퓨터가 인간을 해방시키는 도구라고 믿었다. 아타리Atari라는 신생 컴퓨터 게임 회사에서 얼마간 근무한 후 친구 워즈니악Steve Wozniak의 뛰어난 회로 설계를 이용해 '개인용' 컴퓨터를 만들자는 아이디어를 생각했다. 놀랍게도 1975년에 키보드로 글자를 입력하면 그 글자를 화면에 띄워서 보여준 최초의 기계를 만든 사람이 바로 워즈니악이었다. 워즈니악은 취미로 프로그램을 개발하는 기술 커뮤니티에 그의 회로 설계와 노하우를 기꺼이 제공할 의향이 있었지만 **잡스는 직접 컴퓨터를 만들어 판매하자고 설득했다.** 전자제품 매장에서 주문을 받고 가족과 친구들의 도움을 받은 '애플 I' 컴퓨터가 잡스의 집 차고에서 조립되었다. 조립한 모든 제품은 팔려나갔고 본격적인 사업에 돌입했다.

그러나 차고 작업실을 애플 컴퓨터 주식회사로 탈바꿈시킨 것은 벤처 투자자 마이크 마쿨라Mike Markkula의 투자를 받아 개발된 하드 케이스로 덮인 전문적인 외양을 갖춘 '애플 II' 컴퓨터였다. 레지스 맥케나Regis McKenna의 뛰어난 마케팅 능력에 힘입어 애플 II는 개인용 컴퓨터 시장을 창출해 6년 동안 약 600만 대가 팔려 나갔다. 제품의 기술력과 이미지, 포장을 강조했던 마쿨라는 애플의 발전에 대단히 중요한 존재였다고 아이작슨은 말한다. 특히 **기업이 창출하는 모든 가치를 대중에게 '돌려야 한다'**는 생각은 중요하게 작용했다. 잡스도 애플 제품의 좋은 느낌과 아름답고 감촉이 좋은 포장 설계로 사용자가 애플을 사랑하게 만드는 데 마쿨라의 공로가 컸음을 인정했다.

주류 시장으로의 진출

많은 사람이 애플이 컴퓨터 스크린 모양과 레이아웃을 제록스의 것을 도용했다고 주장했다. 잡스와 그의 팀이 1979년에 제록스사의 연구소를 방문했을 때 크게 영감을 받았지만, 제록스는 '그래픽 기능을 활용한 사용자 중심의 인터페이스' 소프트웨어를 상업화하는 데에는 관심이 없어 보였던 것이 사실이다. 잡스는 그것을 보고 아주 혁명적이라 생각하고 기술 개발에 나섰다. 훨씬 더 사용하기 쉽고 가격이 저렴한 볼 마우스를 만들고, 오늘날 우리가 당연하게 여기는 컴퓨터 스크린에 창을 여러 개 띄워서 작업이 가능한 기능을 개발했다. 제록스는 1981년에 마침내 제록스 스타를 출시했으나 작동이 매우 느렸고, 가격이 1만 6,595달러로 누구나 쉽게 살 엄두를 내지 못할 만큼 비쌌다. 잡스는 애플이 그보다 훨씬 나은 컴퓨터를 훨씬 싼 가격에 출시할 수 있다고 믿었다. 그 결과가 바로 IBM을 악의 존재인 빅브라더로 등장시킨 슈퍼볼 광고로도 유명한, 1984년에 출시된 매킨토시Macintosh 다(사과의 품종 매킨토시McIntosh와 발음이 같다).

매킨토시는 일반 대중이 컴퓨터와 상호 작용하는 것을 훨씬 더 용이하게 해주었기에 소비자의 마음을 사로잡는 데 성공했다. 잡스는 컴퓨터 화면을 친근해 보이게 하려고 사람의 얼굴처럼 보이게 만들기도 했다. 그는 **최고의 제품은 소프트웨어와 하드웨어가 하나의 제품 안에 불가분하게 묶여 있는 독립적으로 '완전한 장치'여야 한다**는 신념을 가지고 있었다. 그는 프로그래머와 해커들이 자신의 입맛대로 변형해 제품이 오염되는 것을 원치 않았다. 잡스는 매킨토시 팀이 스스로를 예술가로 생각하기를 원했고, 심지어 출고되는 컴퓨터 회로판에 45명의 엔지니어들이 서명을 새기게 했다. 서체에 대한 그의 강박은 엔지니어들을 짜증나게 했으나 그에게는 이것이 하드웨어만큼이나 중요했다. 팀을 이끌고 맨하튼의 메트로폴리탄 미술관으로 가서 티파니Tiffany 작품 전시회를 보여주기도 했다. 그가 전달하고 싶었던 메시지는 얼마든지 아름다운 제품을 일반 대중에게 공급 가능하다는 사실이었다.

아이작슨은 잡스가 이룬 최고의 성취는 '포커스 그룹(신제품을 개발할 때 아이디어의 실행 가능성 등을 검토하기 위해 소수의 대상 고객으로 구성한 그룹-옮긴이)에 근거해 진보적인 제품을 개발한 것이 아니라 소비자가 필요하다는 사실을 아직 깨닫지 못한 완전히 새로운 제품과 서비스를 개발한 것'이라고 진단한다.

애플이 1980년에 기업 공개에 나섰을 때의 가치는 17억 9,000만 달러에 달했다. 300명에 이르는 직원들은 백만장자가 되었고, 잡스는 스물다섯 살 나이에 몸값이 2억 5,600만 달러에 이르렀다. 동료들이 대저택과 요트를 살 때, 잡스는 디자인이 훌륭하거나 아름다운 포르쉐Porsche, 보쉬Bosch 공구, 안셀 애덤스Ansel Adams의 사진 작품을 구입하는 것을 더 좋아했다. 잡스는 수행원을 대동해 여행한 적이 없으며 가사 도우미나 경비원을 둔 적도 없었다. 젊은 시절 반체제 문화에 심취한 적이 있었던 만큼 단순한 삶을 선호했다.

아름다운 기본으로 돌아가라

주식 시장에서 상한가를 치고 난 뒤 10년 동안 애플은 차차 개인용 컴퓨터 시장에서 IBM에 지분을 빼앗기고 있었다. IBM 컴퓨터는 마이크로소프트(이하 MS)와 계약을 맺어 MS의 소프트웨어로 구동되고 있었다. 잡스는 '잔뼈가 굵은' CEO 존 스컬리John Sculley와 애플이 나아가야 할 방향에 대해 의견 차이가 아주 컸다. 1985년 두 사람의 불협화음은 가시화되어 잡스는 애플에서 쫓겨나게 된다.

잡스가 애플을 나온 뒤 넥스트(NeXT, 네트워크에 연결된 사무용 컴퓨터)와 픽사(Pixar, 애니메이션 스튜디오)를 설립한 이야기는 그 자체만으로 한 권의 책이 될 만한 과정이었다. 브렌트 슐렌더Brent Schlender와 릭 테트젤리Rick Tetzeli의《비커밍 스티브 잡스》에서 이 시절의 이야기를 더 자세히 다루고 있다. 애플은 더는 훌륭한 제품이 아니라 수익성 극대화에 초점을 맞추게 되었고, 예상하듯이 재정 상황은 악화되었다는 것까지만 말해 두겠다.

잡스는 1997년 이사회가 적임자를 찾을 때까지 애플의 임시 CEO로 복귀했다. 하지만 일부의 강요에 의해 그 자리를 계속 유지하게 된다. 자녀도 더 태어나고 있었고 픽사에서 일하는 것을 즐기고 있었지만, 그를 애플로 복귀하도록 만든 것은 사업적 책략보다는 애플에 대한 애정이었다고 아이작슨은 말한다. 잡스는 (실패한 제품을 단종하는 한편) 신제품 개발을 통해서 애플이 무엇을 상징했는지 직원에게 상기시킴으로써 회사를 다시 바로 세워야 한다는 사실을 알고 있었다. 광고 대행사 TBWA 샤이엇데이ChiatDay의 리 클라우Lee Clow는 '다르게 생각하라Think Different'라는 콘셉트를 들고 나왔다. 아이작슨의 말에 따르면 '컴퓨터가 무엇을 할 수 있는지를 보여주기 위해서가 아니라 창조적인 사람들이 컴퓨터로 무엇을 할 수 있는지를 보여주기 위해' 그 콘셉트를 채택했다. 리처드 드레이퍼스_{Richard Dreyfuss}의 내레이션과 함께 아인슈타인, 간디, 피카소, 안셀 애덤스, 달라이 라마, 마사 그레이엄 Martha Graham 등의 얼굴을 차례대로 보여주며 "세상을 바꿀 수 있다고 생각할 만큼 정신이 나간 사람들이 실제로 세상을 바꾸기 때문이다."라는 메시지의 영향력 있는 광고를 완성했다.

잡스와 영국 디자이너 조너선 아이브_{Jonathan Ive}의 협업은 새로운 애플의 성공에 결정적인 영향을 끼쳤다. 둘은 디자인을 단순한 상품의 겉껍데기가 아닌 '인간이 만든 창조물의 본질적인 영혼이며, 이와 연결되어 있는 외피로 표현되어 나오는 것'이라고 여겼다. **어떤 상품이 제조되는 방식은 상품이 어떤 모습과 기능인지 만큼 중요하다. 완전한 상품은 순수함과 동시에 하나로 연결된 완결성을 지녀야 했다.** (기술에 예술을 더한) 이 디자인 개념은 아이맥과 아이팟, 아이폰, 아이패드를 컴퓨터 시장에서 타사 제품과 구분해 주는 차별점이 되었고 애플을 세계에서 가장 가치가 높은 기업으로 만들었다.

잡스의 이름은 200개 이상의 애플 특허 상품을 개발한 개발자들과 함께 나란히 이름을 올렸다. 그는 모든 아이맥에 포함되는 자기 전력 커넥터(이 커넥터는 아주 뛰어나고 사용 만족도가 높다)와 같이 세밀한 부분까지 깊숙이 관여했다. 잡스가 고집했던 또 하나의 원칙은 아이팟에 온 오프 버튼을 넣지 않는 것이었다. 사용자가 어느 버튼을 누르건 상관없이 누르자마자 작동하고 사용 중이 아닐 때는 자동으로 휴면 상태로 들어가야 한다는 것이다. 이 특징은 후에 모든 애플 기기에 적용되었다. 아이브는 아이팟이 헤드폰을 포함해 '순수한 하얀색'이어야 한다는 의견을 강하게 피력했는데, 이는 당시로서는 혁신적인 생각이었지만 잡스도 이를 지지했다.

잡스는 신상품을 개발하는 데 있어 기존 자사 제품의 매출 감소를 두려워하지 않았다. 애플에서 개발하지 않으면 다른 기업이 개발할 것이라 생각했기 때문이다. 그는 아이폰이 출시되었을 때 아이폰이 아이팟이 점유하고 있는 시장의 많은 부분을 가져가게 될 것이고 아이패드가 아이맥의 매출을 크게 감소시킬 것이란 걸 알고 있었다. 그러나 그에게는 애플이 새로운 시장을 창출할 제품을 시장에 선보이고 있는 이상 그것은 문제가 되지 않았다.

잡스는 두 번째로 애플을 경영하면서 더는 격정적인 선지자이기보다는 디자인과 기술력에 순수한 열정을 발휘하는 현실적인 경영자가 되었다. 동시에 상품 생산을 아웃소싱하는 냉철한 CEO이기도 했다. 잡스의 애플 재건은 상품에만 국한된 것이 아니라 훌륭한 기업을 건설하는 데 그 의미가 있었다. 잡스는 최고의 인재를 찾아내고 기술에서부터 디자인과 마케팅에 이르기까지 여러 부서가 협업하도록 만드는 데 많은 시간을 투자했다. 그래서 흔히 발생하는 부서 간 분열이나 사일로 효과(회사 내 다른 조직 구성원 사이의 정보 교환 부족 상황-옮긴이)를 방지하여 신제품이 모두 일관된 원칙하에서 나올 수 있도록 노력을 기울였다.

예술과 마법

상징성을 지닌 제품을 만들어낸 것에 더해 애플은 음악 다운로드 사이트인 아이튠즈iTunes로 기술 대기업의 성배라 할 수 있는 '플랫폼'을 구축하게 된다. 이제 수백만의 사용자는 애플을 신뢰하고 신용카드 정보와 이메일 주소를 제공한다. 잡스는 저작권 침해 시비의 위험성이 도사리고 있음에도 불구하고 아이튠즈 개발을 지휘했다.

잡스는 타사 브랜드의 제품과 자사 제품이 같은 매장에서 판매되는 것을 못마땅해 했다. 브랜드에는 전혀 관심이 없고 판매 수수료에 따라서만 움직이는 영업자들도 탐탁지 않았다. 컴퓨터는 자주 구매하지 않는 비싼 품목이기 때문에 사람들은 컴퓨터를 사기 위해 기꺼이 몇 마일의 거리를 운전해서 동네를 벗어난 곳에 있는 대형 유명 전자 제품 매장에 방문한다. 그러나 그는 훌륭한 기업이 하는 모든 일의 가치를 대중의 것으로 '돌려야 한다'는 마쿨라의 말을 되새겼다. 그는 애플 제품만을 판매하는 매장을 미국 전역의 주요 도시의 시내 중심가나 쇼핑몰이 위치한 곳에 열자고 이사회를 설득했다. 애플의 경영 간부인 론 존슨Ron Johnson이

시범 매장 기획을 완성했음에도 잡스는 그 사업에 깊이 관여했다. 매장 내부 가구 배치와 바닥재의 종류, 그리고 특징적인 계단 디자인에 집착하며 모든 최종 결정을 내렸다.

2017년 미국과 세계 전역에 걸쳐 애플 매장 498개가 생겨났다. 비록 애플 전체 수익에서 차지하는 비중은 극히 일부이기는 했지만 '**입소문이 나고 브랜드 인지도를 높임으로써 간접적으로 애플의 모든 상품의 판매를 촉진했다**'고 아이작슨은 말한다.

(함께 읽으면 좋은 책) 에릭 슈미트, 조너선 로젠버그《구글은 어떻게 일하는가》, 브래드 스톤《아마존, 세상의 모든 것을 팝니다》, 애슐리 반스《일론 머스크, 미래의 설계자》

톰 버틀러 보던의 한마디

아이작슨은 니체에게서 영향을 받은 잡스의 '현실을 바꾸겠다는 의지에 대한 믿음'은 아마도 위대한 기업가의 공통적인 특징일 것이라고 말한다. 충분하지 않은 것과 할 수 있는 것은 완수해야만 한다. 잡스의 사람을 홀리는 능력은 '현실 왜곡장(Reality Distortion Field)'이라는 용어를 탄생시켰다. 초기 애플 소프트웨어 개발자였던 버드 트리블(Bud Tribble)이 처음 사용한 용어이다. 잡스가 있을 때 사람들은 말도 안 되는 마감 기한에 동의하곤 했다고 트리블은 회상한다. 잡스가 그것을 가능해 보이도록 만들거나 사실은 근거가 없는 주장으로 다른 이들을 설득했기 때문이다. 그는 "이건 쓰레기야."라고 말하며 끊임없이 엔지니어의 작업물과 열망을 퇴짜 놓았다. 일부 엔지니어는 받아들이기 힘들어 했지만, 어떤 이들에게는 애플에서 일한 시간이 그들 인생에서 최고의 시간이었다. 잡스의 횡포에도 불구하고 그의 완벽주의는 엔지니어가 가진 재능을 최대한 끌어올려 주었기 때문이다.

The Art of the Start

사업은
의미를 창조하는 것이다

《당신의 기업을 시작하라》

"정확히 규정하라. 고객을 더 정확히 파악해라.

자사 상품이 틈새 상품이 되는 것을 두려워 마라.

성공한 기업은 세부 시장을 표적으로 시작해 다른 부분으로까지

확장하여 큰 규모로 성장했다. 처음부터 거창한 목표로 시작해서

그것을 달성한 기업은 거의 없다."

가이 가와사키 Guy Kawasaki

1954년 하와이 호놀룰루에서 태어났다. 스탠퍼드대학에서 심리학을 전공하고, UCLA에서 MBA를 취득했다. 현재 칸바(Canva)의 에반젤리스트, UC버클리 하스경영대학원 연구원이며, 위키미디어 재단의 이사회 임원이기도 했다. 저서로 《리얼리티 체크》, 《가이 가와사키의 시장을 지배하는 마케팅》, 《구글플러스》 등이 있다.

가이 가와사키는 소프트웨어 기업의 창립자이자 벤처 투자가, 과거 애플의 '에반젤리스트'로, 애플 마니아를 만들어내는 데 일조했다. 가와사키는《당신의 기업을 시작하라》를 집필하기 시작했을 때, 사업을 시작하고 싶어 하는 사람은 이론에 갇히기를 원치 않고 세상을 바꾸기를 원할 것이라 전제했다. 그래서 책의 목적은 '쓸데없는 소리는 최소화하고' 정말 유용한 정보만을 제공하는 것이었다. 가와사키가 전하고자 하는 첫 번째 통찰 중 하나는 기업가가 된다는 것은 직업적 타이틀보다는 마음가짐에 더 가깝다는 것이다. 그래서 실질적인 전략을 공개함과 동시에 심리학, 영성과 관련된 부분도 다루고 있다.

가와사키는 훌륭한 조직을 만들고자 하는 이를 위해 이 책을 썼다고 말한다. 기존의 기업 내에서 훌륭한 신상품이나 서비스를 시장에 내놓고 싶은 사람들도 여기에 포함된다. 또한 학교나 교회, 비영리 단체를 조직하려는 사람들도 포함된다. 조직은 돈을 벌기 위해 세워질 수도 있고 그게 아닐 수도 있다. 그러나 두 가지 경우 모두 의미 있는 존재의 이유가 있어야 한다.

새로운 일의 의미와 만트라

뭔가 새로운 일을 시작하기 가장 좋은 이유는 **의미를 창조하겠다는 생각**이라고 가와사키는 말한다. '의미'는 단순히 세상을 더 좋은 곳으로 만들겠다는 의미일 수도 있지만, 잘못된 것을 바로잡겠다거나 좋은 것이 사라짐을 막겠다는 의미일 수도 있다. 가와사키는 애플에 합류했을 당시, IBM의 타자기를 애플의 매킨토시 컴퓨터로 대체하겠다는 사명에서 의미를 발견했다. 나중에는 MS와 그들의 윈도우 운영 시스템을 앞지르겠다는 소망이 동력이 되었다. 가와사키가 말하고자 하는 핵심은 **아침에 당신이 출근하고 싶게 만드는 이유가 필요하다는 것이다.** 아침에 출근하는 것은 급여나 회사가 주는 혜택과는 별개로 아주 어려운 일이다.

세상은 기업의 지루한 '조직 강령들'로 넘쳐난다. 하지만 누가 그것을 기억하거나 믿는가 말이다. 가와사키는 그보다는 **조직의 의미를 압축해 놓은 만트라를 만드는 것이 훨씬 더 낫다고 말한다. 모든 사람이 그 기업의 의미가 무엇인지 알 수 있을 만큼 짧아야 하고 굳이 글로 쓰일 필요도 없다.** 예컨대 코카콜라의 기업 강령은 '코카콜라 컴퍼니는 만나는 모든 이들에게 유익함을 선사하고 기분을 전환해 주기 위해 존재한다'이다. 그러나 가와사키는 만약 코카콜라에 만트라가 있었다면 간단하면서도 기억에 강렬하게 남을 '세상을 새롭게 바꾸라'가 될 것이라 말한다. (실질적으로 직원들을 위해 존재하는) 만트라와 고객을 상대로 한 광고 문구(슬로건)에는 차이가 있다. 나이키의 광고 문구는 '그냥 해Just Do It'이지만 나이키의 만트라는 '믿을 수 있는 경기력Authentic Athletic Performance'이다.

가와사키는 조직에 꼭 필요한 인재를 모집하고 선발하는 데 필요한 여러 가지 조언을 주고 있다. 가장 핵심적인 조언은 설사 지원자의 자격이나 경험이 부족하더라도 조직의 의미, 또는 비전에 동조하는 지원자를 채용하라는 것이다. **훌륭한 기업은 성공 신화에 등장하는 한 사람의 개인이 아니라 이 '소울 메이트'를 통해 건설된다.** 기업에는 고위 책임자나 중심 역할을 하는 인물이 있지만, 조금만 더 깊이 들여다보면 꿈을 현실화해 준 사업 소울 메이트들이 있었다는 사실을 발견하게 될 것이다.

분명한 목표가 있어야 한다

가와사키는 좋은 사업 모델이 성공의 기초가 된다고 강조한다. 다른 부분에서는 끊임없이 혁신을 추구할 수 있지만 사업 모델(또는 돈을 버는 믿을 만한 방식)은 견실해야 한다. 가와사키는 보통은 이미 존재하는 사업 모델을 약간 변형한 형태이며, 열 단어 이내로 사업 모델을 설명할 수 있어야 한다고 말한다.그리고 가와사키는 **모든 성공한 대기업은 애초에 작은 시장에서 특정 고객을 대상으로 한 상품에서 시작해 성장했다는 점에 주목한다.** 그 상품 분야가 일반적으로 예상치 않게 다른 시장으로 확대되어 성장한 것이다. MS도 처음에는 아주 작은 시장(프로그래밍 언어인 베이직BASIC을 특정한 운영 체제에서 사용하는)에서 출발해 더 많은 잠재 고객과 제품으로 확대되었다. 가와사키는 이것이 진짜 성공으로 가는 길이라고 말한다. 처음부터 거대한 목표를 세우고 시작하는 것이 아니다.

가와사키는 조직 운영을 위해 목표Milestones, 가정Assumptions, 과제Tasks를 의미하는 MAT 개념을 제시한다. 훌륭한 조직을 만들기 위해서는 도달하고자 하는 분명한 목표가 있어야 하고, 사업 모델에서 중요한 부분을 차지하는 가정이 있어야 하며, 완수해야 할 과제가 무엇인지 알아야 한다.

실행과 집행이 중요하다

자본을 제공해 줄지도 모르는 자본가나 투자자에게 짧은 시간 내에 제품의 장점을 어필하며 굽실거리던 시절, 가와사키는 급진적인 제안을 한다. "제품 발표와 사업 계획에 집중할 것이 아니라 먼저 제품을 만들어 판매를 시작하라. 사업을 개시하기 전에 고객을 먼저 찾아라." 스타트업의 모든 사업 계획은 미지의 것을 기반으로 하고 있어 활용이 지극히 제한적이다. 과거 기록이 존재하지 않는 것의 미래를 예측할 수는 없다. 따라서 이때 중요한 것은 실행과 집행이다. 사업 계획은 사업에 관여된 사람들이 목표를 분명히 할 수 있는 계기를 마련해 준다는 이점이 있다. 투자자들도 사업 계획서를 요구하지만 사실 사업 계획이 투자자의 결정을 좌우할 가능성은 적다. 그들은 아마 일찌감치 마음을 정했을 터이고 사업 계획은 그저 입장을 확인하기 위한 용도일 뿐이다.

가와사키는 발표를 할 때마다 '당신 어깨 위에 작은 사람이 앉아있다'고 상상하라고 조언한다. 당신이 뭔가를 말할 때마다 그 작은 사람이 '그래서 어쩌겠다고?'라고 트집을 잡는 걸 상상해 보라. 이렇게 상상해 봄으로써 발표하는 내용이 자명하고 주목할 만하며 심지어 흥미롭다고 간주하는 실수를 방지할 수 있다. 또 한 뒷받침하는 사례를 덧붙여라. 사람들은 뭔가가 실제로 어떻게 작동하는지 알고 싶어 한다.

현금 확보가 가장 중요하다

벤처 투자자나 다른 투자자로부터 여유 자금을 투자받지 않고 소 자본으로 비용을 최소화해 사업을 시작하는 것을 부트스트래핑 Bootstrapping 이라 한다.

부트스트래핑으로 창업하는 경우 중요하게 고려해야 할 점은 **시장 점유율, 성장률, 추정 수익보다는 현금 흐름을 고려해야 한 다**. 적어도 사업 초반에는 장기적으로 더 수익성 있는 매출을 희 **생시켜서라도 정기적으로 현금이 유입되도록 해야 한다**. 그렇게 하기 위해서는 상품이 완벽하지 않더라도 가능한 한 빨리 상품을 시장에 출시해야 한다. 가와사키는 제품을 현재 상태로 부모님이 사용해도 되겠다고 판단한다면 소비자에게 판매하라고 말한다. 설사 한정된 시장에만 판매한다 하더라도 현금 수입이 발생할 것 이고 실제 소비자의 피드백도 들을 수 있다. 그래서 더 발전된 버 전의 제품을 더 빨리 내놓게 되는 것이다. 물론 제품의 평판에 흠집이 날 수도 있다. 하지만 아예 사업을 시작하지 않는 것보다는 제품의 평판에 흠집이 조금 나는 편이 낫다.

이렇게 함으로써 **결과와 실행에 초점을 맞춘 린**Lean **기업**이 되는 것이다. 가와사키는 많은 투자를 등에 업고 창업하는 것은 마치 스테로이드 약물과도 같다고 말한다. 처음에는 활력을 불어넣을 수 있지만, 기업을 죽음에 이르게 할 수도 있다는 것이다. 따라서 동원 가능한 현금으로 사업 자금을 대는 것이 바람직하다. 그러면 출발부터 강한 기업이 될 것이다.

마케팅의 법칙: 소비자의 자발적 홍보를 견인하라

생산하는 상품을 많이 팔기 위해서는 상품 자체가 효율적이고, 단순하며, 기능에 집중되어 있어야 한다. 피터 드러커의 말을 빌자면 "오직 한 가지에만 집중되어 있어야 한다. 그렇지 않으면 소비자에게 혼란을 주게 된다. 제품이 단순하지 않으면 팔리지 않을 것이다."

상품을 출시할 때의 키워드는 '전염'이다. 가능성 있는 잠재 시장에서 호응을 얻으려면 가격을 낮추거나 사용법을 더 쉽게 만들어서 **진입 장벽을 낮추어 더 많은 사람이 제품을 사용하고 그것에 대해 알 수 있게 해야만 한다.** 그러면 더 많은 사람들이 제품에 대한 흥미가 생기고, 언론의 관심을 끌어 회사에 대한 기사가 나가게 된다. 무료로 믿을 수 있는 광고를 하게 되는 셈이다.

사람들은 자신의 회사를 너무 심각하게 받아들이는 실수를 저지른다. 가와사키는 마케팅에서 '인간적인 면모를 보여주라'고 조언한다. 이를테면 마케팅 자료에 제품 사용자의 경험담을 싣거나 광고에서 사장을 우스꽝스럽게 연출하거나 젊은 소비자를 표적으로 광고하거나 일부 자원을 어려운 이웃들을 돕는 데 사용하는 것 등이 이에 해당한다. 가와사키는 또한 "친구가 필요해지기 전에, 당신을 돕기 전에 친구로 만들라."는 조언도 덧붙인다. 애플은 〈뉴욕 타임스〉나 〈포브스〉 같은 유수의 언론사 외에도 이름을 들어본 적도 없는 언론사의 기자들에게도 지원을 아끼지 않았다. 시간이 지나 이들 중 많은 기자들은 대형 언론사로 자리를 옮겼고 그들은 애플의 호의를 기억했다.

가와사키는 회사명을 지을 때 염두에 두면 좋을 사항들도 알려준다.

- 회사명은 알파벳에서 초반에 나오는 철자로 시작하는 것이 좋다. 그래야 어떤 목록에서든 항상 상위에 등장할 수 있다.
- 회사명에 숫자를 넣지 마라.
- 동사로 활용될 가능성이 있는 단어를 사용하라. 예를 들면, 제록스Xerox it, 구글Google her처럼 말이다.
- 소문자 사용 같은 일시적인 유행을 좇지 마라.

존경할 만한 사람이 되어라

'멘쉬Mensch'는 옳은 일을 하고 사람을 돕는 사람을 뜻하는 유대어다. 가와사키는 훌륭한 기업을 건설하고 싶다면 다른 이들에게 모범을 보이기 위해 높은 도덕적 윤리적 기준을 가지고 있어야 한다고 말한다. 사회적 합의를 준수하고 요구가 있든 없든 항상 받는 만큼 돌려줘야 한다는 것이다.

(함께 읽으면 좋은 책) 리처드 브랜슨《루징 마이 버지니티》, 벤 호로위츠《하드씽》, 에릭 리스《린 스타트업》, 하워드 슐츠《스타벅스, 커피 한 잔에 담긴 성공 신화》, 사이먼 시넥 《스타트 위드 와이》

톰 버틀러 보던의 한마디

부와 번영은 항상 아이디어에서 시작된다. 그러나 아이디어 하나만으로는 가치가 별로 없다. 가와사키가 지적하듯 기업이 좋은 출발을 하도록 만드는 기술은 실재적인 부분과 심리적인 부분이 결합되어 완성된다. 이런 종류의 경영서 중 독자에게 믿을 수 있는 사업 모델을 구축하고, 현금 흐름을 건전하게 유지하는 동시에, 의미를 창조하고, 좋은 사람이 되는 데 집중하라고 권하는 책은 많지 않다. 그럼에도 두 부분 중 하나라도 소홀히 한다면 사업은 분명 실패로 돌아가거나 기대한 결과에 미치지 못할 것이다. **장기적인 번영을 도모하기 위해서는 의미 또는 고결한 목적, 그리고 실재적인 사업 수완 두 가지 모두를 가지고 있어야 한다.** 《당신의 기업을 시작하라》를 반드시 읽어야 하는 이유는 바로 이러한 전체론적 관점에 있다.

이 책은 기술 산업에 초점이 맞추어져 있지만, 그럼에도 대부분 어떤 신생 기업에도 적용될 수 있는 내용들이다. 실제로 책의 소제목에서도 '새로운 일을 시작하는 사람을 위한 검증된 현장 지침서'라고 밝히고 있다. 여기서 말하는 '새로운 일'에는 자녀를 가지는 일 역시 포함된다. 가와사키는 책의 헌사에서 '아이는 스타트업의 정수라 할 수 있습니다. 나는 자녀가 셋이고 아이들이 나를 부자로 만들어줍니다.'라고 밝히기도 했다.

Shoe Dog

조깅과
실패가 불러온 대성공

《슈독》

"우리에게는 인간의 존재가 피를 만들기 위한 것이 아니듯이
사업이 돈벌이만을 위한 것이 아니다…… 모든 훌륭한 사업이
그런 것처럼 우리는 창조하고 기여하기를 원했고 감히 그렇게 했다고
자신 있게 말한다. 우리는 장대한 휴먼 드라마를 연출하고 있다."

필 나이트 **Phil Knight**
1963년에 오리건대학 졸업 후 일본 오니츠카(Onitsuka)의 운동화를 미국에서 독점 판매하
는 독립 판매원으로 시작했다. 1964년에는 현재의 나이키의 전신인 블루리본스포츠(Blue
Ribbon Sports)를 창립했다. 나이트는 열정적인 사업가로서 운동화에 대한 열정과 혁신적
인 마케팅 전략을 통해 나이키를 글로벌 스포츠 용품 기업으로 성장시켰다.

나이키 창업자이자 〈포브스〉 선정 자수성가한 억만장자 필 나이트는 나이키에 대한 수많은 연구가 이루어졌음에도, 나이키 초창기 시절의 정신은 전혀 다루고 있지 않거나 정작 중요한 사실을 빠뜨렸다고 말한다. 나이트가 스스로 잘못된 판단이었다고 인정한 무수히 많은 결정을 그럴듯하게 얼버무린 경우도 많았다. 그 결정들은 회사의 생존을 위협하거나 수백 명을 정리 해고하는 결과를 낳기도 했다. 이것이 바로 나이트가《슈독》을 집필하게 된 동기다.《슈독》은 미국, 영국 아마존 분야 1위, 〈뉴욕타임스〉 21주 연속 베스트셀러가 되었다.

나이트는 보통의 CEO들에 비해 사려 깊은 인물이며,《슈독》은 아마도 대다수의 경영서와는 다르게 느껴질 것이다. 나이트는 때로 철학자 같기도 하고 심지어 형이상학적인 발언을 하기 때문이다. 책에서는 드라마 같은 나이키의 이야기가 생생하게 펼쳐지고 글 자체도 재미있다. 나이트는 원고를 2007년에 거의 완성했지만 책은 2016년이 되어서야 출간되었다. 책 작업을 하던 중 가정사가 겹쳐 수년에 걸쳐 원고를 마무리한 것으로 보인다.

《슈독》은 1962년부터 나이키가 주식을 상장한 1980년까지 이어지도록 연대순으로 구성되어 있다. 이는 적절한 접근 방식이었던 것으로 보인다. 기업은 몇 명의 핵심 인물들이 어떤 사명감으로 의기투합해 새로운 문화를 창조해 내는 초창기의 이야기가 가장 흥미진진하기 마련이다. 실제로 나이트는 나이키를 성공적인 기업으로 만드는 일에 몰두하고 있었지만 그 과정 또한 즐겼다. 그리고 **나이키가 겪어온 부침을 독자들과 공유해 어딘가에서 동일한 도전과 시련을 겪고 있는 젊은이들이 영감과 위안을 받기를 바랐다.** 또는 그들에게 경고하고 싶었다.

나이키의 성공 과정을 자세히 들여다보는 일은, 초창기에 회사가 겪은 어려움과 1980년에 기업 공개에 성공할 때까지도 불안정했던 상황을 보여준다는 차원에서 그럴 만한 가치가 있다. 힘든 시기 나이트를 지탱해 준 것은 주어진 소명을 따르고 있다는 마음가짐이었다.

필 나이트와 블루리본의 탄생

1962년 나이트는 24살에 부모와 함께 살기 위해 오리건주로 돌아왔다. 그는 규칙을 어겨본 적도 반항해 본 적도 없는 순수한 청년이었다. 오리건대학을 졸업한 후 1년간 미 육군에서 군 복무를 하고 스탠퍼드 경영대학원에 들어갔다. 나이트는 항상 훌륭한 운동선수가 되고 싶었고 오리건대학의 육상팀에 들어가 전설적인 코치 빌 보워먼Bill Bowerman의 지도를 받았다. **나이트의 선수로서의 재능은 대학 육상팀을 넘어서지는 못했지만 스포츠 경기의 들뜬 분위기 속에서 살 수 있는 길을 궁리했다.**

스탠퍼드 경영대학원을 다니던 시절 나이트는 경영자 과정 수업을 수강했고, 일본의 카메라가 미국 카메라 시장을 침투해 들어왔던 것처럼 일본의 운동화가 언젠가는 미국 시장을 석권하게 된다는 주제를 연구했다. 하루는 오리건 숲속을 달리던 중 나이트는 신의 계시라도 받은 것처럼 일본을 방문해 운동화 회사의 경영자를 만나봐야겠다는 생각을 하게 되었다. 나이트는 훌륭하긴 해도 부유한 출판사 경영자와는 거리가 멀었던 그의 아버지에게 여행 자금을 대달라고 설득했다. 아버지는 사업 아이디어에는 그다지 감명받지 않았지만 아들이 피라미드, 히말라야 산맥, 사해, 대도시 등 세상을 보고 오겠다는 생각에는 찬성이었다. 1960년대 초에는 미국인의 90퍼센트는 비행기를 타본 적이 없었고 많은 이들이 자신이 사는 주를 떠나본 적도 없었다.

1962년 9월 그는 대학 친구와 함께 호놀룰루로 떠났다. 그곳에서 몇 개월 동안 백과사전(잘 못 팔았다)과 증권(더 잘 팔았다)을 판매하는 일을 하다가 일본으로 향했다. 나이트는 일본의 신사를 방문했다가 선불교의 가르침에 매료되었다. 그리고 타이거 운동화 제조사 오니츠카의 경영 간부를 만났다. 나이트는 자신을 미국의 한 운동화 수입 업체인 '블루리본(그가 즉흥적으로 지어낸 이름이다)'의 대표라고 자신을 소개하고 샘플 제품을 회사 주소지(그의 부모님 집)로 발송해 줄 것을 요청했다.

나이트는 미국으로 돌아오는 길에 아시아와 유럽 지역을 여행했다. 아테네에서 파르테논 신전과 아테나 니케 신전을 방문했다. 니케Nike는 승리를 가져다주는 여신으로 '아테나 니케'라는 이름으로 숭배되었다. 나이트는 그곳을 나오면서 신전 벽에 아테나가 약간 상체를 구부려 샌들 끈을 푸는 조각상을 놓치지 않고 유심히 바라보았다.

성장의 동력: 성장하지 않으면 죽는다

긴 여정을 마치고 집으로 돌아온 나이트는 한 회계 법인에서 상근직으로 일하기 시작했다. 그리고 남는 시간에는 차 트렁크에 타이거 운동화를 싣고 육상 대회나 운동회에 가서 운동화를 팔았다. 이내 오니츠카에서 처음 배송받은 300켤레를 모두 다 팔았고, 은행에서 3,000달러를 대출받아 900켤레를 더 주문했다. 스포츠 상품 매장에서는 나이트의 운동화에 관심을 보이지 않았다. 나이트는 태평양 북서부 전역에서 열리는 육상 대회를 찾아다니며 운동화를 팔 수밖에 없었다. 나이트는 자신이 상품 판매에 재능이 있다고 생각하지 않았음에도 계속해서 운동화를 팔았다. 1964년에는 '조깅'이란 개념이 존재하지 않았다. 빗속에서 3마일을 달리는 행동은 별난 사람이나 하는 행동이었다. 달리기를 하는 사람들은 자동차를 타고 지나가는 운전자로부터 욕을 먹거나 음료수 세례를 받기도 했다.

1966년에 나이트가 처음으로 고용한 직원인 책벌레 제프 존슨Jeff Johnson은 산타 모니카에 오로지 달리기에만 특화된 블루리본 최초의 소매점을 개장했다. 같은 해 나이트는 오니츠카 경영진에게 미국 동부에 사무소를 설립했다고 거짓말을 해 미국 전역에 대한 독점 판매권을 따내고 5,000켤레를 더 주문했다.

처음부터 나이트의 사업 파트너였던, **보워먼이 오니츠카 측에 미국인의 더 크고 무거운 발에 맞게 선수용 운동화를 재설계할 것을 요청한 이후로 미국에서의 타이거 운동화 매출은 계속해서 성장했다.** 1967년은 8만 4,000달러의 수익을 기록한 의미 있는 해였다. 그러나 여전히 나이트가 자신의 급여를 챙기기에 충분한 수익은 아니었다. 그는 29세에 포틀랜드 주립대학의 회계 강사 자리를 따냈다. 수업 시간이 많지 않아 남는 시간은 블루리본을 운영하는 데 할애할 수 있었다. 대학에서 일하는 것에는 또 다른 이점이 있었다. 블루리본에서 일할 젊고 예쁜 회계 담당자 페넬로페 파크스Penelope Parks를 채용했던 것이다. 그들은 1968년 포틀랜드에서 결혼했다. 이듬해 페넬로페가 아이를 가졌을 때 나이트는 안정적인 직업으로 돌아가는 길을 고민했다. 그러나 고심 끝에 다음과 같은 결론에 도달했다. 삶은 성장이다. 성장하지 않으면 죽는다.

고통의 시기: 그리고 니케의 탄생

매출은 매년 두 배씩 증가했지만 나이트는 여전히 은행 담당자로부터 소홀한 대접을 받고 있었다. 현금 유동성이 항상 문제였으므로 그는 자금 융통을 위해 친구들이나 지인, 가족에게 도움을 요청하기 시작했다. 나이트는 촉망받는 운동선수였으나 비극적인 사고로 하반신이 마비된 밥 우델Bob Woodell을 채용했다. 우델의 부모는 나이트에게 전 재산인 8,000달러를 빌려주었다. 믿음을 기반으로 한 이러한 행동은 시간이 지나 보상받게 되지만 1971년 말 블루리본은 거래 은행인 퍼스트내셔널 은행에게 지속적으로 대출 거절을 통지받았다. 따라서 130만 달러의 매출을 올리면서도 겨우 연명하는 수준이었다.

　같은 시기에 오니츠카는 블루리본을 대체할 만한 새로운 미국 지역 유통 업체를 적극적으로 물색하고 있었다. 나이트는 회사를 살리기 위해 아디다스 운동화를 생산하는 한 멕시코 공장에서 3,000켤레의 축구화를 수입하는 일을 은밀히 추진하고 있었다. 하지만 브랜드명이 필요했다. 나이트는 디자인 전공 학생이었던 캐롤린 데이비드슨Carolyn Davidson에게 운동화의 로고 디자인을 부탁했다. 데이비드슨은 마침내 그 유명한 '스우시Swoosh' 심볼을 만들어냈다. 하지만 이름을 짓는 것은 훨씬 더 어려운 일이었다. 초반에는 '팰컨Falcon'이 가장 우세했고 나이트는 '디멘션 식스Dimension Six'라는 이름을 밀고 있었다. 바로 그때 제프 존슨이 흥분해서 '니케'라는 생소한 단어가 등장한 자신의 꿈 이야기를 했다. 나이트는 아테네 신전에 갔을 당시 봤던 승리의 여신을 기억했지만, 멕시코 공장에 이름을 무엇으로 할 것인지 전신을 보내는 마지막 순간에 그것이 떠오른 것이다. 전신을 보내면서도 확신이 서지는 않았다. 그저 우델이 "이 이름이 점점 입에 붙게 될 거예요."라고 말한 것만 기억날 뿐이었다.

인내와 역경: 어려움을 딛고 일어섬

1972년 스포츠용품협회를 통해 나이키가 세상에 소개되었다. 대중과 영업자들이 나이키의 운동화를 마음에 들어 하지 않으면 그것은 곧 블루리본의 종말을 의미하는 것이었다. 나이트가 운동화를 진열하기 위해 운동화 상자를 열었을 때 그의 가슴은 철렁 내려앉았다. 제품의 품질이 형편없었던 것이다. 그런데 놀라운 사실은 영업자들이 스우시 로고를 아주 좋아했고 심지어 나이키라는 이름도 마음에 들어 했다는 점이다. 대량 주문이 이어졌고 운동화가 출고되는 시점에는 일본의 니폰러버Nippon Rubber라는 새로운 제조업체에서 제품을 생산해 품질이 좋아졌다.

그러나 얼마 후 사업에 또 차질이 빚어졌다. 오니츠카가 이제 타이거 운동화의 직접 경쟁사가 된 이 새로운 나이키에 대한 소식을 듣고 상품 공급을 즉각 중단한 것이다. 그리고 블루리본을 계약 위반으로 고소하겠다는 의사를 밝혀왔다. 나이트는 막다른 길에 몰린 느낌이었다. 경제적 파산, 닉슨 대통령, 베트남 전쟁, 그리고 오니츠카의 소송 제기. 그는 미래에 자신이 있는 것처럼 행동했고 직원들에게 이렇게 말했다. **"이것이 우리에게는 다른 브랜드의 단순한 판매자가 아니라 우리만의 브랜드를 만들 수**

있는 중요한 기회입니다. 모든 미국인, 특히 오리건 사람들은 모든 기록을 갈아치우고 있는 젊은 장거리 주자 스티브 프리폰테인 Steve Prefontaine에게 감화되었습니다. 그는 전략적으로 중요하지 않은 경우에도 모든 경주에 열정과 성의를 다했습니다. 저는 스스로에게 그런 열정적인 자세를 배워야 한다고 당부합니다."

1970년대를 지나오면서 나이키는 승승장구하는 것처럼 보였다. 보워먼이 아내의 와플 굽는 틀을 이용해 발명한 다각형 징이 박혀 있는 '와플' 고무 밑창은 인기가 좋았다. 코르테즈는 아킬레스건에 압력을 최소화해 주는 최초의 러닝화로서, 달리기를 즐기는 많은 사람이 가장 많이 선택하는 운동화가 되었다. 뿐만 아니라 스포츠 스타들이 나이키 운동화를 신게 하는 데에도 성공했고, 1973년 연말에는 매출 480만 달러를 달성했다. 1974년 블루리본은 오니츠카를 상대로 한 소모적인 법정 다툼에서 승소해 손해 배상금을 받게 되었다. 소송 건이 마무리되자 나이트는 본격적으로 아디다스나 푸마와 같은 대기업이 될 날을 꿈꾸며 박차를 가했다.

그러나 현실의 어려움은 멈추지 않았다. 매달 퍼스트내셔널 은행과 다른 채권자들에게 대출금을 갚는 일이 어마어마한 압박으로 작용했다. 은행에서는 블루리본에 대한 더 이상의 대출을 중단하고 계좌를 동결하면서 미 연방수사국에 블루리본의 회계 부정 조사를 의뢰했다. 나이트에게는 이때가 인생에서 가장 힘들었던 시기였다. 자신이 내린 결정으로 가족들도 어려움에 처하자 그는 후회감으로 고통스러워했고 버텨내기가 힘들었다. 그때 운이 좋게도 일본의 무역 상사 니쇼를 만나게 되었고 니쇼는 블루리본이 수입을 할 수 있도록 단계적인 자금 지원에 동의했다. 니쇼가 블루리본이 퍼스트내셔널 은행에서 빌린 대출금을 청산해줌에 따라 블루리본은 다시 상환 능력이 회복되었고, 연방수사국도 블루리본에 대한 수사를 철회했다.

마침내 안정기에 접어들다: 어려움의 극복과 상장

1976년 말 블루리본(이제는 주식회사 나이키로 불린다)은 1976년 몬트리올 올림픽에서 선수들이 나이키 운동화를 신은 덕분에 1400만 달러의 매출을 올리게 되었다. 나이트는 현금이 절실할 때 막대한 현금이 유입될 수 있는 기업 공개를 잠시 고려해 보았다. 그러나 **나이키는 다른 이들에게 신세를 지는 편을 택했고 이것이 나이키의 문화를 바꾸게 된다.**

그 문화는 무엇이었을까? 경영진은 강박적이고 술을 좋아하고 약간 불안정한 특이한 젊은 '못난이들'로 구성되어 있었다. 이들은 회사에 대해서는 지나칠 정도로 동류의식이 강했지만 서로에게는 인정사정이 없었다. 한 명은 휠체어 신세를 지고 있었고, 두세 명은 (선수용 운동화를 판매하는 회사에 적합한 모습인) 비만이었고, 나머지 사람들은 뭔가 불만스러운 태도를 보이는 인물들이었다.

대부분이 오리건주 출신이며 작은 회사이지만 '온 세상에 존재를 증명해 보이겠다'는 정신으로 무장되어 있었다. 그들은 어떤 면에서 모두 낙오자였기에 모두가 성공적인 일에 기여하고 싶어하는 마음이 절실했다. 그리고 성공적인 나이키가 그들에게는 그 대상이었다. 나이키는 혁신을 추구하는 유일한 운동화 기업으로 비춰졌고 나이키의 운동화는 배우들이 좋아하는 멋진 운동화로 떠올랐다. 〈스타스키와 허치〉, 〈6백만 달러의 사나이〉, 〈인크레더블 헐크〉에도 등장했다. 〈미녀 삼총사〉에 나온 파라 포셋Farrah Fawcett은 세뇨리타 코르테즈를 신고 있었고, 다음날 그 운동화는 미국 전역에서 매진되었다.

그러나 또 다른 어려움이 찾아왔다. 미국 관세청으로부터 나이트 앞으로 한 장의 편지가 날아왔다. 수입산 나일론 운동화를 국내에서 제조한 운동화보다 40퍼센트 더 비싸지게 만드는 구시대적 법안에 따라 관세 2,500만 달러 지불을 요구하는 안내장이었다. 전년도 나이키의 전체 매출이 2,500만 달러였음을 감안할 때 관세를 지불하면 회사는 파산하는 것이었다. 이로 인해 수년 동안 극심한 스트레스에 시달려온 나이트는 번아웃을 겪게 된다. 수요를 맞추기 위해 매년 더 큰 사무실과 물류 창고를 마련해야 했고 나이키라는 브랜드가 유명해지고 있었음에도 불구하고 '하루아침에 모든 것이 사라질 수도 있겠다'는 생각이 들었다. 나이키는 회사를 기업 활동의 자유를 위해 싸우는 훌륭한 미국 기업으로 자리매김하기 위한 홍보 캠페인을 벌이고 동시에, 나이키가 관세 청구서를 받게 만든 다른 운동화 기업을 상대로 반독점 행동에 나섰다. 오랜 기간의 법적 다툼과 로비 활동으로 나이키는 결국 미국 정부와 협의해 관세 금액을 900만 달러로 조정할 수 있었다. 관세를 조정받지 못했다면 나이키가 기업 공개에 나서는 것은 불가능했을 것이다. 그리고 매년 매출은 거의 두 배로 증가했지만(1979년 1억 4,000만 달러였다) 사업 확장을 위해 더 큰 현금 주입이 필요했다.

1980년 나이키의 주식은 내부자와 경영진이 기업 지배권을 유지할 수 있게 해주는 클래스 A 주식과 일반 대중을 위한 클래스 B 주식으로 나뉘어져 있었다. 나이트가 오니츠카와 거래 협상을 하기 위해 처음으로 일본으로 날아갔을 때로부터 18년이 지난 후 나이트는 뉴욕증권거래소에 나이키 주식을 상장하게 된 것이다. 애플 컴퓨터 또한 그 주에 주식을 상장했다. 나이트의 동료인 보워먼과 우델, 존슨은 백만장자가 되었다. 우델의 부모가 나이트에게 빌려주었던 8,000달러는 이제 160만 달러의 가치를 지니게 되었다. 그리고 나이트 자신도 나이키 지분 46퍼센트를 보유하고 있어서, 1억 7,800만 달러 가치의 주식을 가진 슈퍼리치가 되었다. 하지만 회사를 상장하고 난 다음날 아침 나이트는 무작정 기쁘다기보다는 아주 흥미진진한 나이키의 첫 번째 장이 넘어갔다는 감회가 새로웠다. **돈은 사업을 꾸려나가는 데 있어서**

큰 동기가 아니었다. 비록 돈이 궁해서 무릎을 꿇은 경험은 너무도 많았지만 말이다. 나이트와 그의 팀은 무에서 유를 창조했고, 주식 상장은 그 성취를 더 지속적인 성과로 만들어주었다.

이후의 나이키

나이트는 40년 동안 CEO로서 나이키를 이끌었다. 2007년 그가 은퇴하기 직전 나이키의 매출은 160억 달러로 매출 100억의 아디다스를 가볍게 앞질렀다. 나이트는 이제 억만장자였다. 오늘날 나이키는 5,000명의 직원을 거느리고 여전히 포틀랜드 200에이커의 삼림 지대에 본사를 두고 있다.

나이트는 책 말미에서 회사에 큰 상처를 입혔던 나이키의 열악한 노동 환경(해외 공장들의 노동 환경) 논란에 대해 언급하고 있다. 시위대는 포틀랜드의 나이키 매장 본점 밖에서 나이트의 초상화를 불태웠고, 나이키는 탐욕스러운 기업의 상징이 되었다. 처음에 그 소식을 접한 나이트는 격분했다. 언론이 나이키가 수년 동안 공장의 노동 환경 개선을 위해 노력하고 일자리를 창출하고 해당 국가를 현대화하는 데 앞장선 점에 대해서는 전혀 보도하지 않았다고 느꼈기 때문이다. 나이트는 빈곤 국가가 나이키가 창출한 일자리와 같은 초보적인 일자리를 많이 창출함으로써 발전한다는 데 대다수의 경제학자가 이견이 없다는 점을 강조했다.

그렇기는 해도 나이키는 모든 공장을 새로 짓고 가능한 선에서 가장 좋은 조건을 조성하고 다른 기업의 본보기가 될 수 있도록 노력했다. 나이트는 운동화 밑창 접착제에서 생성되는 독성 발암 물질을 제거한 수성 접착제를 개발했고, 그 지적 재산을 모든 경쟁사들과 공유하고 있다고 자랑스럽게 말한다. 현재 나이트의 주된 관심사는 자선 사업이다. 나이트 부부는 다양한 자선 활동에 연간 1억 달러를 기부하고 있으며 걸 이펙트The Girl Effect 사회 공헌 프로그램도 지원하고 있다. 걸 이펙트 사회 공헌 프로그램은 나이키가 UN, 비정부 기구들, 그리고 여러 기업과 함께 전 세계 소녀들의 교육과 발전을 위해 자금을 지원하는 프로그램이다.

(함께 읽으면 좋은 책) 콘라드 힐튼《호텔 왕 힐튼》, 벤 호로위츠《하드씽》, 월터 아이작슨 《스티브 잡스》

톰 버틀러 보던의 한마디

장차 기업가가 되고자 하는 이들에게 나이트가 주는 마지막 조언은 단순하다. '멈추지 마라'이다. 장애물에 부딪혔을 때 멈추는 일은 가장 쉬운 일이다. 그러나 나이트는 **모든 것을 잃은 것처럼 느껴질 때조차도 멈추지 않아서 비로소 성공이 주어졌다**고 말한다.

나이트는 모두가 본능적으로 인지하고는 있지만, 좀처럼 인정하지 않는 운이나 카르마 또는 신에 성공의 열쇠가 있다고 암시한다. "운동선수는 운이 좋다. 시인은 운이 좋다. 사업가는 운이 좋다. 열심히 노력하는 것도 중요하고, 좋은 팀을 만드는 것도 필수적이며, 좋은 두뇌와 결단력도 소중하다. 그러나 최종 결과를 결정짓는 것은 운일지도 모른다. 어떤 이들은 그것을 운이라고 부르지 않고 도(道)나 하느님의 말씀, 또는 지(智)나 부처의 가르침이라고 부르기도 한다. 아니면 정신이나 신의 계시라고도 한다." 나이트가 마지막으로 전하는 메시지는 이것이다. "**자신을 믿어라. 그리고 그 믿음도 믿어라.**"

Elon Musk

다중행성종을 꿈꾸는 자,
우주를 지배하다

《일론 머스크,
미래의 설계자》

"실리콘밸리의 수많은 기업가들에게서는 찾아보기 힘든

일론 머스크만이 가지고 있는 것은 남다른 세계관이다……

마크 저커버그(Mark Zuckerberg)가 당신이 아기 사진을 사람들과 공유하게

돕는 것처럼 머스크는 자발적 또는 우발적인 전멸로부터

인류를 구해 내기를 원한다."

애슐리 반스 Ashlee Vance

1977년 남아프리카 공화국에서 태어나 미국 텍사스주 휴스턴에서 자랐다. 포모나칼리지에서 학사 학위를 받았다. 2008년까지 5년 동안 기술 전문 웹사이트 〈더레지스터〉에서 기자로 일했고, 〈블룸버그 비즈니스위크〉의 특집 기사 기자로 활동하기도 했다. 저서로 실리콘밸리의 역사를 담은 《괴짜 실리콘밸리》가 있다.

실리콘밸리 기술 전문 저술가 애슐리 반스는 2년 동안 일론 머스크와 그의 동료들을 인터뷰해서 머스크의 전기《일론 머스크, 미래의 설계자》를 완성했다. 오늘날 많은 사람들이 지구인의 '다중행성종'을 꿈꾸는 머스크를 동경한다. 2002년에 온라인 결제 기업 페이팔이 이베이에 15억 달러에 매각되었을 때, 페이팔의 공동 창립자이자 대주주인 머스크는 새로이 부상한 인터넷 백만장자가 되었다.

머스크는 페이팔을 매각한 1억 8,000만 달러를 전기 자동차, 로켓, 태양열 발전에 투자했다. 전기 자동차와 태양열 에너지는 탄소 기반의 연료가 정치적, 환경적 차원에서 머스크의 관심을 끌었다. 로켓은 인류가 여러 행성을 넘나드는 '다중행성종'으로 거듭나야 한다는 머스크의 신념을 대변한다. 화성 개척은 호화로운 우주여행을 위해서가 아니라 지구에 재난이 닥치는 경우를 대비한 필수적인 보험인 것이다. 이 책에서는 괴짜였던 머스크가 기업가로 성장하는 과정을 따라가며 머스크의 비전을 확고히 해준 개인적 특성과 경영자로서의 자질이 무엇이었는지 살펴본다.

유전적으로 타고난 두뇌

1971년에 태어난 머스크는 남아프리카공화국 프레토리아의 부유한 교외에서 성장했다. 당시는 아파르트헤이트(Apartheid, 남아프리카 공화국의 인종 차별 정책)가 폐지되기 전이었다. 머스크는 엄청난 기억력의 소유자이자 《반지의 제왕》에서부터 《브리태니카》 백과사전까지 보이는 책이란 책은 모두 읽어버리는 내성적인 괴짜 소년이었다. 그는 열 살 때 처음으로 자신의 컴퓨터를 소유하게 되었고, **어려서부터 로켓과 전기 자동차에 많은 관심을 가지고 있었다.** 그는 지적으로 숨이 막히는 프레토리아를 벗어나 미국에서의 삶을 꿈꿨다.

머스크는 프레토리아대학에서 5개월간 물리학과 공학을 공부하다가 17세에 캐나다로 떠났다. 어머니가 캐나다 시민권자였기 때문에 머스크는 캐나다 여권을 발급받을 수 있었다. 잡역부로 일하며 1년 동안 캐나다를 여행한 후, 1989년 온타리오주의 퀸즈대학에 입학해 경영학과 경제학, 심리학을 공부하고, 2년 후 펜실베니아대학 와튼스쿨의 장학생으로 편입해 경제학과 물리학 학사 학위를 취득했다. 여름에는 실리콘밸리에 있는 스타트업에서 인턴으로 일하며 실리콘밸리의 문화를 맛보기도 하고, 남동생 킴발Kimbal과 함께 장거리 자동차 여행을 떠나기도 했다. 1995년 인터넷 초창기에 그들은 '원시적인 단계의 구글 맵과 옐프Yelp를 섞어놓은 것'이라 할 수 있는 집투Zip2를 창업했고, 돈을 아끼기 위해 사무실에서 숙식을 해결했다.

인터넷 열기가 고조되기 시작하자 대형 컴퓨터 회사인 컴팩 Compaq**이 3억 700만 달러에 집투의 인수를 제안했다.** 집투의 대주주였던 머스크는 이 거래를 통해 2,200만 달러를 벌었다. 머스크는 아파트를 매입하고 100만 달러짜리 맥라렌 F1 슈퍼카를 사서 마치 포드 포커스(포드자동차에서 나온 경차)라도 되는 양 차가 망가질 지경이 될 때까지(보험에도 들지 않았다) 실리콘밸리를 누비고 다녔다.

그러다가 머스크는 금융이 혁신을 도모할 때가 무르익었다고 판단해 1,200만 달러를 들여 엑스닷컴X.com이라는 온라인 은행을 구축하는 작업을 시작했다. 머스크는 캐나다에서 노바스코셔 은행에서 인턴으로 근무한 적이 있었다. 그래서 은행원이 '돈이 많고 우둔하다'는 생각했다. 연방 금융 감독 기관의 승인을 받은 후 엑스닷컴은 1999년 추수감사절에 서비스를 개시했다. 이 온라인 은행은 미국의 기업과 거래하는 거대 금융 기관과는 대조적으로 자금의 이동을 빠르고 쉽게 만들고자 했다. 겨우 몇 개월 만에 20만 명의 이용자가 가입했다. 그러나 머스크의 은행은 곧 피터 틸Peter Thiel과 맥스 레브친Max Levchin이 설립한 핀테크 스타트업 콘피니티Confinity라는 경쟁자를 만나게 된다. 콘피니티는 원래 엑스닷컴의 사무 공간을 임차했지만 경쟁 관계가 되면서 다른 곳으로 이전할 수밖에 없게 되었다. 두 기업 모두가 진정으로 원하는 보상은 인터넷 지불 시장을 지배하는 것이었으므로, 그들은 결국 엑스닷컴으로 역량을 하나로 합치기로 결정한다. 하지만 이 합병 사업체는 이념 및 경영 방식의 차이로 분열되었고 머스크는 이 싸움에서 틸에게 밀려나게 된다. 틸은 회사 이름을 페이팔로 바꾸고 재출범했다.

머스크는 적의를 품기보다는 페이팔의 주식 보유량을 늘려나가며 대주주가 되었고, 심지어 틸을 지원하기도 했다. 2002년에 이베이가 페이팔을 15억에 인수했고 머스크는 페이팔 매각으로 세후 1억 8,000만 달러를 벌게 되었지만, 경영 방식을 칭찬받은 사람은 틸이었고 머스크는 잘못된 판단을 내린 병적으로 자기중심적인 인물이라는 언론의 혹평을 받아야 했다. 하지만 역사의 평가는 머스크가 틸만큼 페이팔의 성공에 확실히 큰 영향을 미쳤다는 쪽에 가깝다고 밴스는 강조한다. 어쨌든 머스크는 (밴스의 표현에 따르면) '뭐든 다 아는 체하며 대립을 일삼는 인물'임에도 불구하고 성공한 것이다.

스페이스엑스

페이팔을 팔고 머스크는 가족(아내와 아들들)을 데리고 로스앤젤레스로 이사했다. 로스앤젤레스는 항공우주와 우주 산업으로 유명했다. 머스크의 관심은 우주여행으로 쏠리고 있었다. 머스크는 인터넷 서비스를 뛰어넘어 대중이 과학과 진보를 믿을 수 있도록 영감을 불어넣는 '뭔가 의미 있는 일'을 하고 싶었다. 머스크가 생각하기에 미 항공우주국, NASA는 화성에 우주선을 보낼 구체적인 계획을 가지고 있지 않은 것처럼 보였다.

머스크는 로켓으로 전환이 가능한 ICBM(대륙간 탄도 미사일) 몇

기를 구입하기 위해 러시아를 두 차례 방문했다. 그 후 **자체적으로 미사일 개발에 착수해 소형 위성과 연구 장비를 우주로 발사하며 시장에서의 격차를 좁혔다.** 머스크는 '우주여행을 극적으로 저렴하게 만드는' 새로운 목표를 향해 돌진하기 시작했다.

2002년 스페이스엑스SpaceX는 항공우주 공학자인 톰 뮬러Tom Mueller를 기술 책임자로 세우고 믿을 수 있는 저비용의 우주 발사체를 보유한 '남서부의 우주 항공사'가 되겠다는 목표를 가지고 출범했다. 스페이스엑스는 연방 정부의 잔뜩 부풀려진 우주 관료주의와 보잉, TRW, 록히드 마틴Lockheed Martin 같은 우주항공 기업과는 완전히 대조적인 모습을 보였다.

2008년까지 머스크는 스페이스엑스에 자기 돈 1억 달러를 쏟아부었으나 우주선 발사는 매번 실패를 거듭했다. 그러다가 마침내 2008년 9월 스페이스엑스의 네 번째 발사 시도가 성공했다. 사기업이 만든 지구 대기권을 벗어난 최초의 로켓이 된 것이다. NASA는 16억 달러에 국제 우주 정거장에 우주선 십여 개를 정박할 수 있는 계약을 제공하기로 결정했다. 시작은 험난했지만 스페이스엑스는 드디어 궤도에 진입한 것이다.

테슬라

사람들은 스페이스엑스만으로도 도전과 골칫거리가 충분하다고 생각하겠지만, 머스크는 그동안 계속해서 세계의 이목을 전기 자동차에 집중시키기 위해 노력하고 있었다.

GM은 EV1을 들고 나왔고, 토요타에는 프리우스Prius가 있었다. 그러나 상업적으로 미래가 불투명한, 의도는 좋지만 따분한 자동차로 보였다. 한편 스탠퍼드대학의 괴짜 J. B. 스트라우벨 J. B. Straubel은 일반적으로 노트북 컴퓨터에 많이 사용되는 리튬 이온 배터리가 아주 빠른 속도를 낼 수 있는 전기 자동차를 생산하는 데 활용될 수 있다고 이야기하고 다녔다. 스트라우벨에 대한 이야기를 전해 들은 머스크는 초기 자금을 투자하기로 했다. 하지만 머스크가 본격적으로 전기 자동차 사업에 뛰어든 것은 마틴 에버하드Martin Eberhard와 마크 타페닝Marc Tarpenning을 만난 이후부터다. 이들은 2003년 테슬라 모터스(최초로 전동기를 발명한 니콜라 테슬라Nikola Tesla의 이름에서 따왔다)라는 이름의 스타트업을 공동으로 설립했다. 세 사람의 만남은 완벽한 조합이었다. 이들은 **미국의 가솔린 자동차 중독을 끊어내고, 다른 모든 기업이 실패한 대량 판매용 전기 자동차를 생산하는 것을 꿈꾸고 있었다.** 머스크는 650만 달러의 자금을 투자했고, 스트라우벨을 채용했다. 2006년에 테슬라의 직원은 100명이 되었다. 머스크는 구글의 래리 페이지Larry Page와 세르게이 브린Sergey Brin, 그리고 벤처 투자자와 더불어 이 회사에 더 많은 자금을 투자하고 있었다. 첫 차 테슬라 로드스터Roadster를 출시하는 기자 회견에서 머스크는 이렇게 말했다. "지금까지 모든 전기 자동차는 형편없었습니다." 당시

로드스터는 가격 9만 달러에 250마일의 주행거리를 제공했지만 쉽게 과열되어 본격적인 생산에 들어갈 준비가 완료되지 못했다. 로드스터의 출시일은 공급망과 생산 문제로 인해 자꾸만 뒤로 밀렸다. 언론이 테슬라에 문제가 생긴 것을 즐기고 있을 때, 투자자들은 테슬라의 지적 자본을 대형 자동차 회사에 파는 것이라 생각했다. 하지만 **머스크는 로드스터의 후속 제품으로 생산에 들어갈, 4도어 호화 세단인 '모델 S'에 대해 홍보하며 완강히 버텼다.**

테슬라는 2,500대의 로드스터를 판매했지만, 적절한 공장을 건설하려면 턱 없이 부족한 매출이었다. 이때 테슬라의 배터리팩과 모터에 크게 감명받은 메르세데스 벤츠가 10퍼센트의 지분을 소유하는 것을 전제로 5,000만 달러를 투자했다. 자사 자동차에도 그 배터리팩과 모터를 사용할 수 있을 것이라 생각한 것이다. 그리고 메이저 자동차 기업으로 성큼 다가갈 수 있었던 것은 미 에너지국에서 제공한 4억 6,500만 달러의 대출 지원이었다. 하지만 여전히 대중 시장을 대상으로 한 전기 자동차 생산 설비를 갖추기 위해서는 10억 달러가 더 필요했다. 그때 닥친 대불황으로 테슬라는 위기를 모면하게 된다. 1984년 GM와 토요타는 미국 시장에 더 저렴한 고품질의 자동차를 판매하기 위해 캘리포니아주 프리몬트에 최첨단 공장을 설립했다. 그러나 2008년에 GM이 거의 파산에 이르렀을 때 그 공장을 내놓았다. 테슬라는 토요타와의 거래에 성공해 그 공장을 최저가인 4,200만 달러에 인수했다(그에 더해 토요타에게 테슬라 지분 2.5퍼센트를 주는 조건이었다). 테슬라 모델 S를 생산하기 위한 마지막 재원은 2010년 주식 시장이었다. 테슬라는 기업 공개로 2억 2,600만 달러를 모집하는 데 성공한다. 이는 1956년 이래 미국 자동차 기업으로서는 첫 기업 공개였다.

머스크는 테슬라 모델 S의 설계와 관련해 모든 세부 사항에 의견을 제시했다. 이를테면 자기 아들이 다섯이기 때문에 좌석이 7개 있어야 한다고 고집을 부리거나, 동시에 고성능 자동차처럼 보이고 느껴져야 한다고 주장하기도 했다. 모델 S의 문손잡이는 운전자가 가까이 다가오면 밖으로 튀어나오게 설계되어 있다(지금까지 이런 기능은 없었다). 기술 혁신에도 불구하고 처음 공장에서 생산을 시작했을 당시에는 어처구니없게도 일주일에 10대를 생산하는 데 그쳤고 투자자들은 테슬라 주식을 매각하고 있었다. 주문 여러 건이 취소되었고 대통령 후보자였던 밋 롬니Mitt Romney는 테슬라를 정부의 돈을 빼내 간 환경친화적 기업 중에서도 '실패 기업'이라고 무시했다. 이런 부정적인 평가 속에서도 **머스크는 테슬라가 '세계에서 가장 수익성 높은 자동차 기업'이 될 것이라 장담하며, 테슬라 운전자들을 위해 미국 전역에 태양열 에너지로 가동되는 무료 충전소 네트워크를 구축하고 있었다.** 머스크는 언론과의 인터뷰에서 "좀비 대재앙이 닥쳐도 테슬라 운전자는 연료를 넣을 필요 없이 미국 전역을 운전할 수 있다."라고 말했다.

초기의 모델 S는 신뢰성 문제를 겪었고, 10만 달러에 파는 다른 자동차들에 비해 옵션과 마감 상태에서 소비자 기준에 못 미쳤다. 2013년에는 차에 대한 입소문이 '상당히 좋지 않았다'고 머스크는 인정한다. 그리고 자본이 있는 사람들에게 자동차를 판매하지 못했다면 회사는 파산했을 것이다. 머스크는 테슬라의 약 500명의 직원에게 (그들의 직무와 상관없이) 영업자로 변신해 돈이 있는 사람들에게 전화해 테슬라를 팔라고 지시했다. 그러자 회사에 현금이 넘쳐나기 시작했고 심지어 2013년에는 1,100만 달러의 수익이 나고 해당 회계 연도에 4,900대의 자동차가 판매되었다.

현재 테슬라는 대중 시장을 대상으로 한 모델 3을 비롯해 여러 종류의 자동차 생산이 계획되어 있다. 중국에는 전기 자동차를 주류 자동차로 만들겠다는 계획이다. 주식회사 테슬라는 아직까지는 비교적 아주 적은 생산량을 보여주고 있긴 하지만 현재 가치는 포드나 GM보다 더 높은 610억 달러에 달한다.

다시 우주로

스페이스엑스 팰컨Falcon 9 로켓은 이제 매달 한 번씩 발사되고 있다. 위성을 우주 공간에 띄워 인터넷 연결과 일기예보, 예능, 라디오, 내비게이션 시스템에 도움을 주기도 하고 국제우주정거장에 보급 물자도 실어 나르고 있다. 인공위성은 현대인들의 삶에서 그 어느 때보다 더 중요해져 스페이스엑스의 사업은 미래가 확실하다. 스페이스엑스는 자체적으로 위성을 제작해 저렴한 비용으로 더 자주 위성을 발사하고 있다. 발사 후 지구 안전하게 복귀할 수 있는 재사용 가능한 우주선도 개발하고 있다.

화성으로의 첫 로켓 발사는 2022년에 계획했다. 동시에 NASA에서도 또 다른 화성 탐사를 계획하고 있지만 본격적인 실행 시기는 2030년대 중반으로 보고 있다. 그리고 태양열 에너지 개발에 대한 머스크의 열망을 실현시키기 위해 테슬라는 2016년 솔라시티SolarCity를 인수했다.

(함께읽으면좋은책) 론 처노《부의 제국 록펠러》, 월터 아이작슨《스티브 잡스》, 피터 틸 《제로 투 원》

톰 버틀러 보던의 한마디

머스크는 스페이스엑스와 테슬라를 성장시키는 과정에서 기술 실패와 파산 위기 등을 겪어야만 했다. 전 부인은 반스에게 다음과 같이 말했다. "그 자리에 오르기 위해 머스크가 치른 희생을 사람들이 잘 모를 때가 많아요." 스티브 잡스, 일론 머스크와 같은 인물들을 통해 우리가 얻을 수 있는 교훈은 이것이다. **개인적인 차원에서 큰 결점이 있다고 해서, 그 사람이 세상을 더 나은 곳으로 변화시키지 못한다는 법은 없다.** 커다란 혁신은 극단적인 성격과도 무관하지 않아 보인다.

정부가 주도하는 우주항공 분야에서 스페이스엑스는 미래를 지배할 수도 있다. 말하자면 머스크는 〈엑스맨〉 토니 스타크(Tony Stark)의 현실판이다.

페이지는 "머스크가 보통 사람들과 다른 점은 기술적인 측면에서 한계를 뛰어넘기 위해 밀어붙이는 한편 경영, 리더십, 행정에서도 대가라는 것이다."라고 말한다. 머스크처럼 비현실적인 사고에 기꺼이 진흙탕 승부도 벌이겠다는 의지가 더해져야 기업가가 될 수 있다는 말이다. 머스크의 표현을 빌어 페이지는 이렇게 말한다. "언제나 좋은 아이디어는 인정받을 때까지는 터무니없는 생각으로 비춰진다."

Rise of the Robots

인공지능과 자동화로
경제, 정치 구도가 변하리라
《로봇의 부상》

"자동화로 인해 소비자의 일자리 상당 부분이 사라지거나
임금이 아주 낮게 하락해 소수의 사람만이 충분한 소득을 얻는다면,
대량판매 시장 경제가 계속 번성할 수 있을지 의문이다. 경제의 중추
산업은 수백만의 잠재 고객이 있는 시장에 맞추어져 있기 때문이다."

마틴 포드 Martin Ford
미시간대학에서 컴퓨터 공학을 전공하고 UCLA 앤더슨 경영대학원에서 경영학 석사를 받았다. 다양한 저술 활동을 하며 인공 지능과 자동화가 세계에 미칠 영향에 관한 강연에 연사로 자주 초청된다. 《로봇의 부상》은 2015년 〈파이낸셜 타임스〉와 〈맥킨지〉가 뽑는 올해의 경영서로 선정되었다. 그 밖에 저서로 《로봇의 지배》 등이 있다.

미래학자로 통하는 마틴 포드가 2015년 세계적인 베스트셀러 《로봇의 부상》을 출간했다. 이전에도 기계가 세상에 미칠 우려를 하는 사람들은 많았다. 커트 보니것Kurt Vonnegut은 1952년 소설《자동 피아노》에서 사람이 의미 없이 살며 기계가 대부분의 일을 하는 사회를 그렸다. 보니것은 2007년에 세상을 떠났지만 자신이 가정한 세상의 모습이 '시간이 흐를수록 더 현실 세계와 닮았을 것'이라 믿었다.

마틴 포드는《로봇의 부상》에서 미국에 일자리 1,000만 개가 창출되었어야 했는데 그렇지 못했다고 말한다. 포드는 그 이유로 정보 기술의 혁신을 꼽는다. 그렇다. 지난 30년 동안 수많은 사람은 컴퓨터 시스템을 구축하고 관리하는 일을 하면서 급여를 받았다. 그러나 전체적으로 봤을 때 컴퓨터는 사람들의 가치를 더 높여주지 못했다. 컴퓨터는 사람들을 불필요한 존재로 전락시켰다. 우리는 더 이상 기계를 노동자를 도와주는 도구로 생각할 수가 없다. 그들이 노동자가 되어가고 있기 때문이다.

기술 발전과 일자리 변화: 인간과 자동화의 현실
무어의 법칙을 들어본 적이 있는가. 컴퓨터의 성능이 18~24개월마다 두 배로 향상된다는 예측이다. 예컨대 자동차의 성능이 컴퓨터 칩의 성능이 향상되는 속도와 동일한 속도로 향상되었다면 우리는 지금 시간당 6억 7,100만 마일의 속도로 운전하고 있을 것이다.

　이제 많은 로봇은 인간이 보는 것처럼 3차원으로 볼 수 있게 되어 수십 년 동안 인간을 따라갈 수 없었던 복잡한 작업, 이를테면 다중 작업이나 상품을 박스 안에 포장하는 일 등을 점점 더 잘할 수 있게 되었다. 대부분의 로봇 운영 체제ROS, Robot Operating System를 작동시키는 코드는 오픈 소스로 공개되어 있다. 몇 년 후면 공통 플랫폼의 존재는 폭발적인 혁신을 불러오게 될 것이다. 한때는 로봇을 개발하고 만드는 데 수백만 달러가 들었지만 이제는 데스크톱 컴퓨터를 구입할 수 있는 가격을 주면 살 수 있는 로봇 조립 세트가 나온다.

　로봇의 비용 감소는 미국과 영국에서 섬유 및 의류 산업의 일자리가 크게 감소하는 현상이 사라지는 것을 의미한다. 의류 생산을 빈곤 국가에 위탁하는 것보다 국내에서 숙련된 기술자와 기계를 갖추어 생산하는 편(리쇼어링, Reshoring)이 경제적으로 더 이익이기 때문이다. 그 결과 의류 산업은 다시 성장세에 있다. 운송비와 납품 시간 절약, 품질 관리 감독을 가까이에서 할 수 있다는 장점도 있다. 그렇지만 로봇이 점점 더 똑똑해져도 리쇼어링이 미래의 일자리를 보장해 줄 수는 없다고 포드는 지적한다. 특히 이제는 미국과 영국 경제에서 제조업은 10퍼센트에도 미치지 못하기 때문이다. 그러나 고용 시장에서 제조업이 훨씬 더 큰 비중을 차지하는 중국과 같은 국가에서는 로봇 기술의 발전이 경제와 사회에 큰 영향을 미치게 될 것이다. 예컨대, 애플의 부품 제조사인 폭스콘Foxconn은 수천 명의 노동자를 로봇으로 대체할 계획을 가지고 있다. 운동화 제조로 인도네시아에 일자리 수천 개를 제공하는 나이키와 애플과 같은 기업은 당연히 더 높은 품질과 낮은 비용, 그리고 자동화로 인해 노동 착취 논란이 사라지는 쪽을 택할 것이다. 아디다스는 하루에 80만 장의 셔츠를 대량 생산해 낼 수 있는 '바느질 로봇'을 공장에 도입하고 있다.

　더 부유한 국가에서는 대부분의 사람이 고용되는 서비스 직종에서도 자동화의 바람이 크게 불 것이다. 머리를 자르거나 햄버거 패티를 뒤집는 데 여전히 사람 인력이 필요할 것이라고 종종 말한다. 하지만 현재 햄버거 패티를 뒤집는 일자리조차 위협받고 있는 것이 사실이다. 샌프란시스코 소재 기업인 모멘텀 머신스Momentem Machines는 처음부터 끝까지 고객 맞춤 햄버거를 만드는 로봇 시스템을 개발하는 데 성공해, 첫 번째 매장을 오픈할 예정이다. 맥도날드가 180만 명의 사람들을 고용하고 있고 패스트푸드 업종의 일자리가 현재 '다른 선택지가 거의 없는 노동자들을 위한 일종의 민간 부문 사회 안전망'을 제공한다는 사실을 고려해 볼 때 포드의 표현대로 이는 무서운 위협인 것이다. 맥도날드는 이미 많은 매장에 터치스크린 주문기를 도입했다. 앞으로 무엇이 다가올지 알려주는 신호인 셈이다. '경제학자는 패스트푸드를 서비스 부문으로 분류한다. 하지만 기술적인 관점에서 보자면 적시 제조업의 한 형태에 아주 가깝다'고 포드는 지적한다.

온라인 소매 업체 또한 일자리를 크게 파괴하고 있다. 비디오 대여점 체인이었던 블록버스터Blockbuster는 한때 매장 9,000개를 보유하고 6만 명의 직원을 고용했었다. 넷플릭스는 부대 비용을 들인 매장도 직원도 없이 그 역할을 한다. 판매 사원, 계산 담당 직원, 창고 관리 직원, 매니저 비용은 한때 백화점이나 여러 다양한 상점에서 구매하는 물건의 가격에 포함되어야만 했다. 그런데 이런 직업이 점차 자동화되어서 미래의 오프라인 매장은 '대규모 자판기'보다 약간 더 좋은 정도가 될지도 모른다. 상품 가격은 훨씬 더 저렴하겠지만, 이는 오로지 여전히 어떤 직업이 있어서 그 상품의 가격을 지불할 수 있을 때만 좋은 것이다.

단순한 작업이나 단계로 쪼개어질 수 있다면 어떤 과정이든 자동화될 수 있다. 설립된 지 얼마 되지 않은 대다수의 새로운 기업은 이제·노동 절약형의 기술을 채택하고 있다. 기술 거대 기업인 구글과 페이스북을 생각해 보라. 시가 총액 대비 고용인 수의 비율이 산업 시대 때의 기업보다도 낮아 보인다. 그들은 세심하게 선발된 몇천 명의 사람들만 있으면 된다. 소프트웨어 기술의 발달로 나머지 업무는 모두 컴퓨터가 처리할 수 있다. 2012년에 구글의 수익은 거의 140억 달러에 가까웠고, 3만 8,000명을 고용했다. 1979년에 GM의 수익은 110억 달러(물가 상승률을 반영한 수치)였지만 그들은 84만 명을 고용했다.

앞으로 서비스 산업의 발전 방향을 알고 싶다면 농업을 한번 보라. 농업은 한때 미국 전체 성인의 절반을 고용한 업종이었다. 오늘날에는 농업 종사자가 노동 인구의 2퍼센트에도 못 미치며 그 수치는 더 떨어지고 있다. 이미 캘리포니아 아몬드 농장에서는 농장을 왔다 갔다 하며 아몬드가 바닥에 떨어지도록 나무를 흔드는 기계와 떨어진 아몬드를 줍는 기계가 사용되고 있다. 오렌지와 토마토 역시 이런 방식으로 수확하고 있다. 이 방식은 노동 비용 절감과 대지 및 용수의 사용 효율성 증대, 이민 노동자 수요 축소를 통해 농가에 엄청난 풍요를 선사하고 있다.

그러나 기술이 아주 많이 발전해 노동 수요가 하락한다 해도 기업은 역설적으로 더 많은 노동자를 고용하려고 할 것이다. 왜냐하면 노동 비용이 낮기 때문이다. 인간의 노동력이 기계보다 더 가치를 인정받는 부분은 존재한다. 그래서 (고용률의 차이가 별로 없어) 기술이 노동 시장을 변화시키지 않은 것처럼 보일 때조차도 미묘하게 변화시켰다고 보는 것이 맞다. 포드는 미래에는 많은 사람이 여전히 직업을 가지고 있겠지만 임금은 상승하지 않을 것이라 예측한다. 그들의 가치가 예전만 못하기 때문이다.

그는 런던의 블랙캡(영국의 전통적인 택시) 운전사의 사례를 제시한다. 그들은 '더 날리지the Knowledge'라고 부르는 런던의 거리 지도를 통째로 암기해야 하는 아주 힘든 시험을 치르고 난 뒤 면허를 취득한다. 그러나 GPS 내비게이션이 존재하기에 이 지식은 대부분 쓸모가 없어진다. 게다가 우버와 같은 택시 플랫폼이 빠르게 전통적인 블랙캡 시장을 잠식하고 있다. 택시 기사들의 임금을 유지해 주고 있는 것은 바로 규제다. 그리고 이는 어디까지나 무인 자동차의 등장이 미치게 될 영향력을 고려하기 전의 이야기이다.

데이터와 자동화: 일자리 변화와 불평등

인터넷이 확산되기 시작했을 때 인터넷은 누구나 교육이나 훈련을 받지 않고도 저비용으로 블로그를 만들고 e북을 출판하고 애플리케이션을 개발할 수 있게 해주어 모든 사람을 평등하게 만들어주는 도구로 여겨졌다. 그러나 곧 온라인 세상은 승자독식의 세상이며, 심지어 그 '기회'조차 부모와 조부모 세대의 안정적이며 급여 조건이 좋은 일자리를 대신하지 못한다.

기술 낙관주의자의 대부분은 고소득층에 해당하거나 인터넷의 혜택을 입은 기업의 소유주인 경우가 많다고 포드는 지적한다. 그들 중 한 사람인 레이 커즈와일Ray Kurzweil은 수십 년 전과 비교했을 때, 엄청나게 발전된 컴퓨터의 기능을 일반인이 스마트폰에 넣어 가지고 다닌다고 강조한다. 포드는 "일반인이 어떻게 그 기술을 이용해 생활에 도움이 될 만한 소득으로 전환할 수 있는지는 아무도 말해 주지 않았다. 스마트폰은 일자리를 잃는 대다수의 중산층에게 실업 급여를 신청하기 위해 줄을 서서 기다리는 동안 게임을 하는 것과 약간의 기능을 추가로 제공할 뿐이다."라고 지적한다.

전 세계의 데이터양은 무어의 법칙과 비슷한 속도로 3년마다 두 배로 증가하고 있다. 빅데이터와 강력한 분석 소프트웨어와 알고리즘의 결합은 정보를 수집 분석하여, 보고서를 작성하는 일을 하는 전통적인 사무직의 많은 일자리가 사라질 것임을 시사한다. 포드의 말에 의하면, 중간 관리자와 분석가로 이루어진 조직 구성을 '단 한 명의 관리자와 뛰어난 알고리즘'만으로 대신할 수 있게 될 것이다. 그래도 당연히 데이터를 분석해 보고서를 작성할 사람은 최소한 필요하지 않을까? 글쓰기 작업은 대학 교육을 받은 이들의 전유물이었고 자동화될 가능성이 가장 낮은 분야로 여겨진다. 그럼에도 매달 소프트웨어는 더 향상되고 있고 글을 쓰는 많은 일자리가 미래에 사라질 가능성이 높아지고 있다. 이미 인터넷에서 접하고 있는 스포츠 단신과 금융 기사의 많은 부분은 데이터를 처리하는 로봇이 작성하고 있다. 뛰어난 문장은 아니더라도 일반적으로 사람이 쓴 글과 잘 구분이 되지 않는다. 미 중앙정보부에서는 이런 종류의 소프트웨어를 활용해 방대한 양의 데이터를 사람들이 이해할 수 있는 글로 산출하고 있다.

다른 중산층의 일자리 또는 서비스 직종의 일자리들도 사라질 가능성이 크다. 기업이 모든 데이터를 클라우드(저렴하고 안전한 외부 서버)에 저장할 수 있게 됨에 따라 기업 내부의 컴퓨터 시스템과 서버를 관리할 보편적인 정보 기술 인력을 고용할 필요가 사라지고 있다. 금융 산업에서도 많은 일자리 소멸이 예상된다. 알고리즘이 주식 트레이더와 분석가를 대신하고 IBM의 왓슨 컴퓨터가 사용한 것과 같은 놀랍게도 스마트한 자연 언어 시스템의 활용으로 수많은 고객 응대 일자리들이 증발하게 될 것이다. 미래에는 기계와의 대화가 점점 일반화될 것이다. 변호사와 법률 사무원은 사건에 중요한 단서가 될 정보를 찾아내는 '발견' 과정에서 산더미 같은 자료와 전자 문서들을 샅샅이 검토한다. 하지만 모든 문서들이 인터넷상에 올라가 있다면 e디스커버리 소프트웨어가 동일한 작업을 더 빠른 속도와 저렴한 비용으로 수행할 수 있다.

에릭 브린욜프슨Erik Brynjolfsson과 앤드루 맥아피Andrew McAfee가 《제2의 기계 시대》에서 주장하듯이 미래의 직업들이 기계와 생산적으로 공동 작업을 하게 될 것이라는 예측은 어떤가? 포드는 그러한 공동 작업이 아마도 오래가지는 못할 것이라 말한다. 인간이 기계와 작업할 때마다 인간이 기계보다 우월한 부분이 어느 부분인지 알아내어 그 기능을 모사하거나 더 향상시키도록 기계를 프로그램화할 것이기 때문이다. 다시 말하자면, 공동 작업을 통해 '소프트웨어가 궁극적으로 인간을 대신할 수 있도록 훈련받을 것'이란 뜻이다. 현존하는 직업들에서 인간이 하는 역할은 '제대로 인정받지 못하거나 심지어 인간성이 말살될' 것이라고 포드는 예측한다.

벤처 투자가인 마크 앤드리슨Marc Andreessen의 표현대로 '소프트 웨어가 세상을 좀먹고 있는 것'이다. 대학 졸업자의 초봉은 하락하고 있고 그와 동시에 학생들의 빚은 늘어만 가고 있다. 모든 곳이 불완전 고용 상태다. 대학 졸업자들은 전문적인 일자리를 찾는 것을 포기하고 카페에서 일하기도 한다. 기술 및 컴퓨터 과학 전공 졸업자들도 예외가 아니다. 2000년 이후 대학 졸업자에 대한 수요가 훨씬 낮아졌다.

자동화 시대의 소득 분배: 일자리와 사회적 안정을 위한 해결책

헨리 포드는 노동자들에게 하루에 5달러의 고임금을 지불했다. 이는 곧 그들이 자신이 만드는 자동차를 구입할 수 있다는 뜻이었다. **자동화의 큰 위험성은 더 이상 기계가 생산하는 모든 상품을 구입할 수 있을 만큼 많은 소득을 버는 사람이 충분히 많지 않을 것이라는 점이다.** 노동자들은 소비한다. 그리고 그들의 자리를 기계가 대신했을 때 그 기계는 아무것도 구입하지 않는다는 점에 포드는 주목한다. 서구 경제의 중추를 형성하는 거의 모든 주요 산업들(자동차, 금융 서비스, 가전제품, 이동통신 서비스, 의료 서비스 등)은 수백만의 잠재 고객이 존재하는 시장에 맞추어져 있다.

한 사람의 부자가 아주 비싼 자동차 한 대를 사거나 비싼 자동차 여러 대가 있는 차고를 소유한다 해도 천 명의 사람들이 일반적인 자동차를 구입하는 것을 벌충하지는 못할 것이다. **우리의**

경제는 휴대전화에서부터 치약에 이르기까지 대중적 수요에 달려 있다. 대중적 수요는 가장 넓은 중간 소득층의 적정한 구매력에서 나온다. 우리는 많은 하인을 포함해 거의 모든 것을 살 수 있는 소수의 큰 부자들과 최저 생활을 영위하는 나머지 사람들로 나뉘었던 19세기의 소득 분배 방식으로 돌아갈 수도 있다.

수억 명의 사람들이 실업 또는 능력 이하의 일을 하는 상태에 놓여 있는 문제에 대한 해결책으로 **포드는 최소 소득 보장, 즉 '보편적 생활 임금'을 제안한다.** 1970년대에 시장 경제를 옹호했던 경제학자 프리드리히 하이에크Friedrich Hayek는 어떤 이유로든 공개 시장을 통해 생계를 꾸려나갈 수 없는 사람들과 생계를 위해 전통적인 가족 구조에 의지할 수 없는 사람들을 위해 이것을 제안했다. 하이에크는 일정 수준의 부에 도달한 사회는 이를 감당할 수 있다고 보았다. 오늘날 보수주의자들은 최소 소득 보장을 사회를 강제로 '평준화'하는 것으로 여기고 자유를 침해한다고 생각할 것이다. 하지만 하이에크는 그저 사회가 무너지는 걸 바라보고 있기보다는 사회를 유지시키기 위해 필요하다고 판단했다. 포드는 이 주장을 지지한다.

포드는 '시민 배당금'이나 '소득 보장'과 같은 표현을 좋아한다. '모두가 국가 전체의 경제적 번영에 대해 최소한의 권리를 행사할 수 있어야 한다는 주장을 담고 있기' 때문이다. 예컨대, 인터넷을 개발하는 데 쏟아부은 많은 자금은 납세자들에게서 나온 것이었다. 또 미 국립과학재단에 주어지는 보조금은 무어의 법칙을 실현시킨 연구에 크게 기여했다.

현재 임금 수준으로는 자신이 자란 도시에서 주택을 임대하거나 구입할 형편이 되질 못하며 대학 시절 받았던 학자금 대출을 갚을 수도 없게 될 것이다. 또 미국의 경우라면 건강 보험료도 감당하기 힘들다. 소득이 장기적으로 정체되거나 하락하고 비용은 증가한다면 정부의 부양 정책이나 적자 지출이 해결하지 못하는 심각한 장기 수요 감소가 발생한다. 이것이 2007~2009년의 금융 위기 이후에 시행한 정책들이 일반적으로 경기 침체 뒤에 이어지곤 했던 큰 성장을 이끌어내지 못한 이유다.

(함께 읽으면 좋은 책) 프레더릭 테일러 《프레더릭 테일러, 과학적 관리법》, 제임스 워맥, 다니엘 존스, 다니엘 루스 《더 머신 댓 체인지드 더 월드》

톰 버틀러 보던의 한마디

포드가 소득 불평등 증가에 대해 말하고 있는 것은 진실일까? 중산층이 정말 사라져 가고 있는 것일까? 《로봇의 부상》이 출간된 이후 영국과 미국의 실업률은 4-5퍼센트 대로 하락했다. 그러나 책에서는 아직 직업을 가지고 있는 사람의 숫자를 볼 것이 아니라 직업의 질에 주목해야 한다고 경고하고 있다. 포드는 미국 노동통계국에서 발표한 연간 총 노동 시간을 지적한다. 1998년에는 1,940억 시간 일한 것으로 나타났고, 2013년에도 그 수치가 똑같다. 그러나 이 기간에는 생산량(생산된 상품 및 서비스의 양)이 42퍼센트 증가했고, 수천 개의 기업이 새로 생겨났으며, 미국 인구도 4,000만 명 증가했다. 포드는 책의 말미에 그의 예측이 완전히 실현되는 것은 수십 년 후가 될 수도 있으며, 당분간은 점진적인 변화를 겪으며 사회가 정상적으로 돌아가는 것처럼 보일 수도 있음을 인정한다. 하지만 혁명이 일어나기 전에는 이와 같은 양상이 나타나는 경우가 많다는 점을 기억해야 할 것이다.

The Hard Thing about Hard Things

필연적인 위기 상황에 대비하는 비법은 없다

《하드씽》

> "애초에 왜 사업을 시작했는지 회의감이 느껴지면,
> 바로 악전고투의 시간이다. 사람들이 왜 그만두지 않느냐고 묻지만
> 뭐라 답해야 할지 모르면, 악전고투의 시간이다.
> 직원들이 당신이 거짓말을 한다고 생각할 때
> 그럴지도 모른다는 생각이 들면, 악전고투의 시간이다."

벤 호로위츠 Ben Horowitz

1966년에 런던에서 태어나 캘리포니아주 버클리에서 성장했다. 컬럼비아대학과 UCLA 에서 컴퓨터 공학을 전공했다. 2009년 벤처캐피털 앤드리슨 호로위츠(Andreessen Horowitz)를 설립해 페이스북, 트위터, 스카이프(Skype), 핀터레스트(Pinterest), 포스케어(Foursquare)를 포함해 300개 이상의 기업에 투자했다.

벤 호로위츠는 세계적인 벤처 투자자로 유명하다. 피터 틸, 마크 저커버그, 래리 페이지를 비롯한 수많은 경영자의 극찬을 받았은《하드씽》의 시발점은 호로위츠의 블로그였다. 사람들은 호로위츠가 블로그에 올리는 생각이나 조언의 배경이 되는 이야기에 대해 묻기 시작했던 것이다. 이 책은 색다른 점이 있는데, 호로위츠가 가장 힙합 가수들의 노랫말이 빈번하게 등장한다는 것이다. 호로위츠는 그 가수들이 '경쟁하고 돈을 벌고 대중에게 이해받는' 경험과 기업가들이 새로운 아이디어를 내어 관철시키고 대중적인 정체성을 창조하며 성공을 이루기 위해 노력하는 과정에서 부딪히는 어려움하고 다르지 않다고 말한다.

실리콘밸리 오디세이

1990년대에 로터스 개발Lotus Development에서 근무하고 있었던 호로위츠는 최초의 웹브라우저 중 하나인 모자이크Mosaic를 처음으로 접하게 되었다. 모자이크를 보고 놀란 호로위츠는 그 즉시 인터넷이 우리의 미래임을 직감했다. 새로 설립된 넷스케이프Netscape에 대한 이야기를 들었을 때, 기꺼이 그곳에서 일하겠다고 마음먹었다. 넷스케이프는 22세의 모자이크 개발자 마크 앤드리슨Marc Andreessen과 실리콘 그래픽스Silicon Graphics 창립자인 짐 클라크Jim Clark가 설립했다.

1995년 넷스케이프의 역사적인 주식 상장은 대성공이었고,

기업을 '신경제'와 '구경제'로 양분하며 비즈니스 환경을 바꾼 사건이 되었다. 하지만 넷스케이프는 브라우저 전쟁에서 결국 MS에 패배했고 앤드리슨과 호로위츠는 1999년 넷스케이프를 떠나서 최초의 클라우드 컴퓨팅 플랫폼인 라우드클라우드LoudCloud를 설립했다. 주로 수천의 스타트업 기업을 대상으로 저렴한 비용으로 서버 공간을 제공했고, 나이키와 같은 대기업에게도 일부 공간을 제공했다.

호로위츠가 최고경영자로 나서면서 라우드클라우드는 많은 여유 자본으로 빠르게 성장했다. 그러던 중 닷컴 버블 붕괴가 발생했다. 라우드클라우드의 현금이 빠르게 바닥을 드러내기 시작했다. 호로위츠는 "정말 피가 마르는 것 같았죠."라고 회상한다. 얼마간의 자금을 융통하긴 했지만 서비스 매출은 곤두박질치고 있었다. 그때 호로위츠는 기업 공개에 나서겠다는 터무니없는 생각을 내놓았다. 비슷한 기업의 주가가 반토막 났는데도 주식 상장을 하겠다는 말인가! 가장 불리한 시기이긴 했지만 그것만이 자금을 모을 수 있는 유일한 방안처럼 보였다.

마침내 기업 공개가 성사되었고 라우드클라우드는 기업 파산을 간신히 모면하게 되었다. 하지만 호로위츠에게는 회사 경영을 하던 중 이때가 가장 암울한 시기였다. 현금이 생겼음에도 불구하고 이후 수개월 동안 많은 직원을 정리 해고해야 했고 크게 하락한 수익 결산으로 인해 투자자들은 심기가 불편했다. 주가는 6달러에서 2달러로 하락했고 2,500만 달러 규모의 최대 고객인 아트리액스_{Atriax}를 잃게 되었다. 클라우드 사업이 분명한 하향 곡선을 그리고 있었기에, 호로위츠는 비밀팀을 조직해 팔릴 만한 상품을 만들자는 취지에서 라우드클라우드의 상용 소프트웨어를 개발했다. 데이터 저장에서 소프트웨어로의 사업 전환에 대해 투자자들과 대다수의 직원들은 당혹스러워했다. 그러나 호로위츠는 이것만이 유일한 탈출구라고 믿었다. 라우드클라우드는 거의 모든 사업을 데이터 기업인 EDS에 매각했다. 남아있는 사업 부문은 상용 소프트웨어가 유일했고, 상용 소프트웨어를 EDS에 연간 2,000만 달러의 비용을 받고 임대했다. 그리고 옵스웨어_{Opsware}라는 새로운 이름을 내걸고 운영하기 시작했다. 그러나 회사에 남아있는 직원들은 이를 납득하지 못했고 주가는 35센트까지 하락했다.

　그 후 몇 년에 걸쳐 상황이 나아져서 옵스웨어는 그 분야에서 선두 주자로 인정받게 되었다. 호로위츠는 가치가 하나도 없었던 이 기업을 2007년 HP에 16억 달러에 매각했다. 그가 8년에 걸쳐 피와 땀, 눈물, 그리고 온 마음을 쏟아부은 기업이었기에 몹시 아쉬워했다. 시간이 지난 뒤에야 최선의 결정이었음을 깨달았다. 호로위츠가 돈 걱정 없이 살 수 있게 된 것 말고도, 기업의 창립자이자 최고경영자로서 중요한 가르침을 얻었다. 이 가르침은 마크 앤드리슨과 함께 선구적인 기술 벤처 투자 기업인 앤드리슨 호로위츠Andreessen Horowitz를 설립했을 때 특히 큰 도움이 되었다. 벤처 투자자 중에는 실제로 큰 규모의 기업을 운영하는 이들이 많지 않았다. 반면 호로위츠는 기술 기업을 창업하고 확장하는 데 따르는 험난한 심리적 여정을 속속들이 알았다.

쉽지 않은 경영

호로위츠는《하드씽》에서 '악전고투' 상황에 꽤 많이 언급하며, 악전고투를 극복하는 몇 가지 조언을 제시하고 있다.

- 모든 책임을 혼자 짊어지지 마라. 당신은 창립자이자 최고경영자로서 가장 책임감을 많이 느끼겠지만 **문제를 혼자 해결하려고 하지 않는 것이 중요하다. 문제를 다 함께 해결해 나가야 할 공동의 문제로 만들어라.**

- 절박한 상황에서도 당신은 항상 원하는 행보를 결정할 수 있다. 호로위츠는 가장 불리한 사업 환경에서 불확실한 수익과 사업 모델을 가지고 기업 공개를 단행했다. **"항상 취할 수 있는 조치는 있다."**

- **"충분히 오래 버티면 행운이 찾아올지도 모른다."** 기술 업계는 끊임없이 변화하고 있다. 그래서 이 업계에서 **조금만 더 오래 버티면 상황이 갑자기 당신의 편이 되어줄 수도 있다.**

- **위대함에는 대가가 따르며,** 당신이 현재 겪고 있는 일이 바로 그것이다. "이것이 여성이 소녀와 다른 점임을 명심하라. **위대해지고 싶다면 그렇게 될 수 있는 도전의 기회다.** 위대해지기를 원치 않는다면 당신은 창업을 하지 말았어야 했다."

호로위츠는 기업의 최고경영자로서 긍정적인 자세를 유지하며 항상 구성원들이 더 분발하도록 촉구해야 한다는 큰 압박감을 느꼈다. 그러나 그는 기업이 나쁜 소식을 숨기려고 하거나 공유하지 않는 것이 얼마나 위험한 일인지 알게 되었다. 모두가 얼마나 나쁜 소식인지 알게 되었을 때는 보통 어떤 조치를 취하기에는 때가 너무 늦은 경우가 많다. 실패자로 보일까 봐 두려워하는 마음을 받아들이고 상황을 있는 그대로 공개하는 편이 항상 훨씬 더 낫다. 그렇게 하면, 직원들은 당신의 솔직함에 경의를 표하며 당신을 지원하려 할 것이다. 그들은 밤낮으로 일하며 회사를 원상 복귀시키려고 노력한다.

아무리 유명한 기업이라 해도 모든 기업은 존재가 위협받는 어려운 시기를 겪게 된다. 이런 시기에 변명을 하거나 경쟁사를 속일 수 있는 새로운 전략을 내놓거나 고급 시장이나 저가 시장으로 이동해 완전히 새로운 시장을 만들려고 시도하고 싶은 유혹을 느낄 것이다. 그러나 어려운 시기에 당신의 회사를 구원해 줄 마법의 총알은 존재하지 않는다고 호로위츠는 말한다.

어려운 결정과 신속한 결정

호로위츠는 최고경영자로서 배워야 할 가장 어려운 기술은 '마음을 경영하는 것'이라고 말한다. 다시 말해서 정신적 붕괴를 막는 것이다. 기업 구성원으로서 실수를 최소화하는 것은 꽤 잘했겠지만 빠르게 변화하는 시장 환경에서 갑자기 1,000명이나 1만 명의 사람들을 관리하게 되면 일이 크게 어긋나는 경우가 빈번히 발생할 수도 있다. 이런 경우 과거에 항상 모든 일을 우수하게 잘 해냈던 사람은 심리적으로 아주 힘들어진다. 모든 기업은 '우리는 망했어. 이제 끝이야' 하는 순간을 최소한 두 번에서 다섯 번은 겪는다. 그리고 이것을 가장 뼈저리게 느끼는 사람이 최고경영자다.

호로위츠는 이런 상황에 대처하는 방법으로 '머릿속에서 끄집어내어 종이에 적으라'고 제안한다. 세심하게 선택한 단어로 어떤 큰 결정이나 조치를 표현해 봄으로써 감정적인 입장 외에 그것의 합리적인 장점을 볼 수 있게 된다. '장벽이 아니라 펼쳐져 있는 길에 집중하라'. 당신이 최고경영자로 일하는 동안 잘못될 수 있는 일은 백만 가지이지만 목표에 초점을 맞춰야 한다. 호로위츠가 다른 최고경영자들에게 어떻게 어려운 시기를 헤쳐나갔는지 질문하자 그들은 훌륭한 전략적 조치나 사업 수완을 대처 방안으로 꼽지 않고 간단히 이렇게 말했다. "포기하지 않았어요." 크게 좌절하고 두려워서 도망치고 싶을 때가 있을 것이다. 하지만 도망치는 것은 거의 항상 잘못된 선택이다. **실패할 것처럼 보일 때조차 계속 버티면서 해결책을 찾는 용기를 가졌는가의 여부가 평범한 CEO와 위대한 CEO를 가르는 잣대라 할 수 있겠다.**

대부분은 위대한 CEO는 만들어지는 것이 아니라 태어난다고 생각한다. 그러나 호로위츠는 어떤 결정을 내릴 때 확신이 부족해 괴로워하곤 했다. 조직을 이끄는 일은 자연스럽게 저절로 되는 일이 아닐 뿐더러 사람들로부터 사랑받고자 하는 인간의 본능적인 바람에 어긋나는 행동을 계속해서 해야 한다. "그럼에도 장기적으로 사랑받는 좋은 CEO가 되기 위해서는 단기적으로 사람들의 심기를 불편하게 하는 부자연스러운 행동을 많이 해야 한다."라고 호로위츠는 말한다.

호로위츠는 그가 해야 했던 정말 중요한 결정에는 지적인 측면보다는 용기가 더 필요했으며 투자 결정을 내릴 때 스타트업 창업자들에게 원하는 것도 (뛰어난 재능과 더불어) 용기라고 강조한다. 어렵고 옳은 판단을 내릴 때마다 당신은 조금씩 더 용감해진다. 반대로 쉽지만 잘못된 결정을 내릴 때마다 더 겁쟁이가 되어간다. 최종 결과는 겁쟁이 회사가 되거나 용감한 회사가 되거나 둘 중 하나다.

건강한 기업 만들기: 팀과 인재 그리고 문화

호로위츠는 사람들이 직장을 그만두는 데에는 두 가지 이유가 있다고 관측했다. 첫 번째는 관리자가 싫어서, 그리고 지도 편달과 직업 개발, 피드백이 거의 없는 것에 충격을 받아서다. 두 번째는 아무것도 배우는 게 없어서. 기업이 직원들이 새로운 기술을 배우는 데 자원을 투자하지 않아서가 있다.

훌륭한 기업 훈련 프로그램은 두 가지 모두를 충족시켜야 한다. 호로위츠는 '너무 바빠 훈련할 시간이 없다는 것은 너무 배가 고파서 먹을 수 없다는 말과 같은 말'이라고 한다. 시장의 요구를 놀랍게 잘 반영한 제품을 만드는 기업이 되기는 비교적 쉽다. 그러나 항상 그렇듯이 일이 잘못되었을 때 조직 구조나 문화가 허약한 기업은 빠른 속도로 와해될 수 있다. 조직 구조와 문화가 건강한 기업에서는 일이 잘못되어도 훨씬 더 회복 탄력성이 높다. 호로위츠는 말한다. "한 가지 일에만 집중할 거라면 건강한 기업을 구축하라. 언제나 사람을 상품과 수익보다 우선시하라."

직원을 정리 해고해야 할 때는 솔직해져라. "회사 사정이 어려워져서 회사를 계속 꾸려 나가려면 일부 훌륭한 직원을 내보낼 수밖에 없게 됐다."라고 말하라. 직원들도 그것이 사적인 감정에 의한 처분이 아님을 알며 일이 계획대로 풀리지 않는 현실을 이해한다. 직원을 채용했던 사람이 해고하는 역할도 맡아야 한다. 인사팀이나 강압적인 성향의 관리자에게 맡기지 마라. 직원들을 어떻게 정리 해고하는지는 업계에서 당신의 평판을 좌우한다. 실업 수당이나 지원금 지급에 최대한 투자해 그들을 도와라.

어떻게 확장할 것인가

모든 성공한 기업의 설립자는 뜻이 비슷한 사람들끼리 모여서 만든 (역할도 뚜렷하게 구분되어 있지 않은) 유대감이 강한 작은 그룹을 수백 또는 수천 명의 사람들이 일하는 (일부 사람들은 모르는 관계가 될 수도 있는) 조직으로 전환해야 하는 문제에 봉착하게 된다. 호로 위츠는 "회사에 대해 모든 것을 속속들이 알고 있고 모든 결정을 혼자 내리고 다른 이와 소통할 필요도 없이 완전히 자신에게만 맞춰져 있는 스타트업 CEO를 한번 상상해 보라. 회사가 성장함에 따라 모든 면에서 부진해질 것이다. 반면 회사가 확장하지 않는다면 절대로 기업의 좋은 본보기가 될 수 없을 것이다."라고 말한다. **통제권을 잃는 것처럼 느껴지더라도 '억지로라도 물러나야' 한다.** 그리고 충분한 시간을 들여서 제대로 조직화해야 하며 그럴 만한 가치가 있다.

적절한 야망: 비전과 야망

호로위츠와 그의 동료들이 스타트업 창업자을 인터뷰할 때 보는 세 가지 자질은 다음과 같다. 사람들이 그를 따르고 싶어 할 만큼 설득력 있게 비전을 제시하는 능력(스티브 잡스처럼 말이다), 그 비전을 현실화할 능력, 적절한 야망(개인적인 야망이 아닌 기업에 관한)이다. 기술 기업은 보통 IQ를 보고 직원을 고용한다. 하지만 모든 **직원이 자신의 발전만을 도모한다면 기업은 목표를 달성하기 어렵다.** 반대로 끊임없이 기업과 기업이 추구하는 목표를 생각하는 직원들은 조직에 근본적으로 소중한 가치를 창출해낼 것이다.

해결되지 않은 문제는 없는가

대부분의 회의는 당신과 당신의 팀, 또는 회사가 무슨 일을 진행하고 있고 어떤 문제가 있는지에 관한 회의다. 그러나 끊임없이 이렇게 자문해 볼 필요가 있다. '내가 해결하지 못하고 있는 일은 무엇인가?' 예컨대 일부 중요한 상품이나 서비스, 거래 건 등이 미해결 상태로 남아 있다면 해결할 필요가 있는 경우다. 그 일에 주의를 집중한다면 다른 일도 개선될 것이다. 미해결 일을 처리함으로써 기업을 탈바꿈시킬 수 있다.

(함께 읽으면 좋은 책) 짐 콜린스《위대한 기업의 선택》, 에릭 리스《린 스타트업》, 에릭 슈미트, 조너선 로젠버그《구글은 어떻게 일하는가》, 피터 틸《제로 투 원》

톰 버틀러 보던의 한마디

호로위츠는《하드씽》에서 기업 경영을 준비시켜주는 비법은 없으며, '평시 CEO'와 '전시 CEO'를 구분해서 지침을 주는 경영서도 거의 없다고 지적한다. 일이 잘 돌아갈 때의 리더와 위기 상황을 극복해야 할 때의 리더는 매우 다르다. 조직에 뿌리 깊은 문제가 있거나 근래에 주요 고객을 놓쳤거나 신기술이나 경쟁사로 인해 사업이 위축되었을 때는 접근하기 쉽고 친근하고 자상한 CEO는 적합하지 않다. 그런 상황에서는 평시에 애정을 가지고 관계를 구축해 놓은 직원과 투자자를 감흥시킬 과감한 행보가 요구된다. 궁극적으로 리더의 가치는 최악의 시기에 어떻게 반응하는지를 보고 판단할 수 있다는 말이다. 어려운 결정에 부딪혔을 때 최고의 리더는 창조성을 발휘하여 현실에 대응할 만한 해결책을 제시한다.
《하드씽》은 보기 드문 경영서이다. CEO의 영혼을 들여다보는 동시에 조직을 잘 운영하기 위한 세부적인 지침에 대해 많은 페이지를 할애하고 있다. 조직 운영에 있어 무엇이 적절하고, 적절하지 않은지에 대해 많은 것을 알 수 있다. 당신이 최고경영자가 되는 일이 생긴다면 그 긴장되는 여정을 시작할 때 혼자라고 느끼지 않을 만큼 이 책이 친절한 동반자가 되어줄 것이다.

part

2

경영 전략과
혁신

The Innovator's Dilemma

새로운 고객과
신기술만이 살길
《혁신 기업의 딜레마》

"많은 기업은 경쟁자보다 더 좋은 상품을 만들어 앞서려는 노력에서
그들이 얼마나 빨리 고가 시장으로 이동하고 있으며
기존 고객의 요구를 넘치게 만족시키고 있는지 인식하지 못하고 있다.
그들은 경쟁으로 인해 점점 더 고품질과 고수익 시장으로 가고 있다."

클레이튼 크리스텐슨 Clayton Christensen
브리검영대학에서 경제학을 공부한 후 옥스퍼드대학에서 로즈 장학생으로 선발되어 경제
학 박사 학위를 받았다. 레이건 행정부의 교통 정책연구원을 맡기도 했으며 하버드대학 경영
대학원 교수를 역임했다. 《성장과 혁신》, 《파괴적 혁신 4.0》, 《번영의 역설》 등 십수 권을 저
술했다.

클레이튼 크리스텐슨은 파괴적 혁신 이론의 주창자이자 최고 권위자이며, 21세기 가장 위대한 경영 사상가 중 한 사람이다. 크리스텐슨은 대다수의 경영대학원 교수들과 달리 하버드대학에서 박사 과정을 밟기 전에 실제로 기업에서 일한 경험이 있었다. 이후 하버드에서 그의 명저 《혁신 기업의 딜레마》의 근간이 될 개념을 연구했다. 지난 30년 동안 출간된 경영서 중에서 상위 5위에 드는 이 책은 '기업의 실패에 대한 이야기가 아니라 훌륭한 기업에 대한 이야기'라고 크리스텐슨은 말했다. 아주 존경받고 심지어 혁신적이라고 평가받았던 기업이 시장과 기술의 변화에 적응하지 못하고 뒤처진 기업에 대해 다루고 있다.

기술 와해적 혁신과 기술 투자: 대기업의 도전 과정

'와해적Disruptive' 기술이란 기존의 기술보다 성능이 떨어지는 것으로 보이지만, 비주류 고객이나 새로운 고객이 추구하는 가치를 제공하는 것을 말한다. 와해적 상품은 종종 더 가격이 싸고 더 기본적인 형태거나 사용이 더 용이하다. 한 가지 예를 들자면, 1970년대의 혼다Honda와 야마하Yamaha가 미국에 수출한 가격이 저렴한 저출력 오프로드 오토바이가 그에 해당한다. 그들은 할리데이비슨Harley-Davidson과 BMW와 같은 고출력 대형 로드 오토바이와 비교하면 기능은 떨어지지만 인기가 높았다.

대기업은 일반적으로 와해적 상품이나 서비스는 '큰 수익원이 되지 않는다'며 합리적인 이유에서 투자를 꺼린다. 이들의 수요가 보통 저가의 수익성이 낮은 시장에서 나오기 때문이다. 그러나 크리스텐슨은 투자하지 않으면 그 수익성이 낮은 작은 시장이 크게 성장할 가능성을 간과하게 될 것이고 그때가 되면 시장을 잃을 위험이 있다고 경고한다.

기업은 '존속적Sustaining' 기술에 투자하기를 선호한다. 존속적 기술은 주류 시장의 기존 고객이 가치를 두는 기준에 따라 품질을 향상시키려 노력하는 것이다. 기존 고객의 요구를 충족시키는 데 전념하느라 '고객의 요구가 아직 없는 것에 대한 아이디어는 묵살해 버리는 시스템을 발전시켜 왔다'. 그러나 크게 성장하기 위해서는 현 시점에서는 아직 요구되지 않고 있지만 미래에는 시장이 형성될지도 모르는 기술과 상품에도 관심을 기울여야만 한다.

문제는 '작은 시장은 대기업의 성장 욕구를 충족시켜주지 못하는 것'이라고 크리스텐슨은 말한다. 기업이 규모가 커짐에 따라 비대한 조직을 계속 움직이게 하기 위해서는 더 많은 수입이 들어와야 하며, 추가로 1퍼센트의 매출을 더 올려줄 것으로 예상되는 신기술에 투자하는 것은 합당해 보이지 않는다. 더욱이 대기업은 그 분야에서 자신들이 최고의 제품을 만드는 최고의 기업이라고 믿고 있다. 갑자기 더 기본적이고 값싼 제품을 개발한다는 것은 자존심에 흠집을 내는 일처럼 느껴진다.

'자원 의존' 경영 이론에서는 고객이 원하고 필요로 하는 것을 제공하는 것이 기업 성공의 길이라고 말한다. 이 생각은 진화론과 자연 선택설에서 기인한 것이다. 상업 환경에 대한 적응력이 높은 기업이 번성한다는 것이다. 기업의 자원을 어디에 사용할지 결정하는 것은 고객과 시장이며, 경영진의 비현실적인 생각은 파산이나 실패로 이어지는 자기만족이라고 보는 시각이다. 하지만 실제로 그 두 가지 운명(파산이나 실패)은 기업이 고객에 너무나 집중해 있어서, 신기술이 가지고 올 잠재적 이득을 인식하지 못한 결과로 나타난다.

기업 혁신과 기존 시장의 도전: 와해적 기업의 성공

기업의 입장에서는 보통 기존 고객층에서 더 많은 수익을 발생시켜주는 더 가치가 높은 고객으로 옮겨가는 것이 타당해 보인다. 더 저가 시장으로 이동하는 일은 드물다. 하지만 종종 그곳이 새로운 시장이 존재하는 곳이라고 크리스텐슨은 강조한다. 기존의 기업은 일반적으로 신흥 기업에게 뒤지지 않는 기술 우위를 가지고 있다. 그들이 뒤처지는 부분은 전략과 비용 구조에 대한 변화에 대응하는 능력이다.

문제는 와해적 기술을 판매하는 기업이 더 저렴하고 혁신적인 상품과 서비스만을 오랫동안 판매하는 경우는 거의 없다는 점이다. 결국 그들도 기존에 형성해 놓은 시장을 잠식해 들어가게 된다. 그것을 보여주는 예로, 고철을 이용해 한정된 용도로 사용되는 보통 품질의 철근을 생산하는 소규모 제철 공장 '미니밀 Minimill'이 부상한 것을 들 수 있다. 철근은 생산비는 싸지만 수익률이 낮고 경쟁이 치열한 업종이다. 이 시장은 주요 제조사에 공급하는 고급 철강을 제조하는 대규모 종합 제철 공장이 상대하는 시장과는 뚜렷이 달랐다. 하지만 철근 시장을 장악한 후 뉴코 Nucor와 샤파렐Chaparral과 같은 미니밀 제조업체는 다음 단계의 저수익 분야인 봉강과 선재, 앵글강 등도 잠식하기 시작했다. 주요 철강 제조사는 이 시장이 수익성 높은 시장이 아니었으므로 그다지 신경 쓰지 않았다. 그 후 미니밀은 건축물의 철재 빔을 만들기 시작하면서 대형 철강 기업으로부터 이 부문의 시장을 빼앗아 오게 된다. 이번에도 전통적인 철강 기업은 조용히 자신들의 길을 고수했다. 캔, 자동차, 가전제품 등을 만드는 제조 기업의 높은 기대 수준에 맞춘 고품질의 평판 압연 철강 생산을 통해 얻는 수익이 높았기 때문이다.

철강 산업이 고급 시장에 초점을 맞추면서 베들레헴 철강 Bethlehem Steel과 같은 대형 기업은 수익성을 높일 수 있었다. 하지만 그런 상황 속에서도 혁신 기업의 새로운 접근 방식과 신기술은 더 많은 고객을 끌어들이고 있었다. **미니밀이 더 발전하면서 시장 점유율을 계속 늘려나가자 전통적인 철강 기업은 점차 하나씩 문을 닫게 되었다.** 한때 주변 기업이었던 뉴코는 미국 철강 생산 부문에서 시장 선두 주자가 되었다.

혁신적 변화와 시장 개척의 전략

크리스텐슨은 이 책의 2부에서 혁신적 변화에 잘 대처한 몇 개 기업을 소개하고 있다. 이들 기업이 보여준 공통점은 첫째, 와해적 기술에 관심이 있을 만한 고객을 찾기 위해 현재 고객의 요구 너머를 보려고 했다. 두 번째 공통점은 이 시장을 좇기 위해 자치적인 작은 사업 단위를 구성했다. 이 사업 단위들은 보통 최대한 빠른 시간 내에 저비용으로 와해적 기술을 원하는 고객을 찾아 사업 가능성을 타진할 책임을 맡게 된다. 크리스텐슨은 다른 주류 컴퓨터 회사와는 반대 행보를 보였던 IBM이 초창기 개인용 컴퓨터 시대에 성공하게 된 사연을 언급한다. IBM은 뉴욕 본사와 멀리 떨어져 있는 플로리다에 분리된 사업 단위를 구축하고 자율권을 부여해 컴퓨터를 개발하고 자체 공급망과 (IBM의 전통적인 가격 체계를 따르지 않고) 개인용 컴퓨터 시장에 적합한 자체 가격 체계를 만들 수 있게 허용했다.

일부 신흥 기술은 너무나 새롭기에 기업은 그 기술을 적용한 상품이 어떻게 비춰지고 사용될지 확신이 서지 않는다. 세계 최초의 휴대용 단말기인 뉴턴Newton을 출시할 때 애플은 출시 전에 시장 조사를 철저히 해서 사람들이 무엇을 원하는지 알아내어 이 발견 과정을 줄이려고 노력했다. 하지만 막상 출시하고 보니 필체 인식 소프트웨어의 기능이 기대 수준에 못 미쳤다. 무선 통신도 당시에는 너무 비쌌고 뉴턴의 기능을 필요로 하는 시장도 생각한 것만큼 크지 않았다. 아직 주변부의 요구에 머물러 있었던 상품을 일반 대중에게 팔려고 한 것이다. **물론 그로부터 수년 후 출시된 아이폰은 휴대용 단말기의 위력과 아이폰을 둘러싼 엄청 난 규모의 애플리케이션 개발 생태계를 보여주었다.** 그때가 되어서야 휴대용 단말기의 발전 가능성이 완전히 인정받고 실현된 것이다. 여기서 우리가 얻을 수 있는 교훈은 '작은 시장은 큰 조직의 단기적 성장 요건을 만족시키지 못한다'는 것이다. 그러나 만약 애플이 휴대용 단말기 기술을 완전히 등한시했더라면 아이폰의 성공은 기대하기 어려웠을 것이다.

오늘날에도 동일한 상황을 찾아볼 수 있다. 구글의 실험적인 X 분과는 다른 사업의 성공 여부에는 영향받지 않고 독립적으로 신기술을 개발하는 역할을 맡고 있다. 그곳에서 개발한 첫 번째 제품 중 구글 글래스Google Glass는 상업적으로는 실패작이었다. 사용자가 안경을 쓰고 있으면 주변 사람들은 촬영되고 있음을 알 수 있었다. 대중의 사랑을 받기에는 너무 사생활 침해적인 성격이 강했다. 그러나 구글 글래스는 현재 보잉Boeing과 같은 기업의 생산팀에서 사용되고 있다. 크리스텐슨은 "아이디어의 실패와 기업의 실패 사이에는 커다란 차이가 존재한다."라고 주장했다. 대부분의 신사업들은 신제품이나 서비스가 시장에서 고객을 만나기 시작할 때 사업 전략을 포기한다. 그리고 난 뒤 사람들이 실제로 그 상품을 사용한다는 걸 알게 되는 것이다.

기술 업계에서는 가장 먼저 시장에 진입한 선도자라고 해서 확실히 유리한 점은 없다. 하지만 와해적 기술 분야에서는 선도자로서의 유리한 점이 분명 존재한다. 자유로운 혁신 기업은 검증되지 않은 기술과 상품에 자원을 투자할 의지가 더 강하다. 그렇게 함으로써 경쟁 우위를 유지하고 시장 점유율을 높이겠다는 것이다. 여기서 크리스텐슨이 내린 결론은 '새로운 시장을 개척하는 것은 견고한 경쟁사들을 상대로 기존의 시장에 진입하는 것보다 확실히 위험성이 적고 더 많은 보상이 따른다'는 것이다.

(함께읽으면좋은책) 짐 콜린스《위대한 기업의 선택》, 벤 호로위츠《하드씽》, 월터 아이작슨《스티브 잡스》, 김위찬, 르네 마보안《블루오션 전략》, 제프리 A. 무어《제프리 무어의 캐즘 마케팅》

톰 버틀러 보던의 한마디

크리스텐슨은 책 말미에 전기 자동차와 그것이 자동차 산업의 혁신에 미칠 잠재력에 대한 언급했다. 혁신 기업은 주류 자동차 제조 기업이 전기 자동차에 대한 수요를 의심하고 있는 사이에 '혁신 기술의 냄새'를 맡았다. 크리스텐슨은 미국의 대형 자동차 기업은 기존의 수익성 높은 고객들의 요구만을 충족시키느라 새로운 기회를 놓칠 수 있다고 경고했다. 크리스텐슨이 이 책을 집필하고 있던 당시만 해도 전기 자동차의 1회 충전 주행 거리와 변속기의 성능이 형편없어 그걸 누가, 어떤 목적으로 사려고 할지 상상하기 힘들 정도였다. 하지만 이제 밝혀진 것처럼 배터리 기술은 크게 향상되었다. 부유하고 환경 문제에 신경 쓰는 고객들을 위해 아주 빠르고 고급스러운 전기 자동차를 판매할 수 있는 시장이 구축되었다. 이는 초기에 확실히 사용자 수가 보장되거나 시장이 존재하지 않는다고 해서 그 기술을 등한시해서도, 핵심 사업에 방해가 되는 기술로 여겨서도 안 된다는 크리스텐슨의 주장을 증명해 주고 있다. 실제로 현재에는 잘 알려져 있지 않은 검증되지 않은 기술에 열광하는 사람들과 기업이 미래에 당신이 몸담고 있는 산업을 장악하는 주인공이 될지도 모른다.

BOOK
14

Alibaba: The House That Jack Ma Built

업계의 거물에게
주눅 들지 마라

《알리바바》

"중국에서는 소매 거래의 10퍼센트 이상이 온라인 구매로

이루어진다. 미국보다 7퍼센트 더 높은 수치다.

마윈은 중국의 전자상거래를 '메인 요리'에 비유한 반면

미국의 전자상거래는 '디저트'에 비유했다."

던컨 클라크 Duncan Clark

1986년 런던 정치경제대학을 졸업하고 런던과 홍콩의 금융 업계에서 일했다. 1994년 중국으로 건너와 모건스탠리(Morgan Stanley)에서 4년 동안 근무한 후, 컨설팅 회사 BDA차이나를 설립해 대규모 투자자들과 외국 정부, 중국의 기술 기업과 소매 기업 등에게 자문을 제공했다.

던컨 클라크는 중국 주재 영국 상공회의소 의장을 맡기도 했으며, 중국의 디지털 경제에 대해 영국 정부의 자문역을 수행해 대영제국 훈장을 수여받았다. 스탠퍼드대학에서 기업가 정신 객원 연구원이었으며, 스탠퍼드 경영대학원에서 주최한 '중국 2.0' 콘퍼런스 기획에도 참여한 바 있다. 현재 중국과 해외의 초기 단계의 벤처 기업에 지속적으로 투자하고 있으며 (중국) 방콕 은행에서 이사를 맡고 있다.

알리바바는 연간 4억 명 이상의 사람들에게 타오바오(중국어로 보물찾기라는 뜻이다)과 T몰을 통해 물건을 팔았다. 알리바바가 중국을 소비 국가로 탈바꿈시키는 데 큰 역할을 한 것이다. 알리바바는 '동양의 아마존'을 훨씬 뛰어넘는 그 무엇이었다. 알리바바는 애초에 세계 시장으로 뻗어나가고자 하는 야망을 가지고 출발했고, 지난 5년간 그 꿈을 빠르게 실현해가고 있다.

《알리바바》에서 던컨 클라크는 알리바바의 창립자 마윈이 삼수생에서 억만장자가 된 놀라운 이야기를 들려준다. 클라크는 1999년에 마윈이 항저우의 한 후덥지근한 아파트에서 알리바바를 처음 시작했을 때 마윈을 만났다. 클라크는 마윈이 세계 시장으로 확장할 때 자문관이 되어 주었고, 2003년 자문 서비스에 대한 보상으로 알리바바의 주식을 싸게 매입할 기회가 주어졌지만 그 제안을 거절했다. 클라크는 이를 두고 '3,000만 달러짜리 실수'였다고 책의 도입부에서 아쉬움을 드러냈다.

두 친구의 우정과 성장: 마윈과 켄 몰리

1980년 열두 살의 마윈은 영어 공부에 열정을 보였고 항저우를 방문하는 몇몇 외국인과 늘 붙어 다녔다. 그들 중에 호주 뉴캐슬에서 온 켄 몰리Ken Morley는 마윈을 보자마자 마음에 쏙 들어 했고, 몰리의 두 아들 켄과 데이비드는 마윈과 금방 친구가 되었다. 몰리가 호주로 돌아간 뒤 그들은 편지를 주고받으며 마윈과 연락을 계속 이어나갔다.

그 후 마윈은 첫 대학 입시에서 실패를 하고, 아르바이트와 공부를 병행하며 두 차례 더 도전해서 이름 없는 항저우 교육대학에 겨우 입학할 수 있는 점수를 얻었다. 1985년 몰리는 마윈이 호주에 있는 자신의 집에 초대하기 위해 여러 외교적인 제약을 극복해야 했다. 마윈의 호주 여행은 그의 인생을 바꾸어 놓았다. 마윈은 중국이 세계에서 가장 부유한 국가라고 배웠다. 하지만 사실이 아님을 알게 된 것이다. 몰리 가족은 마윈이 대학 공부를 계속하도록 생활비 일부를 대주었고, 후에 마윈 부부가 함께 살 첫 아파트를 장만할 돈을 주기도 했다.

클라크는 호주 공산당 당 대표 후보로 출마한 적이 있는 사회주의자 켄 몰리가 중국에 자본주의를 구현하려고 하는 한 젊은이의 멘토가 된 역설적인 상황에 주목한다. 마윈은 후에 뉴캐슬대학에 장학금으로 2,000만 달러를 기부해 몰리가 베푼 호의에 보답했다.

항저우에서 세계로: 마윈과 알리바바의 이야기

항저우시가 위치해 있는 저장성은 역사적으로 중국에서 가장 기업 활동이 활발한 지역 중 하나다. **1978년 덩샤오핑이 중국 경제를 개방했다.** 진주강 삼각주, 베이징과 더불어 이 지역은 중국 경제 발전의 엔진이었다.

마윈은 대학을 졸업한 후 항저우 전자공학원에서 영어와 국제무역을 가르치는 강사로 일하기 시작했다. 마윈은 학생을 가르치는 일을 사랑했지만 사업에 대한 열정을 억누르지 못하고 29세에 번역 에이전시를 창업했다. 사업은 성공적이지 못했고 임대료를 지불해야 했기에 기프트 상품과 도서, 꽃 등을 무역으로 판매했다. **1994년 마윈은 미국으로 여행을 가서 난생 처음으로 인터넷에 접속했다.** 눈이 번쩍 뜨일 만큼 놀라운 경험이었고 마윈은 거기서 중국의 수백만 기업의 상품을 미국 및 다른 여러 나라로 수출하도록 도울 수 있는 기회를 발견했다. 마윈은 디렉토리 공간을 중국 기업에게 판매하는 차이나 페이지China Pages를 만들기 위해 친구와 가족들에게 도움을 요청했다. 그로부터 몇 년이 채 지나지 않아 서구 사이의 인터넷 기술 격차를 우려한 중국 정부는 국영 통신 기업에게 미국의 통신 공급 업체인 스프린트Sprint의 협조를 받아 인터넷 인프라를 구축할 것을 지시했다.

차이나 페이지는 상업적 성공을 거두지는 못했다. 차이나 페이지는 국영 기업의 자회사로 넘어가게 되었고 마윈은 베이징의 중국 상무 부처에서 웹사이트 구축을 감독하는 일을 하게 되었다. 그러나 마윈은 그 시절을 "공무원으로 살고 싶은 마음이 없었어요."라고 회상한다. 때는 1998년이었고 35세의 마윈은 다른 중국 인터넷 기업가들이 자신보다 앞서가는 것을 지켜보고 있었다. 미국의 야후에 자극을 받은 (최고 명문대학을 나오고 최신 기술에 아주 밝은) 기업가들은 인터넷 접근성을 더 높일 수 있는 야후에 버금가는 비슷한 포털 사이트를 구축하기 위해 노력하고 있었다. 정부 부처의 일을 그만두고 1999년 마윈은 알리바바를 창립했다. '알리바바'라는 회사명은 보물을 숨겨둔 동굴의 문을 여는 '열려라 참깨'의 의미를 함축하고 있다. 중국어 회사명이 아니어서 회사가 눈에 띄었고 그 의미도 전 세계적으로 이해가 가능했다. 한 캐나다인으로부터 4,000달러에 Alibaba.com 도메인을 사들여 마윈은 마침내 다시 사업가의 길로 들어서게 되었다.

1999년 2월 중국에는 인터넷 사용자 수가 200만 명밖에 되지 않았다. 그러다 2000년 말에는 그 숫자가 1,700만 명으로 증가했고 증가 속도는 매우 빨랐다. 정부의 정책적 노력으로 인터넷 접속은 더 쉽고 저렴해지고 있었고 컴퓨터 가격도 떨어지고 있었다. 마윈은 자신의 무료 웹사이트가 세계로 뻗어나가려는 중국 기업의 다리 역할을 해주면 되겠다고 생각했다. 골드만삭스와 일부 소규모 투자 회사들이 알리바바에 관심을 보였고 마윈은 회사의 지분 절반을 양보하고 500만 달러의 투자를 유치했다. 인터넷 열기가 중국을 뜨겁게 달구면서 인터넷 포털 사이트인 소후Sohu, 넷이즈NetEase, 시나Sina가 끌어들인 엄청난 자금에 비하면 알리바바가 유치한 투자금은 적은 돈이었다.

알리바바 VS. 외국 기업: 중국 전자상거래 시장의 접전

야후에 투자해 억만장자가 된 재일 한국인 **소프트뱅크 창립자 손정의는 마윈에게서 많은 가능성을 보고 알리바바에 2,000만 달러를 투자하고 30퍼센트의 알리바바 지분을 인수했다**. 이 투자금 덕분에 알리바바는 장기적인 계획을 세울 수 있게 되었고, 2000년에 닷컴 버블 붕괴 사태가 일어났을 때도 안전하게 넘어갈 수 있었다. 알리바바는 2,500만 달러의 투자금 중 500만 달러만을 사용한 상태였기에 중국의 많은 전자상거래 회사가 고배를 마시는 동안 미국과 유럽에 사무소를 구축하면서 확장을 지속했다. 마윈은 대중의 관심을 끄는 유명인이 되었고 중국의 자본주의를 이끄는 새 얼굴로 〈포브스 글로벌〉과 〈이코노미스트〉의 기사를 장식하는 주인공이 되었다. 하지만 **알리바바는 50만의 사업자 고객을 보유하게 되었음에도 중국 기업을 상대로 한 전자상거래에서 버는 수익은 채 100만 달러가 되지 않았다. 결론은 다른 수입원이 필요하다는 것이었다.**

B2B 포털을 구축한 마윈은 아마존이나 이베이와 같은 방식으로 개인 소비자를 상대로 한 전자상거래 사이트를 구축하는 데

더 많은 관심을 가지게 되었다. 하버드대학을 나온 샤오 이보Shao Yibo가 설립한 이치넷EachNet은 이미 중국판 이베이를 만드는 것을 목표로 하고 있었다. 이베이 측에서도 이를 알아차리고 이 회사를 1억 8,000만 달러에 인수했다. 그러나 2000년대 초반에 중국 소비자는 인터넷을 통해 물건을 사는 것을 그다지 신뢰하지 않았다. 신용카드도 일반적으로 사용되지 않았고 온라인 지불 시스템도 당연히 존재하지 않았다. **그럼에도 마윈은 또 다른 주자가 소매 전자상거래 시장에 진입해 성공할 수 있는 여지는 아직 충분하다고 보았다.** 대여섯 명의 알리바바 직원이 새로운 소매 전자상거래 사이트인 타오바오닷컴을 비밀리에 구축했다. 손정의는 이 새로운 기업에 8,000만 달러를 투자하기로 결정했고, 타오바오닷컴은 2003년 5월 오픈했다.

이때 이베이 차이나는 타오바오를 위협적인 상대로 보지 않았다. 이베이 차이나는 판매자 수수료를 3퍼센트에서 8퍼센트로 인상해도 문제없을 것이라 생각했지만 예상과는 달리 판매자들이 반감을 드러내기 시작했다. 타오바오는 판매자나 구매자에게 수수료를 징수하지 않았다. 클라크는 '웹사이트 디자인에서는 문화가 중요한 역할을 한다'고 지적한다. 이베이 사이트는 이국적인 사이트로 보이는 반면, 타오바오의 사이트는 전형적인 중국 시장의 바쁜 모습을 시각적으로 보여주면서 구매자와 판매자가 채팅 창에서 직접 소통하며 중국의 방식대로 가격을 흥정할 수 있게 해주었다. 이베이에게 치명적인 타격을 주었던 결정은 중국 사이트의 운영과 관리를 캘리포니아 본사로 옮기기로 한 것이었다. 이 결정으로 이베이 차이나 사이트는 '중국의 거대 방화벽' 외부에 위치하게 된 것이다. 즉, 페이지 로딩에 더 많은 시간이 걸리고, 보다 빈번한 정부의 검열의 대상이 됨을 의미했다. 이베이의 접속량이 급감했고 이는 중국 내에 있는 타오바오에게는 절호의 기회가 되었다. **알리바바는 자체적으로 온라인 결제 시스템 알리페이를 개발해 곧 이베이의 페이팔을 무색하게 만들었다.** 페이팔은 외국 결제 시스템에 대한 중국의 여러 가지 규제로 인해 인기를 얻는 데 실패했다. 2006년 이베이는 중국에서 거의 철수했다. 반면 아마존과 이베이, 페이팔의 최고 장점만을 채택한 알리바바의 사이트들은 대중을 사로잡았다.

타오바오와 T몰: 중국 전자상거래 시장의 동반자들

2006년에서 2009년 사이에 타오바오는 매출이 20억 달러에서 300억 달러로 급상승하며 승승장구했다. 클라크는 타오바오가 중국 재래시장의 온라인 버전이라면 알리바바가 내놓은 다음 주자인 T몰은 화려한 백화점의 느낌이라고 표현한다. **T몰은 판매 수수료를 통해 알리바바의 수익을 창출한다.** 나이키와 코스트코 Costco, 메이시스Macy's, 아마존을 포함한 미국의 여러 대형 소매업체는 T몰 사이트를 통해 중국 소비자의 마음을 사로잡기 위해 대폭, 투자하고 있다. 이것이 중국 전역에 오프라인 매장을 내는 것보다 더 똑똑한 전략이다.

클라크는 타오바오와 T몰의 성공을 설명하면서 서양에서는 인터넷을 통해 상품을 구매하는 것이 여러 가지 쇼핑 방법 중 하나일 뿐인 것에 반해 중국에서는 라이프스타일로 자리잡게 되었다는 점에 주목한다. 과거에는 쇼핑객들을 무시하듯이 대했던 국영 기업이 대부분의 상점을 운영했었다. 민영 소매 체인점들은 항상 땅값 때문에 발이 묶였다. 정부가 최대한의 월세를 받아내기 위해 인위적으로 땅값을 높게 유지하는 것이다. 그래서 알리바바의 사이트들이 하루 24시간 주 7일 상시 제공되는 훌륭한 고객 서비스를 갖추고 등장하자 시장 판도가 바뀌었다.

훌륭한 서비스와 단순함, 투명성을 갖춘 알리바바는 시장에 결핍되어 있던 무언가를 만들어낸 것이다. 다름 아닌 '신뢰'였다. 알리페이 시스템은 알리바바 제품을 구입할 때만 사용할 수 있는 것이 아니다. 상점과 식당에서 현금 이외의 방식으로 결제할 때를 포함해서 어디에서 무엇을 구입하든 사용이 가능하다. 국영 은행보다 훨씬 더 높은 예금 금리를 제공하는 알리페이의 온라인 은행 유에바오Yu'e Bao는 현재 엄청난 현금 보유고를 자랑하며 중국의 금융 시스템을 재편하고 있다. 유에바오는 세계에서 가장 많은 돈을 관리하는 은행 중 하나가 되었다.

마윈은 알리바바의 성장 전략을 클라우드 컴퓨팅과 빅데이터,

중국 시골 지역, 세계화의 세 가지로 요약했다. 알리바바는 인터넷 접근이 어려운 7억 명의 중국 시골 주민을 새로운 고객으로 유치할 방안을 마련하고 있다. 이것은 세계 시장을 공략하는 것보다 더 큰 의미를 갖는다고 볼 수 있다. 이미 알리바바는 알리익스프레스를 통해 다른 나라의 판매자와 구매자를 연결시킨다는 애초의 목적을 달성하는 데 성공했다. 알리바바의 원래 목적은 중국의 상품을 해외에 판매하는 것을 돕는 데 있었지만, 이제 미국과 유럽의 기업이 3억 이상의 중국의 신흥 중산층을 대상으로 고가의 사치품 등 다양한 상품을 중국에 판매하는 걸 돕는 방향으로 옮겨갔다.

　중국 공산당은 여전히 기업가들에게 반감을 가지고 있다. 클라크는 2015년 '중국의 워런 버핏'으로 불리는 궈광창Guo Guangchang의 의문의 실종에 대해 언급한다. 비록 그는 다시 돌아왔지만 기업가들이 어떤 것으로 중국 정부의 심기를 불편하게 할지 예상할 수 없다. 때문에 마윈은 (280억 달러가 넘는) 엄청난 재산과 유명세에도 불구하고 발걸음을 아주 조심스럽게 내디딜 필요가 있다. 특히 그 기업이 금융과 미디어를 포함해 전통적으로 국가가 관리하는 분야에서 지배권을 발휘하기 시작한다면 더욱 그렇다. 중국 산업 성장의 대가로 치르게 된 수질오염이나 대기 오염, 불량식품, 암 발생률 증가 등에 대한 마윈의 거침없는 비판 또한 정부 정책에 대한 도전으로 간주될 수도 있다.

마윈은 알리바바와 그와 비슷한 민영 대기업이 국가 권력에 필요한 균형을 제공하고 무역 증진과 구매력을 향상시킴으로써 사람들은 더 부유하고 행복해질 수 있다고 믿고 있다. 공산당의 입장에서는 단순히 중국에 투자하는 외국 기업에 의해서가 아니라 최소한 중국 기업에 의해 중국의 경제력이 높아지고 있다는 사실에 만족할 수 있을 것이다.

(함께읽으면좋은책) 월터 아이작슨《스티브 잡스》, 브래드 스톤《아마존, 세상의 모든 것을 팝니다》, 애슐리 반스《일론 머스크, 미래의 설계자》

톰 버틀러 보던의 한마디

마윈은 이베이와 야후와의 싸움에서 훨씬 덩치가 큰 상대에게 기죽지 말라는 가르침을 얻었다. 다윗은 분명 골리앗을 이길 수 있다. 클라크는 마윈이 '예측 불허인 동시에 세심한' 경영 스타일을 보여주고 있다고 하면서 그런 점에서 마윈이 존경하는 무협 소설 속의 고수 풍청양(Feng Qingyang)을 닮았다고 말한다. 마윈은 정작 자신의 알리바바 지분이 계속 줄어드는 한이 있더라도 직원들에게(특히 여섯 명의 여성을 포함한 창립 멤버 18인에게) 스톡옵션을 나누어주는 데 매우 관대했다.

2009년에 마윈은 조용히 회사를 설립해 겨우 5,100만 달러의 가격에 알리바바에게 있던 알리페이의 소유권을 자신에게로 이전했다. 투자자인 야후와 소프트뱅크는 격분했다. 알리페이는 적어도 10억 달러 이상의 가치였기 때문이다. 마윈은 알리페이를 보호하려면 법률상으로 알리페이가 완전히 중국의 소유임이 좋겠다고 판단했다고 설명했다. 알리페이가 중국 최대의 유명 결제 시스템이기에 특히 그렇다는 것이다. 이 사건으로 대중은 마윈의 투명성을 의심하게 되었지만 다른 기업가와 투자자들은 마윈이 그렇게 한 이유를 알 수 있었다. 과거 마윈이 소유한 알리바바의 지분이 아주 적었던 사실을 미루어 보았을 때 이제 알리바바와 자사 결제 시스템인 알리페이의 성공을 지속시키는 것이 마윈 개인에게도 커다란 인센티브가 되는 것이다.

Great by Choice

기업의 발전 정도는
불황과 위기에 드러난다
《위대한 기업의 선택》

> "우리가 연구한 지도자들은 미래를 예측할 수 있는
> 특별한 능력을 갖고 있지 않았다. 그들이 다른 이들보다
> 더 많은 위험을 감수하거나 더 용기가 있거나
> 더 선견지명이 있거나 더 창조적이었다고 할 수 없다.
> 그들은 스스로를 더 단련시키고 더 경험하고 더 꼼꼼하게 준비했다."

짐 콜린스 Jim Collins

1958년 콜로라도에서 태어나 스탠퍼드대학에서 수학 학사와 MBA를 취득했다. 매킨지와
HP에서 근무한 후 스탠퍼드 경영대학원에서 학생을 가르쳤다. 1995년에는 '경영 연구소'를
설립해 기업의 성공에 관해 연구했다. 저서로 《성공하는 기업의 8가지 습관》, 《좋은 기업을
넘어 위대한 기업으로》, 《위대한 기업은 다 어디로 갔을까》 등이 있다.

part 2 경영 전략과 혁신

165

짐 콜린스는 세계에서 가장 영향력 있는 경영석학으로, '경영의 바이블'로 꼽히는《성공하는 기업들의 8가지 습관》과《좋은 기업을 넘어 위대한 기업으로》등을 집필한 인물이다. 이 책들이 출간된 이후, 주식 시장 붕괴와 9 · 11 테러, 이라크 전쟁 등 여러 사건이 일어났다. 1990년대 후반의 호경기는 지정학적 불확실성으로 바뀌었고, 지속적인 기술 변화는 기업과 사회에 큰 변화를 가져오고 있었다.

콜린스는 변화의 의미에 대해, 그리고 조직이 그 변화에 어떻게 대처하는지에 대해 고민하기 시작했다. 콜린스는 궁금했다. 세계가 망해가고 있는 것처럼 보일 때, 왜 어떤 기업은 그와 상관없이 번영하는 것처럼 보이는 걸까? 콜린스는 '10배 기업'을 연구하는 9년 간의 프로젝트를 시작했다. 10배 기업이란 최소 15년 동안 산업 생산 지수를 10배 이상 앞선 기업이다. 예를 들어, 사우스웨스트 항공은 1972~2002년 사이 오일 쇼크, 규제 완화, 노조 파업, 경기 불황, 테러 등에도 불구하고 수익성 높은 주요 항공사로 성장했다. 항공 산업은 역사적으로 변동성이 크고 수익성이 낮은 업종이다. 그렇다면 사우스웨스트 항공은 어떻게 그 어려움을 극복해 낸 걸까?

콜린스는 '위대한 기업'과 '비교 기업'을 찾아냈다. 비교 기업이란 같은 업종에서 같은 기간에 기회가 비슷했지만 평균 수준을 넘지 못했거나 인수당한 기업이다. 예를 들면, 인텔과 AMD, MS

와 (2000년까지 고전했던 시기의) 애플, 사우스웨스트 항공과 퍼시픽 사우스웨스트 항공, 스트라이커Stryker와 USSCUnited States Surgical Corporation 등이다. 《위대한 기업의 선택》은 누구나 운과 상황에 따라 '위대하게' 될 수 있지만, 어려운 상황에 직면했을 때야 말로 사람과 기업의 진짜 재능이 드러난다고 말한다.

자기 통제와 자기 단련

콜린스는 20세기 초, 노르웨이인 로알 아문센Roald Amundsen과 영국인 로버트 스콧Robert Scott의 남극점 정복 경쟁 일화로 이 책을 시작한다. 아문센은 철저하고 훈련된 인물이었다. 모든 일에 여유를 두고 준비했다. 악천후라도 하루에 일정한 거리를 이동한다는 원칙을 엄격하게 따랐다. 날씨가 좋다고 더 멀리 가지 않았다. 반면 스콧은 아문센과 달랐다. 날씨가 좋은 날에는 원정대가 가능한 한 많은 거리를 이동하게 하고 날씨가 나쁜 날에는 텐트 안에서 쉬게 했다. 아문센의 방식이 평균적으로 하루 이동 거리가 훨씬 더 많았다. 결국 아문센은 이 경쟁에서 우위를 점했다. 그리고 스콧은 남극점에 도착한 후 되돌아오는 길에 목숨을 잃었다.

콜린스는 10배 기업 연구에서 아문센과 스콧의 비교 사례를 참고했다. 다른 사례로는 의료 기구 업체 스트라이커가 있다. 이 기업은 20년 동안 CEO인 존 브라운John Brown이 매년 20퍼센트의 순이익 증가를 목표로 정하고 엄격하게 추진했다. 성장세에 있는 시상에서 **어떤 해에는 더 높은 성장률을 달성할 수 있었을지도 모른다. 그러나 꾸준한 성장이 더 지속 가능한 기업을 만들 것이라고 믿었다.** 반면 경쟁사인 USSC는 과도하게 공격적인 전략을 취해 더 높은 성장을 추구했으나 1990년대 중반부터 후반까지 수요가 감소하고 경쟁이 치열해지면서 USSC의 순이익은 크게 줄어들었다. 1998년 스트라이커는 성장을 이어갔지만 USSC는 결국 타이코Tyco에 인수되면서 주식회사로서는 사라졌다.

콜린스는 다른 기업에서도 비슷한 패턴을 발견했다. 장기적인 관점에서 보면 공격적인 성장을 기업의 목표로 삼은 기업은 꾸준히 목표를 달성한 기업보다 성과가 더 낮았다. 경기가 좋지 않을 때는 목표를 달성하기 위해 열심히 노력했지만 경기가 좋을 때는 자신들이 정한 한계를 지켰다. 사우스웨스트 항공은 어떤 해에 수익을 과도하게 증가시키면 다음 해에 수익성이 떨어질 수 있다고 생각했다. 그래서 매년 수익성을 유지할 수 있었다. 이런 자제력 덕분에 창립 8년 만에 텍사스주를 벗어나 다른 주로 확장하고, 창립 25년 만에는 미국 동부 해안까지 운항하게 되었다.

'꾸준한 행군'의 가장 큰 장점은 불안정한 환경에서도 기업에게 통제력을 준다는 것이다. 속도는 빠르지만 일정하지 않은 성장과는 달리 말이다. 예를 들어, 인텔은 18개월마다 반도체 집적회로의 성능을 2배씩 향상시킨다는 무어의 법칙을 의식적으로 따랐다. 그렇게 하면 시장에서 밀리지 않을 것이라고 생각했다. 인텔은 높은 성장과 꾸준한 성장을 모두 추구한 반면, 집적회로 분야에서 1위를 목표로 공격적 경영을 한 AMD는 1980년대 초반에는 인텔보다 두 배나 빨리 성장했다. 그러나 1987~1995년 사이에는 인텔에 비해 크게 밀렸다. 그 이유는 무엇일까? 1985~1986년 사이에 반도체 산업이 침체기에 접어들었을 때 확장으로 인한 부채가 많았던 AMD는 인텔에게 자리를 내주고 회복하지 못했다. 콜린스가 강조하는 핵심은 바로 이것이다. 기업 운영에 있어서 과도하게 밀어붙이면 외부 충격에 취약해진다.

생명공학 업체인 제넨텍은 15년 동안 '차세대 혁신 업체'로 각광받았지만 발전 가능성에 비해 목표를 충분히 달성하지 못했다. 콜린스에 따르면 최고 과학 책임자였던 아서 레빈슨Arthur Levinson이 CEO가 된 후 제넨텍은 시장을 선도할 수 있는 분야에 집중했다. '첫 번째, 두 번째, 세 번째, 네 번째 해에 2퍼센트 성장하고, 다섯 번째 해에 92퍼센트 성장하기'보다는 매년 꾸준한 성장률을 목표로 함으로써 단련된 태도를 보였다. 거기에 그들이 가진 강점인 혁신과 단련을 결합하자 제넨텍은 드디어 번영하기 시작했다. 기업은 항상 다음 세대를 주도할 제품을 찾고 있다. 운명을 바꿀 수 있는 신약이나 베스트셀러 책 등을 끊임없이 탐색할 것이다. 그러나 정말 성공한 기업은 단련과 집중을 통해 이미 가진 것을 최대한 활용하려고 더 노력한다. 또는 콜린스의 말처럼 '차세대 대박 아이템은 이미 당신이 가지고 있을지도 모른다'.

경험적 창의성: 합리적 낙관주의

콜린스는 아주 성공한 기업이 한 가지 공통점을 가지고 있다는 것을 발견하고 놀랐다. 그것은 바로 '혁신적이지 않았다'는 것이다. 예를 들어, 사우스웨스트 항공은 사실 퍼시픽 사우스웨스트 항공을 거의 그대로 벤치마킹한 기업이었다. 퍼시픽 사우스웨스트 항공은 캘리포니아의 지역 항공사로, 사우스웨스트 항공의 특징이 된 직항 서비스, 소요 시간 단축, 유머러스한 승무원 등 대부분의 혁신적인 서비스를 최초로 도입했다. 콜린스는 스트라이커는 USSC보다 혁신적이지 않아서 오히려 우위를 점했다고 말한다. 그리고 "시장에 제일 빨리 들어가거나 제일 늦게 들어가지 말라."고 조언한다. 스트라이커의 CEO였던 브라운은 항상 '**유행을 한 발 뒤에서 따라가는 것**'이 **최선이라고 생각했다.** 다양한 기업이 혁신 역사를 조사해 보면, 성과가 뛰어난 기업은 "업계 전체나 비교 기업에 비해 상대적으로 우리가 생각한 것보다 혁신적이지 않았다."라고 콜린스는 주장한다. 항공업과 같은 일부 업종에서는 혁신의 장벽이 낮고 생명공학과 같은 다른 분야에서는 혁신의 장벽이 높다. 하지만 그 장벽을 넘기만 하면 다른 요인들이 성공에 더 큰 영향을 미친다.

그에 대한 일례로, 인텔은 칩 개발에서 텍사스 인스트루먼트 Texas Instruments, 모토로라Motorola, AMD 등의 경쟁사에게 종종 뒤처지기도 했다. 1970년대에 1,000비트 메모리 칩 장벽을 깬 기업은 AMD였다. AMD는 인텔보다 수개월 앞서 이 메모리 칩을 성공적으로 시장에 출시했다. 그럼에도 3년이 지나지 않아 시장을 장악한 것은 인텔의 칩이었다. 제조와 납품, 규모의 확장에서 더 우위에 있었던 덕분이다. 반도체 칩은 속도와 용량뿐만 아니라 합리적인 가격과 신뢰성도 중요했다. 인텔의 최고경영자 앤디 그로브Andy Grove는 인텔이 컴퓨터 칩 업계의 맥도날드가 되기를 원한다고 밝힌 바 있다. 콜린스는 "혁신 그 자체는 우리가 기대했던 비장의 카드가 아니었다. 더 중요한 것은 혁신을 확장하고 창의성과 단련을 결합하는 것이다."라고 결론짓는다.

　장기적인 성공을 위해서는 '대포를 쏘기 전에 총알을 먼저 쏘아보는' 접근 방식이 훨씬 더 합리적이다. 콜린스에 따르면 이는 새로운 기획이나 기술을 적용하기 전에 개발 및 출시를 위한 소규모 팀을 구성하거나 이미 그 사업을 하고 있는 기업을 인수해 보는 등 작은 시도들을(총알 쏘기)을 하는 것을 의미한다. 이렇게 하면 실패해도 회사가 망하지 않을 것이다. 그러나 성공하면 그것이 미래 성장의 원동력이 될 수 있다. 많은 기업은 총알을 쏘아보지 않고 처음부터 '대포'를 쏘는, 내부 기획에 대해 거대한 투자를 하거나 비싼 기업 인수를 하는 등의 큰 실수를 저지른다. 콜린스는 '잘못된 과정에서 운 좋게 좋은 결과를 얻으면 위험하다'고 경고한다. 크고 위험한 투자가 성공하면 그 기업은 그런 투자를 더 하려고 할 것이고 그런 투자는 대부분 실패할 것이다. 그래서 이른 성공과 자만으로 인해 실패의 희생양이 되기 쉽다. 10배 기업은 창의력과 낙관주의를 유지하지만 항상 실패 가능성도 염두에 두는 조심성 때문에 최종적으로 전략적 결정을 내리기 전에 충분한 조사를 하곤 한다.

편집증적인 위험 관리

콜린스가 연구한 아주 성공한 기업은 불운이나 사고에 대비하기 위해 '비합리적으로 넓은' 안전 범위를 유지했다. 예를 들어, 〈파이낸셜 이코노믹스〉 저널에서 분석한 8만 7,000개 기업과 비교해 보면 성공한 기업은 모두 자산 대비 현금 비율을 3~10배 높게 유지했다. 일례로, 9·11 테러가 일어났을 때 사우스웨스트 항공은 10억 달러의 현금을 보유하고 있었고 항공 업계에서 가장 높은 신용 등급을 받았다.

10배 기업은 큰 위험을 감수하는 것이 아니라 위험을 회피하는 것으로 그 자리에 올랐다. 변화와 혼란이 가득한 세상에서는 그러한 자기 절제가 매우 중요하다. 결과가 좋지 않을 때 성공한 기업은 자신들의 원칙이 잘못되었다고 생각하지 않는다. 오히려 기업이 원칙에서 벗어났는지, 또는 원칙을 고수하는 엄격함을 잃었는지 먼저 점검한다. 많은 기업은 문제를 해결할 수 있는 유일한 방법이 일하는 방식을 극적으로 바꾸는 것이라고 속아 넘어가지만 때로는 자신들의 핵심적인 사명을 잊어버리기도 한다. 콜린스는 "환경이 급격하게 변화한다고 해서 당신의 기업도 크게 변화해야 한다는 것은 아니다."라고 말한다. 사실 성공한 기업은 다른 기업보다 변화하는 정도가 적다. 그들은 자신들의 핵심 가치와 기업 활동을 거의 바꾸지 않는 헌법처럼 존중한다. 예를 들면, 1990년대 중반에 빌 게이츠는 인터넷이 대중화되는 중요한 시기에 MS의 제품을 모두 인터넷 중심으로 전환했다. 하지만 기업의 핵심 가치와 처음부터 큰 성공을 거둔 윈도우에서 오피스 제품은 하나도 포기하지 않았다.

(함께 읽으면 좋은 책) 클레이튼 크리스텐슨 《혁신 기업의 딜레마》, 존 케이 《우회 전략의 힘》, 에릭 라이즈 《린 스타트업》

톰 버틀러 보던의 한마디

《위대한 기업의 선택》이 새로운 이유 중 하나는 기업의 성공에서 운이 어떻게 작동하는지에 대한 연구라는 점이다. 콜린스는 위대한 기업도 다른 기업과 같은 정도로 행운과 불운이 따른다고 말한다. 그러나 그들은 행운을 이용해 더 많은 사업을 한다. 반대로 평균적인 기업은 행운을 허비하고 기회를 잡지 않으며 실패에 대해 불운을 탓한다. 뛰어난 기업은 무엇을 탓하거나 체념하는 문화를 지양한다. 그리고 **각별한 단련만이 성공으로 가는 길**임을 알고 있다.

콜린스는 더 나은 결과를 내는 기업과 낙오하는 기업을 구분하는 최종적인 요소가 무엇인지 밝힌다. 성공한 기업의 리더가 더 야망이 있을 뿐만 아니라 야망의 종류가 다르다는 것이다. 단순한 상업적 발전을 넘어 더 원대한 목적을 이루고자 한다. "우리가 연구한 가장 위대한 지도자는 승리를 중요시하는 만큼 가치에 관심이 많으며, 수익을 중요시하는 만큼 목적에 관심이 많으며, 성공을 중요시하는 만큼 유용성에 관심이 많다."라고 콜린스는 썼다. 그러한 선한 의도의 결과는 수치화가 불가능하다. 그럼에도 그 결과는 조직을 보통 수준 이상으로 끌어올리는 듯하다.

BOOK
16

Blue Ocean Strategy

경쟁하지 마라,
가치가 중요하다

《블루오션 전략》

"기업에 문제가 발생해 혼란이 생기면 경영진은 무력해진다.

대부분의 조직 구성원은 전략이 무엇인지조차 모르고 있다.

그리고 자세히 들여다보면 대부분의 계획에는 전략이 전혀 포함되어

있지 않으며 오히려 여러 전술이 혼합되어 있다는 사실을 알게 된다."

김위찬
1952년에 대한민국에서 태어나 미시간대학을 졸업한 후 경영학 교수가 되었다. 이후 프랑스로 이주해 경영대학원 인시아드에서 전략 및 국제 경영 교수로 재직했다.

르네 마보안 Renée Mauborgne
인시아드의 전략 교수이며, 김위찬과 함께 블루오션 전략 연구소를 이끌고 있다. 버락 오바마 전 대통령 재임 시절 전통흑인대학 자문 위원으로 참여했다.

김위찬, 르네 마보안 교수는 세계경제포럼의 특별회원이자 블루오션 글로벌 네트워크의 설립자이다. 두 교수가 공동 집필한《블루오션 전략》은 전 세계 경영학계에 큰 반향을 일으켰고, 세계 최고의 경영사상가 50인의 목록 2위를 차지하기도 했으며, 경영 부문에서 여러 상을 받았다.

시장은 한쪽 참가자가 승리하면 다른 참가자는 실패가 불가피한 제로섬 게임의 장으로 비춰진다. 하지만 실제로는 새로운 산업, 제품 카테고리, 시장은 항상 새로운 사고와 새로운 발견, 겉으로 보기에 쇠퇴하는 시장에 대한 새로운 접근법을 통해 창조되고 있다. 슘페터가 말한 것처럼 경제는 새로운 것이 오래된 것을 휩쓸어 없애거나 끊임없이 새로이 만들어지고 있다. 업계에서 다른 기업을 앞지르고 싶어 하는 것은 논리적으로 타당해 보이지만 훌륭한 기업이 되기를 원한다면 경쟁을 불필요한 것으로 만들어야 한다.

《블루오션 전략》은 출혈 경쟁의 바다 속에서 발버둥을 치며 빠져나오기 원하는 동시에, 싸움이나 타협이 더는 필요하지 않은 혁신적인 일을 해내고 싶은 기업이나 조직의 경영자를 위한 책이다. 두 교수는 엎치락뒤치락하며 유혈 전쟁을 벌이는 경쟁자들로 넘쳐나는 레드오션이 아니라 무한한 수요와 고수익이 존재하는 블루오션을 상상했다.

이토록 매혹적인 상상으로 2005년에 출간된 이 책의 초판본은 예상치 않게 350만부가 팔려나갔고, 전략 수립은 경영학에서 가장 매력적인 분야로 떠올랐다. 책이 독자들에게 주는 영감은 거의 자기계발서에 가까운 것이었고 실제로 서문에서 저자들은 이렇게 적었다. "이 책에 담겨 있는 생각들은 사업을 운영하며 그럭저럭 헤쳐가거나 그저 살아남고자 하는 정도의 열망만을 가진 이들을 위한 것이 아니다. 만일 당신이 그 정도에 만족하는 사람이라면 이 책을 더 이상 읽지 않아도 좋다."

가격이나 품질보다는 달라야 한다

이 책은 미국의 와인 사업에 대한 사례 연구로 시작한다. 미국의 와인 산업은 2000년까지 엘리트 이미지를 가지고 있었고 시장은 크게 성장하고 있지 못했다. 와인 양조장들은 대중이 인지하고 있는 복잡성과 세련됨을 가지고 경쟁했고 다양한 포도 품종을 아우르는 엄청난 종류의 와인들이 이미 존재했다. 그래도 대중의 마음속에는 와인들 사이에 큰 차이점은 없었다. 각각 다른 시장을 충족시키며 경쟁 중인 고급 와인도 많았고 경쟁 중인 저가 와인도 많았다. 그러나 그들은 같은 범주 내에서 조금씩 달랐을 뿐이었다. 저자는 이런 업종에서는 **조금 더 낮은 가격에 약간 더 좋은 품질의 상품을 제공하는 것으로는 두드러질 수 없다고 지적한다. 완전히 다른 가치를 제공할 필요가 있다.** 즉, 현재 존재하는 고객을 바라보지 말고, 시장에 나와 있는 상품을 구매할 이유를

(지금까지) 못 느끼는 (저자가 '비고객'이라고 지칭한) 완전히 새로운 고객을 마음속에 그려 보라.

미국의 와인 제조업체는 기준 소매가에 고품질의 와인을 제공하는 것에 많은 투자를 해왔다. (와인 감정가와 와인 양조자를 포함한) 와인 업계에서는 복잡성이 와인 양조에 있어 가장 중요한 요소라는 인식이 있기 때문이다. 호주의 와인 제조업체 카셀라Casella 와인은 많은 잠재 와인 고객에게 복잡성과 고급스러움은 관심의 대상이 아니라는 사실을 알게 되었다. 카셀라는 복잡하지 않고 재미있는 이미지의 와인이 대다수의 사람들이 정말 원하는 와인일지로 모른다는 사실을 감지했다. 와인을 '모두(맥주를 마시는 사람, 칵테일을 마시는 사람, 전통적인 와인을 마시는 사람)가 접근할 수 있는 사교적인 술'로 재해석할 수 있다고 생각했다.

심플하고 매력적인 맛의 카셀라 옐로 테일Yellow Tail 브랜드는 숙성이나 오크통도 필요 없었고 레드 와인 한 종류(시라즈)와 화이트 와인(샤르도네) 한 종류로만 나왔다. 옐로 테일은 단 몇 년 만에 홍보 활동이나 광고도 거의 없이 미국 시장을 휩쓸었다. 현재 50개국이 넘는 국가에서 판매되고 있으며 브랜드 디자인은 햇볕이 내리쬐는 호주의 친근함을 상징하고 있다. 여기서 **결정적인 포인트는 카셀라가 경쟁업체들로부터 시장을 빼앗아 오지 않고도 와인을 마시지 않던 사람이 와인을 마시게 만들어 자신만의 시장을 개척했다는 점이다.** 압도적인 와인 선택지 앞에서 이제 소비자는 와인 구입 결성이 간난해졌다. 옐로 테일을 사거나 그게 아니라면 와인 말고 다른 술을 사는 것이다. 심지어 더 비싼 와인을 마시곤 했지만 와인 업계의 허세에 지친 사람들도 옐로 테일로 갈아타도록 만들었다.

두 저자는 책에서 에둘러 말하지 않고 다음과 같이 명시하고 있다. "기업의 가치 곡선이 초점을 잃어버리면 비용은 상승하고 사업 모델의 실행과 집행은 복잡해진다. 차별성을 추구하려는 자세가 부족하면 기업은 시장에서 눈에 띄려고 노력하기보다 경쟁 상품을 따라하는 전략을 세우는 데 그칠 것이다. 소비자에게 설득력 있게 다가갈 한 줄의 강렬한 광고 문구가 없으면 내부 자족에 그치거나 상업적 잠재성과 성공 가능성이 없는 혁신을 위한 혁신의 전형적인 사례가 될 가능성이 높다."

기업이 특별한 가치를 제공하지 않고도 빠르게 성장하는 것이 가능하지만 그런 경우는 오로지 운이 좋아서 그런 것이며 빠르게 성장하는 업종에서만 가능한 일이다.

네 가지 결정적인 질문들

카셀라는 아주 경쟁이 심한 업계에서 블루오션을 만들어내기 위해 어떤 전략을 채택했는가? 많은 경영서는 경영진이 용감하게 기업가 정신을 발휘해야 하고 위험을 감수할 수 있어야 한다는 권고로 가득하다. 하지만 성공으로 가는 더 나은 길은 당신의 조직이나 기업의 블루오션이 어디에 놓여 있는지 알아내기 위해 분석 기법이나 분석 데이터를 활용하는 것이다. 저자는 당신이 경영하는 기업이나 업계에 대해 고민해 볼 수 있도록 다음의 네 가지 액션 프레임워크를 제공하고 있다.

- 업계에서 중요하다고 생각하는 요소 중에 완전히 제거되어야 할 요소는 무엇인가?
- 업계 표준 이하로 훨씬 줄여야 하는 요소는 무엇인가?
- 업계에서 현재에는 제공하지 않고 있지만 제품에 접목시켜야 하는 요소는 무엇인가?
- 업계 표준을 훨씬 넘어 상향 조정되어야 할 요소는 무엇인가?

많은 상품과 서비스는 시장에서 두드러지기 위해 과대 포장되는 경우가 많다. 그러면 업계의 다른 기업 또한 그렇게 해야 한다고 느끼게 되는 것이다. 고객이 상품을 더 과하게 또는 더 복잡하게 만들거나 포장하는 것을 필요로 하거나 원해서 그런 것이 아니라 마케팅상의 이유로 그렇게 하는 경우가 많다. 그래서 상품이나 서비스를 단순하게 만드는 기업이 새로운 시장을 만들게 되는 것이다. 복잡한 특징을 제거하거나 줄임으로써 비용을 절감하는 동시에 소비자에게 그들이 원하는 상품을 훨씬 더 낮은 가격에 제공할 수 있게 된다.

아니면 정반대의 전략을 취할 수도 있다고 저자는 말한다.

1980년대에 〈태양의 서커스〉는 고급화 전략을 통해 서커스 업계의 판도를 바꿔놓았다. 피로감을 느끼고 있었던 서커스 업계는 다수의 관객이 어린이였지만 갑자기 수익성이 좋은 성인 관객을 얻게 되었다.

고객은 모른다

두 교수는 광범위한 고객 연구가 아무런 효용성이 없는 경우가 많다고 주장한다. 구매자는 실제로 상품이 자기 앞에 놓이기 전까지는 어떤 변형된 상품이나 서비스가 나오면 좋을지에 대한 생각이 거의 없기 때문이다. 기업과 마찬가지로 사람들은 기존에 존재하는 상품이나 서비스의 범주 내에서 사고하는 경향이 있다. 하지만 수요의 블루오션은 이 범주를 무시하거나 배제할 때 비로소 발견되는 것이다.

기업은 시장에서 경쟁을 벌이며 해당 부문의 시장을 점유하기 위해 더 시장을 세분화하기 시작한다. 그 결과 점유하는 시장은 점점 더 작아진다. 블루오션을 개척하기 위해서는 이것을 뒤집어 역세분화해야 한다. 아직 손이 닿지 않은 수요를 충족시킬 수 있는 제품을 찾기 위함이다.

두 교수는 '비고객'이라는 단어를 사용하고 있다. 비고객은 더 구미가 당기는 상품이 나타나면 그 상품으로 갈아탈 의향이 매우 많은 사람이다. 예컨대, 많은 사람이 골프를 치다가 흥미를 잃게 되는 이유는 티 위에 놓여 있는 공을 치는 것이 어렵기 때문이다. 퍼팅과 공을 짧게 치는 것은 할 만하지만 드라이버 헤드의 크기가 작아 드라이버 샷을 성공시키려면 기술이 필요해진다. 캘러웨이 골프Callaway Golf는 이런 상황을 고려해 헤드가 더 커서 드라이버 샷을 훨씬 더 쉽게 칠 수 있게 해주는 '빅 버사Big Bertha' 드라이버를 출시했다. 빅 버사가 생겨나면서 더 많은 사람이 골프를 즐기게 되었고 캘러웨이는 큰 수익을 올렸다.

1986년 영국에 건강한 패스트푸드 체인 프레타망제Pret A Manger가 생겨났을 당시 도시의 전문직 종사자들은 일상적으로 점심을 식당에서 사먹었지만, 식당에서의 긴 식사 시간과 비싼 가격, 무거운 메뉴로 인해 불만족스러울 때가 많았다. 프레타망제의 콘셉트는 아주 신선한 재료로 만든 고품질의 합리적인 가격대의 음식 중 원하는 것을 직접 골라 계산대로 가지고 가서 값을 지불하고 편안한 환경에서 식사를 할 수 있는 방식이다. 이렇게 하면 일반적인 식당에서 식사하는 데 한 시간 이상이 걸리는 것과는 달리 20분 만에 식사를 마치고 나올 수 있다. 프레타망제는 **다른 방식의 점심 식사를 원하는 많은 수의 '비고객'들을 발견했지만 그들이 직접 눈으로 확인하기 전까지는 그게 무엇인지 몰랐다.** 이제 프레타망제는 영국 전역에 300개 이상의 지점을 보유하고 8억 달러의 매출을 올리고 있다.

제이씨데코JCDecaux는 시설물에 올릴 광고를 판매하는 대가로

버스 정류장과 같은 공공 시설물 설치를 위한 재원을 마련한다는 뛰어난 아이디어로 거리 광고 세계를 완전히 뒤바꾸어 놓았다. 새로운 시설물을 설치할 재원이 부족한 경우가 많은 지방 정부들의 문제를 해결해 줌으로써 제이씨데코는 10~25년 동안의 장기 계약을 통해 많은 수익을 얻을 수 있는 블루오션을 개척한 것이다. 버스 정류장 설치 비용은 광고 수익으로 충분히 부담이 가능했다. 많은 광고주들은 옥외 광고에는 돈을 들이기 싫어 했지만, 버스 정류장 광고의 경우, 버스를 기다리며 더 많은 사람이 볼 수 있고 더 자주 교체가 가능하다는 이점이 있음을 알고 있었다.

두 교수는 현재 당신의 업계에서 공급하고 있는 제품이나 서비스를 고객이 현재 사용하지 않는 이유가 무엇인지 찾아보라고 조언한다. 일단 고객이 느끼는 문제가 무엇인지 알게 되면 아직 충족되지 못한 수요를 충족시키기 위한 대안을 제공할 기회가 생기는 것이다. 전통적인 5센트짜리 싸구려 극장을 대체한 호화로운 영화관을 만든 사무엘 록시 로타펠Samuel Roxy Rothafel은 다음과 같이 말했다. "사람들이 원하는 걸 주겠다는 생각은 근본적으로 완전히 잘못된 발상입니다. 사람들은 자신이 무엇을 원하는지 모르고 있습니다. 그저 더 나은 것을 제공하려고 노력하세요."

블루오션 전략의 지속성과 경쟁 방지

다른 기업이 당신의 블루오션 전략을 따라한다면 그걸 어떻게 막을 것인가? 두 저자는 이 문제에 대해서도 해결책을 제시한다. 첫째로 사람들은 따라하는 기업을 좋아하지 않는다. 그래서 블루오션 상품이나 서비스를 처음으로 만든 원조 기업의 상품을 고수하려는 경향을 보인다. 수십 년간 지속적으로 누릴 수 있는 블루오션 상품의 브랜드 이점은 엄청나게 크다. 두 번째는 다른 기업의 블루오션 전략을 따라하려면 해당 기업의 기존 상품 제안과 전략을 무효화해야 하거나 조직에 너무 많은 변화를 요구하게 될 것이다. 블루오션의 창조는 많은 경우 단일 조직에 어울리는 DNA가 발현된 것이다.

많은 블루오션 아이디어나 콘셉트는 다른 기업이 쉽게 모방할 수 있고 판매 독점권을 신청할 수가 없다. 이런 이유로 당신이 제공하는 블루오션 서비스나 상품을 비록 다른 기업이 모방할 수 있더라도 그 노력이 의미가 없어지도록 상품의 가격을 매기는 것이 아주 중요하다. 특별한 유용성과 합리적인 가격을 결합한다면 다른 기업이 모방할 가능성은 그만큼 줄어든다.

그럼에도 불구하고 어떤 상품이나 서비스에 대한 블루오션 수요가 영원히 지속되는 것은 아니다. 따라서 조직은 끊임없는 재창조의 문화를 개발해야 한다. 만약 경쟁이 극심한 레드 오션을 피하려고 한다면 어떤 경우에는 기존의 자사 상품의 판매에 피해를 주는 경우도 발생할 것이다. 다수의 블루오션을 개척한 애플의 경우를 한번 보라. 애플 II, 아이맥, 아이팟, 아이튠즈 음악 플랫폼, 아이폰, 아이패드는 모두 사용자 가치를 기하급수적으로 증대시키기 위해 기존의 기술을 결합해 방대한 시장을 창출했다. 다른 기업이 애플의 제품을 모방할 때마다 애플은 새로운 제품을 가지고 앞서갔다. 두 저자는 애플을 MS의 경우와 비교한다. MS는 그들의 캐시카우(수익 창출원)인 MS 오피스 소프트웨어 제품군과 윈도우 운영 체제에 너무나 의존하고 있어 혁신에 관심을 기울이지 않았다.

(함께 읽으면 좋은 책) 리처드 코치, 그레그 록우드 《무조건 심플》, 제프리 A. 무어《제프리 무어의 캐즘 마케팅》, 피터 틸《제로 투 원》

톰 버틀러 보던의 한마디

"만일 우리가 적이 방어하지 않는 곳을 공격한다면 우리는 분명 그곳을 점령할 수 있다."《손자병법》에서 나온 전략이다. 여기서 '적이 신경 쓰지 않는 지역을 공격하는 것, 또는 더 좋은 것은 애초에 싸울 필요가 없는 지역을 점령하는 것이 전형적인 블루오션 전략이다. 즉, 당신이 가지고 있는 자원을 고려해 적에게 가장 큰 타격을 입힐 수 있는 기회를 찾으라는 것이다. 어쩌다 한 번씩 적을 정면으로 공격해야 할 수도 있지만 대개는 당신이 가장 큰 힘을 발휘할 수 있는 지점을 찾아내기 위한 철저한 계산이 필요하다.《손자병법》에는 이런 말도 있다. "적의 요새를 포위하는 것은 최악의 방책이다." 그야말로 블루오션 전략의 원리는 시대를 초월한다는 것을 알 수 있다. 두 저자는 "결국 전략은 비즈니스만을 위한 것이 아니다. 예술, 비영리 기관, 공공 부문, 국가 등 모두를 위한 것이다."라고 말한다.

The Lean Startup

성공을 원하는가,
끈질기게 시험하라

《린 스타트업》

"언론의 찬사를 받으며 세간의 이목을 끌던 스타트업들이 몇 개월
만에 잊혀지기도 하며 신상품이 결국 누구에게도 사용되지 못하고
재고로 쌓이기도 한다……시간과 열정, 기술의 엄청난 낭비이기도 하다.
린 스타트업 운동은 바로 이러한 실패를 방지하려는 것이다."

에릭 리스 Eric Ries

1978년에 태어난 리스는 예일대학 재학 시절 리크루팅 회사를 설립해 대학생과 잠재 고용
주를 연결시켰다. 이후 실리콘밸리로 무대를 옮겨 온라인 가상 현실 세계 기업인 데어닷컴
(There.com)의 개발자로 근무했다. 2004년에 회사 사정이 안 좋아지자 IMVU를 공동 설
립했다. 하버드대학 주재 기업인으로 자주 강연을 하고 있다.

세계적 아바타 기반 소셜 네트워크, 일명 임뷰의 공동 창립자 에릭 리스가 블로그에 '린 스타트업 철학'에 대한 글을 게시했다. 이 글이 많은 인기를 끌게 되자, 리스는 더 빨리 성공하고자 갈망하는 전 세계의 기업가들에게 그 철학을 널리 알리기 시작했다. 그 결과가 바로 《린 스타트업》이다. 〈월 스트리트 저널〉, 〈하버드 비즈니스 리뷰〉, 〈허핑턴 포스트〉 등에서도 리스의 린 철학은 비중 있게 다뤄지고 있다.

리스는 스타트업 IMVU를 설립했을 때 한 투자자에게 창업 초기부터 마케팅과 고객을 IT 기술만큼 중요하게 여기라는 조언을 들었다. 사실상 이는 상품이 완전히 준비되기 훨씬 전에 초기의 고객을 대상으로 지속적으로 기능 및 오류를 시험하면서, 상품을 출시하고 제품 수명 주기도 엄청나게 빨라야 함을 의미했다. IMVU는 이러한 급진적인 반복 수정 과정 덕분에 결국 성공을 거머쥐었다.

리스는 책에 이렇게 적고 있다. "내가 줄곧 희망한 것은 주변에서 보아온 엄청난 낭비를 제거하는 방법을 찾는 것이었다. 그 누구도 원치 않는 제품을 만드는 스타트업, 진열대에서 퇴출된 신상품, 실현되지 못한 수많은 꿈은 낭비다."

리스의 린 스타트업 전략: 평균적인 기업가의 성공 여부
리스 또한 차고에서 시작해 작은 회사를 대기업으로 키워낸 기업가 전설에 많은 영감을 받았다. 많은 이야기의 주인공은 기업 공개가 이루어지면서 하룻밤 사이에 백만장자가 되었다. 실제 기업을 설립한 방법이나 어떻게 중대한 결정을 내렸는지, 어떤 시스템하에서 일했는지와 관련된 이야기는 장면 몇 개로 축약될 뿐이었다. 이런 '지루한' 이야기들은 창조적인 천재나 불굴의 의지, 노력에 관한 이야기보다 재미가 없다.

그러나 리스는 만약 성공 스토리가 그보다 덜 영웅적이라면 어떨지 생각해 보았다. 기업가의 활동이 특별한 기술이라기보다는 평균적인 지성을 가진 인물이라면 누구나 자신에게 이익이 되도록 따를 수 있는 과정이라면 어떻겠는가? 리스는 IMVU에서의 경험을 통해 기업의 성공 여부가 경영에 달려 있음을 깨닫게 되었다. **즉, 단순히 훌륭한 제품을 개발하는 것이 아니라**(엔지니어의 **책임) 처음부터 시장에 초점을 맞추어야 한다는 것**(경영자나 설립자 의 **책임)이다.** 그럼에도 불구하고 상품 기획, 전략 설계, 시장 조사로 이어지는 전통적인 경영은 스타트업 기업에게는 적합하지 않았다. 아직 그들의 고객이 누구인지, 또는 시장이 어디인지조차 명확하지 않다면 어떻겠는가? 리스는 "오랜 기간 동안의 안정적인 운영 경력과 비교적 고정적인 환경을 기반으로 할 때에만 정확한 예측과 기획이 나올 수 있다. 하지만 스타트업에게는 전혀 해당되지 않는 이야기다."라고 말한다.

린 스타트업적 사고는 새로운 것을 생각해 내는 매우 인간적이

고도 개인적인 재능과 더불어 체계적인 혁신을 강조하는 개념이라고 리스는 설명한다. 사업에서 어떤 부분이 중요하고, 무엇이 자원 낭비인지에 관해 더 과학적으로 철저하게 분석하고, 사업 활동을 법적인 시각에서도 주의 깊게 관찰한다는 면에서 리스는 프레더릭 테일러의 영향을 많이 받은 것으로 보인다(34장 참조).

혁신과 실험의 중요성: 리스의 스타트업 사고법

리스는 스타트업을 '극도로 불확실한 조건에서 신제품과 서비스를 만들도록 설계된 인간적인 기관'이라고 정의하고 있다. 단어를 신중히 선택한 것으로 보인다. '인간적인 기관'이라는 표현은 새로운 벤처 기업이 단지 제품만을 중요시하는 것이 아니라 지속 가능한 기업을 만드는 데 관여된 사람들과 과정도 중요시한다는 의미로 해석된다. 또한 기업가는 실리콘밸리의 차고뿐만이 아니라 대기업의 한 사업 단위나 정부 부처, 비영리 기관에도 존재한다는 사실을 말하고 싶은 것이다. **스타트업의 정수는 자리 잡고 있는 물리적인 구조물이나 조직이 아니라 혁신이다. 스타트업과 다른 기업 사이의 또 하나의 결정적인 차이점은 내재하는 불확실성이다.** 대박 성공 가능성을 지닌 이러한 날것의 불확실성을 인정하고 받아들이는 곳은 스타트업과 그들의 투자자밖에 없다.

IMVU 창업 초기의 매출은 당혹스러울 정도로 낮았다. 처음에는 월 목표 매출이 300~500달러였고, 이것을 상향 조정하는 데에도 시간이 꽤 걸렸다. 리스와 경영진은 초기 투자자의 환심을 사기 위해 매출을 급상승시킬 만한 전략으로 눈에 확 띄는 광고나 관심을 끌기 위한 마케팅 술책, 또는 PR 캠페인을 이용할 수도 있었다. 하지만 '허영 지표(누적 사용자 수, 누적 다운로드 횟수 등과 같이 꾸준히 올라가는 수치이지만 실제 사용자나 매출과는 관련이 없는 지표-옮긴이)'를 내세우거나 '성공 연기'를 하는 등의 터무니없는 행동은 경영진이 실제로 드러난 지표의 꾸준한 성장에 집중하는 걸 방해하며, 실제 상태를 눈가림하는 술책이다.

스타트업 종사자와 투자자들은 훌륭한 사업 아이디어에 대한 열정에 사로잡혀 사실상 아무도 굳이 시도하지 않는 사업을 후원하면서 시간과 돈을 소비한다. 닷컴 시대에 엄청난 규모의 기반 시설에 투자했다가 실패한 웹밴Webvan과 펫츠닷컴Pets.com이 그 훌륭한 사례. 그들은 완벽함과 거리가 먼 제품을 출시한다는 것은 말이 안 되는 일처럼 생각했다. 하지만 시장의 얼리어답터들은 제품이 완전히 신상품이고 아무도 사용해 본 경험이 없음을 참작한다. 보통은 제품에서 발견되는 결점을 초기 제품에서 감수해야 하는 부분으로 보고 용서한다.

웹밴과 펫츠닷컴의 전통적인 사업 접근법이 한쪽 극단에 있는 경우라면, 그 반대편 극단에는 리스가 소개하는 '일단 출시하고 소비자 반응을 살펴보자'는 접근 방식이 있다. 첫 번째 방법에는 지나치게 많은 공수가 들어가며 두 번째 방법에는 너무 공수가 적게 들어간다. 두 가지 모두 사업을 시작하는 과학적인 방법은 아니다. 과학적인 방법은 먼저 가설이 세워져야 하며, 그다음에는 상품이나 서비스가 어떤 면에서 성공할 가능성이 있고 어떤 면에서 성공하지 못할 가능성이 있는지 실증적으로 알아내기 위해 끊임없이 시험하는 것이다. 물론 상품을 그냥 출시하고 성공 여부를 지켜볼 수도 있다. 하지만 시험해 보지 않고는 소비자가 상품의 어떤 점을 마음에 들어 할지, 또는 싫어할지 확실히 알 길이 없다. 소비자가 싫어하는 부분을 제거하면 그 상품은 훨씬 더 큰 시장을 구축하게 될 것이 분명하다.

린과 학습: 스타트업 성공의 요소

리스는 다른 업계에서 아이디어를 찾았는데, 린 제조 방식과 토요타의 유명한 생산 공정에 대해 알게 된 것이다(24장 참조). **린 제조 방식은 고객에게 더욱 개인 맞춤화된 상품을 제공하기 위해 물량 단위를 줄인다. 낭비되는 재고를 0으로 줄이기 위해 적기 생산을 하며, 생산 공정과 제품에 개선 사항을 수차례 반영하기 위해 상품 수명 주기를 빠르게 만드는 것이다.**

스타트업 문화에 린 정신을 적용함으로써 리스는 긴밀히 연관된 다음의 세 가지 개념을 도출하게 되었다. **'가설 검증을 통한 학습'** 스타트업은 특정 상품이나 서비스 자체를 만들기 위해 존재한다기보다는 끊임없는 실험을 통해 사람들이 무엇을 유용하거나 가치 있다고 생각하는지 알아내어 지속 가능한 사업을 구축하는 법을 배우기 위해 존재하는 것이다. '**만들기 – 측정하기 – 학습하기**' 고객의 반응을 살펴서 상품의 기획 방향을 전환하거나 강화, 또는 유지하는 결정을 내릴 수 있다. '**혁신 회계**' 개발 및 반복 과정에 초점을 맞추어 어떻게 발전 정도를 측정하고 주요 단계를 설정하고 업무 우선순위를 정할지에 관한 지루한 분야다.

회사를 운영하는 전통적인 방식이 상품이나 서비스의 생산 측면에서의 효율성을 중시한다면 린 스타트업의 초점은 학습에 놓여 있다. 즉, **사람들이 정말 원하거나 필요로 하는 것을 쉬지 않고 알아내고자 노력하는 기업을 건설하는 것이다.** 역설적인 점은 기업의 커다란 비전과 잦은 반복 실험을 통한 실제 상품 개발을 결합할 수 있다는 것이다. 야망이 크다는 것은 야망을 달성할 수 있는 최고의 방법에 대해 더 열려 있는 자세를 가지고 있음을 뜻한다. 전통적인 학습은 종종 비용이 아주 많이 들고 고통스럽다. 당신의 스타트업이 쓰러질 때 당신은 뭔가를 '배운다'. 투자자들에게는 금전적 손실을 입히고 직원들을 실업 상태로 내몰면서 말이다. 가설 검증을 통한 학습은 스타트업의 상품에 대한 실증적 사실을 발견하는 것을 의미한다. 그 실증적 사실은 더 나은 상품을 만들거나 대안을 찾거나 상품 전부를 폐기하는 결정을 내리는 데 적용될 수 있다. 종래의 방식은 실패할지도 모른다는 근거가 많이 쌓여감에도 불구하고 사업 계획을 완수하는 것이다. 리스는 AVMU 플랫폼에 사람들이 선호하는 인스턴트 메시지 서비스를 도입하기 위해 수천 시간을 쏟아부어 부가 기능을 만들었으나, 이용자가 그것을 원치 않았다는 사실을 나중에서야 (사이트 이용자 관찰과 인터뷰를 통해) 알게 되었다고 말한다. 이용자들은 새 친구를 사귀고 아바타들과 무작위로 채팅할 수 있는 해당 사이트 특유의 메시지 서비스에 대한 아이디어를 더 마음에 들어 했다. 라스는 비싼 대가를 치르고서야 이 사실을 깨닫게 된 것이다. 사실 이용자가 원하는 시스템인지 아닌지를 처음부터 시험을 통해 훨씬 더 일찍 알아낼 수도 있었을 것이다.

스타트업이 하는 일은 어떤 점에서든 혁신을 이루는 것이다. 그리고 이는 의지만 있다면 대기업 내에서 쉽게 이루어질 수 있다. 인튜이트Intuit는 납세 신고서를 작성해 주는 터보택스TurboTax 소프트웨어로 주목받는 기업이 되었다. 매년 인튜이트는 다시 소비자의 관심을 끌기를 희망하며 새로운 기능을 추가한 새로운 버전의 상품을 출시한다. 그러나 터보택스 팀이 린 스타트업 개념을 받아들이고 난 뒤부터는 소프트웨어를 혁신하기 전에 수백 건의 회의 시험을 시행하고, 매 주말마다 업그레이드 버전을 출시하기 시작했다. 그리고 그다음 주에 나오는 데이터를 참고로 해당 기능을 계속 유지할지 폐지할지를 결정했다. 경영진은 끊임없이 학습하게 해준다는 점에서 이 방식을 아주 좋아했다. 인튜이트의 설립자 스콧 쿡Scott Cook은 리스에게 이 방식을 달가워하지 않은 것은 중간급 관리자와 부서장들이었다고 말했다. 인튜이트는 과거의 사업 모델로는 신상품을 개발하는 데 평균적으로 5년 반의 시간을 들이고 5,000만 달러의 매출을 발생시켰던 것에 반해 현재는 신상품을 6개월 만에 개발하고 동일한 매출을 올리고 있었다. 뿐만 아니라 과거보다 상품 라인도 훨씬 더 다양해졌다. 성공은 '실패할 가능성이 있는 것들을 발 빠르게 폐기하고 성공 가능성이 높은 것들에 주력함'으로써 달성할 수 있었다.

(함께 읽으면 좋은 책) 벤 호로위츠 《하드씽》, 가이 카와사키 《당신의 기업을 시작하라》, 피터 센게 《제5경영》, 프레더릭 테일러 《프레더릭 테일러, 과학적 관리법》, 제임스 워맥, 다니엘 존스, 다니엘 루스 《더 머신 댓 체인지드 더 월드》

톰 버틀러 보던의 한마디

린 스타트업 개념은 단순한 열풍이 아니라 사업에 과학적 방식을 적용했기에 많은 이들에게 영향력을 발휘할 수 있었다. 칼 포퍼(Karl Popper)가 주장한 바와 같이 이론은 그것이 반박당할 때까지 이론이 아니다. 과학과 비즈니스는 가설이 실험과 시험을 거쳐 증명되면서 끊임없이 오르락내리락하며 시소를 타듯 앞으로 나아간다. 만약 당신이 사업 콘셉트와 제품, 특징, 마케팅 활동 등을 현실 세계에서 끊임없이 시험하지 않는다면, 시장 점유율을 잃거나 실패하는 것은 시간문제일 것이다. 어쨌든 성공 기업이 기존의 비즈니스 모델을 기반으로 성공한 경우는 거의 없다는 것이 관찰을 통해 얻은 진실이다. 부진한 매출이나 투자자의 압력, 또는 두 가지 모두 때문에 기업가들은 하는 수 없이 방침을 바꾸어 소비자가 정말 좋아하는 뭔가를 찾아내게 된 것이다. 피터 드러커가 언급한 '예상치 못한 성공'을 발견한 것이다.

《린 스타트업》은 출간된 지 10년이 넘었다. 비록 원리 자체는 시기성과 상관이 없지만 그루폰(Groupon), 드롭박스(Dropbox), 자포스(Zappos)와 같이 현재로서는 우리에게 (오래되어) 너무 익숙한 사례들이 많이 등장하고 있다.

BOOK
18

Black Box Thinking

실패의 가르침을
받아들이고 개선하라

《블랙박스 시크릿》

"우리는 실수를 감추려 한다…… 우리는 모두 실패 경험을 기억 속에서
지워버리려는 정교한 능력을 가지고 있다. 감독이 영화 필름의
한 부분을 편집하는 것처럼 말이다. 실수에서 배우려고 하기보다는
그것을 우리 머릿속에 존재하는 공식적인 기록에서 잘라내는 것이다."

매슈 사이드 Matthew Syed

1970년에 영국 레딩에서 태어났다. 옥스퍼드대학에서 정치경제철학 복합 과정을 전공하
고 스포츠 저널리스트가 되어 〈BBC〉와 〈더 타임스〉에서 스포츠와 문화 논평가로 활동했다.
1992년과 2000년 두 차례의 올림픽에서 남자 탁구 단식 경기에서 영국 대표 선수로 출전
하기도 했다. 주요 저서로 《베스트 플레이어》 등이 있다.

옥스퍼드대학을 수석으로 졸업한 매슈 사이드는 탁구도 꽤 잘 쳐서 영연방 대회 탁구 단식 부문에서 세 차례나 우승했다. 2008년 올해의 스포츠기자상, 2009년 브리티시 언론상을 받았으며, 〈더 타임스〉와 〈선데이 타임스〉 등에 글을 기고하고 있다.

사이드의 책은 끔찍한 이야기로 시작된다. 2005년 두 아이의 엄마 37세 영국 여성 일레인 브로마일리Elaine Bromiley는 위험하지 않은 일반적인 부비강 수술을 받았다. 마취제가 정상적인 호흡 활동을 중단시키므로 환자가 산소를 공급받을 수 있도록 기관 내 삽관을 해주어야 한다. 그런데 이때 수술 담당 의사가 반복해서 시도했음에도 기관 내 삽관이 제대로 되지 않았다. 시간은 계속 흘러가고 있었고 환자의 뇌로 공급되는 산소는 빠르게 소진되고 있었다. 결국 브로마일리는 혼수상태에 빠졌고 사망에 이른다.

보통 수술을 받다가 죽게 될 가능성은 비행기를 타고 가다가 죽게 될 가능성보다 훨씬 더 높다. 기술이 덜 발달되어서, 또는 의사와 간호사가 비행기 조종사보다 사람의 목숨을 경시해서 그런 것이 아니라 실패에 관심을 기울이고 실패에서 얻은 교훈을 실제 업무에 반영하는 체계가 항공업계처럼 거의 완벽하게 마련되어 있지 않기 때문이다.

《블랙박스 시크릿》에서 사이드가 전달하고자 하는 메시지는 '성공은 우리가 실패에 어떻게 반응하는가에 달려 있다'는 것이다. 이는 사업에도 중요한 영향을 미친다. 블랙박스 사고는 실패나 성공으로 이끄는 과정의 세부 사항에, 즉 무언가를 하고 있는 순간에 실제로 일어나는 일에 초집중하는 것을 일컫는다고 사이드는 설명한다.

의료 실책으로 인한 사망: 인식과 대응의 중요성

미국 의학연구소가 1999년에 발간한 〈실수하는 것이 인간이다〉라는 보고서에서는 매년 5만~10만 명의 사람들이 **예방이 가능한 의료 실책으로 인해 무고하게 죽어가고 있다**고 보고했다. 2013년 〈환자 안전〉 저널에 발표된 연구에는 40만 명으로 보고되어 있다. 이는 24시간마다 여객기 두 대가 추락하는 것에 해당하는 수치이다. 부유한 국가에서는 예방 가능한 의료 사고로 인한 사망이 암과 심장병의 뒤를 이어 사망 원인 3위에 올라 있다. 심지어 오진과 잘못된 처방에 의한 합병증은 제외한 수치다.

사이드는 예방 가능한 사망 사고가 의사가 태만하거나 열의가 없을 때 발생하기보다는 열심히 일할 때 발생한다는 점에 주목했다. 그렇다면 왜 이렇게 많은 사망 사고가 발생하는 것일까? 그 **이유 중 하나는 복잡성**이다. 수천 가지의 질병이 존재하기 때문에 질병을 잘못 진단하고 처방을 내리는 경우가 쉽게 발생하는 것이다. 또 **다른 이유는 인력 부족**이다. 의사들은 과로하는 경우가 자주 발생하며 자신의 판단을 다시 생각해 볼 시간이 거의 없다. 그러나 이보다 더 중요한 문제는 실수가 발생하는 것을 허용하는 '문화' 내에서 '예측 가능한' 패턴으로 실수가 발생하는 경우가 많다는 사실이다. 의사는 수술실에서 집중을 하지 못해서가 아니라 너무 집중한 나머지 환자를 죽음에 이르게 할 수도 있다. 앞서 언급한 경우에서처럼 의사는 본인이 환자에게 산소를 공급하기 위해 기관 내 삽관을 하려고 애쓰는 동안 8분이 소요되었다는 사실을 인지하지 못했다. 그 시간에 기관 절개술을 시행했다면 환자의 생명을 구할 수 있었을 것이다. 간호사는 이 처치를 시행할 것을 권유했지만 간호사의 권유에는 귀를 기울이지 않았다. 물론 실수했을 때의 어려운 점은 실수했음을 인정하는 일이다.

사이드는 피터 프로노보스트Peter Pronovost의 놀라운 경험담을 들려준다. 프로노보스트의 아버지는 림프종을 앓고 있었지만 백혈병으로 잘못 진단받아 생명을 연장해 주었을 골수 이식 치료를 받지 못해 50세의 나이에 세상을 떠났다. 현재 존스홉킨스의과대학의 교수가 된 프로노보스트는 병원의 시스템을 바꿀 것을 다짐했다. 프로노보스트는 약물을 주입하기 위해 대정맥에 삽입하는 카테터(체내에 삽입하는 도관) 감염으로 인해 수만 명이 사망에 이르고 있다는 사실을 알아내고 의료 처치 시 완벽한 소독의 필요성을 절감하게 된다. 프로노보스트가 만든 다섯 가지 환자 안전 체크리스트는 미시건주에서만도 1년 6개월 동안 1,500명의 생명을 구했고, 나중에는 미국 전역에서 이 체크리스트를 도입해 수천 명 이상의 생명을 구하게 되었다.

실수를 통해 얻는 가르침과 시스템 개선

1978년 유나이티드 항공 173기는 도착지인 포틀랜드 공항에서의 착륙을 앞두고 가슴 철렁한 사건을 맞이했다. 랜딩 기어가 내려가 있는지를 나타내주는 지시등이 켜져 있지 않았던 것이다. 책임 조종사였던 기장 맥브룸McBroom은 이 상황에 너무 집착한 나머지 시간 감각을 잃어버렸고 항공기는 포틀랜드 공항 착륙을 몇 마일 앞두고 연료가 바닥이 나는 사태가 벌어졌다. 맥브룸은 조종 실력을 발휘해 비행기가 도시의 나무가 우거져 있는 구역에 비상 착륙하도록 만들어 많은 승객을 구했다. 후에 그는 조사관들에게 연료 탱크가 '놀랍도록 무서운 속도로' 바닥이 난 것으로 보아 아마도 탱크가 새고 있었던 것 같았다고 말했다. 브로마일리의 사례에 등장했던 의사와 마찬가지로 맥브룸은 랜딩 기어 이상에 집중하느라 시간 감각을 잃어버렸다는 사실을 인식하지 못했던 것이다.

173기 사건은 항공 업계의 안전 의식을 일깨우는 분수령이 되었다. 주의를 집중하는 것만으로는 부족하다. 한 가지 일에만 너무 집중하고 있으면 다른 상황을 인지하지 못하게 되기 때문이다. 비상 상황에서는 시간이 쏜살같이 지나가 버린다. 연료가 얼마나 남아 있는지와 같은 결정적인 사항을 간과하게 만들 정도로 말이다. 173기 사건이 발생한 이후로는 승무원들이 서로 더 활발히 소통하고 자기 의견을 밝히고 기장에게 이의를 제기할 수 있는 분위기를 만드는 정책이 마련되었다. 조종사와 의사에게 과실이 있다고 책임을 지우기는 너무도 쉬운 일이지만 173기 사건은 엉성한 체계와 문화 속에서 인간이 얼마나 파국적인 실수를 저지르게 되는지를 잘 보여주고 있다. 브로마일리의 사례에서 본 것처럼 조직 내의 서열 체계로 인해 하급자가 상급자에게 사람의 목숨을 살릴 수 있는 행동을 더 강력히 촉구하지 못하게 된 것이다.

사이드는 2008년 체슬리 설렌버거Chesley Sullenberger의 유명한 허드슨 강 불시착은 언론에서 보여준 것처럼 개인의 영웅주의적 행동이 아니었다고 말한다. 설렌버거는 여러 가지 이유로 치명적인 피해 없이 강 위에 착륙할 수 있었다. 충돌 순간에 부조종사들과의 원활한 소통과 항공기가 물 위로 미끄러지듯 내려앉을 때 날개를 완벽하게 평형이 되게 해주는 여객기의 자동 조종 시스템이 그 대표적인 이유였다. 설렌버거는 인터뷰에서 다음과 같이 말했다. "우리가 항공술에 대해 알고 있는 모든 정보와 규정 및 절차들은 어딘가에서 누군가의 희생으로 말미암아 우리가 알고 있는 것입니다."

운이 좋게도 항공업계에는 비행 데이터 기록(블랙박스에 저장이 되지만, 사고 시 잘 발견하라고 실제 색깔은 오렌지색이다)이라는 시스템이 존재한다. 수사관들이 데이터 자료를 기반으로 무슨 일이 일어난 것인지를 종합해서 결론을 발표하면, 항공업계 전체는 그 결과를 통해 배울 수 있게 된다. 조종사가 가까스로 사고를 모면했을 때 열흘 내로 보고서를 제출하면 처벌이 면제된다. **이처럼 '작은 실수'를 보고하는 시스템은 참사를 막는 방편이 될 수 있다.**

브로마일리의 남편 마틴은 아내의 죽음이 잊혀지기를 원치 않았고 그 사건을 통해서 교훈을 얻게 되기를 바랐다. 병원 측에서는 이 건을 조사하는 것에 대해 거부감을 드러냈다. 하지만 마틴의 직업은 항공기 조종사여서 익히 안전 시스템에 대해 사내 교육을 해온 바 있었다. 마틴은 아내에게 발생한 일이 세밀한 분석을 통해 시정되지 않으면, 다른 누군가에게도 또 다시 발생할 수 있는 행동 패턴을 가지고 있음을 감지했다. 마틴과 의료 안전 활동가들의 노력으로 병원에서의 의료 절차 체크리스트의 사용이 증가했다. 수련의와 간호사들이 잘못된 처치로 환자가 위험한 상태에 빠졌다고 판단될 때 위급함을 알릴 수 있는 시스템이다. 또 너무 몰입하는 의사와 간호사들에게도 문제 발생 시 시간 감각을 잃지 않게 해주는 장치다.

실패 앞에서 스토리를 만든다: 판사와 경제학자의 오류

최초의 항소 법원은 19세기에 영국에서 만들어졌다. 당시는 판사의 판정에 이의를 제기할 수 없다고 믿었던 판사에게 강력히 대항하는 운동이 벌어졌던 시기였다. 오심이 발생하면 그것은 사법제도상의 시스템적 오류라기보다 판사 개인의 일회적인 잘못으로 비춰졌다. 1984년에 영국인 과학자 알렉 제프리스Alec Jeffreys

가 우연히 혈액에서 DNA를 추출해 염기서열을 분석하는 방법을 발견한 것을 계기로 범죄 현장에서 나온 증거만으로 얼마나 쉽게 잘못된 유죄 판결을 내릴 수 있었는지가 분명해졌다. **1989년부터 범죄 사건을 조사할 때 DNA 검사가 제도화되자 감옥에서 수년을 보낸 사람들 중 죄가 없는 이들의 무죄가 대대적으로 입증되었다.** 10~15년을 감옥에서 보낸 사람도 있었다. 혐의에서 풀려난 사람들의 수는 수백 명에 달했다.

DNA 증거가 확실할 때조차도 경찰과 검사는 사람들을 풀어 주지 않으려고 자주 싸웠다. 검사는 증거를 수용하고 시스템을 개혁하려고 노력하기보다는 그들의 정통성을 지켜내려 했다. 이는 어떤 면에서는 수긍이 가는 부분이다. 잘못을 인정하게 되면 능력이나 직위만 문제 삼는 것이 아니라 직업 자체를 문제 삼게 될 수 있기 때문이다. 사회심리학자 리처드 오프셰Richard Ofshe는 검사에게 있어 무고한 사람에게 유죄를 선고하는 것은 '직업적으로 저지를 수 있는 가장 형편없는 실수 중 하나로, 외과 의사가 환자의 엉뚱한 쪽 팔을 절단하는 것과 마찬가지'라고 표현했다.

심리학자 레온 페스팅거Leon Festinger는 '인지 부조화'라는 용어를 처음으로 사용했는데, 이는 현실이 우리의 기대나 믿음에 부합하지 않을 때 우리가 느끼는 갈등을 의미한다. 이와 같은 경우 우리는 자존심이 상하더라도 틀렸음을 인정하거나, 아니면 부인 또는 재구성하거나 특정한 방향으로 판단을 유도하거나 모든 증거를 무시해 버리는 것이다. 어떤 일에 아주 많은 노력을 쏟았을 수록 후자의 가능성은 높아진다.

사이드는 이라크에 (공식적인 참전 구실이었던) 대량 살상 무기가 존재하지 않는다는 증거에도 불구하고 전 영국 총리 토니 블레어가 이라크전 참전 결정을 계속해서 정당화한 것도 비슷한 사례 중 하나라고 설명한다. 사이드가 블레어의 전 공보책임자 알라스테어 캠벨Alastair Campbell을 만나 이라크전 참전 결정에 대해 묻자 캠벨은 다음과 같이 답했다. "블레어 총리는 합리적이고 결단력 있는 인물이지만, 이라크전 참전이 실수였다는 걸 인정할 수는 없을 겁니다. 그 자신에게조차도 너무 큰 타격이 될 테니까요."

이를테면 경제학과 같이 누가 봐도 과학적인 분야에서조차 '서사 오류'를 범하기 쉽다. **서사 오류는 어떤 일이 발생한 후 왜 그런 일이 발생하게 되었는지에 관해 납득할 수 있는 스토리를 지어내려는 인간의 성향을 일컫는다.** 예를 들어, 어떤 팀이 승리했을 때 그것은 abc라는 이유 때문이다. 만약 어떤 팀이 패배한다면 그것 또한 abc라는 이유 때문인 것이다. 2010년 저명한 경제학자가 중앙은행의 양적 완화 방침에 대해 경고하는 공개서한에 서명했다. 양적 완화 정책이 경제에 심각한 타격을 주고 인플레이션을 야기할 것이라는 이유에서다. 결과적으로 이런 일은 일어나지 않았다. 그러나 4년이 지난 후 당시의 예측을 상기시키자 그들 중 아무도 자신의 판단이 잘못되었음을 인정하지 않았다.

오히려 많은 경제학자는 장기적으로는 그들의 말이 옳을 수도 있음을 보여주고 싶은 것처럼 애매하게 답했다. 사이드는 **경제학자가 거의 종교와 비슷한 신념으로 케인스주의자와 통화주의자로 나뉘어져 있다고** 말한다. 한 연구에 따르면 경제학자가 경제학자로 살아가면서 자신의 기본 관점을 바꾸는 경우는 10퍼센트도 되지 않는다고 한다. 이슬람교도가 기독교로 개종하거나 기독교인이 이슬람교로 개종할 확률이 더 높은 것이다. 사이드는 "이는 분명 경고 신호다. 일부 경제학자는 **데이터를 보고 객관적으로 분석하는 것이 아니라 자신이 의도하는 방향으로 정보를 왜곡한다.** 이는 세계에서 가장 훌륭한 사상가들 중 일부의 지적 에너지가 새롭고 풍부하고 타당성 있는 이론을 생산하는 데 쓰이기보다는, 왜 그들의 말이 맞는지에 대한 합리화에 불과한 길고 복잡한 논리를 내놓는 데 쓰이고 있음을 암시한다."라고 말한다.

사업은 실패를 극복하면서 성장한다

슘페터는 새로운 상품 및 공정이 그 가치를 드러내고 오래된 상품 및 공정은 소멸함에 따라 기업 및 산업이 세대 교체되는 것을 일컫는 '창조적 파괴'라는 용어를 만들었다. 사이드는 자유 시장경제가 생물학적 변화 과정을 그대로 따를 때, 즉 자연 선택의 원리를 따를 때에만 창조적 파괴가 일어날 수 있다고 지적한다. **성공적인 상품은 환경에 완벽하게 적응한 상품이다.**

사이드는 메르세데스 포뮬러원Formula 1 팀의 개발 과정을 한동안 지켜보았다. 그들의 성공은 수백 만 개의 데이터를 기반으로 시행되는 끊임없는 집중 반복 시험의 결과였다. 최초에 기본 엔진이 개발되면 수천 회의 작은 실패를 통해 개선 작업을 거치면서 조정하는 것이다. 영리한 사람들이 빠른 혁신에 박차를 가하며 우승을 위해 힘을 합쳐 일할 때 이러한 '한계 이익'이 발생한다. 메르세데스 포뮬러원 기술 책임자였던 패디 로우Paddy Lowe는 말한다. "2년 전의 것만 해도 너무 구식으로 보이죠. 가만히 현상만 유지하는 것은 소멸이나 마찬가지입니다."

사람들은 아직도 성공이 '훌륭한 아이디어를 내는 것'이라는 잘못된 생각을 가지고 있다. 하지만 사이드는 가장 많은 특허를 보유하고 있는 가장 혁신적인 기업이 보통 가장 성공하는 것은 아님을 보여주고 있다. 놀라운 신기술과 아이디어를 내는 것과 전문적인 지식을 활용하여 시장성 있는 제품으로 만들고 그 제품을 성공시키기 위해 공급망과 마케팅 및 판매 시스템을 구축하는 것은 별개의 영역이다. 제임스 다이슨James Dyson은 초강력 진공청소기를 생각해 낸 최초의 인물은 아니었지만 시행착오 끝에 그것을 소비자에게 사랑받는 제품으로 탄생시킬 수 있는 투지를 지닌 최초의 인물이었다. 다이슨은 사이드에게 이렇게 말했다. "원천 아이디어는 상품화 과정에서 단 2퍼센트를 차지할 뿐이죠. 나머지 과정을 소홀히 해서는 성공적인 상품을 탄생시킬 수 없습니다." 창조가 다양성을 추구해야 하지만, 실제 상품은 다양성을 제거해 생산라인에서 제품이 나올 때마다 동일하게 나오도록 만들어야 한다는 것이다.

사이드는 당신이 세상을 변화시키려 노력해야 하는지, 아니면 '최소 기능 제품'을 내놓고 그것을 사람들이 소유하거나 사용하기를 원하는 뭔가로 만들기 위해 반복적인 과정을 거치며 수정해야 할 것인가에 대한 논쟁에 주목한다. 사이드는 오늘날의 세계에서는 그 두 가지 모두를 해야 한다고 말한다.

(함께 읽으면 좋은 책) 짐 콜린스《위대한 기업의 선택》, 에릭 리스《린 스타트업》, 피터 센게《제5경영》

톰 버틀러 보던의 한마디

우리는 삶과 비즈니스에서 실패 가능성으로부터 자신을 보호하고 싶어 하는 본능적인 바람을 가지고 있다. 실패는 아프기 때문이다. 그래서 우리는 목표를 애매하게 잡아서 목표에 도달하지 못한 것에 대해 아무도 우리에게 책임을 묻지 못하도록 하고, 행동에 나서지 않은 것에 대해 체면을 세울 수 있는 변명만 찾는다. 그러나 개인적으로든 조직 속에서든 사회 전체로든 실패와의 관계 설정을 바꿔야만 진정한 성공이 가능해진다고 사이드는 말한다. 크게 성공한 인물이나 기업을 자세히 살펴보라. 그들은 뭔가에 성공하지 못했을 때 그것을 거의 병적으로 분석하려는 열망과 그 실수에서 배우려는 자세를 가지고 있음을 알게 될 것이다. 사이드는 마이클 조던(Michael Jordan)의 유명한 나이키 광고를 상기시킨다. "나는 9,000번 넘게 득점에 실패했고 경기에서 300차례 가까이 패배했다. 그리고 26번 승부를 결정짓는 골을 넣지 못해 모두를 실망시켰다." 축구 선수 데이비드 베컴(David Beckham)은 쉼 없는 훈련과 프리킥을 골로 연결시키는 솜씨로 유명했다. 베컴은 사이드에게 이렇게 말했다. "프리킥을 떠올리면 실패한 수많은 프리킥들이 생각납니다. 한 번의 성공적인 킥은 수도 없이 많은 실수 속에서 탄생하죠."

The Box

위대한 혁신은
단순하고 자명하다
《더 박스》

"컨테이너가 생기기 전에는 운송 비용이 비쌌다. 지구의 절반을 도는

비용은 고사하고 미국 땅의 절반 거리에 물품을 운송하는 것도

엄두를 내지 못할 만큼 비쌌다…… 컨테이너의 발명은 운송 비용을

저렴하게 낮추었고 그렇게 해서 세계 경제의 지형을 바꾸었다."

마크 레빈슨 Marc Levinson
조지아주립대학과 프린스턴대학 공공정책대학원에서 석사 학위, 뉴욕시립대학에서 박사
학위를 취득했다. 〈타임〉과 〈상업 저널〉에서 저널리스트로서 첫발을 내디뎠고, 〈뉴스위크〉
와 〈이코노미스트〉 등에서 에디터로 근무했다. 주요 저서로 《세계화의 종말과 새로운 시작》,
《세계 경제의 황금기는 다시 오지 않는다》 등이 있다.

아마존 경제경영 부문 베스트셀러, 〈파이낸셜타임스〉와 〈비즈니스워크〉 선정 올해의 책 등이 《더 박스》를 수식하는 어구이다. 마치 세상은 이 책을 기다렸다는 듯이 찬사를 쏟아냈다. 마크 레빈슨이 때를 잘 타기도 했다. 운송 컨테이너가 점점 유행을 타기 시작하면서 컨테이너가 임시 전시장이나 숙박 시설로 탈바꿈하기도 하고 일반적으로 세련된 도시 산업의 상징으로 여겨지기 시작했기 때문이다.

레빈슨이 설명하는 경제사에 따르면 세계화는 단순히 온라인 플랫폼과 국제 콜센터를 통해 세계가 점점 작아지는 것을 말하는 것이 아니라 한 국가에서 다른 국가로 물품을 이동시키는 능력과 관련된 '물리적' 현상이다. 즉, 컨테이너 수송이 해상 운송 비용을 크게 절감해 세계화를 가능하게 한 것이다.

《더 박스》는 컨테이너를 발명한 말콤 맥린Malcom McLean의 자서전적 성격을 띠고 있기도 하다. 레빈슨은 맥린이 컨테이너를 생각해 낸 것을 훌륭한 경영자적 통찰로 평가한다. 맥린은 선박, 철도, 트럭 회사들을 개별적인 사업으로 보지 않고, 화물 운송 사업 하나로 묶어서 보는 눈을 가지고 있었다. 그래서 컨테이너 수송을 생각해 낼 수 있었던 것이다. 컨테이너의 등장은 부두 노동자 사회에 대량 실업을 가져왔다. 한때 번창했던 항만의 풍경을 무대 밖으로 몰아내고 아시아 국가를 국제 거래의 장으로 끌어들이게 되었다. 모든 혁신적인 기술들이 그렇듯이 컨테이너 수송 또한 예상치 못한 방식으로 세상을 바꾸었다. 레빈슨은 이 책의 2016년 개정판에서 정치인과 기업가를 비롯해 누구도 컨테이너 수송이 장거리 무역 거래를 엄청나게 증대시킬 것을 예상하지 못했다고 적고 있다.

해결책이 없는 문제: 부두 노동자의 현실과 운송 비용

컨테이너가 사용되기 전에는 나무나 플라스틱 상자, 대형 드럼통에 담긴 화물을 인부들이 고리로 들어올리고, 케이블과 다른 인부들이 승강 장치로 끌어올려 배에서 해변으로 운반했다. **구리, 바나나, 커피, 목재, 시멘트 등은 모두 각각 다른 방식으로 취급 및 운송되어야 했고, 한 해에 부두 노동자 두 명 중 한 명꼴로 움직이는 케이블이나 화물에 부딪혀 부상을 입는 사고가 발생했다.** 부상 사고율이 건설업이나 제조업보다 몇 배 더 높았음에도 불구하고 별다른 안전 및 보건 대책도 존재하지 않았다.

부둣가의 일자리는 그 지역에 오랫동안 살아온 주민들에 의해 엄격히 통제되고 있었고, 현장 감독에게 뇌물을 주어야 일자리를 얻을 수 있는 경우도 빈번했다. 1951년 뉴욕과 런던에 각각 5만 명가량의 부두 노동자가 존재했지만, 상근직 노동자는 거의 없었다. 일용직이 대부분이었고 그것이 관행이었다. 전 세계적으로 런던, 마르세유, 안트베르펜, 포틀랜드, 프리맨틀, 리버풀과 같은 도시들은 부두에서 1마일 반경 내로 각별한 유대감으로 형성된 공동체가 존재했다. 부두 노동자의 임금은 평균 임금보다 높았지만 사회적인 시선은 그들을 낮추어 보는 경향이 있었고 실제로 그럴 만도 했다. 도둑질과 분실 사건이 성행했고 도둑이 선택할 수 있는 품목도 다양했다. 대형 상선에는 와인, 의류, 라디오 등 아주 다양한 물건을 담고 있는 용기에서부터 드럼통과 나무 및 철제 상자에 이르기까지 20만 개에 달하는 화물이 실려 있었다.

트럭 한 대 분량의 화물을 미국에서 유럽으로 운송하는 데에는 제품 가치의 20~25퍼센트에 해당하는 화물 운송비 및 항만 이용 비용이 들었다. 주된 비용은 선박 이용비 자체보다는 화물을 배에 싣고 도착지에서 사람이 직접 배에서 연결 운송 수단인 기차나 트럭으로 화물을 옮겨 싣는 작업에서 발생했다. 사람들은 모두 운송 시스템이 불충분하며 비용이 너무 비싸다고 생각하는 분위기였다.

특히 부두 노동자의 수입을 보호하려는 막강한 노동조합의 영향으로 비용이 더 비쌌다. **컨테이너를 도입하기 위한 다양한 노력은 1920년대부터 시도되었고**, 2차 세계대전이 끝난 후에는 **수천 개의 금속이나 나무 컨테이너가 사용되고 있었다.** 하지만 우리가 오늘날 알고 있는 것과 동일한 컨테이너는 아니었고, 훨씬 더 크기가 작았으며 보통은 뚜껑이 없이 그저 컨버스 천으로 덮여 있었다. 배에 싣고 내리는 작업을 더 쉽고 저렴하게 해주는 컨테이너는 아니었다.

혁명의 시작: 맥린과 화물 운송의 혁신적인 발전

맥린은 화물 트럭이 항구까지 가는 길이 교통 체증으로 막혀 시간이 오래 걸리자 컨테이너 수송에 대한 영감이 불현듯 떠올랐다. 물론 그는 더 좋은 수송 방법이 없을까 늘 고민하고 있었다.

1954년 맥린은 600대가 넘는 트럭을 가지고 큰 트럭 운송 회사를 설립했다. 도로 정체가 심해지자 맥린은 미 동부 해안 항구에서 선적과 하역을 동시에 진행하는 것이 더 합리적이라고 판단했다. 하지만 트럭은 트럭 회사에서 운행했고 배는 해운 회사에서 운행했다. 그는 **회사의 트럭이 화물 적재용 램프까지 가서 트레일러를 분리해서 회사 소유의 선박에 적재하고, 트럭의 반대편 끝에 또 다른 트레일러를 연결하는 통합 시스템**을 구상하고 있었다. 연안 운송이 줄고 있던 차에 뉴욕의 항만 관리 당국은 맥린의 아이디어에 아주 큰 관심을 보였고 뉴저지 뉴어크에 새로운 터미널을 건설하는 데 재정을 지원했다. 연방법상 트럭 운송 회사가 해운 회사를 소유하는 것이 금지되어 있었으므로, 맥린은 트럭 운송 회사를 매각하고 기존에 있던 해운 회사인 팬애틀랜틱Pan-Atlantic에 모두 투자했다.

하지만 맥린은 곧 이 새로운 화물 운송 방식 또한 트럭 트레일러의 덱과 바퀴가 선창 내에서 많은 공간을 차지해 공간 낭비가 심하다는 사실을 깨달았다. 맥린은 낡은 **대형 트럭을 사들여 탱크 부분을 트럭 본체와 분리해서 여러 개로 쌓아 올릴 수 있도록**

만들었다. 이것이 바로 컨테이너 수송의 기원이었다. 보강된 선창과 컨테이너를 하역 처리하는 새로운 형태의 선상 크레인을 개발하는 작업에 더해 주간(州間) 통상 위원회와 해안경비대의 규정에 따라 인가를 받는 등 맥린이 이 시스템을 완벽하게 갖추는 데에는 오랜 시간이 걸렸다. 그러나 비용 절감 효과는 아주 놀라웠다. 1956년에 맥린이 '시랜드Sea-Land 서비스'를 운영하기 시작했을 당시 중형 선박에 화물을 싣는 데에는 톤당 5.83달러의 비용이 들었었지만 톤당 10센트 이하의 비용으로 동일한 작업이 가능해진 것이다.

컨테이너화와 글로벌 무역 혁신: 물품 운송의 패러다임 변화
대다수의 큰 혁신과 마찬가지로 컨테이너화는 완전히 정착되어 그 이점이 확실히 증명되기까지 시간이 걸렸다. 전 세계의 기업과 공장들이 컨테이너화가 제공하는 기회를 활용하기 위해 기존의 방식을 바꾸는 데에도 시간이 걸렸다. **컨테이너 수송 방식으로 전환하는 데 있어 결정적인 요소는 통일성이었다.**

1950년대 후반이 되어서는 수송 컨테이너의 수가 증가했지만 다양한 모양과 크기로 나왔다. 다른 회사들과 다른 자신들만의 시스템에 투자하는 해운 회사들은 비용과 시간 절감의 혜택을 누릴 수 없었다. 하지만 다행스럽게도 작은 정부 기관인 미 연방 해운청이 미 규격협회와 함께 **컨테이너 크기를 10피트**(약 3미터),

20피트(약 6미터), 40피트(약 12미터) 세 종류의 길이에 폭 8피트(약 2.4미터), 높이 8피트로 규격화했다. 그 이후로 이 규격의 컨테이너를 사용하는 선적 처리 업자만이 미 해사연방위원회에서 제공하는 보조금을 받게 되었다. 국제표준화기구 또한 전 세계적으로 컨테이너를 표준화하고 호환을 용이하게 할 목적으로 그 기준을 따랐다.

표준화는 서서히 현실화되었다. 캔자스시티에서 컨테이너를 채워서 발송하면 트럭과 기차, 항구, 배를 거쳐 말레이시아의 쿠알라룸푸르까지 무사히 도착하리라 확신할 수 있었다. 그럼에도 1963년까지만 해도 대다수의 화물이 여전히 예전의 방식대로 처리되고 있었고, 선박 회사의 간부들은 컨테이너가 외국 무역의 10퍼센트 이상을 처리할 수 없을 것이라 믿고 있었다. 놀랍게도 컨테이너화는 미국 시장에 도입되어 큰 인기를 끌었다. 이스트만 코닥Eastman Kodak, GE 같은 대기업이 트럭으로 소량씩 출고하기보다는 새로운 열차 컨테이너 서비스를 도입함으로써 전국 각지에 대량으로 출고하는 편이 비용을 절감할 수 있다는 사실을 인식하게 되었기 때문이다.

1960년대 말에는 베트남 전쟁으로 인해 해외 운송 컨테이너의 이용량이 급증하면서 발전이 가속화되었다. 레빈슨은 컨테이너선을 통해 베트남으로 대량의 물품을 이송할 수 없었다면 지구 반대편에서 미군의 전투력은 격감했을 것이라 주장한다. 베트남 전쟁에서 얻게 된 또 다른 효과도 있었다. 베트남으로 물품을 나르고 돌아오는 빈 상선들은 일본을 경유해 오며 일본의 소비재를 가득 싣고 돌아온 것이다. 일본-미 서부 간의 해안 경로는 현대 세계 무역의 토대가 되었으며, 오늘날 저렴한 중국 제품을 서부 해안으로 실어다주는 거대한 컨테이너선의 시조라 할 수 있겠다.

물품 운송비가 급락하자 빈곤 국가는 그들의 상품을 부유한 국가에 팔기를 희망했고 소기업은 수출을 통해 큰 기업이 되는 것을 꿈꿀 수 있게 되었다. 과거에는 제조업체가 공급업체 근처에 공장을 세워야 했다. 부품과 재료를 해외에서 들여오는 것이 너무 비쌌기 때문이다. 그러나 그런 분위기는 빠르게 변화했다. 이제는 다른 나라에 의류를 운송하는 비용이 절감되자 말레이시아의 셔츠 제조업체는 대형 백화점 근처에서 상품을 백화점에 납품하던 미국의 국내 셔츠 제조업체를 앞지르게 되었다. 레빈슨은 "1956년 세계는 국내에 물건을 판매하는 작은 제조업체들로 넘쳐났었다. 그런데 20세기가 끝나갈 무렵에는 어떤 상품이든 완전히 국내 시장만을 겨냥한 상품은 매우 드물었다."라고 말한다. 소비자는 아주 방대한 상품 선택지를 가지게 되었고 대부분은 이전보다 훨씬 더 가격이 쌌다.

물품을 선적하고 하역하는 작업이 예상 가능한 규격화된 과정이 되면서 전 세계의 공급업자들과 물건을 받는 사람들은 그들이 얼마만큼의 재고가 필요한지 더 정확하게 계산할 수 있게 되었다. 레빈슨은 무재고의 적기 공급 생산 방식과 오늘날 경제의 특성이라 할 수 있는 글로벌 공급망을 가능하게 해준 것은 컨테이너화였다고 말한다. 현대 경제는 소수 국가에서 바비 인형이나 아이폰, 또는 미니카의 부품을 생산해 최종 단계의 조립 공장으로 운송하는 방식을 지향한다.

컨테이너화와 사회적 비용: 항구와 노동자들의 변화
컨테이너화는 사회적 비용을 발생시키는 규격화를 가져왔다. 컨테이너항은 어디에 위치해 있든 다른 곳들과 동일한 모습이 되었다. 이제 부두 노동자들과 그들의 유대감 높은 공동체는 기억 저편으로 사라졌다. 한때는 해양 무역의 중심지로 북적거리던 리버풀 같은 곳들은 세계 무역 혁신으로 말미암아 주변부로 밀려났다. 그들의 부두와 위치가 더 이상 컨테이너 수송에는 적합하지 않았기 때문이다. 1970년대 초에는 런던의 거의 모든 템스강 부두들이 문을 닫았고, 리버풀은 항만 관련 제조업의 이탈로 경제적으로 피폐해졌다.

　오래된 해운 회사들은 컨테이너로 전환하는 데 필요한 막대한 투자 자금을 댈 엄두를 내지 못하고 사라졌고, 해상 운송은 점점 영국의 펠릭스토우와 네덜란드의 로테르담, 독일의 함부르크, 프랑스의 르아브르와 같은 소수의 대형 항구들로 집중되었다. 미국에서는 시애틀과 오클랜드, 로스앤젤레스, 롱비치가 새로운 항구를 건설해 샌프란시스코와 포틀랜드와 같은 오래된 항구의 사업을 가져갔다. 부패로 얼룩지고 파업이 빈번하게 일어났던 맨해튼과 브루클린 부두는 컨테이너를 취급하기 위해 지어진 뉴저지주의 뉴어크와 엘리자베스 항구에 비해 후방으로 밀려났다. 이와 같은 **변화는 뉴욕의 제조업에 큰 타격을 입혀 수천 명의 노동자들이 일자리를 잃게 되었다.** 여러 기업과 일자리가 뉴저지주와 뉴욕주의 다른 지역, 그리고 코네티컷으로 옮겨 갔다.

1976년 〈파이낸셜 타임스〉는 "컨테이너화의 혁신적 변화와 화물 운송 분야에서 수십 년 만에 일어난 가장 큰 진보가 대체로 자리를 잡아가고 있다."라고 보도했다. 그러나 진짜 혁신은 그때부터였다. 1970년대를 지나면서 전 세계적으로 컨테이너 수송 용량은 한 해에 15~20퍼센트씩 증가하고 있었고, 컨테이너선도 규모가 점점 커졌다. 파나마 운하를 통행할 수 있는 최대 크기로 건조된 선박을 일컫는 '파나맥스'선은 최대 3,500개의 컨테이너를 실어 나를 수 있었다. 선박의 크기가 커질수록 컨테이너 1개당 연료비와 항만 시설 이용료가 더 낮아진다. 레빈슨은 "규모의 경제가 중요하게 작동하는 산업 분야가 있었다면, 그것이 바로 컨테이너 수송이었다."라고 말한다. 1980년대 후반에 '포스트 파나맥스'선이 건조되기 시작했고, 포스트 파나맥스선은 파나마 운하를 통과하기에는 너무 크지만 세계에서 가장 큰 항구인 홍콩, 로스앤젤레스, 싱가포르, 로테르담 항구를 오갈 수 있다.

이 책이 출간되고 난 이후 놀랍게도 1만 5,000개의 컨테이너를 실을 수 있는 새로운 급의 컨테이너선이 출시되었고, 이는 무거운 화물을 많이 싣지 않는다면 컨테이너를 최대 1만 8,000개까지 실을 수 있는 용량이다.

(함께읽으면좋은책) 앨프리드 챈들러《보이는 손》, 리처드 코치, 그레그 록우드《무조건 심플》, 시어도어 레빗《마케팅 마이오피어》, 제임스 워맥, 다니엘 존스, 다니엘 루스《더 머신 댓 체인지드 더 월드》

톰 버틀러 보던의 한마디

경제학자는 관례상 운송비의 역할을 과소평가했지만 레빈슨은 전 세계적으로 컨테이너가 도입된 이후, 1966~1976년 사이 제조업에서의 국제 무역량이 증가하는 속도가 세계 제품 생산량 증가 속도보다 두 배 더 빨랐다고 지적한다. 그 시기에 세계 경제 성장 둔화와 오일 쇼크에도 불구하고 훨씬 더 저렴한 운송비가 무역에 날개를 달아주었던 것이다. 운송비가 아직까지도 큰 걸림돌이 될 수 있다는 사실을 극명하게 보여주는 예는 국가 간 운송 수단이 매우 열악해 무역 성장에 장애가 되고 있는 아프리카일 것이다. 아프리카에서 다른 나라에 물건을 보낼 때는 육로를 통하거나 대륙을 횡단해서 보내는 것보다 해상으로 보내는 편이 훨씬 더 저렴하다.

컨테이너화는 수입 제품에 대한 관세로 납세자들의 부담이 높아지는 것에 관심을 집중시킴으로써 자유 무역과 보호 장벽을 낮추는 것에 관한 지적인 논의도 촉발시켰다. 이는 예상치 못한 결과를 가져왔다. 과거에는 캔자스의 노동자가 다른 나라의 공장 노동자가 시간당 얼마를 버는지에 관심이 없었다. 그런데 갑자기 저렴한 운송비로 인해 미국의 일자리들이 중국과 같이 노동비가 낮은 국가로 사실상 '수출될' 수 있게 된 것이다. 그러므로 **컨테이너화는 반세계화와 반자유무역주의, 민족주의 운동의 부상에 중요한 요인이 되었다**고 볼 수 있다. 레빈슨의 책은 비록 기술 혁신이 국가 간 장벽을 낮출 수 있다 할지라도 그러한 발전은 항상 정치에 의해 반전될 수 있음을 우리에게 상기시켜 주고 있다.

BOOK
20

Obliquity

수익 너머를 보는
수준 높은 목표를 세워라
《우회 전략의 힘》

"충만한 삶을 살고 성공적인 사업을 이끌어나가고 뛰어난 예술 작품을
만들어내고 신을 찬미하는 등의 수준 높은 목표는 거의 언제나 그것을
달성할 확실한 방법을 알 수 없을 만큼 너무나 모호하다. 그렇다고
이러한 목표들이 의미가 없거나 실현해 내기 어렵다는 뜻은 아니다."

존 케이 John Kay

1948년 스코틀랜드 에든버러에서 태어나 옥스퍼드대학을 졸업하고 동 대학에서 1970년대
내내 경제학을 가르쳤다. 런던의 싱크 탱크 IFS에서 다년간 연구원장으로 일한 후 1986년
런던경영대학원 교수가 되었다. 옥스퍼드대학 사이드경영대학의 초대 학장을 역임했다. 저
서로《시장의 진실》,《세계를 비추는 경제학》,《기업 성공의 토대》등이 있다.

영국을 대표하는 경제학자 존 케이는 런던 증권 시장의 효율성과 관련해 영국 정부의 자문 역할을 담당하기도 했으며, 2007년에서 2011년에 걸쳐 스코틀랜드 총리의 자문관을 하기도 했다. 2014년 경제학 발전에 대한 공로를 인정받아 대영 제국 훈장을 받았다.

케이가 이야기하는 '우회성'이라는 단어는 사실 영국의 약리학자 제임스 블랙 경Sir James Black이 처음으로 사용한 표현이다. 블랙 경은 노벨상을 수상한 약리학자로, ICI와 글락소스미스클라인SmithKline and Glaxo에서 근무하던 시절, 그의 연구 덕분에 회사는 처방약 수익으로 수십억 달러를 벌어들이게 되었다. 하지만 블랙 경은 돈에는 전혀 관심이 없었고 오로지 연구에만 집중했다. 블랙 경은 동료들에게 수익을 벌어들이는 길은 연구를 통해서가 아니라고 말하곤 했다. 그러나 후에 자신의 생각이 완전히 틀렸음을 인정하며 **'목표는 종종 그것을 의도하지 않았을 때 가장 잘 달성된다'**라는 '우회성의 법칙'을 언급했다.

블랙 경이 말한 '우회성의 법칙'은 케이가 성공한 기업과 국가를 관찰한 결과와 일치하는 내용이었다. 《우회 전략의 힘》에서 케이는 '인간은 능수능란한 계획과 통제를 통해 목표한 결과를 얻어낼 수 있다'고 스스로를 기만하고 있다고 주장한다. 계획한 대로 결과를 얻기에는 이 세상은 너무도 복잡하다. 결과를 이성으로 통제할 수 있다는 생각이 인간의 자만심이라면 양적인 목표보다는 질적인 목표를 세우는 편이 더 낫지 않을까?

사업 성공으로 향하는 우회로

대형 제약회사인 ICI의 기업 강령이 '제약 화학의 책임 있는 활용을 통해 전 세계의 고객을 섬긴다'였을 때 기업은 매우 성공적인 길을 가고 있었다. 그 후 강령은 다음과 같이 바뀌었다. '시장 주도와 기술 우위, 세계적으로 경쟁력 있는 원가를 달성함으로써 고객과 주주에게 가치를 창출해 주는 업계 선두 주자가 되자'. 역설적이게도 '세계적으로 경쟁력 있는 원가'를 달성해 '주주를 위해 가치를 창출'하고자 했을 때보다 '제약 화학의 활용을 통해 고객 삶의 질을 향상'시키고자 했을 때 훨씬 더 많은 가치를 창출했다.

1945~1968년 사이 윌리엄 앨런William Allen이 보잉의 사장으로 재임 중이던 시절 보잉은 역사상 가장 성공적인 항공기인 737기를 개발했다. 보잉이 수십 년간 상업용 항공기의 표준이 될 747기를 개발하기 시작했을 때 보잉의 비상임 이사는 예상 투자수익률에 관한 정보를 요구했다. 하지만 그의 요구는 외면당했다. 회사를 경영하는 이들이 회계 전문가가 아닌 기술 전문가였기 때문이다. 케이는 '보잉은 수익 추구에 중점을 둔 경영이 아닌 비행기에 대한 애정을 기반으로 상업적으로 가장 성공한 항공기 기업을 건설했다'고 말하며, '수익성을 추구하지 않는 우회적 접근법이 아주 놀라운 결과를 가져온 것'이라고 지적했다. 그러나 보잉은 새로운 최고경영자인 필립 콘딧Philip Condit이 원가 절감과 주주 가치를 강조하는 한편 본사를 워싱턴에 가까이 두기 위해 시애틀에

서 시카고로 이전하자 좌표를 잃고 말았다. 그 결과 주가가 처음에는 상승하는 듯했지만 그다음에는 정체되었고 결국 정치인과의 유착 관계로 비난받기에 이른다.

실제로 GE의 전 사장 잭 웰치Jack Welch는 "주주의 가치를 극대화하는 것이 매일 출근해서 무슨 일을 해야 하는지 자각하게 해주는 전략은 아니다."라고 말한 바 있다. 케이는 '기업에서 일하는 사람들은 일반적으로 직장에서의 쓰임을 알 수 있을 만큼 그 생태를 충분히 잘 알고 있다'고 지적한다. 여기서 '쓰임'이란 사용되고 있다는 느낌을 의미한다. 마크스앤드스펜서Marks & Spencer는 회사가 최종 수익에만 관심이 있는 것이 아니라 직원에게도 관심이 있다는 것을 직원이 알 수 있도록 수십 년간 노력해 왔다. 사이먼 마크스Simon Marks에게는 그것이 그가 꿈꾸던 회사였던 것이다. 이런 분위기는 직원이 회사에 대해 놀라운 충성심을 가지게 했다. 직원들은 회사의 복지 정책이 '업무 성과에 대한 계산에서 나온 것이 아니라 가치 강령으로서 채택된 것'임을 알고 있었다.

이렇게 하는 이유를 기억하자

《성공하는 기업의 8가지 습관》에서 짐 콜린스와 제리 포라스Jerry Porras는 제약 회사인 머크Merck의 사례를 들고 있다. 그들은 머크의 설립자 조지 머크George Merck의 말을 인용한다. "우리 회사는 약이 대중을 위한 것임을 절대로 잊지 않으려 합니다. 수익을 위한 것이 아니죠. 수익은 따라오는 것일 뿐이며, 우리가 그 사실을 잊지 않는 한 수익은 반드시 따라옵니다. 우리가 그 사실을 명심할수록 수익은 더 크게 따라오지요."

15년이 지난 뒤 《위대한 기업은 다 어디로 갔을까》에서 콜린스는 머크의 이야기를 다시 꺼냈다. CEO인 레이 킬마틴Ray Kilmartin이 '일류 성장 기업으로 거듭나기'라는 새로운 기업 강령을 들고 나온 점을 언급했다. 이 강령은 겉보기에는 무해한 목표이지만 바이옥스Vioxx와 같은 제품의 마케팅이 너무 과열되는 결과를 낳았다. 바이옥스는 일부 사용자들이 심장 문제를 호소해 부작용 소송으로 대규모의 배상금을 지불하기에 이른다. 그에 비해 1943년에 로버트 존슨Robert Johnson이 작성한 존슨앤드존슨 Johnson & Johnson의 기업 강령은 다음과 같이 시작된다. "우리는 첫째로 의사와 간호사, 환자에게, 그리고 우리의 제품과 서비스를 사용하는 어머니와 아버지, 그 밖에 모든 이들에게 이로움을 선사하는 것을 우리의 책임이라 믿는다." 그리고 강령의 제일 마지막 줄에 이렇게 나와 있는 것을 확인할 수 있다. "우리가 이 원칙에 따라 기업을 경영한다면 주주들 또한 그에 상응한 수익을 실현하게 될 것이다."

동종 업계에서 비슷한 규모의 기업을 비교한 후 콜린스는 모두의 예상을 뒤엎는 사실을 발견하게 된다. '기업의 목표로 수익에 방점을 둔 기업은 재무제표상 수익이 더 낮았다'는 점이다. 다른 무엇보다도 돈에 최우선순위를 두고, 경영자만 엄청난 연봉을 받아가는 기업을 나열하자면 끝도 없다고 케이는 지적한다. 2008년에 리먼 브라더스Lehman Brothers가 파산했을 당시 최고경영자였던 리처드 풀드Richard Fuld는 책임지는 태도를 보이기보다는 자신이 받은 3억 달러의 보수를 정당화하기에 급급했다. 이에 대해 케이는 '금전욕을 찬미하는 기업 문화가 결국 자사 고용인에게서 회사를 보호할 수 없었다'고 꼬집어 비판했다. 장기적으로 성공하는 기업은 기업 내에서의 팀워크와 사랑을 중시한다. 성과만이 전부가 아니다.

합리적 판단의 신화

정치학자 찰스 린드블롬Charles Lindblom은 '그럭저럭 헤쳐가기 Muddling Through' 의사결정 이론으로 잘 알려져 있다. 케이는 그럭저럭 헤쳐가기가 일회성으로 정해진 목표를 고려하여 선택지를 합리적으로 평가하는 경우보다 기업의 장기적인 의사결정 과정을 이끌어 가는 데 사실상 더 효과적인 방식이라고 주장한다. 린드블롬의 접근 방식은 **몇 가지 한정된 대안 중에서 확실한 근거가 없다 할지라도 지금 현재 최선의 선택으로 보이는 것을 여러 사람의 합의를 기반으로 선택**하는 것이다.

이것만 들어서는 확실히 이해가 어려울 것이다. 케이는 초창기 가족 기업이었던 월마트를 사례로 든다. 샘 월튼Sam Walton은 첫 매장을 어디에 오픈할지 결정할 때 시장 정보를 기반으로 미국 전 지역을 살펴보고 합리적인 판단을 내린 것이 아니었다. 그가 사는 곳이 벤톤빌이었기 때문에 그곳에 첫 매장을 오픈했고, 아내가 대도시로 이사하는 것을 원치 않았기에 두 번째 매장 또한 더 작은 도시에 오픈했다.

린드블롬이 말하는 '그럭저럭 헤쳐가기'는 그저 직감에만 의지하는 체계적이지 못한 과정이 아니다. 오로지 현재의 정보만을 고려해 의사결정을 내리는 훈련이 필요한 체계적인 과정이다. 필요하다면 재빨리 행로를 변경할 마음의 준비도 되어있어야 한다. 이와 같은 현실주의자의 길은 혼란을 방지하기 위해 고안된 (일반적인 사항에서 세부적인 사항으로 진행되는) 톱다운 방식만큼 매력적으로 보이지는 않는다. 그러나 기존의 해결법은 끊임없이 변화하는 환경과 그에 따라 더 큰 목표를 달성하기 위해서, 우리의 목표를 바꾸어야 할 필요를 제대로 고려하고 있지 않다. 그렇기에 필연적으로 실패할 수밖에 없다. 나폴레옹은 그의 승리가 자신의 의도와 계획의 결과라고 생각했다. 그러나 톨스토이의 시각은 달랐다. 수천 명의 사람들이 싸우는 큰 전쟁에서는 각자 자신만의 자연스러운 길을 간다는 것이다. 케이는 그것을 다음과 같이 표현한다. **"결과는 아무도 전체를 완전히 이해하지 못하는 복잡한 과정 속에서 나온다."** 그것이 사실이라면 우리의 의사 결정 과정은 훨씬 더 단순해질 필요가 있다.

케이는 오래된 건축 관행을 무시하고 모든 것을 무에서 다시 창조하고자 했던 건축가 르 코르뷔지에Corbusier의 건축 개념에 대해 언급한다. 케이는 집을 '사람이 들어가서 사는 기계'로 생각했다. 하지만 집과 가정은 다르다. 시간이 흐르면서 그 차이가 드러났고 그것은 사람들의 경험과 관점, 감정이 변화한 결과다. 우회적 접근법은 우리가 집이나 공동체로부터 원하는 것이 무엇인지에 여러 가지 요소가 개입된다는 사실을 고려하고 있다. 케이는 이렇게 말한다. "우리는 그 요소들이 무엇인지는 확실히 명시하지 못할 것이다. 그게 무엇인지 명시할 수 있다 해도 양립할 수 없거나 일관적이지 못한 경우가 많다." 케이는 프랑스 파리의 노트르담Notre-Dame 대성당이 수 세기에 걸쳐 수천 명의 사람들에 의해 지어졌다는 사실을 지적한다.

케이는 "폴 포트Pol Pot와 프랑스 혁명가들, 레닌Lenin 등은 역사적으로 외면당한 사상가들이지만 그들의 정신은《리엔지니어링 기업 혁명》과 같은 경영서 안에 남아 있다."라고 말한다. 곤경에 처한 기업은 조속히 문제를 해결하기를 열망하지만 문제를 지나치게 단순화하다 보면 실수가 끼어들기 마련이다. 반대로 문제의 복잡성을 받아들이게 되면 더 현실적인 처방을 마련할 수 있어 실제로 문제를 해결하게 되기도 한다. 병든 기업에게 내릴 수 있는 최고의 처방은 기업의 핵심 가치로 돌아가 직원을 잘 대우하라는 조언일 것이다.

(함께 읽으면 좋은 책) 짐 콜린스 《위대한 기업의 선택》, 가이 가와사키 《당신의 기업을 시작하라》, 더글러스 맥그레거 《기업의 인간적인 측면》, 사이먼 시넥 《스타트 위드 와이》

톰 버틀러 보던의 한마디

케이는 10년 동안 경제 자문을 제공하며 고객들에게 판매한 모델이 실제로는 활용되지 않거나 적어도 그가 의도한 방식으로는 활용되지 않는다는 사실을 깨달았다. 케이는 기업이 이미 내린 결정을 단순히 정당화하기 위해 경제 모델을 구입하기도 한다는 것을 알게 되었다. 그렇지만 여기에는 전혀 문제가 없었다. **바람직한 주관적 의사결정 과정은 부실한 정성적 의사결정보다 훨씬 더 효과가 좋다.** 사회 환경과 상업 환경, 자연 환경에 관한 우리의 지식은 항상 불완전하고 편파적일 것이다. 따라서 중요하고 지속적인 목표를 달성하고자 할 때 우리에게 가장 중요한 희망은 **복잡성과 다름에 마음의 문을 열어두는 자세**다. 너무 이상적으로 들리겠지만 이는 경제학적 사실에 입각한 이야기다. 애덤 스미스가 관측했듯이 자유 시장 경제와 같은 복잡한 체계는 전체에 대한 지식을 가진 사람이 한 명도 없을지라도 잘 작동한다. 그럼에도 여전히 자원의 효율적인 분배가 가능하다. 실패한 사회주의적 계획 경제와 한번 비교해 보라.

우회적 접근법은 아직 정립이 덜 된 만족도가 떨어지는 전략처럼 보이기도 한다. 하지만 현실과 인간의 비이성적인 측면을 잘 고려함으로 해서 종국에는 더 성공적인 접근법으로 드러나게 된다. **더 중요한 점은 조직이 우회적 접근법을 채택함으로써 수량화할 수 없는 조직 사명이나 목표를 추구하게 된다는 점이다.** 실제로 매출 면에서 (적어도 단기적으로는) 말이 되지 않는 목표를 추구하기도 한다. 블랙 경의 관측에 따르면, 더 높은 수준의 목표를 추구해야만 더 나은 결과를 내려는 의욕에 가득 찬 조직을 만들 수 있다. 수익은 당신이 세상과 당신을 위해 일하는 사람들에게 더 원대한 의미와 가치를 제공한 결과로서만 주어질 수 있다.

역량을 강화하면서
미래 성장에 자금을 투자하라

《미스브레이커》

"키란 마줌다르 쇼는 지속적으로 회사의 과학 역량을 높이고

자신의 이력을 쌓아가며 자회사를 구축하는 다중의 위험을 감수했다.

시간이 흐르면서 마줌다르는 신생 산업뿐만이 아니라 전반적으로

혁신을 이끄는 기업을 대표하는 홍보 대사의 역할을 하게 되었다."

시마 싱 Seema Sing
벵갈루루 소재의 온라인 기술 잡지 〈더 켄〉의 공동 창업자이다. 〈미스브레이커〉를 집필하기 전에는 〈포브스〉 인도 벵갈루루 지국장을 맡았다. 〈뉴 사이언티스트〉, 〈셀〉, 〈레드 헤링〉, 〈뉴스위크〉, 〈더 타임스 오브 인디아〉에서 과학 전문 기고가로 활동했다. 2000~2001년에는 MIT의 나이트 사이언스 저널리즘 펠로우로 선정되었다.

《미스브레이커》는 2020 EY 세계 최우수 기업가상을 수상한 키란 마줌다르 쇼Kiran Mazumdar-Shaw가 개발도상국에서 맨주먹으로 기업을 일구는 일이 어떻게 가능했는지를 보여주고 있다. 인도 제약 기업이 연구 결과 조작과 제품의 품질 저하, 지적 재산권 남용 등 다양한 스캔들에 시달렸던 것은 사실이지만 점차 기술을 인정받게 되면서 더 저렴한 가격에 의료 서비스를 제공하고 있다. 그중에서도 특히 바이오콘Biocon이 두드러지는데, 이 회사가 주목 받는 이유는 가장 오래된 대형 제약 회사 중 하나일 뿐만이 아니라 공동설립자인 마줌다르 때문이다.

마줌다르는 인도가 첨단과학을 연구할 능력이 없다는 근거 없는 믿음을 깨부쉈고, 게다가 그 일을 여성이 할 수 있다는 사실을 보여주었다. 마줌다르는 중국의 체르 왕(Cher Wang, HTC 공동 설립자)과 저우췬페이(Zhou Qunfei, 터치스크린 제조업), 한국의 박성경(패션 및 소매업)처럼 지난 15년간 아시아에서 부상한 많은 여성 기업가들 중 한 명이다. 마줌다르는 '평범한' 효소 제조업에서 시작해 당뇨와 암을 비롯한 현대의 질병과 맞서 싸우는 거대 제약 회사를 건설했다.

혁신을 이끈 계기: 호주 서구 사상과 인도 양조 산업

마줌다르는 1978년에 호주의 밸러랫대학에서 양조 기술 학위 과정을 마친 후 취업 준비를 하고 있었다. 벵갈루루의 유나이티드 브루어리스United Breweries에서 양조 책임자로 일해 온 아버지의 뒤를 이을 생각이었다. 그러나 인도의 양조 회사는 고급 기술직에 여성을 채용하는 것을 꺼렸다. 현실을 자각한 마줌다르는 스코틀랜드의 맥아 제조 회사에 취직하게 된다. 그때 스코틀랜드로 떠나기 직전 아일랜드에 있는 공업용 효소 제조업체 바이오콘 바이오케미컬스Biocon Biochemicals의 창업자 오킨클로스Auchincloss로부터 전화 한 통을 받았다. 그는 마줌다르에게 인도 지사를 맡아줄 것을 제안했다. 스물네 살이었던 마줌다르는 "농담하시는 건 아니시죠?"라고 대답했다. 오킨클로스는 아일랜드에 와서 인도에 풍부한 두 가지 천연 원료인 생선 부레와 파파야를, 맥주에 사용되는 부레풀과 파파인이라는 화합물로 만드는 공정을 배우는 게 어떻겠냐고 제안한 것이다. 오킨클로스는 그녀에게 3,000달러를 주고 벵갈루루에 지사를 설립하게 했다.

그렇다면 왜 그녀였을까? 바이오콘 호주 지사장이 밸러랫대학에서 양조 기술 과정을 함께 수강했던 마줌다르를 소개한 것이었다. 그 지사장은 수강생 중 유일한 여성으로 끊임없이 탐구하고 굉장히 성실한 학생이라고 말했고, 오킨클로스는 바로 그런 사람을 찾고 있었던 것이다. 싱은 마줌다르가 호주에서 공부하면서 자신감을 가지게 되었다고 말한다. 마줌다르는 자신이 학과 친구들보다 더 영리하다는 사실을 알게 되었고 **무슨 일이든 가능하다는 서구적 사상을 습득하게 되었다.**

바이오콘 인디아의 시작

바이오콘 인디아는 1978년에 설립되었다. 바이오콘 아일랜드가 30퍼센트의 지분을 소유하고 나머지는 마줌다르와 은행이 소유했다. 당시 인도 정부는 외국 기업의 투자에 대해 매우 경계하고 있었기 때문에 엄격한 투자 규정을 적용하고 있었다.

노동자들을 채용하고 부지를 선정한 후, 마줌다르는 마케팅과 사업 개발에 집중했다. 회사는 시작부터 매출이 보장되어 있었다. 바이오콘 아일랜드가 생산되는 일부 효소를 구매할 것이었기 때문이다. 마줌다르의 아버지가 양조 회사를 많이 알고 있었던 덕분에 인도 양조 회사를 상대로 영업을 할 수 있었고 그들에게 효소를 판매하기 시작했다. 1979년 바이오콘 인디아는 미국으로 진출한 최초의 인도 효소 제조 기업이 되었다. 꾸준한 판매가 이어지면서 마줌다르는 전문가로 구성된 코어팀을 구축하고 연구소까지 설치했다. **연구소는 마줌다르에게 개인적으로 중요한 의미를 지녔고 기업의 성공에도 결정적인 역할을 했다.**

바이오콘 인디아는 펙티나아제Pectinase를 개발하기 시작했다. 펙티나아제는 퓨레에서 과일 주스를 추출할 때와 맥주를 양조할 때 사용되는 효소의 한 종류로, 이 분야는 원래 일본 회사들이 장악하고 있었다. 세계에서 가장 큰 크랜베리 주스 생산업체인 미국의 오션 스프레이Ocean Spray는 벵갈루루의 바이오콘 신공장에서 제조되는 펙티나아제를 사용하기 시작했다. 이 펙티나아제는 고체 발효 기술(액체 발효에서 진일보한)을 적용해 생산되었다. 바이오콘 인디아는 제과용 효소 제품을 생산하는 데도 뛰어들었다.

바이오콘: 기업 정신과 대형 기업의 대립 속에서의 성장

1989년에 오킨클로스는 이제 여러 나라에 사무소를 보유하고 있는 바이오콘을 유니레버Unilever 소유의 기업인 퀘스트Quest에 매각했다. 이 매각 협상에는 바이오콘 인디아도 포함되어 있었지만 마줌다르와 그녀의 팀은 유니레버의 지시를 따라야 한다는 사실이 달갑지 않았다. 그들의 기업 정신과 대기업의 정신은 대조적이라는 점에서 분개했다. 마줌다르는 경영권 인수를 위해 자금을 마련하려 했지만 필요 자금인 3,500만 파운드에 미치지 못했다. 유니레버 경영진의 입장에서는 마줌다르의 바이오콘 지분을 희석해서 자신들이 경영을 지배하기를 원했다. 긴장 상태가 이어지는 가운데 그들은 벵갈루루를 방문했고 마줌다르는 '세 가지 유형의 기업'에 관한 자신의 이론을 피력하는 프레젠테이션을 했다.

- 변화를 만드는 기업
- 변화를 지켜보는 기업
- 무슨 일이 일어났는지 궁금해하는 기업

마줌다르는 바이오콘 인디아가 첫 번째 유형에 해당하는 기업이며 유니레버는 세 번째라고 주장했다.

마줌다르는 부유한 국가의 동종 기업에 비해 바이오콘 인디아가 비용적으로 훨씬 더 우위에 놓여 있다는 점을 감안해 어떻게든 해외 시장으로 진출할 작정이었다. 그리고 퀘스트-유니레버는 특히 바이오콘이 유니레버가 확장해 나가고 있는 식품 사업 부문에 식품용 효소를 공급하고 있었기 때문에, 1995년에 신공장을 짓는 데 자금을 대기도 했다. 바이오콘 인디아는 유니레버에게 '전략적으로 중요한' 존재가 되었고, 그에 따라 그들은 더욱 지배권을 원했다.

대기업의 지배에서 벗어나다

1990년대 중반까지 바이오콘 인디아는 다양한 용도의 효모와 곰팡이, 박테리아 생산으로 확장했고, 효소보다 더 빠른 성장 시장인 제약 부문으로까지 확장하기를 열망하고 있었다. 그러나 유니레버는 그러기에는 너무 위험 부담이 크다고 여겼다. 그래서 마줌다르와 그녀의 핵심 참모들은 아직 미개척 분야였던 제약 분야의 기업 헬릭스(Helix, 나중에 바이오콘으로 흡수)를 설립했다. 제품을 개발하는 데 수년이 걸렸지만 미국 FDA에서 승인을 받은 곰팡이 추출 성분을 이용한 면역 억제제를 판매하기 시작했다.

결국 유니레버는 바이오콘 인디아의 지분을 영국의 대형 화학 기업 ICI에 매각했다. 마줌다르는 회사가 '페인트 회사'의 손에 넘어갔다는 사실을 모욕으로 여겼다. 그러나 하늘은 놀라운 방식으로 그들을 도왔다. 마줌다르는 의류 회사를 경영하던 인도에 거주 중인 스코틀랜드인 존 쇼John Shaw와 가깝게 지냈다. ICI로 넘어간 바이오콘의 지분을 다시 사들이기 위한 자금을 마련하기 위해 쇼는 그의 런던 집을 팔았고 인생과 사업 모두에서 마줌다르의 파트너가 되었다. 두 사람은 1998년에 결혼식을 올렸다.

제약회사로 발돋움하다

1993년 바이오콘은 다른 기업의 의뢰를 받아 분자 생물 시험을 진행해 주는 새로운 벤처 기업 신진Syngene을 설립했다. 2000년경이 되어서는 대형 제약 회사들이 자신의 연구개발 업무의 4분의 1을 신진에 위탁했고, BMS도 신진에 많은 일을 맡겼다. BMS와 화이자Pfizer를 비롯해 **거물 제약 회사들의 공동 투자를 받으면서 약품 연구 및 제조 역량을 개발했다는 점에서 신진의 활약은 바이오콘의 성공에서 중요한 역할을 하게 된다.**

마줌다르는 스타틴(혈관 내 콜레스테롤 억제제로 심장병 발병 위험성을 낮춘다) 개발에 초점을 맞추어 제약 시장에서 경쟁에 나서보기로 했다. 바이오콘은 머크사가 개발했지만 특허권이 2001년에 만료된 로바스타틴 생산에 착수했고, 로바스타틴을 캐나다와 미국 시장에 판매하기 위해 캐나다 기업 젠팜Genpharm과 계약을 체결해 미국 FDA의 승인을 받았다. 마줌다르는 혼자의 힘으로 대규모 스타틴 공장을 건설해 전 세계 스타틴 생산업계에서 주자로 나서기 시작했다. 1990년대 말부터 2000년대에 들어서까지 회사는 빠르게 성장해 몇 년 사이 매출은 2배로 뛰어올랐다.

바이오콘은 2004년에 인도 증권 거래소에 상장되었다. 그리고 공모 결과 애초 모집액의 33배에 달하는 자금이 몰렸다. 바이오콘은 11억 달러의 가치를 지닌 기업이 되었고 마줌다르와 쇼는 70퍼센트의 지분을 소유하고 있다. 마줌다르는 바이오콘은 '개인의 부가 아닌 지적인 부의 창출을 의미한다'고 거듭 강조했다. 마줌다르의 코어팀 구성원 또한 백만장자가 되었다.

제약과 생명공학 분야에서 글로벌 경쟁을 이끄는 기업

바이오콘은 2007년 효소 사업 부문을 덴마크 기업인 노보자임스Novozymes에 1억 1,500만 달러에 매각했다. 노보자임스는 바이오콘의 인도 시장을 가져가기를 원했다. 그전 해에 바이오콘은 두경부암 치료를 위한 항체를 개발하는 바이오맵Biomab을 설립했다. 두경부암은 씹는 담배를 즐기는 인구가 많은 인도에서 발병률이 높은 질병이다. 이로써 바이오콘은 효소 생산업체에서 제약 회사로 전환하여 인도 제약 회사들뿐만 아니라 미국과 유럽의 제약 회사들과도 경쟁하는 기업으로 거듭났다.

바이오콘은 마일란Mylan이라는 인도의 제약 회사와 제휴하여 '바이오시밀러biosimilar' 시장에도 진출했다. 바이오시밀러는 오리지널 의약품의 특허 기간이 끝난 뒤 그것을 본떠서 만든 복제약을 일컫는 말이다. 2010년 화이자는 바이오콘이 만든 인슐린 제품 4종에 대한 세계 시장 판매 허가를 받기 위해 바이오콘에 2억 달러를 지불했다. 협력 관계는 중단되었지만 마줌다르는 그 수입을 이용해 말레이시아에 공장을 구축했다.

바이오콘 인디아는 확실히 자리 잡은 연구소와 제품 라인을 가지고 성장하는 벵갈루루 생명공학 단지의 심장부에 여전히 자리하고 있다. 세계 스타틴의 3분의 1 이상을 생산하고 있으며 당뇨병 처치를 위한 주요 인슐린 생산업체이기도 하다.

(함께 읽으면 좋은 책) 던컨 클라크《알리바바》, 짐 콜린스《위대한 기업의 선택》, 셰릴 샌드버그《린 인》

톰 버틀러 보던의 한마디

30년 동안의 경영을 마무리 짓고 2014년 마줌다르는 바이오콘의 최고경영자 자리에서 물러나 아룬 찬다바르카(Arun Chandavarkar)에게 자리를 물려주었다. 이 행보는 효율적인 권력 이양으로 비춰졌지만 싱은 이것이 바이오콘에게는 손해가 될 것이라 지적한다. 그 이유는 '혁신을 달성하기 위해 배짱 있게 승부수를 두고 가능성에 맹목적으로 매달리는 태도를 보일 수 있는 사람은 마줌다르 밖에 없을 것'이라 보기 때문이다. 싱은 팀 쿡(Tim Cook)이 애플에 좋은 경영자일지는 몰라도 결코 스티브 잡스가 될 수 없는 것과 마찬가지라고 비유한다.

반면 2004년의 기업 공개가 매우 성공적이었던 것에 비해 바이오콘은 루핀(Lupin)과 같은 인도의 중간 규모의 제약 회사들이 그랬던 것처럼 가치가 10~20배 상승하는 기대치에 도달하지는 못했다. 그보다는 지속적이고 안정적인 성장을 보였다. 콜린스가 '플라이휠 효과(Flywheel Effect)'를 설명할 때 기업이 큰 추진력을 발생시키기 위해서는 지속적인 성장과 향상을 보여주며 해를 거듭할수록 안정적인 수익을 올리는 것이 중요하다고 강조했듯이, 싱은 바이오콘이 플라이휠 효과를 보여주는 하나의 본보기라고 말한다.

큰기업은몸집을
더키울필요가없다
《나의 GM 시절》

> "우리는 자동차가 커다란 잠재력을 지니고 있다는 것은 알고 있었지만,
> 우리 중에 자동차가 미국과 세계를 얼마나 크게 뒤바꾸고, 전체 경제에
> 얼마나 큰 파급력을 지닐지, 그리고 어떤 새로운 산업을 등장시키고,
> 일상의 속도와 양식을 어떻게 바꿀지 예상한 사람은 없었다."

앨프리드 P. 슬론 Alfred P. Sloan
1875년에 코네티컷주에서 태어났지만 열 살 때부터 뉴욕 브루클린에서 자랐다. 아버지는
차, 커피, 담배 등을 취급하는 도매상을 운영했다. 1895년 MIT 전기공학과를 졸업 후 하이엇
롤러 베어링 컴퍼니(Hyatt Roller Bearing Company)를 인수하여 성장시킨 후 1918년 제
너럴 모터스에 매각한 것을 계기로 GM과 인연을 맺었다.

《나의 GM 시절》은 '경영 고전'이라는 제목에 걸맞는 책이다. 책이 출간되었을 당시 모든 사람들이 입을 모아 찬사를 보냈고 경영대학원의 필수 교재로 채택되기도 했다. 1995년에 〈포천〉에서 빌 게이츠는 '단 한 권의 경영서를 읽고 싶다면, 이 책을 읽는 것이 좋을 것'이라고 소개하기도 했다. 게이츠는 조직 관리법과 경영진이 계속 즐겁게 일할 수 있는 분위기를 만드는 방법, 그리고 경쟁사에 대응하는 방법을 담고 있는 슬론의 책이 거대 기업인 MS를 경영하는 데 영감을 준 매우 유용한 책이었다고 말했다.

미국 자동차 산업의 탄생과 경쟁: 듀란트와 슬론의 역사

1900년에 미국에는 8,000대의 등록 차량이 있었다. 자동차는 귀족과 은행 간부들의 소유물로 여겨졌다. 기계적으로 그다지 신뢰할 수도 없었고 자동차가 다닐 만한 포장도로도 별로 없었다. 1930년에는 자동차가 2,700만 대로 증가했다. 상품 및 서비스 운송은 훨씬 쉬워졌고 노동자와 농부들은 출근하는 데 시간을 절약할 수 있었다. 자동차의 등장은 교외 부동산 호황과 중산층 소비문화의 부상을 불러왔다. 위에서 인용한 슬론의 말이 의미하듯이 자동차의 수요가 얼마나 클지, 그리고 미국의 경제와 문화를 어떻게 탈바꿈시킬지 그 누구도 제대로 예견하지 못했다.

1908년의 자동차 산업은 수많은 소규모의 자동차 제조 회사로 이루어져 있었다. 윌리엄 듀란트William Durant는 자동차 업계를 통합하고자 했다. 하지만 뷰익Buick, 올즈모바일Oldsmobile, 오클랜드Oakland, 캐딜락Cadillac 등 여러 자동차 브랜드와 부품 공급업체들을 하나의 지주 회사인 GM의 경영권 아래 통합시키고 난 뒤에도 여전히 자동차 생산량은 한 해 8,000대에 머물렀다. **대담한 듀란트가 한 해에 100만 대의 자동차가 팔리는 날이 올 거라는 예측을 내놓았을 때 아무도 그 말을 믿지 않았다.** GM이 경영난을 겪게 되자 1910년 듀란트는 은행에 경영권을 빼앗겼다. 곧이어 듀란트는 쉐보레 자동차를 설립했고, 쉐보레 자동차가 크게 성공하자 쉐보레 주식을 팔아 GM 주식으로 바꾸었다. 이러한 노력 끝에 그는 1916년 드디어 GM의 경영권을 되찾는 데 성공한다.

앨프리드 슬론은 뉴저지의 하얏트 롤러 베어링 컴퍼니에서 첫 직장 생활을 시작했다. 회사가 경영난을 겪게 되자 슬론의 아버지는 회사를 살리기 위해 자금을 댔고 슬론은 사장이 되었다. 슬론은 회사를 성공적으로 이끌었고 신흥 자동차 산업에서 베어링 수요가 증가하는 것을 기회로 삼았다. 포드는 그의 최대 고객이었고 GM가 두 번째 주요 고객이었다. 1915년 듀란트가 하얏트를 1,350만 달러에 인수하게 되자, 슬론과 그의 아버지는 듀란트가 새로 설립한 자동차 부품 제조사인 유나이티드 모터스 주식의 상당 부분을 지급받게 되었다. 이렇게 해서 슬론은 유나이티드 모터스의 사장이 되었고, 1918년 이 회사가 GM에 인수되자 의도치 않게 자동차 기업의 임원이 되었다.

경영의 대가 앨프리드 슬론: 분산형 관리와 중앙 통제

슬론은 자신의 개인 재산 대부분이 GM의 성공 여부에 달려 있게 되자 듀란트의 회사 경영 방향에 대해 걱정하기 시작했다. 듀란트는 40대 중반에 한 달 동안 휴가를 떠나 거의 회사를 그만둘 생각을 했다. 그러나 듀란트가 신임받지 못하는 상황(주식 투자에 실패) 속에서 벌인 일탈 행위는 슬론에게 기회로 작용했다.

슬론은 28쪽에 달하는 〈GM 조직 연구〉 문서를 작성해 전사에 배포했다. GM의 당시 사장이었던 피에르 듀퐁Perre du Pont이 1920년에 슬론의 안을 GM의 기본 조직안으로 채택하자 슬론은 실질적인 최고 책임자로서의 역할을 하게 되었다. 1921년에는 회사 전체의 운영을 책임지게 되었다.

슬론은 각 사업부장들에게 전략 경영을 할 수 있는 자유 재량권을 부여하고 성과에 따른 상여금 지급과 종업원 주식 소유 제도를 운영하는 분산형 조직 모델을 공표했다. 슬론은 중앙 집권적 경영과 엄격한 모델을 고수하는 포드와는 반대되는 모델을 채택한 것이다. 오늘날에는 경영진에게 동기를 부여하기 위해 재량권을 주고 스톡옵션을 지급하는 것을 당연하게 여기지만 슬론의 시대에만 해도 이것은 새로운 방식이었다.

슬론조차도 분산형 관리와 중앙 통제를 혼합한 방식의 경영이 역설적이라고 인정했지만 현실에서는 그것이 GM처럼 큰 규모의 기업을 성공적으로 운영하는 유일한 방법이었다. **슬론은 경영**

자로서 명령과 지배가 아닌 동기부여와 영향력의 힘을 강조했다. 또한 조직 전체의 합의를 통해 내리는 결정이 경영진이 아무리 뛰어나다 하더라도, 경영진의 직감으로 내리는 결정보다 더 낫다는 사실을 발견했다.

슬론은 정책과 행정을 매우 분명히 구분 지었다. 그리고 기술, 유통, 해외 사업, 연구, 인사, 홍보를 아우르는 정책 그룹을 구축했다. 각 부서의 기능적인 일상 업무와는 별개로 기업 전체가 하나의 방향을 추구하도록 만드는 것이다. 이 정책 그룹이 모든 부서들을 하나로 묶어주는 끈이며 하나의 회사라는 연대감을 느끼게 했다. 오늘날에는 이런 조직 모델을 당연시하지만 슬론은 거대 기업이 경영진에게 자유 재량권을 주면서도 기업 전체의 통일성을 유지하고 공동의 목표를 추구하도록 만드는 경영 방식을 매우 시대를 앞서 채택한 것이었다. 슬론은 이렇게 적고 있다.

"분산형 관리 구조를 통해 우리는 자주성과 책임감, 인재 개발, 사실에 입각한 판단, 유연성을 키울 수 있다. 한마디로 조직이 새로운 환경에 적응하는 데 필요한 모든 자질들을 얻게 된다. 반면 조직화를 통해서는 효율성과 물질적 소득을 얻게 된다."

한편 슬론은 자금 관리 및 재무를 중앙 집권화했다. 미국 전역에 분산되어 있는 100여 개의 은행 계좌에 있는 매출액을 각자의 목적을 위해 따로 관리할 것이 아니라 모두 GM 코퍼레이션 계좌로 예치하도록 했다. GM의 재무 관리 시스템은 다른 대기업이 따르고자 하는 모델이 되었고, 구매 및 조달을 한곳으로 집중시키는 전략은 많은 비용을 절감해 주었다. 각자의 재량에 너무 맡겨 놓으면 각 사업부들은 통제권을 벗어나게 되기가 쉽지만 통계 자료 수집 및 회계를 합리화한다면 중앙 행정처로 운영 비용 데이터가 꾸준히 보고되도록 만들 수 있다고 슬론은 말한다. 이 데이터는 기업 전체를 성공으로 이끄는 행로를 결정하는 데 도움이 될 수 있다.

슬론의 지휘 아래에서 GM은 북미 지역의 승용차와 트럭 절반 가량을 생산하고 해외 자회사들인 독일의 오펠Opel과 영국의 복스홀Vauxhall, 호주의 홀든Holden을 통해 차량을 생산하는 세계에서 가장 큰 기업이 되었다. 독점 행위에 대한 미국 정부의 입증되지 않은 주장에도 불구하고 슬론은 '거대 자동차 사업자'로서의 입장을 견지했다. 시장을 독점하기 위해서가 아니라 효율성을 높이고 자원을 더 잘 활용하기 위한 선택이었다고 호소했다. 기업 규모 자체가 목표였던 적은 없으며, 성장을 추구한 것뿐이라고 슬론은 말한다.

뛰어난 전략가 슬론의 GM 경영 전략: 다양한 시장을 대상으로
슬론이 GM의 최고경영자가 되었을 때 GM은 고가의 뷰익과 캐딜락 브랜드로 고급 시장에서는 강세를 보이고 있었지만 포드 모델 T가 장악하고 있었던 하부 시장에서는 경쟁력이 없었다. 포드가 100만대 이상의 (저가로 대량 판매 중이던 모델 T와 고가로 소량 판매 중이던 링컨으로 구성된) 자동차를 판매하고 있었고, GM은 40만 대의 자동차를 판매하고 있었고, 전체 자동차 시장의 12퍼센트를 차지하고 있었다.

슬론은 잘 팔리지 않는 자동차 모델을 단종하기로 결심했다. **자동차를 만드는 자체가 아니라 무엇보다도 수익에 초점을 맞추기로 한 것이다.** 이를 달성하기 위해 GM은 시장 각 부문에서 (모델들의 목표 시장이 겹치지 않게 해서) 대량 생산 모델을 내놓아야 했다. 저렴한 쉐보레에서부터 비싼 캐딜락까지 가격대와 부문별로 모델을 하나씩 내세웠다. 업그레이드 개념이 등장한 것도 슬론이 재임하던 시기였다. 한 사람의 소비자가 평생에 걸쳐 소득 수준이 높아짐에 따라 GM 자동차 내의 쉐보레에서 올즈모바일로, 올즈모바일에서 뷰익, 캐딜락으로까지 점차 비싼 자동차로 등급을 높여가도록 유도하는 것이다. 이와 같은 방식으로 GM은 '**다양한 소득 수준과 목적에 걸맞는 자동차**'라는 기치를 내걸고 **부자뿐만이 아니라 전체 인구의 요구를 충족시킬 수 있었다.** 그렇게 하면서도 전체 GM 제품 라인에서 호환 가능한 부품들을 이용해 규모의 경제를 달성하고 생산비를 크게 절감했다.

슬론은 기업이 실제 제품이나 모델만으로 경쟁하는 것이 아니라 정책으로도 경쟁한다는 통찰을 보여준 것이다. 즉, 해당 산업을 어떻게 상상하고 이해하는가에 따라 정책이 달라질 수 있다. '다양한 요구를 충족시키는 자동차'를 만들겠다는 전망을 채택해 GM은 상품 라인의 범위가 제한적인 포드와는 확실히 차별화된 길을 걷고 있었다. GM의 경영진은 여러 부문을 공략하는 전략이 성공하고 회사의 수익률만 재고된다면 자사 자동차가 반드시 상품 부문마다 '최고'의 자동차가 될 필요는 없다고 생각했다.

매년 각 모델의 새로운 변형 모델이 출시되어 판매를 촉진하는 '올해의 모델'이라는 개념도 서서히 자리를 잡게 되었다. 이러한 소비자 중심의 접근 방식은 자연스레 자동차 판매 대리점들을 만족시켰고 포드의 더 고정적이고 생산자 중심의 모델과는 아주 크게 달랐다.

1920년대에는 할부 판매가 등장한 덕분에 자동차 판매가 급증했다. 할부 판매를 통해 보통 사람들이 자동차 비용을 부담하고 올해의 모델을 구입할 수 있게 된 것이다. 옛날 모델만을 고수하던 포드는 입지를 잃게 되었다. 대공황이 발생하자 GM의 매출은 처음에는 3분의 1로 줄었다. 그리고 그 후로는 더 떨어졌다. 생산량은 3분의 2가 하락했고 1920년대에 달성했던 큰 수익은 증발해 버리고 말았다. 그러나 놀랍게도 GM은 적자로 돌아서는 상황을 모면했고 대공황이 기업의 경영 방식을 재점검하고 변화를 모색하는 기회로 작용했다.

슬론이 경영권을 쥐고 있을 때 GM은 업계의 다른 기업보다 빠르게 성장했고 포드를 앞질러 자동차 생산 1위 기업이 되었다. 1940년대 중반에는 한 해에 100만대 이상의 자동차와 트럭을 생산하고 있었고, 그리고 1950년대에는 모두가 전쟁 후 경기 불황을 예상했을 때 GM은 주주들에게 높은 배당금을 지급하고 있었음에도 많은 자금을 재투자해 생산 설비를 크게 확장했다. 자동 변속 장치, 파워 스티어링, 동력 브레이크, V8 엔진과 같은 혁신을 꾀하기 위해 설비를 교체해야 했고, 1955년에는 주식 공모액을 역대 최대치인 3억 5,500만 달러로 올렸다. GM은 훨씬 더 다양한 색상을 사용할 수 있고 공장에서의 건조 시간도 더 짧은 새로운 차량용 페인트인 '듀코Duco'를 개발했다. 또한 승차감과 핸들링, 유압 브레이크를 향상시키기 위해 미국에서 독립 현가장치를 최초로 도입했다. GM은 모든 조건하에서 자동차 주행을 시험하는 '성능 시험장'을 만든 최초의 자동차 기업이었고, 디자인에 많은 투자를 해 디자인(스타일링) 부서인 '아트앤드컬러' 사업부를 구축해 1950년대와 60년대의 상징적인 '지느러미가 있는' 자동차를 생산한다. 심지어 이 부서는 전례 없이 여성 디자이너들을 고용하기도 했다. 슬론은 건축가인 사리넨Saarinen 형제에게 미시간주 플린트에 그 유명한 기술 센터를 설계해 줄 것을 의뢰했다. 이 기술 센터는 현대주의적 걸작으로 1956년 개장해 자동차 산업의 낙관주의를 표방했다.

물론 그런 호황기에는 어떤 자동차 회사라도 성공할 수 있었겠지만 GM은 시장 점유율과 수익성을 더 높여나갔다. GM의 성공은 필연적인 것으로 보이겠지만 사실은 그렇지 않았다. 슬론은 직원과 판매 대리점, 공급업체에 대한 책임을 항상 의식하는 한편 주주와 대중을 만족시키기 위해 균형을 잘 잡아야만 했다.

(함께읽으면좋은책) 앨프리드 챈들러 《보이는 손》, 월터 아이작슨 《스티브 잡스》, 더글러스 맥그레거 《기업의 인간적인 측면》, 브래드 스톤 《아마존, 세상의 모든 것을 팝니다》, 애슐리 반스 《일론 머스크, 미래의 설계자》

톰 버틀러 보던의 한마디

돌아보면 《나의 GM 시절》이 출간되었던 당시가 GM의 역사에서 가장 성공적인 시절이었다. 슬론이 GM이 성공할 수 있었던 것이 활발한 경쟁 덕분이었다고 말한 것은 역설적이다. 왜냐하면 너무 경쟁이 치열해지면 자동차 제조업은 그에 수반되는 재정적 위험으로 말미암아 상대적으로 수익률이 낮은 산업이 되고 말기 때문이다. 2007~2008년 사이의 금융 위기 당시 GM은 구조적 문제가 노출되면서 파산 신청을 해야 했다. 2009년에 미국 정부의 막대한 긴급 구제책만이 구조조정을 가능하게 해주어 수천 명의 일자리를 보전할 수 있게 되었다.

오늘날 GM과 포드 모두 전기 자동차나 하이브리드 자동차 기술에서 선두 주자가 아니라는 사실은 주목해야할 점이다. 토요타와 일론 머스크의 테슬라가 그 선봉에 있으며, 구글과 같은 기업은 무인 자동차 기술에서 선도적 위치에 있다. GM은 여전히 매년 수백만 대의 승용차와 트럭을 판매하고 있지만 미래 산업에의 투자가 부족했던 탓에 그 대가를 치르게 된 것이다. 1950년대에조차도 슬로은 현재 성공하는 사업을 가지는 것만으로는 충분치 못하다는 사실을 잘 알고 있었다. 기업은 미래에도 선두 주자가 될 수 있는 전략을 지속적으로 내놓아야 하는 것이다.

이 책이 지닌 역사적인 중요성과 별개로 슬론의 책은 기술과 공학이 미래 수익의 원천이라는 사실을 다시 한번 상기시킨다. 동시에 시장에서 그들의 잠재력을 발휘하기 위해서는 훌륭한 경영 능력과 효과적인 전략이 필요하다. 슬론은 그 두 가지 모두에서 대가였다.

BOOK
23

Be My Guest

생각하는만큼
성공하고 부자가 된다
《호텔 왕 힐튼》

"내가 관심이 있는 것은 몽상이나 한가한 백일몽이 아니다.
무언가에 대한 갈망도 아니다. 위대한 인물에게만 예비되어 있는
신의 계시나 비전도 아니다. 내가 원하는 것은 열정과 활력, 기대감으로
가득한, 모든 이들이 열망하는 상상력을 기반으로 한 브랜드이다."

콘래드 힐튼 Conrad Hilton
1887년에 일리노이주에 태어난 호텔업계의 선구자이자 혁신가이다. 1919년에 뉴멕시코주 앨버커키에 최초의 힐튼 호텔을 개장하여 호텔 사업을 시작했다. 당시 호텔업계에 새로운 아이디어와 혁신적인 방법을 도입하여 성공을 거두었다. 호텔 운영에 있어서 직원과의 소통과 협업을 중요시하며, 직원의 역량을 존중하고 성장을 도모했다.

《호텔 왕 힐튼》는 20세기 초반 미개척지에 정착한 한 미국 가정이 걸어온 길을 들여다보게 해주는 멋진 창이자, 브랜드 호텔 체인이 아주 드물었던 시기에 세계에서 가장 큰 기업 중 하나가 세워지게 된 흥미로운 탄생 스토리이기도 하다. 또한 자신의 생각에 대해 믿음을 가지고 크게 생각하는 것이 얼마나 중요한지를 깨닫게 해주는 아주 훌륭한 동기 부여 도서이기도 하다.

오늘날 콘래드 힐튼은 그의 유명한 증손녀 패리스에 비하면 사람들에게 잘 알려져 있지 않은 역사적인 인물로 여겨진다. 정말이지 우리가 누리고 있는 번영이 부모나 조부모의 노고와 비전에 의해 만들어진 것이라는 사실을 우리는 얼마나 쉽게 잊는가.

힐튼의 자서전 또한 생각만큼 많이 알려져 있지 않다. 대부분의 사람은 힐튼 호텔에 머무는 동안 침대 옆 서랍에서 힐튼의 자서전을 처음 보게 된다. 그럼에도 이 책은 '어떻게 성공했는지' 스스로 자신의 비즈니스 성공 스토리를 들려주는 수백 권의 책들 중 월턴의 자서전《월마트, 두려움 없는 도전》과 함께 특히 마음을 사로잡는 책 중 하나다. 또한 이런 종류의 책들이 보통 대필을 하는 것과는 달리 힐튼이 직접 집필했다.

젊은 시절의 힐튼

힐튼은 1887년 크리스마스에 태어났다. 아버지 거스Gus는 뉴멕시코의 외딴 시골에서 일하는 인부들에게 물품을 판매해서 생계를 꾸려나가는 노르웨이 이민자였다. 거스는 샌안토니오의 작은 소도시에 위치한 그의 상점에서 마침내 새로운 삶을 찾아 떠날 수 있을 만큼의 돈을 벌었다. 그들은 캘리포니아주의 롱비치로 이주했다. 그곳이라면 힐튼 부인이 더 편안한 생활을 누릴 수 있으리라 기대했기 때문이다. 그러나 1907년 금융 위기가 발생하면서 거스는 아무도 매수하려고 나서지 않을 많은 주식을 가지고 진퇴양난에 빠지고 말았다. **가족들은 마지못해 뉴멕시코로 돌아가 그들이 가진 자산을 냉정하게 살펴보았다.** 그들의 자산으로는 간선 철도 옆에 위치해 있는 아도비 벽돌로 지어진 아주 큰 가옥 한 채와 힐튼 부인의 훌륭한 요리 솜씨, 그리고 충분한 일손을 제공할 수 있는 여러 명의 아이들이 있었다. 힐튼 가족은 그들의 집을 호텔로 개조하기로 결정했다. 모든 식사를 포함한 객실 사용료는 하룻밤에 2.5달러였다. 호텔 사업은 성공적이었다.

힐튼이 스물세 살이 되었을 때 그는 아버지가 운영하는 잡화점에서 11년째 일하고 있었다. 그는 마침내 최고 관리자가 되었지만 자신만의 일을 하고 싶은 열망을 가지고 있었다. 무역이나 호텔에 특히 관심이 있지는 않아서 샌타페이 주의회에 출마했지만, 사실 은행 체인을 소유하고 싶었다. 그러다가 힐튼은 26세의 나이에 사업을 시작할 충분한 돈을 모았다. 그러나 1차 세계대전이 일어났고 1917년 징집되었다. 힐튼은 군 생활의 대부분을 프랑스에서 했으나 미국으로 돌아와 전시 근무를 하는 동안 아버지가 자동차 사고로 세상을 떠났다는 비보를 전해 듣는다. 다시 뉴멕시코로 돌아갔을 때 힐튼의 고향은 이제 '공허함만이 감싸고 있는 작고 보잘 것 없는 곳'으로 보였다.

기회를 찾아서

이제 30대 초반에 접어든 힐튼은 아버지의 재무 현황을 살펴보기 위해 재산 조사를 했다. 그는 5,011달러의 예금과 '거대한 구상들'을 가지고 있었지만 무엇을 해야 할지 확신이 서지 않았다. 아버지의 친구는 이렇게 조언했다. "큰 배를 띄우고 싶거든 수심이 깊은 곳으로 가거라." 그래서 힐튼은 앨버커키로 가기로 했다. 당시 인구가 1만 5,000명밖에 되지 않는 도시였지만 힐튼이 자란 곳에 비하면 아주 큰 도시였다. 힐튼은 은행 체인을 소유하겠다는 꿈을 계속해서 추구했지만 벽에 부딪힐 뿐이었다.

　죽음을 앞둔 아버지의 또 다른 친구는 힐튼에게 텍사스로 갈 것을 권유했다. "텍사스에서는 큰돈을 벌 수 있을 게다." 그래서 1920년 서른세 살이 된 힐튼은 시스코로 이주해 그곳에서 작은 은행을 인수할 수 있는지 살펴보았다. 또 다시 별다른 성과를 올리지 못한 힐튼은 어느 날 지친 몸을 이끌고 매우 붐비는 작은 호텔로 들어가 하룻밤을 묵게 되었다. 순간 이 모블리Mobley라는 **북적거리는 낡은 호텔이 은행을 소유하는 것보다 더 나은 대안이 될지도 모르겠다는 생각이 떠올랐다.** 힐튼은 호텔 주인을 만나

이야기를 나누었다. 주인은 호텔의 매출과 수익률이 좋았음에도 호텔을 간절히 팔고 싶어 했다. 이 지역은 석유로 벼락부자가 될 수 있을지도 모른다는 기대감으로 달아올라 있었고, 호텔 주인 역시 석유로 한몫 잡고 싶었던 것이다. 모블리 호텔은 힐튼이 매입할 노쇠하지만 재무 상황이 좋고 잠재력이 있는 여러 개의 매물 중 그 첫 번째였다.

힐튼은 이제 텍사스 주변에 호텔 체인을 소유하고 싶어졌다. 그래서 댈러스 시내에 있는 월도프Waldorf를 사들였다(뉴욕의 그 유명한 월도프 아스토리아Waldorf Astoria를 말하는 것이 아니다). 힐튼의 서가에는 동기 부여 저자인 엘버트 허버드Elbert Hubbard의《위대한 인물들의 고향으로 떠나는 여행》시리즈가 꽂혀 있었다. 힐튼은 이미 야망이 있는 청년이었지만 무엇이 가능할지에 대한 힐튼의 생각은 마이어 로스차일드Mayer Rothschild와 앤드루 카네기, 스티븐 지라드Stephen Girard, 피터 쿠퍼Peter Cooper와 같은 금융가, 기업인과 더불어 훌륭한 정치가와 예술가, 과학자, 철학자들의 이야기를 읽으며 성장했다.

힐튼은 인수한 허름한 호텔들을 수년 동안 운영했지만 그 이상을 원했다. 자신만의 '힐튼' 호텔을 원했던 것이다. 힐튼 호텔 댈러스는 힐튼이 그때까지 도전했던 어떤 사업보다 훨씬 더 큰 프로젝트였다. 서둘러 수백만 달러를 마련해야 했고 1924년 착공했다. 두 차례 자금이 바닥났으나 1925년 8월에 호텔은 마침내 문을 열게 되었다.

사업의 부침

자신감이 높아진 힐튼은 결혼해서 두 명의 자녀를 잇달아 낳았다. 마흔한 번째 생일이 되었을 때는 새로 지은 엘파소 힐튼을 포함해 아홉 개의 호텔을 소유하고 있었다. 1929년 가을에 오픈한 엘파소 힐튼은 막대한 비용을 들여 건설되었고 그 외관은 마치 번성하는 제국의 왕실처럼 보였다. 그렇지만 힐튼은 유감스러운 듯 이렇게 회상했다. "그런데 19일 후에 주식 시장이 붕괴되는 일이 발생했지요." 힐튼은 되돌아보면 경제 불황의 고통스러운 시기를 어떻게 헤쳐 나갔는지 놀랍기만 하다고 말한다. 부도 위기를 수차례 겪었지만 그럴 때마다 '기대치 않은 일이 벌어져' 사업을 이어나갈 수 있게 되었다. 마지막 순간에 가족의 친구나 사업상 지인이 나서서 자금을 제공해 주었다.

느리게 이룬 성공

이 책은 놀라운 사실을 알려준다. 후에 세계적인 호텔 체인의 창립자로 알려지게 되지만 힐튼이 텍사스를 벗어나 호텔을 사들이기 시작했을 때 힐튼의 나이가 거의 50세였다는 사실이다.

샌프란시스코의 위엄 있는 서 프랜시스 드레이크Sir Francis Drake 호텔을 인수한 후, 3,000개의 객실을 보유해 당시 세계 최대 규모의 호텔로 알려져 있는 시카고의 스티븐스 호텔Stevens Hotel을 매입했다. 호텔 업계에는 잘 알려져 있지 않지만 호텔은 매입 협상에 6년이라는 긴 시간이 걸렸다. 그러한 큰 규모의 인수 작업을 조직하고 자금을 대는 어려움에 대해 힐튼은 다음과 같이 비유했다. **"무씨를 심는 데 만족한다면 몇 주 후에 무를 얻게 될 겁니다. 하지만 도토리를 심기 시작하면 완전한 도토리나무를 얻는 데에는 수년이 걸리지요. 그래서 저는 모든 농부들이 알고 있는 '인내'를 배우기 시작했습니다."**

그렇지만 당시 뜸 들여 느리게 성장한 것이 오히려 득이 되기도 했다. 힐튼 프랜차이즈가 제대로 자리를 잡기 전에 다른 호텔들을 인수해 운영해 봄으로써 호텔업을 완전히 익혀서 힐튼의 명성에 흠집이 나는 것을 막을 수 있었던 것이다. 힐튼은 1946년 호텔들을 통합했다.

꿈의 필요성

힐튼의 삶은 《크게 생각할수록 크게 이룬다》에서 데이비드 슈왈츠David Schwartz가 보여준 훌륭한 통찰을 증명해 준다. "대다수의 사람들은 삶에서 목표를 너무 높게 잡아 그에 닿지 못해 실패하는 것이 아니라 목표를 너무 낮게 잡아서 바닥에 부딪혀 실패한다." 불황의 한가운데에서 빚더미 위에 올라앉아 법원의 판결을 기다리며 옷도 전당포에 맡겨야 했던 상황에서 힐튼은 새로 신축된 뉴욕의 월도프 아스토리아 호텔의 사진을 오려 놓았다. 그리고 나중에 다시 책상을 살 충분한 돈이 생기자 책상의 유리 커버 아래에 그 사진을 넣어 두었다. 당시에는 월도프 아스토리아 호텔을 소유하는 것이 말도 안 되는 환상처럼 느껴졌지만 이 경험은 목표로 삼을 만한 대상이 반드시 있어야 한다는 것을 깨닫게 해주었다.

힐튼은 어머니가 성공에 대해 해주던 조언이 '기도하라'라는 한 단어로 요약될 수 있다고 회상한다. 힐튼의 아버지의 철학은 또 다른 단어로 요약될 수 있었다. '일하라'. 힐튼과 형제들은 자라면서 '기도하며 일하라'라는 만트라를 귀에 못이 박히도록 들었다. 그럼에도 힐튼의 형제는 이렇게 말했다. "그것 말고 다른 것도 분명 필요할 테지만 그게 뭔지 확실히 짚어서 말하지는 못하겠군." 70세에 책을 집필하면서 힐튼은 뉴욕의 전설적인 (이제는 그가 소유한) 월도프 아스토리아 호텔 연회장에 앉아있는 자신의 모습을 떠올리며 부모님의 지혜로운 조언에 보탤 만한 것이 있는지 생각해 보았다. 그러자 그 순간 이런 깨달음이 들었다. "꿈을 꾸어야 했어!" 그리고 재빨리 이렇게 덧붙였다. "그래도 아무도 나를 몽상가라 부른 적은 없었지." 꿈을 꾸는 것은 힐튼이 위대한 일이 시작되어야 한다고 믿는 지점이다.

"확신하건대 큰일을 성취하려면 우선 원대한 꿈을 가져야 한다. 이는 사실이다. 발전과 인간의 노력과 신성은 나란히 함께 가야 한다. 그렇지 않으면 당신의 기도는 헛된 기도가 되고 말 것이다. 또한 일과 믿음이 전제가 되어야 한다. 그렇지 않으면 손과 발이 없는 것이나 마찬가지다. 아마 어느 정도 운도 따라줘야 할 것이다. 그러나 나는 이제 이 종합적인 계획이 없이는 아무것도 이룰 수 없음을 확신한다.”

(함께 읽으면 좋은 책) 리처드 브랜슨《루징 마이 버지니티》, 던컨 클라크《알리바바》, 하워드 슐츠《스타벅스, 커피 한 잔에 담긴 성공 신화》

톰 버틀러 보던의 한마디

1979년에 91세의 나이로 세상을 떠난 콘래드 힐튼의 이야기는 무엇을 하고자 하는지 아직 모르지만 큰 기회가 오기를 갈망하고 있는 이에게 많은 영감을 준다. 힐튼의 이야기는 우리에게 눈과 귀를 활짝 열어둘 것을 권고한다. 힐튼이 모블리 호텔을 발견해서 인생이 바뀐 것처럼 누군가를 만나고 뭔가를 구입하고 여행하는 다음 기회가 당신의 삶에서 전환점이 될지도 모르기 때문이다. 아직 당신 인생의 사명을 발견하지 못했다 해도 상관없다. 그 사명을 만났을 때 꽉 움켜잡을 준비만 되었다면 말이다. 기회가 지나갔다고 생각한다 해도 상관없다. 힐튼 역시 아버지의 그늘에서 벗어나 자신만의 길을 만들며 진짜 인생을 시작한 것이 30대였으니 말이다. 그리고 텍사스를 벗어나 사업을 확장하기 시작한 것도 50세였다. 힐튼은 그 후에도 수십 년 동안의 삶과 일을 지속해 나갔다.
오늘날 힐튼은 80개국에 5,000개가 넘는 호텔들을 관리하고 있는 상장 기업이다. 콘래드 호텔은 다양한 단계의 힐튼 호텔들 중 가장 고급 브랜드이다.

The Machine that Changed the World

양질의 제품을 생산하려면
새로운 것을 받아들여라

《더 머신 댓 체인지드 더 월드》

"구식의 생산 공장에서 관리자는 공장 현황에 관한 정보를 빈틈없이
보호한다. 하지만 린 생산 방식을 채택하는 공장에서는
모든 정보가 모든 자리에서 보이는 안내 게시판에 게시되어 있다."

제임스 워맥 James Womack

MIT 국제자동차프로그램 연구책임자였고, 1997년에 MIT 린엔터프라이즈 연구소를 설립해 2010년까지 연구소장을 역임했다. 하버드대학에서 교통체계 관리학 석사 학위를 받고 MIT에서 정치학 박사 학위를 받았다.

다니엘 존스 Daniel Jones

서식스대학 경제학과를 졸업했다. 워맥과 함께 린 전도사로 불리기도 하며, 영국 린엔터프라이즈 아카데미를 설립해 제조, 의료, 건축, 소매를 비롯해 영국 경제의 다양한 분야에 걸쳐 린 생산 방식을 발전시켰다.

다니엘 루스 Daniel Roos

MIT 교통체계 연구센터의 책임자이자 국제자동차프로그램의 초창기 책임자였다. 현재까지 자문 위원으로 활동 중이다.

경영대학원 교육 과정에서 주교재가 된《더 머신 댓 체인지드 더 월드》는 미국과 일본의 무역 관계가 불안한 시기에 쓰여졌다. 그 당시는 일본 자동차가 좋은 품질과 저렴한 가격, 연료 효율 덕분에 미국 시장에서 점유율을 높여가고 있을 때였다. 지금 생각해 보면 말도 안 되는 이야기지만 서양의 일부 제조 기업은 일본의 자동차 생산 시스템이 효율적인 것은 차량을 더 작게 만들기 때문이라고 믿었다. 제임스 워맥과 다니엘 존스, 다니엘 루스는 이 오해를 바로잡았다. '적기에 생산하는' 린 생산 과정은 세계 어느 곳에서든지 모든 종류의 제품 생산에 적용이 가능한 것이다.

《더 머신 댓 체인지드 더 월드》는 생산 시스템을 혁신할 방법과 관련된 객관적인 정보를 원했던 자동차 회사와 부품 공급업자의 후원을 받아 MIT에서 주관한(국제 자동차 프로그램) 5년에 걸쳐 진행된 세계적인 연구의 결과물이다. 이 연구 결과는 2007년에 업데이트된 후 또 10여 년이 지났지만 여전히 과거 100년에 걸쳐 일어난 생산 혁명에 대한 좋은 배경 정보를 제공한다.

1955년에 일본의 자동차 생산량은 세계 자동차 생산량의 1퍼센트에도 미치지 못했다.《더 머신 댓 체인지드 더 월드》가 출간된 1990년에 토요타는 GM의 절반 규모로 성장했고 생산량에서 포드를 따라잡고 있었다. 현재 토요타는 세계 최대 규모의 자동차 생산업체 자리를 놓고 폭스바겐Volkswagen과 경쟁하고 있다. 토요타는 '린 원칙'을 기반으로 한 새로운 형태의 생산 방식에 대해 규정집을 썼다. 린 원칙은 자원 낭비와 비용을 줄이는 한편 제품의 품질은 극적으로 향상시켰다. 린 전도사로 불리는《더 머신 댓 체인지드 더 월드》의 저자들은 린 생산 방식이 생산 방식을 바꾸고, 더 나아가 세상을 바꾼 '기구(기계)'라고 설명한다.

대량 생산의 장점과 단점

대량 생산의 가장 두드러진 특징은 움직이는 생산라인이 아니라 부품의 호환성이었다. 이는 포드가 그 유명한 하이랜드파크 Highland Park 공장을 열기 전에 장인이 만든 자동차와는 완전히 반대되는 사항으로, 그 당시에는 수작업으로 만들기 때문에 두 개 부품이 완전히 똑같을 수 없었다. 부품을 완전히 호환 가능하게 만든다는 것은 곧 엄청난 인건비를 절감하면서 자동차를 훨씬 더 빨리 조립하는 것을 의미했다. 한 명의 조립 기술자가 하루 걸려서 자동차 한 대의 부품을 모두 조립하는 대신에 각각의 노동자가 보통은 몇 분 만에 완료되는 하나의 특화된 작업만을 수행하도록 작업장을 재편성했다. 모든 부품이 다 조립이 되고 조립 작업을 속속들이 잘 알고 있는 기술자가 최종 점검을 하게 함으로써 생산성은 급상승했다. 포드가 이동 조립 라인을 갖추자 조립 과정은 훨씬 더 빨라졌다. 이동 조립 라인으로 인해 노동자가 임의로 작업 속도를 늦추지 못하게 되었고 작업 중 직접 공장을 돌아다니며 시간 낭비를 할 필요가 없게 되었다. 생산 비용이 절감

되면서 포드는 계속해서 모델 T의 가격을 낮출 수 있었다. **노동자가 더 많은 자동차를 생산할수록 가격은 더 싸졌다.**

포드의 생산 시스템이 아무리 훌륭할지라도 경제 및 물류의 현실적인 벽을 뛰어넘기는 쉽지 않았다. 부품과 자동차를 창고에 보관하는 비용을 감안했을 때 재고는 계속해서 끊임없이 골칫거리가 되었다. 큰 경쟁자였던 GM도 같은 문제를 겪었다. 또 다른 문제는 생산능력이 지나치게 증대되었다는 점이었다. 공장은 하루에 자동차 2,000대를 생산하도록 맞추어져 있는데 경기 침체로 수요가 둔화되면 어떻게 되겠는가? 포드와 GM의 경영 모델은 내재적으로 결함을 가지고 있었다고 저자들은 지적한다. 왜냐하면 '너무 많은 관리자와 너무 많은 노동자, 너무 많은 공장'을 양산했기 때문이다.

대량 생산 시스템에는 인력 문제도 있다. 대량 생산은 전문가가 미숙련 노동자나 반숙련 노동자들이 아주 대량으로 제품을 만들 수 있도록 제품을 설계해 규모의 경제를 달성하는 것이다. 그 결과 소비자는 가격이 저렴한 상품을 살 수 있게 되지만 '그 대가로 다양성을 희생하고 대부분의 노동자들이 사기가 꺾이고 지루하게 일하는 노동 방식을 채택한다'고 저자들은 강조한다. 포드의 초기 노동자들의 임금은 업계 평균보다 높았지만 직공들을 일회용 제품처럼 여겼다. **대량 생산 모델은 '장인의 자부심'에서 인간 로봇 노동으로의 전환을 의미했다.**

일본에서 필요가 발명을 낳았다

2차 세계대전의 여파로 일본 정부는 자동차 산업에 대한 외국의 직접 투자를 금지하고 관세 장벽을 세웠다. 이를 계기로 국내 제조 기업이 자동차 산업에 진입함에 따라 동등한 등급의 차량들 간에 치열한 경쟁이 벌어졌다. 그럼에도 일본은 미국처럼 이민 노동자의 수가 많지 않았기에 디트로이트식의 대량 생산 모델을 채택하지는 않았다. 일본에서는 노동조합의 힘이 강해서 종신 고용제가 확립되어 있었다. 그래서 토요타는 평균 40년 동안 노동자를 최대한 활용할 길을 모색해야 했다. 미국의 대량 생산 방식에서는 부품과 인력을 마음대로 교체하지만 일본에서는 그보다 노동자를 계속 학습시켜 가치를 높이는 것이 더 타당해 보였다.

토요타는 GM와 포드가 보유한 수천 개의 펜더나 후드를 찍어낼 수 있는 대량 생산용 다이 프레스를 구입할 여력이 없었다. 그래서 필요할 때 적시에 본체 부품을 생산하도록 신속한 다이 교체가 가능한 토요타만의 시스템을 구축했다. 그 결과 보관해야 할 재고량이 훨씬 줄었고 불량품 검사도 더 빨라졌다. 품질 검사는 특정 감독관의 일이 아니었고 실제 작업장에서 일하는 노동자들의 몫이었다. **노동자들은 한 가지 일을 반복적으로 하는 아무 생각 없는 로봇이 되기보다는 여러 가지 일을 수행했고, 지속적이고 점진적인 개선을 통해 그들의 작업 품질을 책임졌다.** 서구의 생산라인에서처럼 실수가 발견되면 생산라인의 다른 사람이 바로잡는 '수정 작업'은 있을 수 없다.

　토요타는 공급업체들에게 부품 설계와 제작에 있어 훨씬 더 적극적인 역할을 맡기기도 했다. 완전한 수직적 통합(자재 공급을 확보하기 위해 공급업체를 소유하는 것)을 추구하는 대신 각각의 공급업체의 일부 지분을 소유하고 그들에게 자금을 빌려주기도 했다. '적시 생산' 시스템을 구축해 토요타와 공급업체는 마치 하나의 거대한 기계처럼 일사불란하게 움직이며 공급업체는 부품이 필요할 때마다 부품을 공장으로 바로 납품했다. **적시 생산 시스템은 재고를 제거함으로써 생산에 커다란 위험 부담을 안겨주기도 했다.** 부품이 한 종류라도 소진되면 전체 조립 라인의 작동이 중단될 수도 있기 때문이다. 그럼에도 토요타의 기술 책임자 타이치 오노Taiichi Ohno는 이것이 오히려 긍정적으로 작용한다고 보았다. 전 직원이 발생 가능한 문제에 대해 미리 예측하는 습관을 들일 수 있기 때문이다. 안전망이 존재하지 않기 때문에 더 노력하고 개선하는 수밖에 없다는 의미이다.

린 생산 혁명

이렇게 빠듯한 공급망이 제대로 자리를 잡는 데에는 수년의 시간이 걸렸고, 전체 '린' 생산 방식은 완성되는 데 20년이 걸렸다. 하지만 세계는 이 새로운 생산 방식에 주목하기 시작했다. 자동차를 살 때 소비자가 무엇보다도 중요하게 생각하는 부분은 바로 신뢰성이다. 토요타는 린 시스템이 자리를 잡아가며 가격이 비싼 독일이나 영국제 세단보다 더 신뢰성 있는 자동차를 생산하기 시작했다. 유럽의 자동차 제조 기업은 여전히 공장에서 자동차가 출고되기 전에 모든 문제를 바로잡아야 한다는 장인 정신을 고수해 나가고 있었다. 그래서 반드시 신뢰성이 담보되지 않아도 비싼 가격이 당연시되었다. 따라서 '장인 정신'은 사실상 자원의 낭비를 의미했다. 토요타가 1989년 고급 브랜드인 렉서스를 출시했을 당시 자동차 업계는 렉서스의 견줄 데 없는 뛰어난 품질에 완전히 매료되었다. 그 여파로 메르세데스와 BMW, 캐딜락, 링컨은 판매 부진을 겪었다. 혼다 어코드 역시 비슷한 성공을 경험했다. 미국 모델이 혼다 오하이오 메리스빌 공장에서 린 생산 방식으로 생산되자 어코드는 미국에서 가장 잘 팔리는 자동차 모델이 되었다. 이전에는 미국 시장에서 언제나 GM이나 포드가 가장 인기가 많았다.

GM의 슬론은 매년 기존의 모델을 다듬고 엔진을 업그레이드하여 출시하는 '올해의 모델'이라는 개념을 처음으로 도입했다. 그러나 대량 생산 시스템은 공장과 생산 설비에서 발생하는 (초기 비용을 일정 기간 동안 갚아 나가야 하는) 엄청난 고정 비용으로 말미암아 사실상 교체 주기가 긴 제품 개발에 국한되어 적용되었다. 반대로 린 생산 방식을 채택한 공장들은 제품 라인 내에서 교체 주기가 더 짧은 모델과 훨씬 더 다양한 종류의 모델 등 유연성 있는 제품 생산을 위해 구축되었다. 린 생산 방식은 판매 개념까지도 포함하고 있었다. 영업자가 자동차를 팔아주길 바라며 자동차를 대량 생산하는 공장이 아니라 **영업자 또한 생산 시스템의 일부가 되는 것이다.** 토요타는 2~3주 내로 고객에게 인도가 가능한 주문 생산 자동차도 생산하기 시작했다. 심지어 토요타의 영업자들은 자동차 구매 절차를 더 간소화해 주는 가정 방문도 시행했다. 그들은 평생 단골 고객의 충성을 아주 소중히 여겼다.

요컨대 린 생산 방식으로 자동차를 생산하는 기업은 수작업과 대량 생산의 장점만을 결합할 수 있음을 알게 되었다. 즉, 동일한 수량의 제품을 저비용으로 생산할 수 있다는 것이다. 그러나 더 숙련된 노동자들과 기술의 조합은 제품을 훨씬 더 다양하게 생산할 수 있게 해주며 그에 더해 더 흥미로운 일터로 만들어준다. **린 생산 방식의 공장에서는 관리자들만 정보와 데이터를 축적하는 것이 아니라 모든 구성원에게 공유된다.** 그 효과는 노동자들이 공장 전체가 실시간으로 어떻게 돌아가고 있으며 생산 및 품질 목표에 도달하고 있는지의 여부를 알 수 있다는 것이다. 뭔가 실수가 발생했을 때는 모두가 무엇이 잘못되었는지 알아보고 그런 실수가 되풀이되지 않게 노력하고 싶어 한다. 이처럼 정보 공유가 불러일으키는 주인 의식과 그것이 제품 품질 향상과 노동자 사기 진작에 얼마나 큰 영향을 미칠지 한번 상상해 보라.

포드와 GM이 미국 밖에서 대량 생산 기술을 처음 도입했을 때 기존의 생산 방식을 무너뜨렸다는 이유로 저항에 부딪혔던 것처럼 일본이 개척한 린 생산 방식 또한 전통적인 대량 생산 방식을 기반으로 구축된 기존의 구조와 제도를 위협했다는 이유로 미국과 유럽에서 반대에 부딪혔다. 1980년대와 1990년대 미국의 상황은 자동차 생산업체들이 기존의 공장을 혁신하거나 린 생산 방식으로 전환하려고 노력하기보다는 차라리 공장의 문을 닫거나 새로운 공장을 다시 열었다.

(함께 읽으면 좋은 책) W. 에드워즈 데밍《아웃 오브 더 크라이시스》, 마틴 포드《로봇의 부상》, 앨프리드 P. 슬론《나의 GM 시절》, 프레더릭 테일러《프레더릭 테일러, 과학적 관리법》, 애슐리 반스《일론 머스크, 미래의 설계자》

톰 버틀러 보던의 한마디

1990년에 워맥, 존스, 루스는 조립 라인에서의 노동은 90년대 말이면 대부분 사라질 것이라는 대담한 예측을 내놓았다. 이 책의 2007년 개정판의 후기에서 그들은 자신들의 실수를 인정하며 자동화가 공장을 단번에 장악하기보다는 점진적으로 증가했다는 점에 주목했다. 그 이유가 무엇이었을까? 그들은 '이론상 로봇은 유연하고 재프로그램이 가능하다고 여겨지지만 잘 훈련된 생산 기술자들은 실제로 로봇보다 더 유연하고 재프로그램이 가능하기 때문'이라고 지적한다. 그래서 '토요타는 절대적으로 필요하지 않은 이상 결코 자동화하지 않는다'라고 덧붙인다.

책이 처음 쓰여졌을 때와 비교했을 때 가장 큰 변화는 중국이 자동차 제조국으로 부상했다는 점이다. 중국은 지난 10년간 세계 최대의 자동차 제조국이었다. 2015년에 세계 총 자동차 생산량은 9,000만 대였고 그중 2,400만 대(2,100만 대의 자가용과 340만 대의 상업용 차량)가 중국에서 생산되었다. 같은 해 미국의 자동차 생산량은 중국의 절반 수준이었고, 그다음은 일본이 900만 대, 독일이 600만 대, 그리고 한국, 인도, 멕시코 순으로 그 뒤를 이었다.

part

3

경영과 조직

Out of the Crisis

경영과 조직을
시스템화하라

《아웃 오브 더 크라이시스 》

"품질 관리는 저절로 달성되지 않는다. 누군가 '하루아침에

품질 관리를 달성하자'고 제안한다면 유감스럽지만 그는

품질 관리에 대한 개념이 전혀 없는 사람이다.

어떤 기업이든 성공하려면 품질과 생산성 향상은 경영진이

전체 기업을 이끌며 경험하는 매년의 학습 과정이 되어야 한다."

W. 에드워즈 데밍 W. Edwards Deming

미국의 통계학자, 교수, 저자, 경영 철학자로, 경영 및 제조업에서의 품질 관리 개선에 많은 기여를 했다. 전문 분야는 통계 과학, 데이터 분석, 그리고 품질 이론 개발이다. 일본의 제조업 및 경영 분야에서 특히 유명하다. 일본이 품질 원칙을 도입하면 세계가 원하는 고품질의 상품을 생산할 수 있게 될 것이라고 조언했다.

토요타사 로비에는 창립자들의 초상화가 걸려있는데, 여기에 함께 에드워즈 데밍 초상화가 걸려있다. 《아웃 오브 더 크라이시스》는 데밍이 자국에 보내는 일종의 항변서라 볼 수 있다. 미국의 산업이 비대해지고 자원 낭비가 심해짐에 따라 관세의 보호를 받고 있는 국내 시장에 결함 상품이 많아져 상품 생산에서의 품질 원칙과 가치, 자존심을 되찾아야 한다는 주장이다. 데밍이 제시한 품질 및 생산성 향상을 위한 '14계명'은 미국의 경영자들에게 채택되어, 데밍은 말년에 미국에서도 선지자로 인정받았다.

데밍의 책은 '품질이란 무엇인가?'라는 의문을 제기하게 만든다. 고전 《선과 모터사이클 관리술》에서 로버트 퍼시그Robert Pirsig는 품질은 합리적인 방법으로 정의하기는 어렵지만 **우리는 경험상 품질이 좋은지 나쁜지 안다고 관측했다. 품질은 단순히 '더 나은 것'이 아니라 상품에 담겨 있는 생각을 말한다.** 데밍의 생각은 공학 기술과 통계를 뛰어넘은 철학이었다. 개인의 잠재력을 인정하는 동시에 훌륭한 조직은 어떤 개인보다도 더 훌륭한 시스템이라는 사실 모두를 아우르는 철학인 것이다. 토요타의 유명한 '린 생산' 시스템은 전 세계의 거의 모든 성공한 제조 기업이 모방하고 있는 시스템으로, 데밍의 철학을 근간으로 하고 있다.

소비자에 대한 집중과 미래를 위한 경영 정책
데밍은 사업에서 큰 실패를 겪게 되는 원인은 문제를 예견하고 미래를 계획할 줄 모르는 무능함이라고 강조한다. 데밍은 '미국 산업 병폐의 근본 원인과 그로 인해 초래된 실업은 고위 경영진의 경영 실패'라고 지적한다. 일반적으로 기업이 실패하게 되면 착수 비용 과다, 예산 초과, 재고 할인, 경쟁사 등을 그 원인으로 든다. 하지만 데밍은 순전히 잘못된 경영 때문이라고 말한다.

데밍이 '업계에 살아남아 직원에게 더 많은 일자리를 제공하기 위해 경영진은 미래를 위한 정책을 공표해야 한다'고 주장한 것은 한 세대 이상을 내다봐야 한다는 차원에서 거의 유럽 국가의 감성과 일맥상통하는 것이다. 보통 빠르게 움직이는 미국의 정신, 즉 오래된 기업이 신생 기업에게 자리를 내주는 슘페터가 말한 '창조적 파괴'와는 상반된 태도인 것이다.

데밍은 '소비자가 생산라인에서 가장 중요한 부분이다'라고 말한 바 있다. 소비자는 무엇을 원할까? 아주 잘 작동하고 오래가며 좋은 가치를 지닌 상품을 원할 것이다. 이와 같은 접근법은 상품 및 서비스에 대한 수요가 아주 높아 썩 좋지 않은 품질로도 판매에 문제가 없었던 전후 시대의 미국과 유럽의 제조 기업의 접근법과는 상당히 다르다. 그러나 1970년대에 일본 제품이 서구 시장으로 진출하기 시작하자 사람들은 그 가치에 주목하고 일본 제품을 구입하기 시작했다.

전후 일본은 부채가 쌓여 있고 많은 국가가 당연하게 여기는 천연자원도 없는 껍데기만 남아있는 국가였다고 데밍은 말한다.

농업으로 자국민을 먹여살리는 것만도 벅찼다. 소비재 상품들은 품질이 형편없었다. 그래서 식품과 원자재를 수입해서 먹고 살기 위해서는 더 품질이 좋은 물건들을 만들어야만 했다. 일본에게는 다행스럽게도 '한 국가의 부는 천연자원보다는 국민과 경영, 정부에 달려 있다'고 데밍은 말한다. **일본인들은 처음부터 품질을 '선택'했고 그 결실을 거두게 된 것이다.**

동전의 양면과 같은 품질과 생산성

'품질이 향상되면 생산성도 증가하는 이유는 무엇일까?' 데밍이 자주 던지는 이 질문에 대한 답은 **불량품을 재작업하는 일이 줄어들면 재료 낭비가 줄어들고 문제를 바로잡기 위해 투입되었던 자원이 이제는 더 나은 제품이나 서비스를 만드는 데 투입된다는** 것이다. 비용이 낮아진다는 것은 경쟁력이 더 높아지는 것을 의미하고, 그렇게 되면 더 많은 일자리를 창출하게 되고 노동자도 더 행복해진다. 노동자는 그들이 쏟는 노력에 대해 주도권을 가지고 있다고 느끼며 일에 대한 자부심을 가지게 된다. 회사가 잘 나가면 노동자는 일자리에 대해 안정감을 느끼게 되고 단순히 그들이 개인적으로 회사에서 무엇을 얻을 수 있는지에 대한 생각에 그치지 않고 회사와 회사의 지속 가능한 미래에 대해 고민하기 시작한다. 관리자들은 단순히 불량품을 찾아내어 재작업하도록 감독하는 일을 하는 것이 아니라 불량품이 아예 발생하지 않는 시스템을 만들고 그것을 개선하는 일을 한다.

데밍은 우선적으로 품질 면에서 어떤 제품이 적합하고 어떤 제품이 적합하지 않은지에 대해 명확한 정의를 제시할 것을 당부한다. 그것을 측정하기 시작하면 문제를 해결하기 위해 무엇을 해야 하는지 알게 될 것이다. 데밍은 복사기 회사 나슈아Nashua에 대해 언급한다. 나슈아는 감압 복사지 생산에 관한 자세한 통계 측정을 활용하기 시작했다. 이것을 통해 불필요한 화학품 비용을 절감할 수 있었고 안정성과 제품 품질을 높일 수 있었다. 측정 또는 추적을 통해 수치화하는 것은 향상을 가져온다.

불량률이 제로가 될 때까지 꾸준히 줄이는 것은 가능한 일이다. 모든 불량품은 근원이 무엇인지 거슬러 추적이 가능하기 때문이다. 그 근원이 공장으로 납품되는 원자재의 문제였는지, 기계의 오작동이었는지, 아니면 어떤 것이 적합하고 적합하지 않은지에 대한 기준의 모호함이었는지 말이다. 부품이나 원자재, 물품을 구매할 때는 그저 가격이 가장 저렴한 공급 업체라고 해서 거래할 것이 아니라 거래처를 선택할 때 품질이 가장 중요한 결정 요인이 되어야 한다. 품질을 기준으로 선택한다면 공급 업체와 장기적인 관계를 발전시켜 나갈 수 있다. 회사가 원하는 부품이나 원자재의 사양을 더 구체적으로 요구할 수도 있고 공급 업체는 당신이 필요로 하는 것을 기반으로 영리한 해결 방안을 내놓을 수 있을 것이다. 공급 업체와의 이와 같은 관계의 질은 완제품에까지 영향을 미치게 된다.

데밍은 새로운 기계나 장치가 생산성과 품질을 향상시켜 주는 마법의 해답이 아니라고 지적한다. 인간과 기계를 매끄럽게 혼합시켜 주는 완벽한 시스템이 없다면 예전과 같이 허비되는 노력과 기계 운전 정지 시간이 많이 생길 것이다. '기업은 돈을 주고 품질을 살 수 없다'고 데밍은 말한다. 데밍이 이 책을 집필하고 있었던 당시 컴퓨터는 이미 기업에서 중요한 역할을 하고 있었지만, 데밍은 제대로 된 분석이 없이 컴퓨터에 저장만 된 엄청난 양의 데이터가 정답은 아니라고 경고한다. 중요한 것은 누군가가 그 데이터를 기반으로 제품이나 서비스의 품질 차이가 어디에서 어떻게 발생하고 있는지 보여주고 그 이유를 밝히는 것이다. 의도치 않게 품질 차이가 발생하면 그 제품은 매장될 수 있다. 소비자는 보통 품질에 대해서는 항의하지 않고 다른 회사의 제품으로 발길을 돌린다. 그래서 당신은 자사 제품의 품질이 썩 좋지 않다는 사실을 수개월 또는 수년 뒤에야 알게 될 수도 있다. **품질 차이를 제로로 줄이면 생산성이 갑자기 급상승할 수 있으며 비용 절감도 따라온다. 그리고 비용 절감은 소비자 가격의 하락으로 이어진다.**

고품질 생산 철학과 시스템 중심의 조직 문화

언젠가 데밍은 자신이 쓴 글의 인쇄본을 받았다. 그런데 한두 페이지가 인쇄가 되지 않은 빈 페이지라는 사실을 이내 발견하게 되었다. 인쇄소는 그 실수에 대해 직원에게 호통쳤다. 어떻게든 진짜 문제가 경영의 문제라는 사실을 직시하고 싶지 않았던 것이다. 즉, 그 작업장이 고품질의 결과물을 생산할 수 있도록 조직화되어 있는지 그렇지 않은지에 관한 문제인 것이다.

중요한 것은 항상 '시스템'이며 노동자 개인이 아니라고 데밍은 강조한다. 미국의 관리자는 노동자들이 모여 생산과 관련된 문제를 논의하는 품질분임조Quality Control Circle가 품질을 크게 향상시킬 수 있는 해결 방안이라고 생각했다. 그러나 이러한 분임조들은 문제가 특정 노동자에 의해 발생하는 것이 아니라 제품의 설계와 사양, 훈련의 부족, 또는 기계 결함에 원인이 있다는 사실을 외면하고 있다.

데밍은 개인 실적 평가와 인사 고과, 연간 평가를 강력히 반대하는 입장이다. 이것이 사실상 공포 경영이라는 것이다. 최종 결과물에만 초점을 맞춤으로써 시스템은 애초에 제품의 운명을 결정할 사람들과 절차에 관한 문제들을 그냥 덮고 넘어간다. 전체적인 시스템을 향상시키기 위해서는 이에 대한 이해가 필요하다. 인사 고과는 일시적으로 아주 유행했지만 데밍은 그것이 경영을 좀먹는 결과를 가져온다고 생각했다. **조직은 실적을 평가하기에 앞서 애초에 더 나은 사람들을 선발하고 관리자들을 철저히 교육하는 데 주력해야 했다.** 사람을 평가할 때 유일하게 고려해야 할 점은 다음과 같다.

- 시스템에 도움이 되는 사람은 객관적인 척도로 따져봐도 확실히 기여하는 바가 많다.
- 시스템에 도움이 되지 않는 사람은 경영진이 그를 도와야 한다.

데밍은 미국의 노동 유동성이 지나치게 높고 경영진에도 변동이 많았던 점에 주목한다. 사람들이 직장에 다니는 기간이 너무 짧고 단기 경영이 이루어지다 보니 실질적으로 장기간 지속되는 시스템을 구축하기가 어려웠던 것이다. **노동 인력이 잠재력을 최대한 발휘하기 위해서는 고용의 안정과 지속성이 필요하다.** 데밍은 그가 책을 집필하던 당시까지 80명의 노벨상 수상자들이 "모두 종신 재직이 보장되고 직업이 안정적이었으며 그들은 자기 자신 외에 누구에게도 자신의 업무에 대해 해명할 필요가 없었다."라고 적었다. 즉, 그들은 자신의 일에 대해 책임을 졌고 스스로 자랑스럽게 생각하는 결과물만을 발표했다는 것이다. 서구는 일본의 종신 고용제와 연공서열제를 비판해 왔지만 여기에는 많은 이점이 존재한다. 반대로 미국 노동 시장의 초유동성은 '각자도생'의 분위기를 조성했다. 그렇게 되면 직장 생활은 오로지 봉급을 올려 받고 승진하고 상사에게 인정받으려 노력하는 것이 전부인 활동이 되어버린다. 이런 분위기 속에서는 회사의 발전과 장기적인 미래에 대해 고민할 겨를이 없을뿐더러 자신의 일에 자부심을 느끼기도 어려울 것이다.

서비스 품질

1980년대에도 서비스 직종인 식당, 호텔, 은행, 보험 회사, 언론사, 종교, 건축, 커뮤니케이션 등이 미국 일자리의 75퍼센트를 차지했다. 이후 그 수치가 꾸준히 상승함에 따라 서비스 부문의 품질과 생산성에 따라 생활 수준이 좌우되게 되었다. 데밍이 서비스 기업의 품질 향상에 관해 가지고 있었던 철학을 요약해 보자면 다음과 같다.

- 모든 조직 구성원이 서비스와 그 목적에 집중하도록 하고 훈련을 통해 그 것을 실행하도록 하라. 대기업에 대한 인식은 그 기업을 대표하는 한 사람, 이를테면 트럭 운전사나 고객센터 상담원에게서 결정되는 경우가 많다.
- 두려움을 떨쳐내고 노사 간의 의사소통 장벽을 무너뜨려라. 예를 들면, 상사가 부하 직원의 말에 적절히 귀를 기울이도록 만들어라.
- 분과와 부서 간 장벽을 허물어라.
- '일을 더 잘하라'는 구호와 포스터를 내거는 대신 직원이 각자의 일에 집중할 수 있도록 경영진이 무엇을 돕고 있는지를 파악하라.
- 양보다 품질을 더 기대하도록 초점을 바꾸라. 일단 질이 높아지면 양도 늘릴 수 있다.
- 모든 직원이 수치를 분석할 수 있도록 훈련시켜 기준치에 도달했는지 여부를 판단해 재빨리 대응할 수 있도록 하라.

두말 할 필요 없이 모든 성공적인 서비스의 핵심은 기획과 설계다. 일단 기획이 어느 정도 진행된 상태라면 상품의 품질을 높이기에는 너무 늦은 시기다. 예컨대 호텔에서의 대부분의 품질 경험은 이미 개장 첫날 객실 배치, 배관, 승강기, 에어컨 시설 등에서 결정된다. 만약 이들 중에 한 가지에라도 문제가 생기면 직원의 친절함만으로는 만회가 어렵다고 데밍은 말한다.

(함께 읽으면 좋은 책) 앨프리드 챈들러《보이는 손》, 짐 콜린스《위대한 기업의 선택》, 피터 센게《제5경영》, 프레더릭 테일러《프레더릭 테일러, 과학적 관리법》, 제임스 워맥, 다니엘 존스, 다니엘 루스《더 머신 댓 체인지드 더 월드》

톰 버틀러 보던의 한마디

데밍은 선지자답게 미국 산업은 회복을 통해서가 아니라 환골탈태를 통해 발전한다고 말했다. 이 말은 기존의 것을 조금 더 발전시켜서가 아니라 새로운 절차와 시스템으로 무에서 뭔가를 상상해 만들어냄으로써 발전이 가능하다는 뜻이다. 이는 고위 경영진이 배당금 목표액을 맞추기 위해 일하며 단기적 수익만을 좇는다면 이룰 수 없는 일이다. 데밍은 또한 기업 합병, 구조조정, 기업 인수는 '암적인 것'이라 믿었다. 인수에 대한 우려가 기업이 목적을 고수하지 못하도록 주의를 다른 곳으로 돌리게 하기 때문이다. 그러한 '페이퍼 기업가 정신'은 생산적인 토대를 마련하는 데 항상 방해가 된다. 데밍은 경영자가 회사를 다음 세대까지 존속시키는 것을 일차적 과제로 여기며 '투자를 보호하는 것에 도덕적 책무를 느낀다'고 말한다.

개인보다는 팀을, 상사보다는 회사 전체를 강조하고 생계를 유지하기 위해 먼 미래를 고민하는 건강하고 지속 가능한 기업을 추구하는 데밍의 철학은 서양의 개인주의적 방식과 단기적 기업 문화가 몹시 싫어하는 것이다. 동시에 개인보다 집단을 중시하는 동양적 사고방식에 특히 잘 맞아 보인다. 사실 데밍이 이 책을 집필하고 있던 당시는 일본 기업이 지배력을 행사하고 있었던 시기였고, 고품질에 낮은 가격을 제시하는 일본 상품은 미국의 제조 기업에게 두려움을 불러일으키는 존재였다. 그럼에도 책에서 잘못된 경영을 보여주는 몇 가지 유익한 사례들은 일본의 사례였고 오늘날 투명성과 리더십 부재로 많은 일본 기업이 시장에서 퇴출되고 있다. 좋은 품질은 '미국의 것'도 '일본의 것'도 아니며, 기업에 따라 또는 시스템에 따라 달성 가능한 것이다.

BOOK
26

Getting to Yes

최고의 협상가는 원칙에 집중한다

《Yes를 이끌어내는 협상법》

"사람들은 재력, 정치력, 체력, 친선 관계, 군사력 등과 같은 자원에 의해 협상력이 결정된다고 생각한다. 그러나 실제로는 합의에 도달하지 않는 선택이 각자에게 얼마나 유리하게 작용하는가로 결정된다."

로저 피셔 Roger Fisher

하버드대학 법학 교수이자 하버드 협상 프로젝트의 소장이었다. 엘살바도르의 평화 유지를 위해 일하고 남아프리카 공화국의 새 헌법을 제정하는 데 도움을 주었다. 주요 저서로 유리와 공동 집필한 《혼자 이기지 마라》가 있다.

윌리엄 유리 William Ury

하버드 협상 프로젝트의 공동 설립자로 예일대학과 하버드대학에서 사회 인류학 박사 학위를 받았다. 베네수엘라와 체첸 공화국, 중동, 유고슬라비아에서의 분쟁에서 국제 중재자로 활동했다.

브루스 패튼 Bruce Patton

하버드 협상 프로젝트의 부소장이자 1985년부터 1999년까지 하버드 법학대학의 강사였다. 남아프리카 공화국의 인종차별 정책을 해체하는 과정과 1980년 이란 인질 사태 당시 미국과 이란의 대화 등 국제 협상에서 핵심적인 역할을 했다.

《Yes를 이끌어내는 협상법》 초판본이 출간되었을 당시만 해도 '협상'이라는 단어는 여전히 포위 작전이나 공장 폐쇄 위협, 국제 정치 위기 등의 이미지를 떠올리게 하는 단어였다. 이 책은 전 세계의 법학, 경영, 행정 대학의 교육 과정의 일부로 채택될 만큼 협상 기술을 성공적으로 표준화했다.

법학과 교수였던 로저 피셔와 인류학자인 윌리엄 유리가 1981년 출간된 초판본을 집필했지만 1991년과 2011년의 개정판에서는 국제 협상가인 브루스 패튼이 합류했다. 세 사람은 1979년 (하버드 법학대학 과정의 일부로) 논쟁 조정에 관한 이론과 실전을 발전시킨 하버드 협상 프로젝트를 처음으로 시작한 이들이다. 이 책의 최신 개정판은 요즘 세대의 독자에게 도움이 되도록 책에 등장하는 일부 사례를 최근의 사례들로 교체 수록했다. '전쟁을 치르지 않고도 합의에 도달하는 법'을 배우기를 원한다면 이 책을 정독할 것을 권한다.

수직적 명령 체계를 대체하는 합의

과거에는 확실한 계층 구조 속에서 일이 진행되었다. 일부 사람들은 명령을 내리고 나머지 사람들은 그 명령을 수행했다. 그러나 오늘날에는 조직 구조가 더 민주화되고 빠른 혁신이 요구되며, 상급자도 아니고 하급자도 아닌 도급업자에게 일을 맡기는 일이 늘어남에 따라 지시가 아닌 합의를 통해 일이 처리되는 경우가 많다. 회사 내부 직원들의 경우도 마찬가지다. 요즘은 이유를 이해할 수 없거나 상사의 관점이나 철학에 '수긍'이 가지 않는데 맹목적으로 명령을 따르는 사람은 거의 없다.

이 책의 저자들은 '권력의 피라미드가 협상의 네트워크로 이동하고 있다'면서 조용한 혁명이 진행 중이라고 주장한다. **실제로 협상 혁명은 오히려 더 많은 갈등을 불러오고 있다고 그들은 말한다. 그러나 이는 좋은 일이다.** 가족을 포함한 조직 및 사회적 단체 등의 전통적인 계급 구조에서는 갈등이 표면화되지 못한다. 계급 구조의 경직성이 조금 풀려야지만 비로소 문제가 그 모습을 드러낸다. 독재 정권에 비해 시끄럽고 다툼이 많은 민주적인 정권을 생각해 보라. '이상하게 들리겠지만 세계는 더 많은 갈등을 필요로 한다'고 저자들은 말한다.

입장 고수 협상

전통적인 형태의 협상은 각자 한 쪽의 입장 고수 협상이다. 예를 들면, 어떤 가치 있는 상품의 판매자와 구매자가 양보를 통해 최종적으로 거래를 확정하는 것이 이에 해당한다. 당신은 비현실적이라는 걸 알면서도 아주 비싼 가격에서 시작하고 상대편이 당신이 정말 수락할 가격이 얼마인지 모르게 하려고 노력한다. 이와 같은 **협상의 문제점은 우리가 자기 입장만을 고수하게 된다는 것이다. 그리고 '체면을 세우기' 위해 협상은 결렬되고 적대감이 형**

성되거나 나쁜 결과를 낳게 되기가 쉽다. 대다수의 사람들은 '협상'이라고 하면 한쪽에서 원하는 것을 얻고 다른 쪽은 굴복하는 적대적 교환의 이미지를 떠올린다.

입장을 고수하는 협상은 많은 시간이 걸린다. 상대의 진짜 입장이 무엇인지 알아내는 데 시간이 걸리기 때문이다. 늑장 부리기, 의사 진행 방해, 또는 협상 중단 위협은 결국 기 싸움으로 번져 시간 소모적인 상황을 낳게 된다. 그래서 한쪽에서 부당한 대우를 받았다고 느끼고, 다시는 상대편과 대화하지 않으려는 상황이 발생할 수도 있다.

이런 일이 발생하는 것을 방지하기 위해 사람들은 종종 반대편 극단으로 치닫기도 한다. 상대를 친구로 바라보려 노력하고 부정적인 감정이 고개를 들지 못하도록 양보를 너무 많이 해서 관계가 위기에 빠지지 않도록 한다. 그러나 인간관계를 결과보다 우선시하는 협상은 불만족스러운 합의를 낳는 경우가 많다. 또한 부드러운 협상자가 완고한 입장적 협상자를 만나면 완고한 입장적 협상자가 예외 없이 지배적 위치를 점하여 승리할 것이다.

원칙적 협상

더 나은 협상법도 있다. 진정한 협상은 '상호 이익과 타당한 기준을 위한 공동의 모색'이라고 저자들은 주장한다. 하버드 협상 프로젝트를 통해 개발된 **원칙적 협상의 개념은 상대가 얼마나 완강**

히 입장을 고수할 것인가에 집중하기보다는 그 상황에서 객관적으로 어떤 방향이 더 나은가에 집중한다. 원칙적 협상은 '당신의 공정함을 이용하려고 하는 이들로부터' 당신을 보호해 준다. 당신이 알고 있는 것을 상대가 몰라야 성공할 수 있는 다른 모든 협상 전략들과는 달리 원리적 협상은 양측 모두 정보를 공유하고 협상에 임할 때 실제로 결과가 더 좋다. 속임수나 수, 가식적인 행동은 필요가 없다. 양측 모두 진실을 기반으로 협상한다. 이 협상법이 항상 양측 모두에게 이익이 되는 상황을 가져오는 것은 아니지만 공정성 측면에서는 아주 우세하다.

이익과 입장 사이의 차이점은 무엇일까? '입장은 당신이 무언가를 결정할 때 기반으로 하는 것'이고 '이익은 당신이 어떤 결정을 하도록 만드는 것'이라고 저자들은 설명한다. 능숙한 협상자는 상대가 왜 그 입장을 견지하게 되었는지를 본다. 좋은 합의안은 그들의 열망, 필요, 두려움, 우려 같은 요소들을 살펴봐야지만 찾을 수 있다.

1967년 6일 전쟁(제3차 중동 전쟁) 중 이집트는 이스라엘을 공격했다. 이스라엘은 반격에 나섰고 시나이 반도를 점령했다. 이집트는 시나이 반도를 되찾는 데 필사적이었고 1978년 캠프데이비드 정상회담에서 이스라엘과 협상에 들어갔다. 이집트는 이스라엘이 전쟁 승리로 얻게 된 것 중 무엇을 취득하겠다는 제안을 내놓든 간에 시나이 반도를 완전히 반환하지 않는 한 어떤 합의도 해줄 수 없다는 입장을 고수했다. 어쨌든 시나이 반도는 파라오 시대 때부터 이집트의 영토였다. 이스라엘의 입장에서는 이집트의 탱크가 언제라도 국경을 침범할 태세로 국경 근처에 있는 걸 원치 않았다. 미국은 캠프데이비드에서 이집트와 이스라엘 양측의 요구와 열망, 우려, 두려움 등을 고려하며 안와르 사다트 이집트 대통령과 메나헴 베긴 이스라엘 총리가 합의에 도달할 수 있도록 중재했다. 그 결과 이집트는 시나이 반도를 반환받게 되었지만 이스라엘의 안보를 보장해 주는 큰 규모의 비무장 지대를 두는 데 합의했다.

저자들은 양측 간의 갈등을 자세히 들여다보면 일반적으로 공통된 관심사가 존재한다고 말한다. 예를 들어, 집주인과 세입자 관계라면 양측 모두 안정성을 원한다. 세입자는 영구적인 거주지를 원하고 집주인은 안정적인 세입자를 원한다. 양측 모두 집을 양호한 상태로 유지하기를 원한다. 그러면 세입자는 좋은 공간에서 살 수 있고 집주인은 집의 가치를 높일 수 있다. 세입자는 세입자의 사생활을 존중하고 시설의 유지 보수를 잘해주는 집주인이 필요하고 집주인은 월세를 제때 지불하는 세입자가 필요하다. 관심사가 서로 공유될 때 장기적인 임대차 계약 관계가 유지될 수 있다. 설사 관심사가 다르다 하더라도 서로의 관심사에 집중한다면 모두가 만족하는 합의에 도달할 수 있다. 월세를 올리지 않는다면 유지 보수 요구를 최대한 자제하는 걸로 합의할 수 있다.

타당한 협상이란 공정한 협상

자세히 들어가 보자면, 입장적 협상의 대안이라 할 수 있는 장점을 기반으로 한 협상의 내용은 다음과 같다.

관계자를 문제와 분리해서 생각하라

자신과 상대측을 서로 대립하는 상대로 여기는 대신 나란히 앉아서 문제 해결에 달려들고 있다고 상상해 보라. 잠시 동안만 최종 합의에 대한 생각은 잊어라. 대신 '여기서 우리 모두에게 위태로운 것은 무엇일까?'를 물어라.

상대편의 감정을 주시하라. 그들이 특히 자부심을 느끼거나 민감하게 생각하는 것이 무엇인지 찾아내어 그것을 중심으로 제안을 표현하라. 논쟁을 유도하는 연설이나 분노의 표출에 반응하지 마라. 이는 그저 열기를 발산하거나 협상자가 강인하게 보여 동료들을 기쁘게 해줄 기회를 주는 것이라 여겨라.

협상이 감정적으로 과열되면 상대의 말을 경청하기가 어렵다. 하지만 좋은 해결책을 찾기를 원한다면 노력해야만 한다. 상대가 자신의 입장을 설명하고 그것을 반복해서 말할 기회를 줘라. 상대의 말을 이해하는 것이 동의와는 다르다는 사실을 명심하라.

양측 모두에게 이득이 될 수 있는 여러 가지 선택지를 생각해라

가능한 모든 선택지를 생각해 내어 고려해 보는 느슨한 시간을 가져본다. 이런 시간을 가져봄으로써 창조적인 합의안을 생각해 낼 가능성을 높일 수 있다. 실제 합의에 도달하는 것은 다음 시간으로 미뤄둔다.

만약 당신이 합의를 이끌어내고자 하는 제안이 있다면 상대편을 초기부터 일찌감치 개입시켜 그들이 참여했다는 느낌을 가질 수 있게 한다. 무언가를 기정사실로 제시하는 것은 반발이나 불만을 불러일으킬 수 있다. 세부 조건을 알기 쉽게 정리하여 협상에 임하라. 예를 들면, 스포츠 에이전트가 협상에 들어갈 때는 자신의 고객이 이 시점에 연봉 500만 달러는 받아야 그가 생각하는 만큼의 가치를 인정받고 있다고 느낄 것이며 고용 안정성 보장을 위해 5년 계약을 원한다고 말할 것이다. 이렇게 말하면 상대는 당신이 원하는 게 무엇인지 확실히 이해할 뿐만 아니라 동시에 당신이 완고하지 않은 열린 마음을 가지고 있다는 것도 느낄 수 있다. 당신의 입장보다는 관심사를 명확히 표현하는 것이 더 중요하다. 저자들은 '양측의 협상자들이 각자의 관심사를 강하게 밀어붙이면 서로의 창의성을 자극해 양측 모두에게 유리한 합의안을 도출해 내는 경우가 종종 있다'고 말한다.

어떤 합의안이든 객관적 기준을 충족해야 한다고 주장하라

협상이 가장 고집이 센 사람이 이기는 기 싸움의 장이 되지 않게 하기 위해서는 시장 가치나 전문가의 의견, 관례, 법과 같은 독립적인 기준을 합의의 척도로 삼아야 한다고 주장하라. 이런 방식을 채택한다면 어느 쪽도 협상에서 '패배한 것처럼' 보이지 않을 수 있다.

해양법의 규제를 받는 심해 채굴에 관한 협상에서 인도는 채굴 기업이 해당 국가에 6,000만 달러의 비용을 선불로 지불할 것을 제안했다. 수많은 대형 채굴 기업을 보유하고 있는 미국은 이 제안에 반대했다. 양측의 시각 차이를 좁힐 수 있는 방법은 없어 보였지만, 매사추세츠공과대학의 연구원들이 심해저 자원 개발의 비용 평가 모델을 구축했다는 사실이 알려졌다. 양측은 이 모델이 객관적이며 유용하다는 사실을 알게 되었고, 그 결과 인도가 훨씬 낮은 비용에 합의하기로 함으로써 채굴자들이 시추 작업을 하는 데 방해가 되지 않게 되었다. 한편 미국 역시 일부 비용이 적절하다는 사실을 알게 되었다. 양측이 자신의 입장만 고집했다면 어떤 합의도 이루어지지 못했을 것이다. 밝혀진 것처럼 어느 쪽도 양보하지 않았고 약해 보이거나 체면이 깎이지 않았다. 그저 객관적 근거를 기반으로 자신의 입장을 변경했을 뿐이다.

사람들은 '자신이 정당하다고 믿는 것의 영향을 크게 받고 있다'고 저자들은 지적한다. 모든 협상 당사자들에게 그 정당성을 호소하기를 원한다면 '공정하고 합법적이고 고결한' 해결 방안을 내놓아야 한다. 협상에서는 개인적인 이해도 제외된다.

대안의 모색

객관적인 기준을 들고 나오는 것은 아주 좋다. 하지만 상대가 당신보다 훨씬 힘이 세다면 어떻겠는가?

대개 재력과 체력, 군사력, 정치권력과 같은 힘은 우리가 생각하는 것보다 그리 중요하게 작용하지 않는다고 저자들은 말한다. 더 중요한 것은 구미가 당기는 대안을 가지고 협상 테이블에 나오는 것이다. 그래서 설사 합의에 도달하지 못하는 경우에라도 기쁘게 협상장을 떠날 수 있도록 말이다. 만약 마음속에 가장 좋은 대안을 가지고 있다면 협상에서 필사적으로 매달릴 필요가 없고 더 우위의 입장에서 협상에 임할 수 있을 것이다. 누가 주도권을 가지는가는 어느 쪽이 합의안에 대한 대안을 쥐고 있고 그 대안에 만족하고 있는가에 달려 있다. '누가 더 우위에 있을까?'라고 묻지 마라. 당신 쪽에서 주도권을 쥐고 있다고 느끼면 당신은 긴장을 풀고 협상 준비를 제대로 하지 않을 것이다. 반대로, 당신이 자신을 약자로 바라본다면 너무 쉽게 포기해 버릴지도 모른다.

만약 상대가 객관적 장점에 집중하기를 거부하고 자기 입장을 고수하며 당신을 공격하려 한다면 어떻게 하겠는가? 당연히 상대를 비판하고 그들의 주장을 불합리한 것으로 여기고 거부할 것이다. 그러나 이렇게 하면 그들을 더 방어적으로 만들고 당신의 입장에 대해서도 그들이 더 방어하도록 만들 뿐이다. 가장 바람직한 반응은 '협상 주짓수'이다. 협상 주짓수란 상대의 세력이나 인신공격을 막거나 거부하기보다는 오히려 그들의 입장을 양측 모두의 이해를 충족시키려는 정직한 시도로 가정하는 것이다. 당신은 이렇게 질문해야 한다. '가능한 빨리 합의에 도달하려면 이제 양측 모두 무엇을 하면 좋을까?'

실제로 협상에서는 질문이 진술보다 훨씬 더 강력하다. 질문은 양측 모두가 방어적이지 않은 태도로 원칙과 이해관계를 진지하게 따져보도록 만들기 때문이다. 만약 상대가 정당하지 않은 주장을 했다면 당신이 할 수 있는 가장 훌륭한 대응 중 하나는 아무런 반응을 하지 않는 것이다. 침묵은 보통 부연 설명이나 다른 제안을 내놓도록 만든다.

만약 상대가 비겁한 속임수를 쓰거나 위협이나 불합리한 제안 또는 요구를 한다면 그들의 행동을 지적하고 잠시 휴식 시간을 가지며 협상을 계속할 가치가 있는지 결정하겠다고 말하라. 이렇게 함으로써 섣부르게 불리한 결정을 내리는 것을 막을 수 있으며, 그들에게는 자신들의 행동을 되짚어보고 그것이 과연 원하는 결과에 도달하게 해줄 것인가에 대해 다시 한번 생각해 볼 시간을 주는 것이다.

회유와 협박, 그리고 당신이 그들의 조건을 수락하도록 만들기 위한 목적으로 연출된 상대 협상단 사이에서 벌어지는 다툼에 유의해야 한다. 만약 당신이 열려 있는 문을 등지고 더 낮은 의자에 앉게 되었다면 화내지 말고 이렇게 물어라. "무엇을 기준으로 저를 여기 앉게 하시는 거죠?" 타당한 답변을 듣지 못한다면 다음 날에는 상대편이 그 의자에 앉게 해달라고 요청하라. 상대가 무슨 꿍꿍이인지 당신이 알고 있다는 것을 분명히 하려면 "우리 번갈아 가면서 서로에 대한 진실을 조금씩 이야기해 볼까요?"와 같은 말을 던질 수도 있겠다. 일반적으로 당신이 상대의 수와 책략을 알고 있다는 점을 분명히 하면 그들은 기세가 꺾이고 협상은 주요 사안을 논의하던 제자리로 돌아갈 수 있다.

(함께읽으면좋은책) 피터 드러커《피터 드러커의 자기경영노트》, 패트릭 렌시오니《팀워크의 부활》

톰 버틀러 보던의 한마디

어떤 협상이든 협상을 성공시키기 위해서는 최선의 결과를 염두에 두고 거기서부터 협상 시작 지점으로 거슬러 올라가 양측 모두 만족할 만하게 문제를 해결하는 것이 더 쉽다. '최선의 방책은 낙관적인 시각을 유지하는 것'이라고 저자들은 말한다. 실현 가능성이 없는 대의명분에 많은 자원을 낭비하기보다는 설사 성공하지 못하더라도 많은 일들을 시도해 볼 가치가 있다는 사실을 인식해야 한다. 더 많은 일을 시도할수록 더 많은 것을 얻게 될 가능성이 높아지기 때문이다. 협상에 관한 연구에서는 열망과 결과 사이에 높은 상관관계가 존재함을 일관적으로 보여주고 있다. 긍정적인 생각이 어느 정도의 범위 내에서는 도움이 되는 것이다.

모두에게 이득이 되는 합의안을 추구하는 것은 당신이 어쨌든 상대와 앞으로도 계속 일해야 한다는 점을 고려해 볼 때 가치가 있다. 합의가 이행되고 난 뒤 앞으로도 계속 협상을 해야 하는 관계일 것이기 때문이다. 당신이 원칙만을 따르는 협상을 한다는 사실을 상대가 알고 있다면 다음번에는 그들과의 협상이 계약 성사 면에서도 감정적으로도 더 수월해질 것이다.

BOOK
27

The E-Myth Revisited

성공하려면 일보다는
조직을 성장시켜라

《사업의 철학》

"인간은 비범한 일을 할 수 있는 능력을 가지고 있다.
달에 갈 수도 있고 컴퓨터를 만들 수도 있으며 세계 전체를
파괴할 수 있는 폭탄을 만들 수도 있다. 그러므로 작은 회사를
성공적으로 운영하는 일은 우리가 가장 쉽게 할 수 있어야 하는 일이다."

마이클 거버 Michael E. Gerber

한때 생계를 위해 백과사전 영업 사원으로 일하기도 했다. 《사업의 철학》을 쓰기 8년 전인
1977년에 '사업의 철학 월드와이드(E-Myth Worldwide)'를 설립해 자문 및 프로그램을
통해 소기업을 지원하는 일을 했다. 주요 저서로 《사업의 철학 컨트랙터》, 《사업의 철학 마스
터리》, 《사업의 철학 부동산 투자자》 등이 있다.

《사업의 철학》는 1985년에 출간되어 백만 부 이상이 팔려나가며 언더그라운드 베스트셀러로 자리 잡았다. 1995년에 동일한 메시지를 담아 개정된 내용으로 출간되었지만 2001년에 다시 재개정되었다. 책이 출간된 지 오래되었음에도 불구하고 사람들이 실제로 소기업을 어떻게 운영하는지와 갖은 노력을 통해 성취하게 되는 것이 무엇인지를 포함해 소기업을 이보다 더 잘 분석한 책은 없었다. 기업 경영자들에게 성공적인 사업 노하우를 전수하는 마이클 거버 컴퍼니의 창립자인 거버는 상담 업무를 하면서 소기업을 운영하는 사람들이 일반적으로 그들이 받는 보상보다 훨씬 더 일을 많이 한다는 사실을 알게 되었다. '일상의 압제'란 그들이 하고 있는 일을 객관적인 시각에서 전체적으로 바라볼 시간이 없음을 의미한다.

이 책의 일부는 거버가 함께 일한 파이 가게 주인 '사라'와의 대화를 통해 진행된다. 사라가 가지고 있는 문제와 어려움들은 사업을 하려는 대부분의 사람이 마주한 문제를 단적으로 보여준다. 구체적으로 말하자면 이 책은 근무 시간을 통제할 수 있는 처방을 내려준다. 기업 '안에서' 일할 것이 아니라 기업을 '위해' 일할 수 있어야 한다는 것이다.

자아 식별과 향상을 통한 성공적인 창업

거버는 사업을 시작한다는 것은 당신이 어떤 사람이며, 한 사람으로서 어떤 사람들과 함께 하기를 원하는지가 사업 자체만큼이나 중요하다는 놀라운 메시지를 전하고 있다. 만약 당신이 체계적이지 못하거나 욕심이 많다면, 혹은 당신 회사에서 안 좋은 일이 일어나고 있다면, 사업은 이러한 것들을 고스란히 반영하는 거울이 될 것이다. 또, 당신의 사업이 번창하고 있다면 당신은 끊임없이 자신을 개발하는 과정을 거치게 될 것이다. 그리고 사업이 변화하면 당신 또한 변화할 것이다.

거버는 올더스 헉슬리Aldous Huxley의 말을 인용한다. "그들은 스스로 일에 도취되어 자신이 실제로 어떤지 보지 못한다." 사업이 당신에게 어떤 의미를 가지며 왜 그 일을 하는 것인지를 잘 알고 사업을 시작한다면 그것은 아주 멋진 경험이 될 수 있다. 반면 맹목적으로 사업에 뛰어든다면 많은 이들이 깨닫게 되는 것처럼 사업은 악몽이 될 수 있다.

소기업 창업자의 역할 탐구: 사업가, 관리자, 기술자의 균형과 상충
거버는 '사업의 철학'이란 소기업을 창업하는 사람은 누구나 기업가라고 생각하는 잘못된 믿음이라고 말한다. 엄청난 부를 창출해 내는 영웅적인 기업가는 사실 아주 드물다. 대다수의 사람들은 그저 자기 자신을 위한 일자리를 만들어 상사 밑에서 일하는 것을 그만두고 싶을 뿐이다. 그들의 머릿속 생각은 대략 이렇다. '일은 내가 하는데 왜 사장이 그걸로 많은 돈을 버는 거지?'

사업자가 자신의 전문 분야에 대해서는 잘 알고 있는 반면 사업 자체에 대해서는 아는 게 없을 때 문제가 발생하기 시작한다. 창업 초기의 흥분이 가신 후 그들은 자신이 사장이 되었다는 사실을 깨닫고는 곧 에너지가 고갈되고 사기가 저하된다. 자신의 전문 분야를 속속들이 잘 아는 것만으로 사업 준비가 되는 것이 아니었던 것이다. 사실상 사업은 책임져야 하는 골칫거리가 되고 만다. 다른 이에게 경영권을 넘겨줄 마음은 없기 때문이다.

거버는 다음과 같이 표현한다. "자신이 너무나 잘 알고 있다고 생각했던 어떤 일이 갑자기 어떻게 해야 하는지 아는 일 한 가지와 어떻게 해야 하는지 전혀 모르는 열 가지 일들이 되어버린다." 또한 **한 사람이 다음 세 사람의 역할을 해야 한다고 말한다.**

- 기술자(실무자), 실제로 일을 하는 사람
- 관리자, 모든 일이 잘 굴러가도록 관리하며 기술자가 목표를 달성하도록 독려하는 사람
- 기업가, 기업이 나아갈 전체적인 방향을 제시하는 선지자나 몽상가

각각의 역할은 서로 상충된다. 그리고 대부분의 사람은 역할이 한쪽으로 기울어 있다. 소기업을 창업하는 사업자들 중 가장 흔하게 나타나는 유형은 기업가 10퍼센트, 관리자 20퍼센트, 기술자(실무자) 70퍼센트인 유형이다.

실패의 길을 걷게 되는 과정: 사업 성장과 기술적 역량의 균형

기술자의 문제점은 더 열심히 일하는 것이 모든 문제에 대한 해답이라고 믿는다는 것이다. 사라의 파이 가게가 무너지기 시작했을 때 더 맛있는 파이를 더 많이 만들면 상황이 나아질 것이라 생각했지만 현실은 그렇지가 않았다.

사라가 해야 할 일은 한발 물러서서 사업을 사업으로 바라보는 것이었다. 거버는 사라에게 이렇게 자문해 볼 것을 주문한다. '이 가게는 이곳에서 일하는 사람과 상관없이 작동하는 시스템일까?' 아니면 단순히 사라가 파이를 만들어서 판매하는 장소인 것일까? 보통 사업을 시작한 기술자들이 경험하는 익숙한 패턴은 흥분, 그다음은 극심한 두려움, 기진맥진, 절망의 순서를 따른다. 한때 그들이 가장 사랑하던 것(그들의 일)을 싫어하기 시작한다.

소규모 사업체가 시작 단계일 때는 쉽게 눈에 띈다. 사업주가 모든 일을 다 하거나 다 하려고 노력하기 때문이다. 어차피 그들이 모든 일을 다 할 줄 아는 유일한 사람이니 말이다. 그러나 사업이 성장하게 되면 직원을 고용해야 한다. 이는 오히려 잘된 일이다. 이제 사업주들은 사업에서 어쨌든 좋아하지 않는 측면에 대해서는 생각하지 않아도 되게 된 것이다. 회계 장부 정리가 이에 해당하는 경우가 많다.

그러나 어느 시점이 되면 이 직원은 떠나려고 하고 사업은 다시 혼란에 빠져든다. 사업주의 해답은 더 많이 열심히 일하는 것이다. 장기적인 목표는 잊어버리고 생산물을 생산해 내놓는 것이다! 당신은 누구도 당신의 손과 발처럼 일하지 못한다는 사실을 깨닫게 된다. 그래서 모든 일을 혼자 다 할 수 있는 규모를 유지하려고 한다.

거버는 사업주가 기술자로서 모든 일을 혼자 관리하고자 하는 안전지대를 벗어나고 싶어 하지 않는 것이 작은 사업체에게 있어 가장 위험한 지점이라고 말한다. 그렇게 움츠러드는 것은 비극이다. 사업주의 사기는 저하되고 결국은 태생적 한계로 사업체는 소멸하게 된다.

비전과 목표: 사업 성장의 기초와 방향성

반드시 이렇게 해야 하는 것은 아니다. 거버는 사라에게 '창업을 하는 목적은 자신의 일자리에서 자유로워져서 다른 사람들을 위해 일자리를 창출할 수 있게 되는 것'이라고 말해 준다. '상사에게서 자유로워지는 것'이 아니다. 자신의 분야에서 혼자 일하는 것보다 더 발전하기 위해, 즉 일에서 뭔가 차이를 만들 만한 훌륭한 것을 창조해 내기 위해 창업을 하는 것이다. 그리고 그렇게 되려면 당연히 더 많은 체계와 자원이 필요해진다. 핵심적인 질문은 '사업체가 얼마나 소규모로 운영될 수 있는가'가 아니라 '사업체가 적절한 시스템과 체계를 갖추고 얼마나 크게 성장할 수 있는가'라는 질문임을 사라는 알게 되었다.

거버는 가장 먼저 해야 할 일로 사업체를 어느 방향으로 끌고 가기를 원하는지 분명히 하고 그 목표를 종이에 적어보기를 권한다. 거버는 소기업을 운영하는 사업주들이 목표를 적는 경우가 아주 드물다는 사실에 놀란다. 하지만 어떤 계획도 무계획보다는 낫다. 그런 목표나 계획이 없다면 대다수의 기업이 방향성과 체계가 없이 전반적인 공황 상태를 맞이하게 되는 상황이 과연 놀랄 일일까?

성숙한 기업은 시작이 남다르다고 그는 말한다. 아주 훌륭한 기업은 그들이 어느 방향으로 가고자 하는지 비전을 가지고 출발한다. IBM 창립자 톰 왓슨Tom Watson은 이렇게 말했다. "저는 IBM이 위대한 기업이 되기 위해서는 위대한 기업이 되기 훨씬 전부터 위대한 기업처럼 행동해야 한다고 생각했습니다." 왓슨은 본보기나 비전을 세워놓고 아무리 실현 가능성이 낮아 보일지라도 매일 그것을 본받아 회사를 발전시키려 노력했다. 그리고 회사가 마침내 그렇게 발전해서 완성되었을 때 어떤 모습일지 항상 마음속에 그 이미지를 담고 다녔다.

기술자가 사업에 대해 가지고 있는 유일한 모델은 일이다. 반면 기업가에게는 사업 자체가 모델이다. 일은 부차적인 것이다. 이 역설은 왓슨의 다음 발언에 잘 나타나 있다. "IBM에서는 하루하루가 사업 진행이 아니라 사업 개발에 전념한 날들이었죠."

이는 거버가 전하고자 하는 메시지이기도 하다. '기업 안에서 일하기보다는 기업 자체의 성장을 위해 일하라'.

효과적인 운영 시스템과 성장

거버는 '성공한' 사업의 완벽한 사례로 맥도날드를 언급한다. 맥도날드의 콘셉트가 탁월한 것은 그것이 수천 번 복제 가능한 시스템이라는 점이었다. 맥도날드 창립자 레이 크록Ray Kroc은 음식을 아주 좋아했지만 원조 창업자인 맥도널드 형제가 발전시킨 시스템의 미학을 더 사랑했다. 그 시스템은 빠른 서비스와 단순함, 체계성으로 대표된다.

　대부분의 소기업은 똑똑한 직원들을 고용함으로써 성장할 것이라 믿는다. 이를테면 기업을 새로운 단계로 끌어올려 줄 수 있는 관리자들을 기대한다. 하지만 이것은 사실상 예측하기 어려운 부분이라고 거버는 말한다. **정말 필요한 것은 그저 평범한 사람들도 놀라운 일을 해낼 수 있도록 쉽게 다룰 수 있는 시스템과 절차이다.** 고객 만족을 보장해 주는 운영 방식으로 개인의 능력에 의해서가 아니라 시스템으로 돌아가는 방식인 것이다. 이것이 사업을 바라보는 냉정한 시각으로 비춰질지도 모르지만 호텔이나 레스토랑이 운영되는 방식을 보고 기분이 좋았던 경험을 해본 사람이라면 시스템의 위력을 이해할 것이다. 보통 사람들과 함께 위대한 사업을 구축할 수 있다면 아주 뛰어난 사람들을 찾아야 한다는 걱정을 할 필요가 없다고 거버는 말한다.

사업 시스템으로 인한 고객 만족과 질서감

사업의 아주 작은 세부 사항까지 구조화하고 표준화해야 할 필요가 있다. 사업에서 유일하게 확실하게 말할 수 있는 것은 직원들이 예측 불가능하게 행동할 것이라는 점이기 때문이다. 적합한 기준과 시스템이 존재하고 책임 소재가 분명하다면 위험성을 현저히 줄일 수 있고 그 결과 고객은 언제나 그들이 원하는 것을 얻을 수 있다. **사업은 돈을 만들어내는 기계와도 같다. 따라서 기계를 더 표준화하고 개선할수록 그 가치는 높아진다.**

당신은 이렇게 말할지도 모른다. "표준 같은 건 만들 수 없어. 나는 내 분야에서 장인이라고!" 그러면 거버는 이렇게 물을 것이다. 장인이 알아야 할 모든 것을 배웠을 때는 무슨 일을 하는가? 그 기술을 다른 사람들에게 전수할 것이다. 이 임무를 완수하는 과정에서 당신의 기술은 몇 번이고 증대될 수 있다. 사업 시스템을 통한 조직화는 당신이 알고 있는 것을 확장시킨다. 당신의 숙달된 기술을 더 분명히 드러내 준다.

거버는 대부분의 사람이 삶에서 목적의식을 잃었다고 느끼거나 타인들로부터 소외감을 느낀다는 점에 주목한다. 훌륭한 사업은 그게 아니었다면 느낄 수 없었을 동지애와 질서감을 느끼게 해주면서 그 두 구멍을 모두 메워줄 수 있다. 사업은 고정된 좌표로서 고객과 사업가 모두에게 더 많은 생기를 불어넣어 준다.

함께읽으면좋은책 가이 가와사키《당신의 기업을 시작하라》, 에릭 리스《린 스타트업》, 프레더릭 테일러《프레더릭 테일러, 과학적 관리법》

톰 버틀러 보던의 한마디

거버는 사라에게 그녀의 사업이 5,000명의 고객을 대상으로 동일한 방식으로 운영되었다면 어땠을지 상상해 보라고 말한다. 사라의 생각과 철학이 그렇게 대규모로 확장된다는 것은 파이가 '모두 팔려나가는 것'만을 의미할까? 아니면 자신이 애정을 쏟아 구축한 복제 가능한 시스템이 자연스럽게 구현된 것이라고 느낄까?

《사업의 철학》이 성공적이었던 것은 부분적으로는 가맹점 사업이 호황을 누리던 시기와 맞물렸던 덕분이었다. 거버는 가맹점 사업을 '턴키(일괄 공급 체계) 혁명'이라고 부른다. 이는 누군가가 사업 시스템에 대한 사용권을 구입할 수 있게 하는 것을 말한다. 사용권을 구입한 사람들이 (얼마간의 자본과 합당한 양의 노동으로) 사업을 운영해서 수익을 내려면 준비되어 있는 '열쇠만 돌리면' 된다. 가맹점 사업은 '사업의 진정한 상품은 사업 자체'라는 이해를 기초로 하고 있다. 하지만 가맹점 신청을 해서 사업을 아주 잘 운영할 수는 있겠지만 일종의 사업 시스템을 스스로 만들어 사업을 훨씬 더 잘 할 수도 있을 것이다. 사라도 바로 이 부분을 깨닫기 시작한 것이다.

거버의 책은 때때로 카를로스 카스타네다(Carlos Castaneda)와 로베르토 아사지올리(Robert Assagioli), 선불교 작가 로버트 피어시그(Robert Pirsig)와 같은 이들의 말을 인용하며 신비감을 뿜어내기도 한다. 거버 스스로 과거에 시를 쓰는 히피였음을 고백하고 있어 이는 놀랄 일이 아니다. 놀라운 것은 기본적으로 경영서인 책에 영적인 감성을 주입했다는 사실이다. 그리고 이것이 이 책을 성공시킨 핵심적인 요인이기도 했다. 책의 주제가 사업 경영인 것 치고는 꽤 중독성 있게 읽힌다. 사업이 아니라 궁극적으로 당신이 누구이며 삶에서 어느 방향으로 가고 싶은지에 관한 내용이기 때문이다. 거버는 사업 성공의 첫 번째 원칙을 상기시키며 "위대한 인물들은 날마다 마음속으로 연습하는 삶의 비전을 가지고 있다. 그들은 삶 속에서 일하지 않고 삶을 향상시키기 위해 일한다."고 말한다.

The Fifth Discipline

구성원의 잠재력을 발현시키면
성과는 따라온다

《제5경영》

"우리는 우리의 사고방식과 대인 관계, 그리고 우리가 살아가는 사회적
환경 속에 내장되어 있는 구조 속에 갇혀 있다는 현실을 보기 시작한다.
우리를 움직이게 만드는 조직의 힘을 훨씬 더 깊이 인식하게 되면서
서로의 잘못을 지적하려는 자동반사적 경향은 점차 사라지게 된다."

피터 센게 Peter Senge

1947년 캘리포니아주에서 태어나 스탠퍼드대학에서 항공우주공학과 철학을 공부했다.
MIT에서 시스템 역학 석사 학위를 받고 슬론 경영대학원에서 경영학 박사 학위를 받았다.
1997년 MIT에 조직 학습 연구회를 설립했으며, 포드와 크라이슬러 등의 기업의 조직 개발
을 담당했다. 주요 저서로 《미래, 살아있는 시스템》, 《그린 경영》 등이 있다.

초판이 250만 부 이상 팔려나간《제5경영》은 2008년 〈월스트리트저널〉에서 '세계에서 가장 영향력 있는 경영 구루 20인에 거론된 피터 센게에게 돌파구를 마련해 준 책이다. 이 책의 논지는 교사가 학생을 가르치듯 상사가 하급 직원에게 해야 할 일을 알려주는 방식으로 운영되는 회사에서는 결코 구성원이 잠재력을 발휘할 수 없다는 것이다. 그러한 조직 구성원은 진정으로 상황을 더 좋게 발전시키는 답이 아닌 기대 '정답'만을 내놓게 된다. 제도적 결함은 등한시한 채 기술적인 문제를 해결하는 데에만 초점을 맞춘다. 또한 표면적인 합의를 보여주기 위해 의견 차이는 무시된다. 관리는 통제와 동일시되고, 직원들 사이의 경쟁 분위기는 진정한 혁신을 방해한다. 이러한 기회주의적 조직에서는 조직원들이 '각자 권력과 부를 손에 넣기 위해 기회를 엿보는' 존재로 전락해 버린다고 센게는 강조한다. 반대로 센게가 제시하는 학습 조직은 두려움이 아니라 공동의 목표를 기반으로 일하고, 상사의 비위를 맞추려고 노력하기보다는 호기심을 기반으로 일한다. 한마디로 말하자면 통제가 아니라 학습을 지향한다.

오늘날 대기업은 스스로를 '학습 조직'이라고 지칭하며 직원이 유용한 인재로 남을 수 있게 지원한다. 하지만 '학습 조직'이라는 용어의 원래 의미는 기술과 지식을 향상시키는 것을 훨씬 넘어서는 것을 뜻하며, MIT 슬론 경영대학원의 경영학 교수인 센게와 그의 동료들이 발전시킨 더 큰 철학적 개념의 일부다.

학습 조직이란 무엇인가?

학습하는 조직과, 명령과 통제를 기반으로 하는 전통적인 조직을 구분하는 기준은 특정한 부분에서의 숙련이라고 셍게는 말한다. 그 내용은 다음과 같다.

자기 숙련

모든 조직은 모든 구성원의 발전에 전념해야만 한다. 그렇지 않으면 그 조직은 구성원의 에너지와 잠재력을 활용하는 데 실패한 것이다.

심성 모형(사고 모형)

우리가 이해하는 세계에 대한 가정이나 세계가 작동하는 (종종 인식하지 못하는) 방식에 대한 비전을 가지고 있는 것이다.

공유 비전 구축

훌륭한 기업은 리더 한 사람의 지도력이나 위기 대응 능력을 중심으로 조직이 구축되는 것이 아니라 모두가 자발적으로 믿는 고귀한 목표를 필요로 한다.

팀 학습

팀을 구성하는 개인은 혼자보다는 같이 더 빨리 배운다. 학습하는 조직은 방어적이지 않은 대화와 깊은 반성이 가능한 개방적인 팀에서만 탄생할 수 있다. 이는 대부분의 조직이 회의를 주도하는 소수만 발언하는 '토론'을 벌이는 것과는 거리가 먼 세계다.

시스템 사고
모든 것들이 서로 연결되어 있음을 이해하는 것이다.

센게는 다섯 번째로 말한 시스템 사고를 가장 중요한 항목으로 본다. 이 항목이 모든 영역들이 상호의존적이고 응집된 전체의 일부분이라는 사실을 인정하고 있기 때문이다. 센게는 MIT에서 시스템 역학을 공부했고, 이 세상이 직면해 있는 대부분의 어려운 문제들은 순전히 그들의 복잡성과 상호연결성을 이해하지 못하는 무능과 연관되어 있다는 관점을 가지게 되었다. 그 결과 정부는 환경이나 불평등, 정부 재정 적자와 같은 문제들을 해결하기 위해 근본적인 원인은 규명하지 않은 채 겉으로 드러나는 현상만을 덮기 위해 끼어들 뿐이다. 이는 자주 관측되는 잘못된 심성 모형이다. 따라서 복잡성을 인정하는 열려 있는 자세와 일어나는 일들을 사건의 연속이 아니라 전체적인 시스템으로 바라보려는 노력이 강력한 조직을 만드는 데 있어 가장 중요한 것이다. 복잡성과 상호연결성을 인정한다고 해서 당신이 그저 환경의 지배를 받기만 하는 존재라는 의미는 아니다. 오히려 그 환경을 바꿀 수 있는 존재로 바라보는 것이다. 센게는 학습하는 조직은 '미래를 창조하는 능력을 끊임없이 확장하는' 조직이라고 말한다.

심성 모형의 파괴와 기업의 돌파구: 변화와 혁신의 열쇠

오랫동안 미국 자동차 산업은 자동차를 기본적으로 지위의 상징으로 보고 스타일이 품질보다 더 중요하며, 그런 이유로 미국 자동차 시장은 세계 다른 자동차 시장들과는 구분된다는 신념을 기반으로 제품을 생산했다. 그러한 믿음은 꽤 오랜 시간 동안 현실을 반영하고 있었지만 그 현실은 어디까지나 그 기간에만 유효한 것이었다. 자동차 제조 회사들은 이 믿음을 '심성 모형'이라고 생각하지 않고 진실로 받아들였다. 이를 보고 센게는 다음과 같이 묻는다. '만약 심성 모형이 더 이상 유효하지 않은 관행과 관점에 기업을 묶어두는 것이라면 좋은 심성 모형은 그 반대의 효과를 가져올 수 있지 않을까? 즉, 돌파구를 마련하여 발전하도록 도울 수 있지 않을까?'

1970년대에 로열 더치 셸Royal Dutch Shell의 기획팀은 원유 생산 및 소비의 순조로운 성장 기간이 끝나가고 있음을 알아차리고 있었다. 다양한 이유로 세계의 주요 석유 생산업체는 예전만큼 원유를 많이 뽑아낼 수 없어 판매자 우위 시장이 되어 버렸다. 셸 팀은 전 세계를 뒤흔들 OPEC(석유수출국기구) 카르텔과 오일쇼크를 예견하지는 못했고 대략적인 미래의 방향만을 예측했을 뿐이었지만 그럼에도 셸의 경영진은 그것을 알고 싶어 하지 않았다. 이 미래 예측은 모두 그들의 경험과는 상충되는 것이었기 때문이다. 기획팀은 그들이 내놓은 예측을 고려하도록 만들기 위해 방침을 바꾸었다. 경영진에게 그들이 상상한 문제없는 미래가 실제로 실현되려면 그들의 가정 중 몇 개가 진실이어야 하는지를 생각해 보게 했다. 자리에 앉아 그 장밋빛 미래가 얼마나 가능성이 낮은지 깨닫게 되자 그들은 자신들의 심성 모형을 바꿔야 했다. 그 결과는 어땠을까? 석유 위기가 발생했을 때 셸은 경쟁 기업과는 다르게 대응했다. 이를테면 OPEC 국가 외의 지역에서 유전 개발을 하는 데 박차를 가했다. 셸은 세계 7대 석유 기업 중 가장 후순위였지만 1970년대 말에는 엑손Exxon 다음의 2위 자리에 오르게 되었다. 1980년대 초에는 시나리오 기획과 심성 모형 검토가 셸의 기업 문화로 자리 잡게 되었다.

학습 조직과 리더십: 비전, 목적, 그리고 자기 숙련의 역할

센게가 이해하고 있는 바대로 학습은 '더 많은 정보를 획득하는 것을 의미하는 것이 아니라 우리가 삶에서 진정으로 원하는 결과를 만들어내는 능력을 확장하는 것'이다. 높은 수준의 개인적 숙달에 도달한 사람들은 '계속해서 진실을 점점 더 정확하게 바라보는 데 전념'한다. 그들은 자신이 무엇을 모르는지 예리하게 인식하고 있다. 그럼에도 스스로 학습을 마쳤다고 생각하는 사람들보다 더 자신감 있고 자기 확신에 차 있다.

하노버Hanover 보험의 최고경영자인 빌 오브라이언Bill O'Brien은 센게와 그의 동료들을 불러들여 회사를 변화시키는 작업을 도와줄 것을 요청했다. 이 기업은 1980년대에 부진한 기업에서 가장 영리하고 바람직하게 운영되는 기업 중 하나로 거듭났다. 오브라이언은 센게가 전하는 메시지를 열린 자세로 받아들였다. '감정개발은 우리의 온전한 잠재력을 발휘하는 데 아주 훌륭한 지렛대 역할을 하며…… 우리가 보유한 모든 인력을 개발하는 것은 기업의 목표를 달성하는 데 필수적이라는 것'을 믿었기 때문이다. 경영진은 직원들을 통제하고 조직화하려는 생각을 내려놓아야 했고, 대신 '최대한 풍요로운 삶을 살 수 있도록 가능 조건'을 제공해야 했다. 이렇게 하기 위해서 회사는 목표 수익률이나 목표 시장점유율만 설정할 것이 아니라 분명한 목적과 의욕을 고취시키는 존재 이유를 가지고 있어야 한다. 이 목적은 일반적으로 사람들(직원과 고객 모두)을 어떤 방식으로든 깨우치게 만들거나 해방시키는 일과 관련되어 있는 경우가 많다. 그들이 더 독립적이고 더 창조적으로 살아가게 하거나 더 나은 삶, 또는 수월한 삶을 살 수 있도록 돕는 것이다.

센게는 비전과 목적은 다른 것이라 구분한다. 비전은 구체적인 것, 이를테면 '2030년까지 화성에 우주인을 보낸다'와 같이 구체적인 것이다. 반면 목적은 '우주를 탐험하는 인간의 능력을 향상시키겠다'와 같이 더 추상적이다. 우리 자신보다 더 큰 목적이나 전체를 위한 헌신은 항상 아주 파급력이 크다. 모두가 연결되어 있다는 느낌과 연민을 느끼는 개인의 특성, 그리고 높은 수준의 자기 숙달은 자연스럽게 더 큰 비전을 가지게 만든다. **더 큰 비전이 없다면 이 세상의 모든 잠재의식적 시각화는 아주 자기중심적인 것이 될 것이다.** 그저 내가 원하는 것을 얻는 방법만 강구할 것이기 때문이다.

자기 숙련에서 가장 중요한 부분은 진실에 전념하는 것이다. 즉, 자신의 잠재력을 실현하는 데 장애가 되어온 패턴, 부정행위, 속임수, 맹점을 알아내고자 하는 의지이다. 센게는 누군가에게 개인의 발전에 전념할 것을 강요할 수 없는 것처럼 조직에게도 자기 숙련과 학습에 집중하도록 강요할 수 없다고 지적한다. 종교적 신념에 반하는 자기계발 훈련에 참여할 것을 강요받았다고 느끼는 직원이 회사를 상대로 소송을 제기한 사건도 있었다. 회사가 할 수 있고 해야 하는 일은 조직원들이 비전을 가질 수 있는 조직을 만드는 것이다. 즉, 진실을 탐구하고 그에 전념하는 것이 일반적인 일이며 현재 상태에 이의를 제기하는 것이 당연하게 받아들여지는 조직 말이다. 학습 조직을 만드는 가장 좋은 방법은 리더와 경영진이 자기 숙련을 위해 자기 탐색을 하는 모습을 보여주는 본보기가 되는 것이다. 그렇게 해서 자연스럽게 조직이 그런 방향으로 따라가도록 만드는 것이다. 그렇게 자극을 주는 본보기만이 조직을 강압적인 시스템으로 바라보는 시각을 서서히 없애줄 수 있다. 사실 리더와 경영진은 그들의 역할과는 반대로 개인의 발전과 해방을 위한 수단이 될 수도 있다.

조직으로서의 의미와 힘

비전은 상층부에 있는 누군가가 강요할 수 없다. 그렇게 되면 대다수의 조직원들은 그저 비전을 따를 뿐 그것에 전념하지 않는다. 의미 있고 강력한 조직이 되기 위해서는 비전을 모든 조직원들과 공유해야만 한다. 에이브러햄 매슬로(Abraham Maslow)는 이것을 '일과 자아가 하나가 되는 것'이라고 표현했다.

공유 비전은 용기를 이끌어낸다. 사람들이 비전을 반드시 실현시키기 위해 해야 하는 일을 하게 되기 때문이다. 비전은 현실화하는 데 시간이 걸린다. 비전이 분명해질수록 그것을 지지하기가 더 쉬워지며, 소통과 흥분의 소용돌이는 증폭된다. 많은 기업은 사실상 단지 끊임없이 발생하는 일들을 처리하고 있을 때도 비전을 추구하고 있다고 주장한다. 조직원들은 비전이 어떤 새로운 경향을 좇는 것이거나 정해진 비전을 고수할 필요 없이 항상 바뀐다면 그것이 무슨 의미인지 회의를 느끼기 시작한다. **센게는 '위대한 꿈이 없으면 사소한 일들이 지배적인 위치를 차지하게 된다'고 말한다.**

현실을 창조하는 것은 우리의 마음 상태이므로 문제의 근원을 내부에서 찾아야 한다고 강조하는 그의 말은 매우 불교적이다. 실제로 센게의 많은 생각들을 이해하기 위해서는 곱씹어볼 필요가 있다. 특별한 접근법을 제시하거나 신속한 대처를 촉구하고 책임 소재를 따지고 경쟁을 부추기고 지배하려고 노력하는 서구적 사고방식과는 대조적이기 때문이다. 진정한 공유 비전은 창의성과 개성을 마음껏 발휘하게 하므로 본질적으로 그와 같이 구분적인, 또는 공격적인 접근법의 필요성을 초월하게 된다.

(함께읽으면좋은책) W. 에드워즈 데밍 《아웃 오브 더 크라이시스》, 패트릭 렌시오니 《팀워크의 부활》, 스탠리 매크리스털 《팀 오브 팀스》, 더글러스 맥그레거 《기업의 인간적인 측면》

톰 버틀러 보던의 한마디

센게의 사상은 1990년에는 급진적으로 비춰졌으나 더글러스 맥그레거의 논리를 더 발전시킨 것으로 평가받았다. 어쨌든 많은 기업은 스스로를 차별화하기 위해 이제 센게의 대화법과 급진적인 개방성, 심성 모형을 활용하기를 원한다. 번아웃 가능성을 줄이고 더 재미있게 일을 즐길 수 있는 일터를 만들고자 하는 부분적인 이유도 있지만 다른 경쟁자들이 근시안적인 접근법으로 인해 소멸할 때 계속 살아남아 시장을 지배하고자 하는 열망 때문이기도 하다.

경영 사상가인 피터 드러커는 언젠가 이렇게 말한 적이 있다. "기업에게 있어 돈벌이는 사람에게 산소와도 같다. 그것이 충분하지 못하면 경기에서 퇴장이다." 이에 대해 센게는 다음과 같이 응수한다. "수입을 그들의 목적으로 받아들이는 기업은 삶이 숨 쉬기라고 생각하는 사람들과도 같다. 그들은 뭔가 중요한 것을 놓치고 있다." 만약 기업이 수익에만 집중한다면 직원과 잠재 직원은 곧 그 기업이 물질적인 이익 외에는 아무 의미가 없다는 사실을 알게 된다. 기업이 자신의 발전 외에는 아무것에도 관심이 없다면 어떤 정신이나 충성심을 고취시키기는 어렵다. 결과적으로 사람들은 언제든 떠날 준비가 된 채로 열정 없이 일하는 것이다.

BOOK
29

Team of Teams

정보 공유와 권력 이양은
조직의 막강한 힘이 된다

《팀 오브 팀스》

"상호연결성과 즉각 정보를 전송할 수 있는 능력은

작은 그룹이 전례 없이 큰 영향력을 발휘하게 만들었다.

차고에서 탄생한 음악 밴드나 기숙사 방에서 시작된 스타트업,

입소문으로 유명해진 블로거, 테러 조직 등이 그 예다.

스탠리 매크리스털 Stanley McChrystal

1976년 미 육군사관학교를 졸업했다. 계급이 상승해 2003년 10월 합동특수작전사령부의 사령관이 되어 12월에는 사담 후세인을 생포했다. 5년 후인 2008년엔 합동참모본부의 작전소장, 2009년 4성 장군으로 지위가 상승해 아프가니스탄에서 나토군을 지휘했다. 현재 매크리스털 그룹은 기업과 조직들에 자문을 제공하고 있다.

《팀 오브 팀스》는 특수 임무 부대가 전통적인 방식을 따라 구축된 조직에서 21세기의 실정을 반영한 조직으로 변모하는 과정을 담고 있는 책이다. '팀 오브 팀스'는 애초에 이란 인질 사태에서 미국인을 구출하는 데 실패한 후 만들어진 조직체다. 《팀 오브 팀스》의 공동 저자는 다음과 같다. 국제 문제 전문가인 탠텀 콜린스Tantum Collins와, 네이비실(Navy Seal, 미 해군 특수부대) 출신으로 현재에는 매크리스털과 함께 설립한 컨설팅 회사인 크로스리드CrossLead의 CEO를 맡고 있는 데이비드 실버맨David Silverman, 매크리스털의 부관이었으며 현재 매크리스털 그룹의 파트너이자 리더십 인스티튜트의 소장 크리스 퍼셀Chris Fussell이 함께 집필했다.

2003년 미국군은 9·11 사태에 대한 후속 조치로 사담 후세인 정권을 무너뜨리기 위해 이라크를 침공했다. 미국은 전통적인 전쟁 방식을 사용했지만 곧 이슬람 근본주의 무장 단체 지도자인 아부 무사브 알자르카위Abu Musab al-Zarqawi의 지휘하에 있는 수니파 반란군이라는 다른 종류의 적에 대항하고 있다는 사실을 깨닫게 되었다(이라크를 통치해 왔던 소수파인 수니파는 사담 후세인이 축출되면서 권력을 빼앗겼다).

당시 미국 육군 장군인 매크리스털의 특수 임무 부대인 합동특수작전사령부는 '자원도 충분히 제공되고 철저한 훈련도 받았지만' 끊임없이 변화하는 환경에는 당할 수가 없었다. 매크리스털은 "육군사관학교에서 엔지니어로 훈련된 군인에게는 날마다 문제를 다른 방식으로 해결해야 한다는 사실이 기본적으로 불안한 일이었다."라고 말했다.

잘 보이지 않는 적: 넬슨의 전략의 적용

2005년 한 해에만 이라크에서 벌어진 테러 공격으로 8,500명이 사망했다. 이로 인해 사람들은 집밖으로 나서는 것을 두려워하게 되었고 상점들도 문을 닫았으며 수도, 전기, 가스 공급 시설도 작동이 중단되었다. 이 책은 하수 처리 시설의 개막식에서 시작된다. 보통 이런 행사는 시의 발전과 자부심을 드러내는 행사이지만 폭탄을 가득 실은 차량을 군중 속으로 몰고 간 반란군들이 행사장을 피바다로 만들어버리고 만다. 이 테러로 인해 아이들 35명과 미국인 10명이 사망했고 이라크인 140명이 부상을 입었다.

　알자르카위가 원했던 것은 수니파와 시아파 사이의 종파 분쟁과 더불어 이러한 대혼란 상황이었다. 국가를 파괴함으로써 이슬람 칼리파가 집권하고, 미국이라는 침략자를 제거할 수 있는 길을 열겠다는 것이었다. 알자르카위는 과거에 오사마 빈라덴에게 충성을 맹세했고 그의 반란군은 알카에다 이라크 지부로 알려지게 되었다. 내란 시도는 아주 역사가 깊다. **이라크의 상황을 변화시킨 것은 반란군이 휴대전화와 인터넷을 사용하게 된 것이었다.** 휴대전화와 인터넷 덕분에 이들은 중앙 본부의 지시를 받는 것처럼 보이지 않으면서도 엄청나게 효과적으로 활동할 수 있게 되었다.

알카에다 이라크 지부에 계급이 존재하지 않는다는 것은 미국이 조직의 수장을 축출했다고 생각해도 어느 때고 다른 조직원이 수장으로 나설 수 있음을 의미했다. 매크리스털은 단순한 깨달음에 도달하게 된다. 조직이 제대로 작동하고 있는지의 여부는 그 환경 속에서 승리할 수 있는지를 보기 전까지는 판단할 수 없다는 것이다. 미국은 압도적으로 많은 자원을 지원받고 있었음에도 불구하고 지고 있었다.

매크리스털은 날마다 미군 기지 주변을 달리며 로이 애드킨스Roy Adkins가 쓴 넬슨 제독의 《트라팔가르》 오디오북을 들었다. 이 이야기는 1805년에 프랑스와 스페인의 연합 함대에 맞서 뜻밖에도 영국이 승리하는 이야기이다. 비록 적군이 수적으로 우세했지만 넬슨은 적군의 배를 19척 빼앗았고 자신의 배는 하나도 잃지 않았다. 그의 공격 전략은 세부 전술을 각 함선의 사령관에게 일임하는 것이었다. 상부의 엄격한 지시에 따라 움직이는 나폴레옹의 함선들과는 완전히 반대되는 관리 체제였다. **영국 함선의 각 사령관은 말하자면 '전투의 경영인'이었다.** 전쟁 중에 사령관들이 스스로 올바른 결정을 내릴 수 있도록 하기 위해 넬슨이 수년간 개발하려고 노력한 것이 바로 전투 경영 능력이었다. 매크리스털이 보기에 넬슨의 전략은 이라크에서도 효과를 발휘할 수 있는 전략이었다.

군의 효율성보다 더 중요한 것: 네트워크의 힘과 적응성

매크리스털은 현대 세계가 형성되는 과정에서 프레더릭 테일러가 한 역할과 그의 '과학적 관리법'에 대해 상세히 논하고 있다. 필연적으로 테일러식 사고방식은 군대의 효율성과 전문성을 증대시킬 목적으로 자주 언급되었다. 테일러식의 **효율성이 없었다면 미국인은 1940년대에 그렇게 짧은 기간 내에 군대를 동원해 나치를 물리치지 못했을 것이라고 피터 드러커는 주장한다.**

오늘날의 미국 군대는 '성능 좋은 기계'처럼 보이지만 그것이 승리를 보장해 주지는 않는다고 매크리스털은 강조한다. 첨단 감시 기술과 화력은 어떤 전쟁에서든 쉽게 싸움을 장악할 수 있음을 의미하지만 결연한 자세를 보이는 적군이 그 어느 때보다도 강한 힘을 발휘할 수도 있기 때문에 기술은 필연적으로 세상을 더 복잡하고 불안정하고 예측 불가능하게 만든다. 정부에 항의하는 튀니지 시장 상인의 분신과 그 동영상이 인터넷을 통해 널리 유포된 것이 이집트의 호스니 무바라크Hosni Mubarak 전 대통령을 비롯해 중동 국가의 정권이 교체되는 계기가 될 것이라 누가 예상했겠는가? 오늘날의 정부들은 심지어 시민들을 추적하는 놀라운 능력을 지니고 있으면서도 반란을 막기에는 무력해 보인다. **이것이 바로 인스턴트 메시지와 소셜 미디어의 힘이다.** 매크리스털은 알카에다 이라크 지부의 온라인 네트워크의 존재는 한 도시에서의 테러 활동이 아주 빠른 속도로 다른 곳에서 똑같이 모방해서 일어날 수도 있음을 시사한다고 말한다. 존재하는지조차 알려져 있지 않은 조직을 활동에 가담하도록 고무시키거나 빠른 시일 내에 많은 수의 조직원을 모집하거나 파벌주의적 앙갚음을 야기할 수도 있다는 것이다.

테일러가 구축한 세상은 보이는 요인 및 결정 인자들이 좌우하는 세상이었다. 즉, 난해하긴 해도 복잡한 것은 아니었다. 복잡하다는 것은 어떤 요소들이 존재하는지조차 제대로 알지 못하거나 안다 하더라도 그것이 어떻게 작동하는지 모르는 것을 말한다. 미국 군은 아주 난해한 대상을 상대하기 위해 조직되었지만 알카에다 이라크 지부를 어떻게 해야 할지 몰랐다. 알카에다 이라크 지부는 '우리의 명령 체계와는 달리 종횡으로 마음대로 축소되고 확장되면서 필요한 어떤 형태로든 만들어질 수 있는 네트워크'였다. 매크리스틸의 특수 임무 부대는 다음의 구호를 사용하기 시작했다. "네트워크를 이기기 위해서는 네트워크가 필요하다." 효율성보다는 적응성이 필요한 것이다. 일례로, 언론에서 블랙호크 헬기 추락 사고가 파키스탄 아보타바드에 있는 오사마 빈 라덴의 은신처 공격을 거의 무산시켰다고 보도했던 때를 살펴보자. 실제로 당시 작전을 수행한 네이비실 대원들은 너무나 유대감이 강하고 서로를 잘 알고 있었기 때문에 헬기가 추락한 상황 속에서도 재빨리 다른 잠입 경로를 채택했다. 그들은 급습 작전은 항상 한 가지 이상의 요소가 계획대로 진행되지 않을 가능성이 있다는 사실을 알고 있었지만 그것이 전체 임무 완수에 영향을 미치지는 않는다고 생각했다. '(계획이 아니라) 그들의 구조가 바로 그들의 전략'이었던 것이다.

정보 공유의 중요성: 미군과 NASA의 사례 연구

매크리스털은 알카에다 이라크 지부가 '거대 기업의 규모로까지 확장이 가능한 작은 팀들의 연결성'을 자랑하고 있다는 점에 주목했다. 특수 임무 부대의 빈라덴 사살 작전 성공을 이끈 것은 '**수천 명으로 이루어진 조직을 하나의 팀**'처럼 육성하는 것이었다. 그 과정의 시작은 철저한 정보 공유였다. 매크리스털은 매일 작전 및 정보 회의를 주재해 수백 개의 부대에 생중계로 내보냈다. 이라크에서 뿐만 아니라 워싱턴과 전 세계로 송출했으며, 미 육군 뿐만 아니라 보안 허가를 받은 기관들도 볼 수 있었다. 모든 공격 작전에서 수집된 데이터는 증거 수집용 검정 비닐봉지 안에 방치되도록 내버려 두지 않고 즉시 관련 부대와 부서로 유포되어 이용될 수 있도록 했다.

　과거 미국 군대의 '알 권리' 제한은 정보부 내에서는 모두 알고 있었던 것을 그 외의 사람들은 아무도 모르는 사태를 낳고 말았다. 그것이 바로 9·11 테러였다. 매크리스털은 정보가 실시간으로 제대로 공유되지 않았기 때문에 9·11 테러가 발생한 것이었다고 지적한다. 정보 공유를 했을 때의 이점이 위험 요소보다 훨썬 더 많다. 사람들이 조직의 밀실에서 내려지는 정보만을 따르기보다는 적극적인 정보 공유로 전체 그림을 볼 수 있게 되기 때문이다. 사람들이 큰 그림 속에서 무슨 일이 일어나고 있는지 이해하게 되면 다른 단위들과의 관계를 고려해 자신의 분야에서 더 나은 결정을 내릴 수 있게 된다.

매크리스털은 NASA가 정보 공유를 기반으로 한 조직으로 거듭난 덕분에 7년 만에 달에 우주선을 보낼 수 있었다고 말한다. 그는 특수 임무 부대 또한 같은 방식으로 탈바꿈시키고자 했다. 모든 이들을 다방면에 걸쳐 박학다식한 사람으로 만들자는 것은 아니지만 일반적인 인식을 가지고 있는 융합적 전문가를 지향하자는 것이었다. 목표는 '알 권리'가 아니라 인식 공유가 되어야 할 것이다.

자율적인 결정과 리더십의 변화

기술 발전에 힘입어 현장에 있는 사람들은 더 나은 결정을 내릴 수 있게 되었다. 그러나 미국 군대의 지휘 체계는 알카에다 이라크 지부 상급 지휘관에 대한 공격과 같은 중요한 임무 수행에 대해서는 여전히 반드시 결재를 받아야 하는 것으로 되어있었다. 매크리스털은 공식적인 승인을 받기 위해 밤새 뜬 눈으로 대기하기도 했다. 승인을 받으려면 워싱턴과 결정안을 주고받아야 하는 경우도 있었다. 이러한 승인 절차는 몇 시간이 걸릴 수도 있어 종종 군사 대응 기회를 놓치기도 했다. 그럼에도 불구하고 매크리스털은 그 절차를 간소화하기 위해 자신의 통찰력을 발휘한 적은 거의 없었으며 그저 규정대로 따랐다고 한다.

그런데 **그가 최전방에 있는 팀이 스스로 결정하도록 결정권을 주기 시작하자 변화가 일어났다.** "작은 부분까지 세세히 관여하고자 하는 나의 욕망을 억제하자 갑자기 대원들이 바뀌었다. 예전에는 항상 명령을 착실히 받들었다면 이제는 과거에는 본 적 없는 진지한 모습을 보였다." **어깨에 직접 책임을 짊어지게 되자 그들은 자신들이 하는 결정에 대해 고민은 충분했는지 증거는 검토했는지 확실히 하기 위해 최선의 노력을 기울였다.** 그 결과는 가히 놀라웠다고 매크리스털은 말한다. 더 빠른 시간 내에 결정이 내려졌을 뿐만 아니라 결정의 질도 더 높았던 것이다. 그들은 과거에는 결정의 속도를 높이기 위해서 90퍼센트 완벽한 결정을 내리기 위해 기다리는 대신 70퍼센트의 해결책을 내놓을 필요가 있다는 전제하에서 결정을 내렸다. 하지만 이제는 정반대의 상황이 벌어졌다. 대원들은 내일 70퍼센트의 해결책을 내놓는 것이 아니라 오늘 90퍼센트의 해결책을 찾으려 노력했다. 매크리스털은 이 결과가 '최고위 간부들의 판단력이 더 뛰어나다는 전통적인 선입견을 뒤엎었다'고 지적한다.

매크리스털은 대원들이 그들이 어떤 일을 어떤 근거로 하고 있는지에 대해 계속 보고만 한다면 그들에게 기꺼이 자율적인 권한을 주고자 했다. 그는 **첨단 기기를 이용해 모든 활동을 실시간으로 보고 들으며 '주시하고' 있었지만 전방의 지휘관들이 스스로 옳다고 생각하는 방향으로 움직이도록 '불간섭주의적' 태도를 계속 유지했다.** 이는 '기술이 물리적으로 허용하는 만큼 조직이 소속 조직원들에 대해 통제력을 발휘하는' 전통적인 관리법과는 완전히 반대되는 방식이었다.

그러나 '자율적 실행'이라는 새로운 패러다임은 다음과 같은 문제를 제기한다. '리더가 중요한 일이나 임무에 대해 올바른 결정을 내리는 데 더 이상 필요하지 않다면 그들은 과연 어떤 역할을 맡아야 하는가?

정보 공유와 문화 조성: 알카에다 이라크 지부의 성공 사례

전통적인 경영 이론에 따르면 조직의 CEO나 책임자는 대량의 정보를 바탕으로 조직도의 최상위에서 바라보는 관점과 더 넓은 맥락을 고려하여 향후 사업의 방향을 좌우할 결정을 내리도록 하기 위해 월급을 주고 고용하는 것이다. 하지만 유감스럽게도 **점차 정보 공유가 늘어나는 시대에는 CEO가 부하 직원보다 더 중요한 정보에 더 많이 접근한다고 장담하기도 어려울 뿐더러 설사 그렇다 할지라도 그들도 모든 정보를 처리할 만큼 초인적이지 않다.** 모든 것을 다 아는 리더의 시대는 끝났다고 매크리스털은 말한다. 특수 임무 부대를 변모시키는 과정에서 그는 '더 이상 선임 관리자의 역할이 꼭두각시 인형을 조종하는 사람이 아니며 공감 능력이 뛰어난 문화 조성자'라는 사실을 깨달았다. 명목상 수장 인 알자르카위라는 인물이 없었다면 알카에다 이라크 지부는 존 재할 수 없었을 것이고 그렇게 성공하지 못했을 것이라고 매크리 스털은 주장한다. 알자르카위는 조직의 작은 부분에까지 관심을 기울이지는 않았지만 조직을 떠받치는 사상적 구심이자 조직의 치명적인 문화를 만든 인물이었다.

매크리스털은 육군사관학교 시절과 군대 생활 초반에 주어진 정보를 기반으로 영리한 판단을 내리는 전략적 감독관으로서 체스의 고수처럼 행동하도록 훈련받았다. 자신을 억제하고 참모들이 결정을 내리도록 하는 행동은 그를 약하게 보이게 했을 것이다. 그러나 이라크에서는 체스 고수에 비유한 역할은 먹히지 않았다. 매크리스털의 역할은 정원사에 더 가까웠다. 대원들이 각자의 위치에서 성장할 수 있도록 환경을 조성하고 (혁신적인 조직을 만들기 위해) 결과를 낼 수 있는 팀워크를 기르게 하고 인식 공유와 권력 위임의 문화를 구축하는 것이었다. 매크리스털은 책의 마지막 부분에서 '세계가 더 복잡해짐에 따라 리더의 중요성은 높아지기만 할 것'이라고 주장한다. 인공지능이 얼마나 높은 수준으로 발전하든 상관없이 사람들은 정신적 용기와 동정심, 사명감과 관련해서는 그들을 이끌어 줄 수 있는 특정 '사람'에게 기대려 할 것이다.

위에서 기술한 생각과 행동의 전환을 통해 특수 임무 부대는 "잘 돌아가는 기계가 아니라 적응력 높고 복잡한 유기체로서 끊임없이 구부러지고 방향을 바꾸면서 변화무쌍한 적을 제압하는 법을 배워가게 되었다."라고 매크리스털은 말한다. 특수 임무 부대는 알카에다 이라크 지부의 활동을 무력화시켰을 뿐만 아니라 알자르카위의 신원과 위치를 추적해 2006년 그를 사살하는 데 성공했다.

(함께읽으면좋은책) 패트릭 렌시오니 《팀워크의 부활》, 더글라스 맥그레고 《기업의 인간적인 측면》, 프레더릭 테일러 《프레더릭 테일러, 과학적 관리법》

톰 버틀러 보던의 한마디

저자가 《팀 오브 팀스》를 집필하는 동안 이라크 시리아 이슬람국가는 모술을 점령하고 바그다드도 위협하고 있었다. 10년 전에 일어난 일들이 모두 재생되는 것만 같았다. 매크리스털은 '다른 형태의 극단주의 단체가 갑자기 위세를 떨치게 되었다면 특수 임무 부대가 알카에다 소탕 작전에 성공한 것은 환상에 불과한 것이었을까?'라는 질문에 직면할 수밖에 없었다.

생각해 보면 매크리스털은 어떤 조직이든 끊임없이 변화하는 복잡한 환경에서 성공하려면 끊임없이 혁신하고 시도를 반복해야 한다는 사실을 강조한 것뿐이었다. 실패에는 다음의 두 가지 자세로 반응할 수 있다고 매크리스털은 지적한다. 하나는 외부적인 요소를 탓하는 것이고, 다른 하나는 과거에 성공한 방식에 더 열심히 매달리는 것이다. 둘 다 너무 쉽고 도움이 되지 않는 자세다. 우리는 '열심히 노력했다'는 사실을 전제로 자신을 정당화할 수 있지만 이는 엄연한 책임 회피다. 전쟁에서든 사업에서든 목표는 오로지 승리하는 것이다. 그리고 승리를 위해 현재의 모델을 극적으로 바꾸는 것이 필요하다면 그것이 우리가 해야할 일인 것이다.

The Five Dysfunctions of a Team

조직은 팀의 역량에 따라
번영하거나 몰락할 수 있다
《팀워크의 부활》

"너무나 많은 사람이 효율성을 높인다는 미명하에 충돌을 피하려고
한다는 것 또한 역설이다. 왜냐하면 건강한 충돌이야말로 사실상
시간을 절약해 주기 때문이다……충돌을 피하려는 사람들은 해결책은
찾지 못한 채 스스로 똑같은 문제를 반복해서 논의하게 만든다."

패트릭 렌시오니 Patrick Lencioni

1965년 캘리포니아주 베이커스필드에서 태어났다. 맥케나칼리지에서 경제학을 전공하
고 베인앤드컴퍼니(Bain & Company)에서 경영 컨설턴트로 일했다. 1997년 테이블 그룹
(Table Group)을 설립해 사우스웨스트 항공, 구글 등을 자문해 주었다. 주요 저서로 《탁월
한 CEO가 되기 위한 4가지 원칙》, 《최고의 팀은 왜 기본에 충실한가》 등이 있다.

실리콘밸리 최고의 경영 컨설턴트 패트릭 렌시오니는 "팀은 불완전한 인간들로 구성되어 있기 때문에 근본적으로 제대로 작동하지 않을 수밖에 없다."라고 말한다. 훌륭한 팀으로 가는 길은 복잡하지는 않지만 다른 가치 있는 일들과 마찬가지로 목표에 도달하기는 어렵다. 여러 경영서에서 볼 수 있듯이 《팀워크의 부활》은 독자들에게 약간 더 쉽게 다가가기 위해 우화 방식을 채택하고 있다. 렌시오니는 가상의 캘리포니아 기술 기업 디시전테크 DecisionTech가 그들의 명성을 되찾기 위해 노력하는 이야기를 들려준다. 렌시오니는 20년 동안 리더십, 건강한 조직, 팀워크, 변화관리 등 기업 문화와 관련된 주제를 가지고 강연과 컨설팅, 글쓰기를 해왔다. 기술 산업과 전문 서비스 회사에서 유통과 제조 산업까지 넓은 스펙트럼의 조직을 컨설팅하면서 뛰어난 강연자로서도 입지를 다졌다.

디시전테크 이야기: 경험의 한계를 뛰어넘은 리더십

불과 몇 년 전만 해도 디시전테크는 최고의 엔지니어들을 보유하고 최고의 벤처 투자사들로부터 많은 투자를 받고 있는 실리콘밸리에서 성공 가도를 달리는 스타트업이었다. 그러나 마감일을 맞추지 못하면서 기업의 평판과 사기는 추락한다. 최고경영자이자 설립자인 샌리는 좌천되었고, 언젠가 회사가 상장되면 많은 배당금을 받기 위해 사업 개발 부장으로 남아있다.

이사회는 그 자리에 캐서린 피터슨을 지명한다. 57세인 캐서린은 '실리콘밸리 기준으로는 구석기 시대 사람'이었다. 캐서린은 군 복무를 하고 세 아들을 키우며 학교 교사로 일하다가 40세가 되어서야 업계에 발을 들인 인물이었다. 이전에는 몇 년 동안 기술 수준이 낮은 제조업에 종사한 바 있었고 국내 일본계 미국 자동차 공장이 자리를 잡도록 성공시킨 경험도 가지고 있었다. 디시전테크 직원들에게 캐서린은 그들의 틀에 얽매이지 않는 자유분방한 방식과는 너무나 동떨어진 구식 육체 노동 업계 경영자로 비춰졌다. 그렇다면 회장은 왜 이사회의 의견을 무시하고 캐서린을 고용하고 싶어 했을까? 회장은 캐서린이 첨단 기술 분야에서 경력이 전혀 없었음에도 불구하고 팀 구축에 탁월한 능력을 보여준 바 있다는 사실을 익히 알고 있었기 때문이다.

캐서린이 최고경영자 자리에 오르고 난 뒤 처음 두어 달 동안은 캐서린을 고용한 것이 잘못된 판단으로 보였다. 캐서린은 경영은 별로 하지 않았고 심지어 소중한 업무 시간 이틀을 할애해 나파 밸리로 관리자들과 단합 대회를 갔다. 비록 캐서린은 소프트웨어나 프로그래밍에 대해서는 아는 게 거의 없었지만 직원들이 캐서린에 대해 신뢰하고 있지 않은 것에 기죽지 않았다. 결국 캐서린은 GE의 웰치가 터빈이나 토스터 제조 전문가가 아니었으며, 사우스웨스트 항공의 허브 켈러허Herb Kelleher가 회사를 설립하기 위해 훌륭한 비행기 조종사여야 했던 것은 아님을 상기시켰다. 중요한 것은 두 인물 모두 팀워크가 얼마나 중요한지 이해하고 있었다는 것이다.

캐서린이 넘어야 할 첫 번째 문턱은 기술 담당 최고책임자이자 영업부장인 마틴이 단합 대회와 일정이 겹치는 영업 미팅이 잡혀 있었을 때 그를 조직의 결정에 따르도록 만드는 것이었다. 마틴은 큰 영업 기회가 외부에서 하는 회사의 팀 단합 행사보다 당연히 더 중요하다고 주장했지만, 캐서린은 높은 판매 실적을 올리는 것은 일시적인 성과이지만 경영팀이 합심해서 일하지 못한다면 장기적으로 봤을 때 조직의 퇴보는 불가피하다고 말하며 그에게 확실한 뜻을 전달했다. 단합 대회 날 아침 다행스럽게도 마틴은 9시 1분 전에 집합 장소에 모습을 드러냈다.

팀의 역기능: 변화를 극복하며 성공하는 조직

단합 대회는 몇 가지 간단한 훈련으로 시작되었다. 경영팀 각각의 구성원은 그들에 관해 주어진 다섯 가지 간단한 질문에 답해야 한다. 이를테면 고향, 자녀 수, 어린 시절 취미와 겪었던 어려움, 첫 직장 등에 관한 질문이다. 캐서린은 매일 함께 일하는 사람들이 서로에 대해 별로 아는 것이 없는 경우가 많기에 이런 단편적인 정보가 친밀감과 신뢰를 쌓는 데 도움을 주며 분위기도 밝게 해준다고 판단한 것이다.

또한 경영팀에게 MBTI 검사를 해보게 했다. MBTI 검사는 얼마나 내향적인지 또는 외향적인지와 같은 성격 유형과 함께, 유형별로 동료들을 대하는 방식이 어떻게 다른지 행동 경향을 보여준다. 누가 더 낫거나 못한 것이 아니라 그저 다른 것일 뿐이다. 팀의 모든 구성원은 먼저 다양한 성향과 관점을 가진 사람들이 팀을 구성하고 있다는 사실을 인정해야 한다.

이렇게 서로에 대해 알아가는 시간을 가진 단합 대회 때의 모습과 디시전테크 사무실에서 일상적으로 근무할 때의 모습은 극명한 대조를 보였다. 회의는 토론과 의견 교환 없이 엄숙한 분위기에서 진행되었다. 팀의 첫 번째 역기능인 '신뢰의 부재'로 어려움을 겪고 있었던 것이다. 캐서린은 팀 사람들이 서로를 신뢰한다면 생각하는 바를 억제할 필요 없이 필요하다면 이의를 제기하고 의견을 교환하는 것을 두려워하지 않는다고 지적한다. 신뢰의 적은 안전함을 느끼고자 하는 열망이다. 반대로 훌륭한 팀의 구성원들은 조직의 발전을 위해 틀렸다고 지적받기를 꺼리지 않는다.

신뢰가 부족할 때의 큰 문제점은 충돌을 두려워하는 것이라고 캐서린은 설명한다. "우리가 서로를 신뢰하지 않는다면 열린 자세로 건설적이고 이상적인 의견 다툼을 벌일 수 없을 것입니다. 그리고는 인위적인 화합만을 계속 유지하는 거죠." 충돌을 두려워하는 이와 같은 역기능은 인위적인 화합으로 드러난다. 충돌이 수면 아래로 억압되면 겉으로 보기에는 좋아 보이는 질서 정연한 회의를 하게 된다. 그러나 중요한 사항은 아무것도 토론이 되거나 결정되지 않고 직장은 정치적인 공간이 되어버린다. 캐서린은 '정치'를 '사람들이 정말 생각하는 바대로 말하고 행동하는 것이 아니라 다른 이들이 어떻게 반응하기를 원하는지를 염두에 두고 말과 행동을 선택하는 것'이라고 정의하고 있다. 무언가가 겉으로만 결정된 것처럼 보일 때 구성원들은 그 결정에 헌신하지 않는다. 핵심 참모들이 그 결정을 인정하지 않을 때의 결과는 불 보듯 뻔하다. 조직이 모호함의 바다 위를 떠다니는 형세가 될 것이다.

신뢰의 결여는 또 다른 역기능과 긴밀히 연결되어 있다. 바로 '책임 회피'다. 훌륭한 팀은 모든 이들이 합의한 방향에 대해 구성원 각자가 책임을 지도록 만든다. 그리고 그것이 설사 인간적으로 불편한 감정을 낳는다 해도 어쩔 수 없는 부분이라고 여긴다. 캐서린의 팀원 중 한 사람은 어떤 기준이나 목표를 달성하지 못한 것에 대해 부하 직원에게 지적하는 것은 비교적 쉬운 일이지만 동료 사이에 그렇게 하는 것은 어려운 일이라고 항변한다. 왜 그럴까? 직급이 동등한 무리 속에서는 누군가에게 일을 어떻게 하라고 말하는 것이 잘못된 일인 것처럼 느껴지기 때문이다. 그러나 만약 모두가 결정된 방향에 대해 완전히 동의하는 상황이고 목표가 날마다 명확하다면 어떨까? 누군가가 목표를 달성하지 못했을 때 그것을 지적해도 개인적으로 불편한 감정은 별로 느끼지 않아도 될 것이다. 일이 어떻게 진행되어야 한다는 목표가 내게 분명한 만큼 그들에게도 분명할 것이기 때문이다. 만약 아무도 다른 이가 하는 일에 대해 지적할 마음이 없다면 일의 기준은 점점 희미해질 것이다. 훌륭한 팀은 단지 자신의 부서에 대해서만이 아니라 조직 전체에 대해 책임감을 느낀다.

캐서린은 책임 회피와 긴밀히 연관되어 있는 역기능으로 '결과에 대한 무관심'을 든다. 사람들은 전체 팀이나 회사의 성과를 희생해 가며 일상적으로 자신들의 '목표 수치'나 영광을 추구하고 있다. 캐서린은 자아 존중에는 아무런 문제가 없다고 말한다. 다만 그것이 집단적 자아여야 한다는 것이다. 그룹의 성과에 초점이 맞추어져 있다면 개인의 자아는 자연스럽게 억제될 것이다. 캐서린의 남편 켄은 학교 농구팀 코치로, 팀원들에게 팀으로 뛸 때 항상 더 잘할 수 있는 것이라 가르친다. 개인의 능력을 과시하려고 하는 선수들은 경기 출전을 자제시키고 그렇게 했을 때 팀은 더 좋은 성적을 낸다. 이를 회사 환경에 적용해 보자면, 모든 직원들이 영업을 책임지고, 마케팅을 책임지고, 제품 개발을 책임지고, 고객 서비스를 책임지고, 재무를 책임지는 것이다. 결과는 영역별로(예: 매출, 지출, 신규 고객 확보, 기존 고객 만족도, 직원 유지, 홍보 활동, 제품 품질) 월 단위로 측정되어야 하며, 전 직원은 설사 목표가 그들의 영역을 벗어나 보인다 할지라도 목표에 도달하기 위해 할 수 있는 일을 해야 한다. 모두가 어떤 결과를 목표로 하고 있는지가 분명하면 개인의 자아가 공을 가로채거나 원망하면서 목표 달성을 방해할 가능성은 없을 것이라고 캐서린은 말한다.

단합 대회의 첫째 날이 끝나갈 무렵이 되자 디시전테크 팀은 기업에 큰 도움이 되거나 피해가 될 수 있는 요인을 깨닫기 시작했다. 다섯 가지 역기능 즉, 신뢰의 부재, 충돌에 대한 두려움, 헌신의 부재, 책임 회피, 결과에 대한 무관심이 다른 중요한 우위 요소를 지니고 있음에도 불구하고 더 합심하는 경쟁 기업에게 빠른 속도로 뒤처지게 만든다는 사실은 분명하다.

단합 대회 후의 조직 변화

캐서린은 단합 대회의 마지막 순서로 조직에서 충돌이 주로 발생하는 주요 무대인 '회의'에 대해 살펴보기로 한다. 사람들은 회의가 지루해서 싫어한다. 하지만 왜 회의가 지루한 걸까? 캐서린은 회의에 사활이 걸려 있는 것이 아니므로 참석자들 사이에 열정도 충돌도 없기 때문이라고 말한다. 캐서린은 회사가 직면해 있는 문제에 대해 열정적으로 활발한 논쟁을 벌여 보라고 팀에게 주문한다. 이때 개인적인 비방이나 빈정댐은 삼가도록 한다. 충돌을 수용하는 팀은 활기 넘치고 재미있는 회의를 하게 될 뿐만 아니라 회의 집중도가 높아지고 의견 교환이 충분히 이루어져 집단적 지혜에 도달해 문제를 빨리 해결하게 된다고 캐서린은 강조한다.

마지막 시간에는 모두가 합의하는 가장 중요한 단일 목표를 도출해 보는 활동을 진행했다. 도출한 목표가 시장 점유율을 높이는 것이었을까? 그들은 시장의 규모나 업계의 전망도 제대로 파악하지 못하고 있다. 그렇다면 비용 절감일까? 판매할 상품이 존재하지 않는다면 비용은 아무 소용이 없다. 그렇다면 제품의 품질일까? 기업의 제품은 그들의 주장에 따르면 이미 경쟁사들의 제품보다 더 좋았다. 팀은 논의를 통해 가장 중요한 성공 방안으로 '더 높은 수익 달성' 또는 '주요 고객(유명 기업) 확보'로 의견을 좁혔고, 마침내 '새로운 고객 확보'로 합의했다. 이것이 언론에 뭔가 기사거리를 제공하고 직원들에게 자신감을 주고 엔지니어들에게는 최고의 피드백을 제공하며, 훨씬 더 많은 신규 고객을 유치해야 한다는(후속 판매와 함께) 기준을 제시해 줄 것이기 때문이다. 팀은 연말까지 18개 사의 신규 고객을 확보하겠다고 명확한 수치를 밝혔다. 그리고 난 뒤 각 부문 책임자가 그 수치를 달성하기 위해 자신의 영역에서 해야 할 일이 무엇인지 정했다.

단합 대회를 마치고 회사로 돌아온 캐서린은 얼마 지나지 않아 단합 대회 중 생겨난 새로운 화합의 분위기가 증발해 버린 느낌을 받았다. "경영팀은 자신들이 민낯을 노출했다는 사실을 당혹스러워하는 것처럼 보였어요."라고 캐서린은 회상한다. "그리고 마치 그런 일이 언제 있었냐는 듯이 행동했죠." 그리고 캐서린이 보기에 어떤 관리자들은 전체 조직보다 그들의 부서에 더 충성스러운 모습을 보이는 것처럼 보였다. 그러나 캐서린은 그들의 첫 번째 충성 대상은 임원 회의 석상에 둘러앉는 경영팀이어야 한다고 강조한다.

캐서린은 경영팀을 재구성해야겠다는 어려운 결심을 하게 된다. 마케팅 책임자 마이키는 생산성이 높고 능력이 있는 인물이었지만 냉소적인 발언으로 다른 관리자의 사기를 꺾었으며 캐서린의 말을 수용하거나 돕지 않고 자신이 최고라는 확신에 차 있었다. 이러한 행동은 좋은 팀을 구축하는 데 아무런 도움이 되지 않았고 실제로 방해가 되었다. 캐서린은 마이키를 해고했고, 나머지 관리자들은 큰 충격을 받았다. 이 일을 계기로 구성원이 '하나로' 사고하고 행동할 수 있는 팀을 구축하는 일을 캐서린이 얼마나 중요하게 생각하고 있는지 깨닫기 시작했다. 그 후, 경쟁 기업이 디시전테크에 인수 제안을 했을 때 이사회는 그에 대한 결정을 경영팀에 일임했다. 그들은 인수 제안을 거절했고 그것이 조직을 더욱 하나로 뭉치게 만드는 기폭제가 되었다.

결정을 적극적으로 따르기: 의견 일치

이 이야기에서 렌시오니는 놀라운 주장을 내놓는다. '**많은 분석이나 연구를 거치지 않고 내려진 팀의 결정이 현명한 결정으로 판명되는 경우가 많다**'는 것이다. 연구가 중요하지 않다는 말을 하고자 하는 것이 아니다. 그것이 실행에 앞서 끊임없이 정보와 분석 자료만을 끌어 모으는 것은 실패하는 팀의 특징이라는 말이다. 손실을 막기 위한 대비책을 마련하는 데 집중하면 자신감이 사라지고 실행에 옮기는 것이 어려워지기만 한다. 렌시오니는 팀은 '의견 일치와 확실성이라는 유혹에 저항'해야 한다고 말한다. 조직은 실행 여부에 대해 완벽하게 의견 일치를 보는 것이 거의 불가능하며 필요한 모든 정보를 얻을 수 있는 경우도 드물다.

렌시오니가 말하고자 하는 요점은 구성원들이 결정에 적극적으로 따르지 않는다면 조직은 길을 잃고 떠다니는 배와 마찬가지라는 점이다. 렌시오니는 통일성을 확보할 수 있는 실용적인 조언을 제시하고 있다. **회의가 결론에 도달하고 난 뒤 회의에 참석한 이들이 최종적으로 결정된 사항과 그것을 전체 조직을 상대로 어떻게 소통해 나갈지에 대해 아주 분명히 숙지하게 하는 것이다.** 이는 결정된 사항을 번복할 여지를 주지 않고 회의 참석자 간의 이해 또는 해석의 차이를 해소할 수 있는 아주 좋은 방법이다.

(함께읽으면좋은책) 로저 피셔, 윌리엄 유리, 브루스 패튼《Yes를 이끌어내는 협상법》, 스탠리 맥크리스털《팀 오브 팀스》, 톰 래스, 배리 콘치《스트렝스 베이스드 리더십》, 피터 센게《제5경영》, 로버트 타운센드《업 디 오거나이제이션》

톰 버틀러 보던의 한마디

좋은 기업이나 조직을 만드는 데 가장 중심에 팀을 두는 렌시오니의 시각은 경영 철학자 피터 센게의 시각과 일맥상통한다. 피터 센게는《제5경영》에서 팀을 '조직의 가장 기본적인 학습 단위'로 보고 있다.

《팀워크의 부활》은 출간된 지 20년이 넘었고 책에 등장하는 가상의 인물들은 이제는 조금 시대에 뒤처져 보인다. 8명의 경영진 중 6명이 백인 미국인이고 2명이 히스패닉 계로 등장하는데, 경영진 중에 인도와 중국계가 한 명도 없는 것은 이제 실리콘밸리에서는 보기 드문 일이다. 그럼에도 이 책은 좋은 팀이 조직을 변화시키는 데 얼마나 큰 힘을 발휘하는지 이해하기에 가장 쉽고 좋은 책 중 하나로 남아있다.

The Human Side of Enterprise

자기계발 욕구가 충족되고 있다고
느끼게 하라

《기업의 인간적인 측면》

"극심한 식이 부족 때문에 사람이 아픈 것은 쉽게 알아볼 수 있다.
더 높은 단계의 욕구가 충족되지 못했을 때도 똑같은 일이 발생한다.
안전과 유대, 독립, 지위에 대한 욕구가 좌절된 사람은
구루병을 앓는 사람처럼 아프다."

더글러스 맥그레거 Douglas McGregor

1906년에 디트로이트에서 태어났다. 20대 때 하버드대학에서 사회 심리학 석사 및 박사
학위를 취득했고 1935년 하버드에서 강의하기 시작했다. MIT에 노사관계학과를 설치하고
MIT 슬론 경영대학원의 교수가 되었다. 1948년 MIT로 다시 돌아오기 전에 6년을 보낸 안티
오치칼리지의 총장이 되었다. 1964년 심장마비로 세상을 떠났다.

《기업의 인간적인 측면》은 더글러스 맥그레거의 유일한 책이지만 사회과학계에서 가장 많이 인용되는 책 중 하나다. 리더십 전문가이자 MIT에서 맥그레거의 제자였던 워런 베니스Warren Bennis는 이 책의 서문에서 모든 경제학자가 어떤 면에서 케인스에게 빚을 지고 있는 것처럼 모든 경영 사상가들은 맥그레거에게 존경을 표해야 한다고 말했다.

저자가 《기업의 인간적인 측면》을 집필하던 당시 사회적으로 지배적인 모델은 '조직적 인간'이었다. 즉, 사람들은 기업 환경에 적응하기 위해 자신의 개성을 조직에 맞추도록 요구받았다. 그러나 맥그레거는 1960년대 반체제 문화의 전조로서 인간의 잠재력과 성장을 강조했고 실제로 에이브러햄 매슬로의 자기실현 심리학의 영향을 강하게 받았다. 맥그레거는 또한 관리자와 종업원들 사이의 위계적이지 않은 수평적 관계와 강압적인 지시보다는 솔직하게 **생각을 주고받음으로써 발전을 이루는 업무 방식을 지향하는 새로운 권력 이론을 소개했다.** 이 책은 지휘 및 통제 경영을 주입받으며 자란 사람들과 맥그레거의 방식이 너무 관대하거나 나약하다고 생각하는 이들에게는 모욕적인 느낌을 주었다. 지시를 하지 않을 거라면 도대체 리더는 왜 존재하는가?

맥그레거의 또 다른 업적은 사람들이 그들이 일을 하지 않았을 때 어떤 일이 벌어질지에 대한 위협감 때문에 일을 한다는 프레더릭 테일러의 가정을 거부하고 사람들이 단순히 돈이나 직위를 위해서가 아니라 개인의 심리적인 이유로 일을 하고자 하는 시대가 이미 도래했다고 주장했다는 것이다.

경영, 인간 본성의 응용 모델

맥그레거는 일에서 뿐만이 아니라 생활 속에서도 우리 행동의 많은 부분이 인간 행동에 관한 검증되지 않은 이론이나 추정에 의해 규명된다고 적고 있다. 우리는 이러한 비과학적 이론을 기반으로 예측하고 상황을 통제하려고 한다. 모든 경영자는 이를테면 '직원들도 책임 있게 일하는 법을 배울 필요가 있다' 또는 '실무와 밀접한 관련이 있는 사람들이 최선의 판단을 내릴 수 있다'와 같은 신념, 또는 경험적인 법칙을 가지고 있다. 그러나 경영자는 부하 직원들이 일을 어떻게 진행하고 있는지 지속적으로 보고받으며 자주 그 신념에 반하는 행동을 한다. 이는 곧 '사람은 믿을 게 못 된다'와 같은 다른 신념을 암시하고 있다.

맥그레거는 경영은 과학이 아니지만 더 나은 경영을 위해 현재의 사회과학을 이용할 수 있다고 말한다. 그 사례가 바로 급여다. 급여 체계는 사람들이 돈을 위해서만 일한다는 가정하에 그들이 한 일에 대해 보상하기 위해 만들어졌다. 하지만 이 가정이 사실이 아니라면 보상이 늘어나면 생산성이 더 증가할 것이라는 기대를 기반으로 한 인센티브 제도는 성공하지 못할 것이다. 인센티브가 아무리 많아도 사람들이 일이나 직장, 또는 조직 윤리에 만족하지 못한다면 최선을 다해서 일할 동기를 부여받지 못할 것이다. 또한 노동자는 자신의 품위에 맞지 않는 곳에서 인내하며 시간을 보내는 대가로 조직에서 최대한 많은 금전적 혜택을 뽑아내는 것을 정당하게 생각할 것이다. 그러한 직장에서는 노동자들이 임금과 인센티브를 정당하게 지급받고 있는지에 신경 쓰기 바빠 생산성 향상에 방해가 된다고 맥그레거는 말한다.

X 이론과 사회적 욕구: 현대 조직의 모순과 문제

경영에 '보편적인 법칙'이 존재한다는 생각은 군대와 가톨릭 교회가 어떻게 운영되는지를 관찰하는 것에서 발전했다. 군대에서는 군법회의를 통해 복종이 강요되어왔다. 극단적인 경우에는 사형을 선고하기도 한다. 교회에서는 가장 최후의 통제 수단이 파문이었다. 두 경우 모두 사람들은 통제를 받고 있으며 조직은 끔찍한 위협으로 목표를 달성한다.

상업적 조직들도 이와 동일한 사고방식을 채택했다. 살아남아야 한다는 불쾌한 암시와 함께 해고 위협이 사람들이 열심히 일하고 지시에 따르도록 만드는 충분한 억제책으로 여겨졌다. 부유한 국가에서는 실업 수당과 임의 해고 금지 법안이 생겨나면서 그러한 가혹한 위협의 정도가 누그러졌다.

그럼에도 여전히 **보통의 사람들은 '태생적으로 일을 싫어하고 가능하면 일을 안 하려고 한다'**는 믿음이 지속되었다고 맥그레거는 지적한다. 그래서 노동자들이 '조직의 목표를 달성하도록 충분한 노력을 기울이게 만들려면 강제하고 통제하고 감독하고 처벌로 위협해야 한다'고 생각했다. 이러한 사고방식은 대다수의 사람들이 책임을 싫어하고 야망이 별로 없으며 무엇보다도 안전을 갈망한다는 생각이 그 바탕을 이루고 있다. 1960년대에는 그가 'X 이론'이라고 이름 붙인 인간 본성에 관한 이와 같은 믿음과 가정이 공개적으로 언급되지는 않았지만 조직이 운영되는 방식에는 영향을 미친 것이 사실이다.

맥그레거는 만약 X 이론의 가정에 많은 진실이 담겨 있지 않았다면 그렇게 오래 존속하지 못했을 것이라고 말한다. 하지만 그 속에서 아주 분명한 모순점들이 발견되었다. 한 가지는 X 이론이 사람들이 기본적인 물질적 욕구(음식, 의류, 집, 휴식, 운동)를 충족했을 때에 행복하며 물질적 욕구를 충족할 수 있는 확실한 방법은 생계를 위해 일하는 것이라고 가정했다는 것이다. 그러나 맥그레거는 충족된 욕구는 더 이상 동기로 작용할 수 없다고 말한다. 일단 음식이나 집을 가지게 되면 다른 필요를 충족시키고 싶어 한다는 것이다. 이를테면 소속감이나 사회적 인정, 뭔가를 주고받고자 하는 욕망, 사랑 등이 그에 해당한다. 이와 같은 사회적 욕구 위에는 두 가지 형태로 나타나는 자기 본위적 욕구가 있다. 첫 번째는 자존감에 대한 욕구다. 자아 존중감, 자율성, 성취감, 지식에 대한 욕구 등이 이에 해당한다. 두 번째는 명성에 대한 욕구다. 사회적 지위, 인정, 친구들의 좋은 평가가 이에 해당한다.

　맥그레거가 지적한 것처럼 문제는 대량 생산 체계를 갖춘 **현대 자본주의 사회가 사람들의 자기 본위적 욕구를 노골적으로 무시하도록 설계되어 있다는 점이다. 특히 노동자가 낮은 직급에서 일을 할 때는 더욱 그렇다.** 테일러의 '과학적 관리법'은 기업의 인간적인 측면을 통제하고 억누르고 다른 방향으로 돌려야 하는 것으로 보았다. 최고위층에 위치한 소수의 사람들만 사고하도록 허락되었을 뿐이다. 직장은 사람들을 마치 어린아이처럼 대했고, 그래서 그들이 필요로 하는 것을 영리한 방법으로 얻으려고 노력하며 어린아이처럼 행동하는 것이 놀라운 일은 아니었다.

목표 중심 경영과 Y 이론: 조직 발전을 위한 새로운 접근

오하이오주립대학의 연구에서 나타난 결과는 X 이론의 변칙적인 사례를 보여준다. 기업이 높은 임금과 안전한 근무 환경, 직업 안정성, 부가 혜택을 제공함에도 불구하고 노동자들이 그에 상응하게 생산성이 향상되지 않은 것이다. 하지만 맥그레거에게 이는 타당한 결과다. 만약 모든 기업이 기본적인 욕구를 충족시켜주고 있다면 노동자들에게 동기부여가 되지 않는 것이 놀랄 일이 아닌 것이다. 사회적 욕구와 자기 본위적 욕구가 외면당하고 있기 때문이다.

　이러한 조직에서 피고용인들은 그들이 직장에 있지 않을 때에만 노동에 대한 보상을 누릴 수 있다고 느낀다. 즉, 그들이 정말 좋아하는 일을 하며 즐길 수 있는 '자유 시간'은 퇴근 후에 주어진다. 하지만 이러한 추정은 일 자체가 보상이 되고 조직이 사회적 소속감과 연대감을 지원하고 더 많은 훈련과 자기계발을 통해 지식과 발전을 추구하는 자기 본위적 욕구를 돌보아주었을 때 더 열중해서 높은 생산성을 발휘하며 일할 수 있는 인력을 완전히 낭비하는 일이다. 고용주가 더 높은 수준의 욕구가 충족되는 환경을 조성할 수 있다면 급여와 부가 혜택은 사람들이 직장에 머물며 일을 잘할 수 있도록 동기를 부여하는 요소들 중 하나에 지나지 않게 될 것이다.

맥그레거가 'Y 이론'이라고 명명한 새로운 패러다임은 다른 가정들을 제시하고 있다.

- **일에 대한 욕구는 휴식이나 놀이에 대한 욕구만큼 자연스러운 것이다.** 사람들이 그룹이나 조직의 목표에 동조한다면 자연스럽게 스스로 동기부여를 하고 자발적으로 상상력과 독창성을 활용해 그 목표 달성을 돕기 위해 노력할 것이다.
- 사람들은 단순히 주어지는 책임을 받아들이는 것이 아니라 책임을 찾아내려 한다. **사람들은 자신의 잠재력을 실현하기를 원한다.**

요약하자면, 조직이 제대로 작동하지 않을 때 사람이 문제인 경우는 드물다는 것이다. 경영이 조직 구성원들이 발전하도록 만드는 데 실패한 것이다. 예컨대, X 이론에서는 승진(과 승진 가능성)이 직원이 조직의 목표를 이루기 위해 헌신적인 노력을 기울이도록 만드는 주요 수단이다. 그러나 승진하지 못하는 이들에게는 책임감과 자발성의 결여가 조직의 발전에 장애가 될 것이다. 조직이 원하는 것과 그들이 최적의 상태로 기능하기 위해 개인적으로 필요로 하는 것 사이의 간극을 확인하게 될 것이기 때문이다. 사람들의 개인적인 목표가 회사의 목표만큼 중요하다는 생각은 X 이론 경영의 관점에서는 타당해 보이지 않는다. 그렇다면 그 결과는 어떻게 될까? 마치 무정부 상태처럼 혼란스러워질까? 그렇지 않다. 조직 구성원들은 자발적으로 자신의 능력과 지식, 기술, 독창성을 기업의 성공에 기여할 수 있는 방식으로 개발하고 사용하도록 계속 권장받을 것이다. Y 이론은 한마디로 개인의 목표와 조직의 목표를 통합시키는 것이다.

맥그레거는 피터 드러커의 '목표 중심 경영'이 그 당시에 많은 관심을 모았던 주요 경영 이론이었다는 점은 인정한다. 그러나 막상 그 이론을 적용해 보면 지시 및 통제 패러다임 내에서 전술만 바꾸는 것에 불과하다는 사실에 주목했다. 맥그레거는 W. 에드워즈 데밍의 주장에 동의한다. 한 조직 내에서 문제가 발생하면 그것은 노동자가 아니라 조직의 시스템이나 경영진의 책임이라는 것이다. 맥그레거는 데밍의 주장에 더해 실적 평가를 매우 반대했다. '어떤 개인의 실적도 상당 부분은 그 조직의 관리가 작용한 것'이라는 단순한 이유에서다. 상식적으로는 선배가 잘못을 지적하면 후배는 그것을 고치려고 노력할 것이라 생각한다. 하지만 실제로는 대부분의 경우 저항심과 억울함을 느낄 뿐이다. 하지만 피고용인이 애초에 세운 목표를 기반으로 스스로를 평가할 때는 훨씬 기분이 좋아진다.

리더십과 조직 성과: 문화는 중요하다

오늘날 조직 '문화'를 강조하는 것은 맥그레거의 사상에서 유래한 것이다. 맥그레거는 공식적인 정책이나 기업 강령이 무엇인지보다는 **'일상적인 상호 소통의 질'이 더 중요하다고 말한다. 이것이 기업의 '분위기'를 형성하는 것이기 때문이다.**

'최고의 재능 있는 인재'를 찾거나 모집하는 프로그램을 활용하는 것은 소용없다. 조직은 조직 내에서 잠재력과 성장의 문화를 형성해야만 한다. 맥그레거가 살았던 시절에는 '지도자감'을 찾기 위해 많은 노력을 기울였지만 맥그레거는 지도자가 되기에 적합한 천부적 특징이나 성격은 없다고 믿었다. 그는 조직에서 단순히 좁은 의미의 경영 간부 프로그램을 운영하기보다는 조직 전반에 걸쳐 다방면에서 리더를 육성해야 한다고 주장했다. 이 주장은 모든 종업원들이 특정 역할에서 리더가 되기를 기대하는 오늘날의 조직들이 지향하는 더 '분산된 리더십' 개념이 탄생하는 배경이 되었다.

맥그레거는 '스캔론 플랜(Scanlon Plan, 생산성의 향상에 따라 매출액 기준으로 상여금을 지불하는 성과배분법-옮긴이)'을 지지하는 입장이었다. 스캔론 플랜은 개별 노동자의 성과와 소득에 초점을 맞춘 인센티브 제도보다 노동자의 참여와 조직의 성과를 더 중요시했다. 맥그레거는 이 개념이 조직 전체의 목표 달성을 더 중시함에 따라 내부 경쟁이 사라진다는 점에서 Y 이론의 내용과 일맥상통한다고 보았다.

수직적 조직보다 수평적 조직으로

맥그레거가 주장하는 바는 무슨 일이든 허용하는 문화를 구축하자는 것은 아니었다. 오히려 **직원이 자주성을 가지고 문제를 해결하기를 요구하는 문화를 만들자는 것이다.** 즉, 자유방임이 아니라 참여를 원하는 것이다. 맥그레거는 '언젠가는 우리가 조직도를 그릴 때 업무 보고 체계를 나타내는 계층적인 구조가 아니라 일련의 연결된 그룹으로 그리게 될 날이 오는 것도 가능한 일'이라고 말한다.

맥그레거는 아주 훌륭한 팀워크의 가치가 이제 막 빛을 발하기 시작했다고 믿었다. 경영과 기술 열풍은 왔다가 금방 사라지지만 진정으로 협력하는 기업은 많은 (기업 입장에서의) 경제적 (노동자 입장에서의) 심리적 이점을 누리며 막강한 조직이 될 것이다.

이것이 바로 더 진보한 조직들에서 일어나는 일이다. 예를 들면, 스티브 잡스는 애플의 CEO로 복귀한 후 회사 전체가 하나로 발전해 나갈 수 있도록 조직을 부서나 분과로 나누기보다는 서로 끊임없이 대화하는 팀의 네트워크로 탈바꿈시켰다. 위계질서가 엄격하기로 악명이 높은 미국 군대에서조차 중요시하던 수직적 지휘 체계를 반군 단체를 상대할 때, 특히 효율성과 생존이 현장에서의 빠른 판단에 달려 있을 때(28장 참조) 팀의 권한으로 대체했다.

함께 읽으면 좋은 책) 피터 드러커《피터 드러커의 자기 경영 노트》, 스탠리 매크리스털《팀 오브 팀스》, 피터 센게《제5경영》, 앨프리드 P. 슬로운《나의 GM 시절》, 프레더릭 테일러《프레더릭 테일러, 과학적 관리법》

톰 버틀러 보던의 한마디

맥그레거의 영향에도 불구하고 X 이론을 기반으로 한 사고는 놀랍도록 오래 지속되었다. 이를테면 삼성이나 월마트와 같은 기업이 Y 이론을 기반으로 경영된다고 주장할 수는 없다. 기업 문화는 창립자와 그들이 인간의 본성을 바라보는 (신뢰나 불신을 바탕으로 한) 시각에서 기인하는 경우가 많다. 맥그레거는 조직이 개인 성장이라는 미명하에 참여적인 행동을 강요하는 것을 싫어했다. 그것은 기업의 수익을 높이기 위해 Y 이론을 기반으로 한 경영을 흉내내고 있는 것일 뿐이기 때문이다. 맥그레거의 사상을 자기 이익만을 좇기 위해 이용하는 그런 행위는 이제 흔하다. 모든 세대가 그의 사상을 재발견해야할 필요가 있어 보인다.

그는 일자리가 더 안정적이고 임금은 상승하고 있고 오늘날처럼 업무 자동화가 일자리에 위협이 되지 않는 시기에 이 책을 쓰고 있었다. 많은 사람이 직장에 다니고 있는 것만으로도 운이 좋은 것이라 여기는 불확실한 시대에는 X 이론의 사상을 기반으로 한 직장이 부활할 수도 있다. 어쨌든 회사는 기계를 사용할 수도 있고 당신을 고용할 수도 있다. 인간의 잠재력을 개발해야 할 확실한 필요성이 없는 것이다. '조직에서 과연 사람은 가치의 핵심적 근원인가, 아니면 가능하면 절감해야 할 비용인가?' 맥그레거가 던지는 이 질문은 우리에게 매우 유의미하게 다가온다.

BOOK
32

Pour Your Heart Into It

소소한 기쁨이
지갑을 열게 한다

《스타벅스, 커피 한 잔에
담긴 성공 신화》

"위대한 기업을 건설하기를 원한다면 당신은 위대한 꿈을 꿀 용기가
있어야 한다. 작은 꿈을 꾸면 작은 기업을 건설할 수는 있을 것이다.
많은 사람은 그 정도로 만족한다. 하지만 더 넓은 세상에
영향을 끼치고 지속적인 가치를 창출하고자 한다면 대담해져라."

하워드 슐츠 Howard Schulz

1953년 뉴욕 브루클린에서 태어났으며, 학창시절 임대 아파트에서 자랐다. 대학을 졸업한
후 영업사원으로 일하던 중 미묘한 커피 맛에 반해 작은 커피 회사인 스타벅스에 마케팅 책
임자로 합류했다. 1987년 스타벅스를 인수하며 CEO가 되었다. 주요 저서로 《그라운드 업》
등이 있다.

하워드 슐츠는 정치적으로 진보 성향을 가지고 있어서, 동성 결혼을 찬성하고 매장 내 총기 소지를 제한한 것으로 보이콧을 당하기도 했다. 그리고《스타벅스, 커피 한 잔에 담긴 성공 신화》이 집필될 당시만 해도 스타벅스는 해외 매장이 그렇게 많지 않았다. 하지만 이제는 수십 개국에 (직영점과 라이선스 매장) 2만 4,000개 이상의 매장을 보유하고 있다. 슐츠는 8년간 최고경영자 자리에서 물러났다가 2008년 복귀했다. 스타벅스가 너무 빨리 확장하면서 길을 잃었을까 봐 걱정된 것이다.

스타벅스는 음료로 커피를 판매하기 전에는 10여 년 동안 원두커피 판매상으로 존재했다. 스타벅스의 설립자들은 돈벌이보다도 사람들에게 진짜 커피의 즐거움에 대해 알리는 데 더 관심이 많은 진정한 커피 애호가들이었다. 레이 크록이 우연히 캘리포니아주 샌 버나디노에서 맥도널드 형제가 운영하는 놀라운 햄버거 가게를 마주치게 된 상황과 다르지 않게, 당시 주방용품 마케터였던 하워드 슐츠는 1980년대 초에 시애틀에 있는 원조 스타벅스 매장을 처음 방문했을 때 갑작스러운 깨달음에 이르렀다. 드립 커피를 단숨에 마셔버리는 것에 익숙했던 그는 진짜 커피에 매료되었고 그 즉시 이 이색적이고 열정적인 회사에서 일하고 싶다는 생각이 들었다.《스타벅스, 커피 한 잔에 담긴 성공 신화》는 스타벅스 커피 체인을 유명 브랜드로 탄생시킨 슐츠의 이야기를 들려주고 있다.

슐츠의 성장과 스타벅스와의 만남

슐츠는 뉴욕 브루클린 빈민가의 보조금으로 운영되는 고층 주택 단지에서 성장했다. 그 지역의 주택들은 설사 새로 지어졌다 해도 사회적인 오명이 따라다녔다. 슐츠의 아버지는 학교를 졸업한 적이 없어 평생 동안 착취 고용주 밑에서 비숙련 노동만을 했다. 특히 청소년기 때의 슐츠는 자신의 아버지를 낙오자로 냉혹하게 비판하기도 했다.

이런 환경에서 자란 슐츠가 **대학 입학을 허가받자 슐츠의 가족은 크게 놀랐다.** 가족들은 뉴욕을 벗어나 본 적이 한 번도 없었고 노던미시간대학 캠퍼스까지 가려면 1,000마일을 운전해서 가야 했다. 슐츠는 커뮤니케이션을 전공했고 대중 연설과 대인 커뮤니케이션, 경영 수업도 들었다.

졸업 후, 무슨 일을 해야 할지 몰랐던 슐츠는 제록스의 워드 프로세서 영업 사원으로 입사해 워드 프로세서를 판매하기 위해 하루에 50건씩 가망 고객을 임의 방문하거나 전화 접촉을 시도했다. 슐츠는 이곳에서 3년간 일하며 대학 학비 융자금을 모두 갚았다. 그러고 난 뒤 스웨덴 회사인 퍼스토프Perstorp로 직장을 옮겼다. 시간이 흘러 그는 주방 및 가정용품 브랜드인 하마플라스트Hammarplast의 미국 담당 매니저가 되었다. 연봉 7만 5,000달러에 개인 차량과 출장비가 지급되고 20명의 영업 사원을 관리하는 직책이었다. 슐츠와 인테리어 디자이너인 아내 셰리는 맨해튼의 생활 방식을 즐기며 로프트 아파트도 매입했다.

슐츠는 하마플라스트에서 근무하는 동안 시애틀에 있는 한 작은 기업이 특정 유형의 드립 커피메이커를 대량으로 주문하는 것을 보고 호기심이 생겼다. 슐츠는 어떤 기업인지 알아보러 갔고 그곳에서 작은 원두커피 소매점인 스타벅스를 만나게 되었다. 슐츠는 **설립자인 제리 볼드원**Jerry Baldwin**과 고든 보우커**(Gordon Bowker**를 직접 만났다.** 그들은 틈새시장인 수준 높은 커피 애호가의 요구를 충족시켜주는 교양 있는 경영자였다. **슐츠는 커피뿐만이 아니라 그 기업의 전통과 정신도 아주 흥미롭다고 생각했다.**

볼드원과 보우커는 문학을 사랑하는 이들이었다. 1971년에 시애틀에 첫 매장의 문을 열기 전에 가게 이름을 지어야 했다. '스타벅Starbuck'은 허먼 멜빌Herman Melville의 《모비딕》에 등장하는 포경선 피쿼드호Pequod의 일등 항해사의 이름이다. 그들은 이 이름이 초기 커피 무역상의 항해를 떠오르게 하는 이름이라고 생각했다. '스타벅스 커피, 티 앤드 스파이스Starbucks Coffee, Tea and Spice'라는 문구에 둘러싸여 긴 머리를 흩날리는 사이렌 로고는 고서에 나오는 노르웨이 목판화에서 영감을 받은 것이었다. 애초에 스타벅스 매장으로 걸어 들어가는 것은 일상적인 세계에 있던 고객을 다크 로스트 커피 향과 목재 가구가 어우러진 머나먼 이국적인 세계로 데리고 가는 것을 의미했다.

슐츠의 커피 시장에 대한 안목과 열정

슐츠는 회사에서 여러 가지 특전을 받고 있었음에도 자신의 일에 만족할 수가 없었다. "뭔가가 빠져 있는 느낌이 들었어요. 제 운명의 주인으로 살고 싶었죠." 1982년 슐츠는 부모의 반대를 무릅쓰고 다니던 직장을 그만두고 스타벅스에 입사했다. 마케팅 이사로 채용해 달라고 설립자들을 설득하는 데 성공한 것이다.

처음 몇 개월 동안은 이탈리아 밀라노에서 열리는 커피 산업 박람회에 참석했다. 슐츠는 이탈리아의 골목마다 있는, 사람들로 붐비는 분위기 있는 카페가 아주 마음에 들었다. 그러다가 문득 **스타벅스가 커피 원두를 로스팅해서 판매하는 데에 그칠 것이 아니라 직접 커피를 만들어서 팔 수도 있다는 사실을 깨달았다.** 이 출장에서 슐츠는 난생 처음으로 에스프레소와 따뜻한 거품 밀크가 어우러진 당시만 해도 미국에서는 거의 들어본 적이 없는 카페라떼를 마셔보았다.

시애틀로 돌아온 슐츠는 스타벅스 카페를 여는 것을 제안해 보았지만 창업주들은 흥분한 마케팅 이사의 충동적인 빈말로 여기고 웃어넘겼다. 그래도 그는 결국 매장 한쪽 구석에서 소규모로 카페를 운영해도 된다는 허락을 받아내고야 말았다. 그러나 커피가 잘 팔리는데도 불구하고 창업주들은 여전히 카페를 확장하고 싶어 하지 않았다. 그들은 '요식업은 하고 싶지 않다'는 확고한 신념을 가지고 있었다. 카페를 여는 것이 기업 전체의 철학에 반한다는 것이다. 스타벅스에 대한 애정과 이탈리아 스타일의 카페를 미국에 열고 싶다는 비전 사이에서 고민하던 슐츠는 회사를 그만 두고 자신의 카페를 차리는 것이 비전을 실현할 수 있는 유일한 길임을 깨달았다. 그리고 카페 창업은 그가 처음에 스타벅스에 입사하기로 마음먹었던 것보다 훨씬 더 큰 믿음의 도약이었다.

슐츠의 과감한 선택과 스타벅스 인수

슐츠는 1년 동안 투자자들에게 프레젠테이션을 하며 시애틀 거리를 누비고 다녔다. 슐츠가 접촉한 242명의 투자자들 중 217명이 노골적으로 거절 의사를 밝혔다. 슐츠는 커피는 성장 산업이 아니며 1960년대 중반부터 청량음료에 밀려 미국에서의 소비가 하락세를 보이고 있다는 말을 수도 없이 들었다. 그리고 그 당시는 기술 스타트업이야 말로 큰돈을 벌 수 있는 분야라는 믿음이 확산되고 있었던 시절이었다.

　결국 슐츠는 시애틀의 산업 지구에 '일 주르날레Il Giornale'라는 카페를 오픈할 자금을 모았다. 카페는 성공적이었고 슐츠는 다른 지점들도 오픈했다. 그러던 중 1987년에 흥미로운 뉴스가 들렸다. 스타벅스 설립자들이 기업 매각을 원한다는 뉴스였다. 스타벅스에 대한 슐츠의 애정은 여전히 식지 않았고 슐츠는 스타벅스를 간절히 사들이고 싶었다. 일 주르날레를 오픈하기 위해 125만 달러를 모집하는 것만도 충분히 힘겨웠다. 그런데 무슨 수로 스타벅스 인수 자금 400만 달러를 구한단 말인가? 슐츠는 투자자들에게 5년 내로 미국 전역에 100개 이상의 매장을 오픈하겠다는 약속(당시로서는 매우 이례적인 계획으로 보였다)을 하고 그 자금을 구하는 데 성공했다. 이로써 일 주르날레와 스타벅스는 하나가 되었다.

스타벅스의 성장과 사람 중심적 경영

10년 후 스타벅스는 1,300여 개의 매장과 25,000명 이상의 직원을 거느린 기업이 되었다. 비록 처음 3년 동안은 적자였지만 그 후로는 해마다 50퍼센트씩 성장해 아주 수익성 높은 사업체로 거듭났다. 1992년에 기업 공개에 나서면서 주식 시장에서 최고의 기대주로 떠올랐다. 하루가 멀다 하고 거의 매일 새로운 매장이 생긴 덕분에 항상 기대 수익을 넘어섰다. 하지만 슐츠에게 있어 스타벅스 현상은 사업적 측면에서 단순히 '성장'과 '성공'만을 의미하는 것이 아니었다. 그는 직원들을 보살피고 그들을 존중하는 기업을 만들고자 했다. **비록 고객이 중요하긴 했지만 장기적으로 건강한 기업을 만들기 위해서는 바리스타들과 그 외 직원들이 행복한 것이 훨씬 더 중요하다고** 그는 믿었다.

스타벅스는 주 20시간 이하로 근무하는 시간제 근무 직원들을 포함한 전 직원을 대상으로 한 종합 건강보험을 제공한 최초의 기업이 되었다. 그리고 경영진뿐만 아니라 일반 직원들도 자산 형성에 도움을 받을 수 있도록 스톡옵션 제도를 마련했다. 슐츠는 그의 아버지가 젊은 시절 이런 노동 환경과 혜택을 누려본 적이 없었기에 스타벅스가 '아버지의 삶의 영향으로 일구어진 유산'이라 볼 수 있다고 말한다. 슐츠는 '직원을 톱니바퀴의 교체 가능한 톱니처럼 대우하면 그들도 그 정도의 마음가짐으로 일할 것'이라는 관점을 가지고 있다. 스타벅스는 대학에서 공부하고자 하는 직원들에게 학비를 지원해 주기도 한다.

스타벅스의 이러한 후한 직원 복지 정책은 **직원의 업무 집중도와 사기를 높였을 뿐만 아니라 이직률도 낮추어 스타벅스의 이직률은 업계 평균보다 훨씬 낮았다.** 분명 기업의 장기적인 번영은 직원을 '피고용인'으로 대우하지 않고 사업 '파트너'로 대우하는 것에 달려 있다. 스타벅스는 지금도 직원을 '파트너'로 부른다.

평범한 세상 속의 로맨스

스타벅스의 성공 비결은 과연 무엇이었을까? 단순히 커피의 품질이나 맛이 좋아서였을까, 아니면 다른 무엇이었을까?

슐츠는 새로운 반전을 꾀할 수 있다면 평범한 것도 금으로 탈바꿈시킬 수 있다는 사실에 주목한다. 나이키가 운동화라는 상품을 특별한 무언가로 만든 것과 마찬가지로 스타벅스는 사람들이 **커피를 마시는 방식을 바꾸어 놓았다. 일반 커피보다 1~2달러를 더 지불함으로써 소비자는 감각을 일깨우는 경험을 할 수 있다.**

슐츠의 목표는 '커피에 로맨스를 더하는 것'이었다. 커피 한 잔을 마시며 재즈를 감상하거나 인생에 대해 고민해 볼 수 있는 편안하고 즐거운 환경을 만들고 싶었다. 스타벅스로의 여행은 스타벅스가 아니었다면 평범했을 날에 적당한 비용으로 누릴 수 있는 호사가 되었다. 직장도 아니고 집도 아닌 '제3의 공간'으로서 사람들이 자신이 원해 왔다는 사실을 몰랐던 뭔가를 제공하는 것이다. 이렇게 새롭게 창조한 범주에서 최초의 기업이 된 스타벅스는 이 시장의 선두가 되었고 많은 경쟁 업체들을 끌어들였다. 슐츠는 그들의 연구개발 연구소에 대해서도 자세히 언급하며 그 연구소가 앞으로도 스타벅스의 우위를 지켜나갈 것이라 믿고 있다고 말한다.

(함께읽으면좋은책) 리처드 브랜슨《루징 마이 버지니티》, 콘래드 힐튼《호텔 왕 힐튼》, 필 나이트《슈독》, 더글러스 맥그레거《기업의 인간적인 측면》

톰 버틀러 보던의 한마디

《스타벅스, 커피 한 잔에 담긴 성공 신화》는 자기계발서로도 읽히고 있다. 슐츠는 그가 해낸 일을 이루게 될 것이라 예상한 적이 없었다. 그래서 이 책을 쓰게 된 목적 중 하나는 사람들에게 뭔가에 과감하게 도전했을 때 어떤 일이 가능해지는지 알리는 것이다. 다른 이들이 보지 못하는 것을 보고 있고 그에 대해 확신이 있다면 과감하게 승부수를 두어야 한다고 슐츠는 말한다. 당신의 의욕을 꺾는 말을 하는 사람들이 많이 있겠지만 어쨌든 저질러야 한다. 슐츠가 규칙으로 삼고 있는 것은 '만약 어떤 것이 당신의 상상력을 자극한다면 다른 사람들의 상상력도 자극할 것'이라는 생각이다.

좋은 책은
학교에 들어가는 것만큼이나 도움이 된다
《퍼스널 MBA》

"특별한 경쟁사가 많은 업계에서 일하는 것이 아닌 이상
당신은 다른 이들이 아이디어를 도용할까 봐 걱정할 필요는 없다.
아이디어는 별로 값어치가 없다.
중요한 것은 아이디어를 구현하는 능력이다."

조시 카우프만 Josh Kaufman
도서관 사서인 어머니와 교사 아버지 사이에서 태어나 오하이오주 북부의 한 농촌에서 자랐다. 신시내티대학을 졸업한 후 2005년부터 3년 동안 프록터앤갬블(Procter & Gamble)에서 제품 개발과 제작, 마케팅, 주요 소매점 유통을 담당했다. 이후 전업 비즈니스 강사로 크게 주목받았다. 주요 저서로 《처음 20시간의 법칙》등이 있다.

조시 카우프만은 미국 아마존이 선정한 '100대 경영 저자'에 들어 갔다. 또한 카우프만이 운영하는 '조시카우프만닷넷'은 2013년 〈포브스〉가 선정한 '기업가들을 위한 세계 100대 웹페이지'에 등록되었다. 《퍼스널 MBA》는 주요 비즈니스 개념 248개를 가장 명료한 방식으로 제시한다.

카우프만은 이 책을 읽으면 실제로 비즈니스가 어떻게 돌아가고 있는지 아는 '상위 1퍼센트'에 속하게 될 것이라고 자신 있게 말한다. "사람들은 항상 경영을 아주 복잡한 것처럼 과장하죠." GE의 웰치는 언젠가 이렇게 말했다. "경영은 복잡한 과학이 아닙니다. 우리는 세상에서 가장 간단한 직업 중 하나를 선택한 겁니다." 카우프만이 하는 말의 대부분은 상식에 해당한다. 당신이 이미 비즈니스 세계에 몸담고 있다면 책의 여러 장을 그냥 훑어 읽어도 된다. 때로는 비즈니스 용어 사전을 확장해 놓은 것처럼 느껴질 때도 있을 것이다. 하지만 일을 시작하려고 하거나 비영리 단체에서 일하고 있다면 학교에서의 전문적인 경영 교육이 과연 가치가 있는지에 대해 생각해 보는 계기를 마련해 줄 흥미로운 지침서가 되어 줄 것이다.

MBA는 가치가 있을까?
영화 《굿윌헌팅》에서 맷 데이먼Matt Damon이 맡은 배역인 윌 헌팅은 하버드대학생인 클라크가 학비로 15만 달러를 지출한다는 사실을 비웃으며, 지역 도서관에서 연체료로 몇 달러만 지불하고도 그 정도의 교육은 받을 수 있을 것이라고 날카롭게 나무란다. 해마다 1만 2,000권이 넘는 경영 분야의 신간 도서가 출간되고 있다. 게다가 경영 이론과 실제에 대한 수백만 건의 블로그 게시글도 있다. 카우프만은 '진정 무엇이 알아야 할 가치가 있는 것일까?'를 알고 싶었다.

제프리 페퍼Jeffrey Pfeffer와 크리스티나 퐁Christina Fong은 〈경영대학원의 종말? 보이는 것보다 성공 사례 적어〉라는 제목의 논문을 통해 경영학 석사 학위를 소지하거나 경영학 과정에서 아주 높은 점수를 받는 것과 오랜 기간의 직업적 성공 (연봉 수준이나 최고의 일자리를 얻는 차원에서) 사이에는 아무런 상관관계가 없다는 연구 결과를 보고했다. 이 논문은 'MBA 과정에서 가르치는 내용이 실제 비즈니스 세계에서 성공하는 데 필요한 것이 아님'을 시사하고 있다. 페퍼는 이에 대해 다음과 같이 설명한다. "경영대학원에 들어갈 만큼 똑똑하다면 어쨌든 당신은 분명 일을 잘할 수 있는 충분한 능력을 가지고 있는 겁니다."

그렇다면 경영대학원은 무엇을 위한 것일까? 경영학 석사 학위는 당신이 특정 개념들을 숙지하고 있고 상당히 똑똑하며 (조직 생활이 맞지 않는) 그렇게 개성이 강한 사람이 아니라는 것을 고용주에게 보여주는 '사회적 증명서'인 셈이다. '경영대학원은 성공하는 사람들을 배출하는 곳이 아니다'라고 카우프만은 말한다. '훌륭한 학생들을 받아줄 뿐인데 그들이 성공하면 석사 학위 덕분인 것처럼 보이는 것'이다. 따라서 그다지 경영대학원에 다닐 가치가 있어 보이지 않는다. 수십 년에 걸쳐 갚아야 할 학자금 부채를 짊어지지 않고도 동일한 교육을 받을 수 있다. 졸업 후 직장에서 더 높은 임금을 받아 몇 년 내에 대출금을 갚을 수 있다는 논리로 등록금 비용을 정당화한다 해도 2년 동안 학교를 다니느라 업계에서 실제 경험을 쌓을 수 있는 기회를 포기해야 하는 기회비용을 감안해야 한다. 최고의 경영대학원들이 골드만삭스 Goldman Sachs, 〈맥킨지〉, 〈포천〉 500 기업, 투자은행들과 같이 최고의 인재를 선발하는 기업과의 접촉을 늘리고 있다는 점을 카우프만도 인정한다. 그러나 학교가 기업과의 접촉을 늘리는 것과 최고의 기업에 실제로 채용되는 것은 별개의 문제다. 3~5년 내로 업무 능력이 유일하게 중요한 요소가 될 것임이 분명하다. 업무 능력이 부족하다면 여전히 엄청난 부채 부담을 떠안게 되는 것이다.

카우프만은 대기업이 왕처럼 군림하는 시대에 경영대학원이 발전했다는 점에 주목한다. 이는 **경영대학원이 꽤 그럴싸해 보이는 것들(모델, 통계학 등)을 가르치고 있고 그럼에도 학생들은 사업을 시작하는 데 무엇이 필요한지에 대한 기본적인 소양도 갖추지 못하고 대학원을 졸업할 수도 있다**는 것을 의미한다. 대학원은 아직도 기업을 인수해 대출을 받아 운영하고 빠르게 확장해 다른 기업에 매각하는 방법과 같은 시대에 뒤처진 내용을 가르치고 있다. 그럼에도 금융공학은 비즈니스가 관심을 가지는 분야는 아니다. 그보다는 사람들의 삶을 향상시키는 새로운 제품과 서비스를 개발하는 일이 중요하다. 비즈니스는 과거보다 훨씬 더 빠른 속도로 진행되고 있다. 끊임없는 반복과 혁신을 통해 현장에서 빨리 일을 습득할 수 있으며, 영감을 주는 새로운 아이디어를 접하고 싶어도 회사가 지원해 주지 않는다면 당신의 시각을 넓혀줄 책과 블로그, 대화 등을 얼마든지 활용할 수 있다. 삶에서 2년이라는 시간을 할애하며 큰돈을 들이는 것이 원하는 일을 성취하는 가장 현명한 방법은 아닐 것이다. 경영대학원 학비를 갚아야 한다는 의무감에 당신은 다람쥐 쳇바퀴와도 같은 직장 생활에 얽매일 것이고 곧 그 생활을 싫어하게 될 것이다.

최우선은 가치 창조다

카우프만이 '가치 창조'에 대해 설명한 부분은 아주 기본적인 내용을 다루고 있다. 간단히 요약해 보자면 **모든 성공하는 기업은 사람들이 원하는 가치를 가진 상품을 적절한 가격에 생산해야 하며 그것이 재정적으로 기업이 계속 굴러갈 수 있게 해준다는 것이다.**

모든 성공적인 상품 또는 서비스는 사회적 지위에 대한 욕망이나 타인과 연대하고 배우고 응원받고자 하는 욕망과 같은 가장 핵심적인 인간의 욕구 중 하나를 충족시킨다. 사업은 인간의 심리를 잘 고려해야 한다. (상품 자체에 대해서도 잘 알아야겠지만) 소비자가 구매할 것인가에 관한 최종 결과를 확실히 예상할 수 있어야 한다. 번거로운 과정이 제거되면 사람들은 더 많은 비용을 지불하려 할 것이다. 이를테면 너무 많은 시간을 요구하거나 너무 복잡하거나 혼동을 주거나 일정 수준의 경험 또는 지식을 요구하거나 가지고 있지 않은 특정한 자원을 요구하는 것을 싫어한다. "당신이 새로운 사업 아이디어를 찾고 있다면 번거로운 일이 무엇인지 찾아보라. 번거로움이 있는 곳에 기회가 있다."라고 카우프만은 말한다. 가치 창조자가 홀로 추정하는 '거대 시장들'은 실제로 존재하지 않는다. 카우프만은 세그웨이(Segway, 전기 모터로 구동되는 1인용 이륜 이동 수단-옮긴이)를 그 예로 언급한다. 흥미로운 기술이지만 가격이 5,000달러로 도보로 다니거나 자전거를 타고 다니는 사람들을 끌어들이기에는 너무나 비쌌다. 그래서 세그웨이는 구매자들을 발견하긴 했지만 틈새 고객을 위한 상품에 그치고 만 것이다.

카우프만은 가치를 구축하는 반복적인 접근법을 강조한다. 반복적인 접근법이란, 개발 주기와 피드백, 제품 개선을 위한 수정에 충실한 것을 말한다. 이 방식이 너무 일이 많을 것이라 느껴진다면 사실 그렇다. 훌륭한 사업 계획과 제품 기획은 실제 고객들과의 최초 접촉에서 종종 살아남지 못한다. 친구들과 가족들에게 제품을 시험 사용해 보게 하지 마라. 실제로 상품을 살 마음이 있고 그들의 말을 들을 의향이 있는 사람들에게 써보게 해야 한다. 당신이 더 여러 번 반복적으로 작업을 할수록 최종 상품은 더 나아진다. 당신은 소비자가 무엇에 돈을 지불하는지 정확히 알게 되어 시장을 훨씬 더 잘 이해하게 된다. 만약 수요가 없다면 재빨리 다른 기획 아이디어로 관심을 돌릴 수 있다.

최소 실행 가능 제품은 사람들에게 가치가 있다고 보여지며 그것으로 사업을 할 수 있겠다고 생각되는 것으로, 완전히 준비되었다고 느껴지기 전에 상품을 출시하는 경우가 많다. 그럼에도 링크드인LinkedIn 창립자인 레이드 호프만Reid Hoffman은 "제품의 최초 출시 버전이 당황스럽지 않은 수준이라면 당신은 제품을 너무 늦게 출시한 겁니다."라고 말하기도 했다. **제품이 일단 출시되고 나면 부족한 부분은 채워나가고 마음에 안 드는 부분은 덜어내면서 핵심적인 부분에 여러 차례 수정을 가할 수 있다.** "세 가지 핵심적인 특징이나 기능을 골라 그 부분을 아주 아주 심혈을 기울여 완성합니다. 그리고 난 뒤 나머지 부분들에 대해서는 일단 접어두는 거죠."라고 구글의 지메일Gmail과 애드센스AdSense를 개발한 폴 부케이트Paul Buccheit는 조언한다. "최초 버전에서 단 몇 가지의 핵심적인 특징에만 초점을 맞춤으로써 제품의 진수와 진정한 가치가 무엇인지 발견하게 될 겁니다."

그다음에는 상품을 팔아라

카우프만은 모든 마케팅이 '최종 결과'에 초점을 맞추고 있다는 점을 시사한다. 즉, 소비자가 당신의 제품을 사용한 후 세련되거나 지적이거나 힘 있거나 건강하거나 행복하거나 풍요로워졌다고 느낄 것이라 믿는지의 여부다. **무언가를 팔기 위해서는 사람들이 상품을 사용하는 자신의 모습을 쉽게 시각화할 수 있도록 상품이나 서비스와 관련해 가능한 많은 감각 자극을 활용하는 것이 좋다.** 그리고 제품의 특징이 아닌 이점에 초점을 맞추어 관심을 집중시키는 광고 문구를 만드는 것도 도움이 된다. 애플이 처음으로 아이팟을 출시했을 때 내세웠던 슬로건인 '주머니 속의 노래 1,000곡'은 MP3 기술의 경이감에 대해 떠벌이는 어떤 말보다도 더 사람들에게 매력적으로 다가갔다.

어떤 상품이나 서비스에 대한 대다수의 마케팅 작업은 그것이 개발되고 있는 단계에서 이루어진다는 점을 기억해야 한다. 로버트 스티븐스Robert Stephens가 말하길, "광고는 상품이 사람들의 관심을 끌지 못하는 것에 대해 지불하는 세금이다." 당신의 상품이 경쟁사들의 상품과 비슷한 것이라면 사람들에게 당신의 상품을 사도록 설득하기 위해 영업 및 마케팅에 엄청난 자원을 투입해야할 것이다. 이런 방식으로 사업을 시작할 수도 있겠지만 이것이 성공을 위한 장기적인 기반이 되어 주지는 못한다.

경영서는 끊임없이 '브랜딩'에 대해 이야기한다. 그러나 카우프만은 브랜드를 단순한 명성으로 본다. 명성은 자발적으로 생겨나며, 그렇기 때문에 당신이 그것을 통제할 수 없다. **당신이 할 수 있는 일이라고는 서비스를 끊임없이 향상시켜서 사람들 사이에 입소문이 나도록 만드는 것이다. 입소문과 신뢰는 항상 가장 좋은 마케팅 수단이다.** 광고와 PR, 마케팅 작업을 할 때 염두에 두어야 할 한 가지 원칙은 지루해서는 안 된다는 것이다. 약간의 논쟁을 불러오는 것도 나쁘지 않다. 사람들이 당신의 상품에 대해 더 많은 정보를 얻고 싶어 하게 된다면 말이다.

마지막으로는, '고객들은 이야기의 주인공이 되기를 원한다'는 사실을 명심해야 한다. 더 많은 고객을 끌어들이기 위해 당신이 이미 보유하고 있는 충성 고객들의 사용 후기를 들려줘라. "후기 내용이 더 생생하고 분명하고 감정적인 동조를 이끌어 낼수록 더 많은 고객을 끌어들이게 될 것이다."

재무 관련 기본 사항

카우프만은 비즈니스에서 고려해야 할 다섯 가지 요소로 가치 창조, 마케팅, 판매, 가치 전달, 재무를 꼽는다. 만약 마지막으로 꼽은 재무에 관한 지식이 거의 없다면 이 책이 상당히 유용할 것이다. 들어봤지만 확실히 알지 못하는 용어들을 잘 설명해 놓았다.

《퍼스널 MBA》의 후반부에서는 '인간의 마음'과 '자신과 함께 일하기,' '타인과 함께 일하기'와 관련된 내용이 수록되어 있다.

이 부분은 대니얼 카너먼_{Daniel Kahneman}이 말하는 편향적 사고와 에너지를 관리하는 법, 협상 전략에 대해서도 언급하고 있지만 유명 심리학 서적이나 자기계발 서적을 몇 권 읽어봤다면 그다지 새로운 내용은 아닐 것이다. 책은 시스템을 이해하고 분석하고 향상시키는 것에 관한 내용으로 끝을 맺는다.

(함께 읽으면 좋은 책) 벤 호로위츠 《하드씽》, 에릭 리스 《린 스타트업》

톰 버틀러 보던의 한마디

〈매니지먼트 투데이〉에 실린 서평에서는 경영학 석사 학위의 가치를 맹목적으로 믿는 사람들과 경영학 석사 학위가 더 흔해질수록 그 가치가 떨어진다는 제프리 페퍼의 의견에 동의하는 사람들로 의견이 뚜렷이 나뉜다고 지적했다. 하지만 책을 읽는 것이 과연 집중적인 교육을 받는 MBA 과정의 프로젝트와 그룹워크를 대신할 수 있을까? 게다가 학교에서 만들어지는 인맥도 무시할 수 없는 부분이다. 유능한 교수들이 있는 교실 환경을 직접 경험해 보지 않고 이 책에서 주장하는 개념을 그대로 받아들이는 게 정말 맞는 걸까?

MBA를 할지 말지의 문제는 당신의 상황에 달려 있다. 그러나 가장 지혜로운 자세는 학위가 당신에게 무엇을 '해줄 수 있는지'를 묻기보다는 당신이 무엇을 배우기를 원하는지 스스로에게 물어보는 것이다. 예컨대 공학 전공이나 비영리 단체 경력을 가지고 있는 사람이라면 비즈니스 이론과 전략을 가르치는 몰입형의 수준 높은 MBA 과정을 통해 장기적으로 취업이나 사업 가능성을 크게 높일 수 있을 것이다. 경제 분석 모델을 비즈니스 상황에 적용하고 새로운 가능 시장을 보는 능력은 그들의 경쟁력이 되어줄 것이다. 반대로, 업계에서 수년간 일한 경력이 있고 MBA 학위를 통해 단순히 보여지는 학력을 업그레이드하고자 하는 사람에게는 시간과 돈 낭비가 될 수도 있을 것이다. 한쪽 극단에는 경영 교육 입문에 해당하는 카우프만의 책이 있을 것이고 다른 쪽 극단에는 비용이 많이 들고 시간 소모가 많은 대학의 MBA 과정이 있을 것이다. 또 다른 대안으로는 MBA와 비슷한 다양한 온라인 강좌들이 있다. 와튼스쿨, 시카고 부스, 스탠퍼드, MIT 등 대다수의 최고 경영대학원들은 자체적으로, 또는 코세라(Coursera)와 같은 플랫폼을 통해 일류 교수들의 강의를 무료나 저가 프로그램으로 운영하고 있다.

The Principles of Scientific Management

효율성을 향상시키면
노동자도 덩달아 번영한다
《프레더릭 테일러,
과학적 관리법》

"노동자 한 사람의 생산성이 증가하면 다른 노동자가 일자리에서

내몰리게 될 것을 우려하는 이들은 다음 사실을 알아야 한다.

부유한 국가와 빈곤한 국가를 구분해 주는 분명한 기준은

어떤 국가의 노동자가 평균적으로 다른 국가의 노동자보다

5~6배 더 생산성이 높은지 여부이다."

프레더릭 테일러 Frederick Taylor
1856년 필라델피아 북동쪽의 저먼타운에서 (메이플라워호를 타고 이주한 청교도의 자손인) 퀘이커 교도 가정에서 태어났다. 필립스엑서터 아카데미에서 하버드대학에 입학할 준비를 하고 있었지만 약시로 인해 진학을 포기했다. 베들레헴 철강에서 컨설턴트로 일하고, 미국 기계학회의 회장을 지냈으며, 다트머스대학에서 턱 경영대학원 교수로 재직했다.

《프레더릭 테일러, 과학적 관리법》은 《연방주의자 논고》 이후로 미국이 서구 사상에 가장 지속적으로 영향을 끼친 가장 영향력 있는 글'이라고 평가됐다. 전사적 품질 경영에서부터 식스 시그마, 린 생산 방식, 자동화에 이르기까지 오늘날 효율성 및 생산성 제고를 위한 노력들은 테일러의 사상에서 기원한 것이 사실이다.

테일러에 따르면 경영의 목표는 간단하다. '고용주와 노동자 모두가 최대의 번영을 달성하는 것'이다. 테일러가 이 책을 집필하던 당시에는 자본과 노동의 충돌로 인해 산업계가 소요 사태를 겪고 있었다. 때문에 테일러는 사람들이 이 말을 이해하기는 어려울 것이라고 말한다. 그럼에도 테일러는 기업 전체의 효율성이 더 높아질 수 있다면 더 높은 임금과 사업의 성공 모두가 동시에 가능해진다고 믿었다. 테일러는 근본적으로 경영을 노동의 상층부로 끌어올렸다. 다시 말해서 시스템을 개인 노동자보다 높은 자리로 끌어올린 것이다. "과거에는 사람이 우선이었다. 그러나 미래에는 시스템이 우선이 되어야 한다." 이와 같은 사상은 생산에서 '장인 정신'의 종말을 암시했다. 장인을 효율적인 부속품으로서의 인간으로 대체한 것이다.

노사 협력의 새로운 시대

수공업 제조 라인에서 견습공은 그의 스승이나 선배가 어떻게 하는지 보면서 제품을 만드는 방법을 배웠다. 그 결과 모든 작업은 다른 도구를 사용하는 방법 20~30여 가지가 존재했다. 하지만 동작과 시간 연구를 통해 과학적인 관측과 측정을 활용하면 '언제나 여러 가지 방법들 중에서 가장 빠르고 효과적인 한 가지 방법과 도구'를 찾아낼 수 있다.

기업 소유주나 현장 관리자가 장인이 가장 효과적인 방법으로 제품을 만들고 있다고 믿었던, **'경험 법칙'을 따르던 방식에서 이제 과학이 개입하게 된 것이다. 과학적인 방식을 채택하게 되면 무엇이 효율적인 방법인지를 결정하는 경영자의 역할이 훨씬 더 커진다.** 효율적인 방법을 결정하는 지식은 노동자의 교육 수준보다 훨씬 높은 경우가 많아 더 이상 노동자의 영역이 아니다. 한편으로는 더 열심히 일하도록 노동자를 채찍질하던 상관이 필요 없게 된 것이며, 다른 한편으로는 노동자의 태업이 불가능하게 된 것이다. 양측이 협력함으로써 함께 번영할 수 있다는 것이다. 테일러는 그의 시대에 과학적 관리법을 활용하는 기업이 과거의 생산 방식으로 운영되는 공장이나 작업장에 비해 더 번영하고 그 기업의 노동자도 더 많은 임금을 받았다고 강조한다.

생산성 향상의 열매

테일러는 '고된 일을 계속 해나가는 것'이나 '받는 임금의 절반의 노력만 들이는 것'에 대해 상세히 언급하고 있다. 그는 이것이 영국과 미국 노동자 모두가 현재 시달리고 있는 '최대 악'이라고 지적한다. 노동조합이 기업의 수익 중 더 많은 부분을 제 몫으로 가져가기를 요구하고 있었던 시기에 테일러는 **태업이 수용되는 한 노동자가 더 많은 수익을 가져가는 일은 결코 일어날 수 없다고 주장한다.** 이런 상황은 노동자들이 더 열심히 일하면 더 적은 수의 노동자가 필요하게 되고 그러면 나머지 노동자들은 일자리에서 밀려날 것이라는 잘못된 믿음을 기반으로 해서 벌어진다.

그는 이 관점이 회사가 성장하면서 새로운 시장을 찾게 되면 노동 효율성이 높아지더라도 더 많은 노동자가 필요하게 된다는 사실을 간과하고 있다고 말한다. 효율성은 더 낮은 생산비를 의미하며, '일반적으로 많이 사용되는 물품의 가격이 떨어지면 그 즉시 그 물품에 대한 수요가 크게 증가한다'는 것이 상거래의 철칙이다. 테일러는 모두 수작업으로 만들어야 했기 때문에 한때는 아주 비쌌던 구두를 예로 들고 있다. 그 결과 많은 사람은 수년 동안 똑같은 구두를 신고 다니거나 아예 맨발로 다녔다. 구두 제조를 더 쉽게 그리고 더 싸게 만들어주는 기계의 출현으로 과거보다 더 많은 사람이 제화업계에 고용되었다. 테일러는 편협한 언론이 노동자들의 (비효율과 저임금을 영속화하는) 의도적인 태업에 대해서는 거의 언급하지 않으면서 '작업장의 열악한 환경'과 노동자들의 과로에만 집중한다고 강조한다.

테일러는 '효율성'이라는 단어를 시종일관 사용하고 있지만 진정 말하고자 하는 바는 생산성이다. '**당신의 노동자들과 기계가**

매일 당신 주변의 다른 기업보다 더 많은 결과물을 내고 있지 못하다면 경쟁으로 인해 당신의 노동자들에게 경쟁 기업보다 더 높은 임금을 지급하지 못하게 될 것임이 분명하다'고 테일러는 적고 있다. 테일러의 주된 관심사는 미국 국내 경제였지만 그의 생각은 전 세계의 시장에 적용될 수 있었을 것이다. 한 국가의 기업이 노동자 1인당 생산량이 점점 더 많아져 생산성이 높아진다면 생산 비용이 더 낮아져 그들의 상품은 세계 시장에서 경쟁력이 높아질 것이다. 이것이 국가 번영으로 나아가는 유일한 길이다.

일을 작은 단위로 쪼개기

테일러는 유복한 가정에서 자랐지만 다른 또래들처럼 금융이나 법조계를 선택하는 대신 공학 분야를 선택했다. 주형 제작자와 기계공으로 견습 생활을 마친 후 그는 20대 초반의 나이에 필라델피아에 있는 미드베일 스틸 워크스Midvale Steel Works에서 근무했다. 선반공으로 일을 시작해 그다음에는 선반공의 작업을 관리하는 일을 맡았다. 테일러는 계속해서 노동 속도를 빠르게 향상시켰기 때문에 고속 승진했다. 일부 회사 동료들은 테일러에게 기존의 방식을 따르지 않고 있어 스스로를 위험에 빠뜨리고 있다고 경고하기도 했고 가끔 노동 속도를 늦추기 위해 고의로 기계를 망가뜨리기도 했다. 그러나 테일러는 사회적으로 다른 계급 출신이었기에 (테일러의 가족은 미드베일의 사장과 잘 아는 사이였다) 동료들의 따돌림을 두려워하지 않았다. 테일러는 **효율성 향상을 위해 작업이 이루어지는 과정을 면밀히 분석할 가치가 있다**고 미드베일의 사장을 설득했다.

이것이 테일러의 유명한 선철 운반 작업 연구로 이어졌다. 테일러는 선철 운반량을 특정 무게로 줄이면 건장한 남성이 지치지 않고 하루 종일 일할 수 있다는 사실을 발견했다. 남성의 팔이 근력을 회복하고 근육 조직이 혈액을 공급받아 재생될 시간을 가질 수 있도록 휴식 시간만 자주 준다면 테일러는 기존의 12톤이 아니라 47톤의 선철을 하루 종일 운반할 수 있다고 주장했다. 이렇게 늘어난 생산성 덕분에 회사는 그 남성 노동자에게 일당으로 기존의 1.15달러가 아니라 1.85달러를 지급할 수 있게 된다. 이를 통해 테일러가 내린 결론은 일을 잘하도록 하기 위해 노동자의 양심이나 자주성에 의존할 필요가 없다는 것이다. **일을 작은 단위로 쪼개어 각각의 단위를 더 효율적으로 개선해 노동자에게 이제부터 일을 어떻게 해야 하는지 알려주기만 하면 된다.**

테일러는 베들레헴 철강 회사에서 8명으로 구성된 팀을 시험한 결과 단 한 명만이 하루에 47톤을 운반할 수 있다는 사실을 확인했고, 그것은 순전히 체력 덕분이었다. 그는 흔치 않게 체력이 좋았지만 그렇게 특이한 것은 아니었다. 테일러는 인근에서 그와 비슷한 정도의 체력을 가진 남자들을 어렵지 않게 찾을 수 있었다. 힘쎈 일꾼이 '과거의 경영 시스템 아래에서 8명으로 구성된 그룹에서 훨씬 더 효율적인 일꾼이 되기 위해 7명의 일꾼을 따돌리고 앞서나갈 확률은 얼마나 됐을까?'라고 묻는다. 그에 대한 답은 0이다. 그러나 선철 운반 작업에서 밀려난 사람들은 베들레헴 내에서 훨씬 더 적성에 맞고 더 높은 임금을 받을 수 있는 다른 종류의 일을 빨리 찾았다. 과학적인 방식으로 노동자를 선택하는 원리는 효율성만을 크게 향상시키는 것이 아니라 노동자들을 더 행복하게 만든다고 테일러는 주장한다.

과학과 업무 개선

테일러는 심지어 삽질을 하는 데에도 과학적인 방법이 존재한다는 사실을 발견했다. 테일러는 베들레헴의 자문 위원으로 활동하며 각각 다른 양과 재료를 삽으로 옮기는 다양한 방식을 도입했다. 이를테면 작은 삽은 무거운 광석을 삽질할 때 사용해야 하고 큰 삽은 가벼운 재를 삽질할 때 사용하는 것이 좋다. 그렇게 하면 선철의 경우에서와 같이 하루 동안 노동자에게 필요한 에너지를 균등하게 나누어서 더 많은 작업을 할 수 있게 된다. 베들레헴과 비슷한 규모의 회사에서 2마일에 달하는 작업장을 삽질하는데 600명의 노동자를 고용했다면 과학적인 방식을 도입했는지 여부에 따라 기업의 비용과 산출량에 엄청난 차이를 가져올 것이다. 과거에는 현장 관리자의 명령에 따라 노동자가 집단적으로 조직화되었다면 이제는 **각각의 노동자가 하는 일의 양을 한 팀**

의 사무원이 날마다 측정하면서, 노동자가 표준 작업량을 달성하고 있는지 스스로 알고 하루 노동 계획을 미리 세울 수 있도록 피드백을 전달한다. 비록 노동자의 노동을 추적하고 분석하는 사무원과 시간을 측정하는 인력의 임금이 추가적으로 지출되기는 하지만 엄청난 양의 강철을 처리하는 비용은 절반으로 줄어든다고 테일러는 말한다. 그와 동시에 노동자들은 공장의 질서정연함과 더 높은 임금, 그리고 노사관계가 좋아졌다는 점에 만족한다. 테일러는 노동자들이 집단적으로 일을 할 때는 효율성과 동기가 그 집단에서 가장 낮은 구성원의 수준에 맞춰 떨어진다는 사실을 발견했다. 그러나 노동자가 개인으로 대우받고 그들이 한 일에 대해 피드백을 받게 되면 훨씬 더 일을 잘하고자 하는 의지를 가지게 된다. 테일러는 노동자가 더 높은 임금을 받고 조금 더 일해 줄 것을 요청받았을 때 나타나는 다른 효과들도 발견했다. '그들은 더 잘 살고 저축도 하고 술도 덜 마시며 더 꾸준히 일하게 된다'.

테일러는 프랭크 길브레스Frank Gilbreth의 벽돌쌓기에 대한 연구를 언급한다. 길브레스는 벽돌 쌓기를 할 때 18회의 동작을 5회로 줄일 수 있었고, 그 결과 1시간 동안 쌓는 벽돌의 개수를 120개에서 350개로 늘렸다. 테일러는 이러한 작업 능률 향상은 벽돌공들이 스스로 더 효율성을 높이려고 노력하는 것으로는 결코 달성될 수 없었을 것이라고 지적한다. 작업을 객관적으로 분석하여 과학적인 방법으로 어떻게 개선할 수 있을지 볼 수 있는 외부인을 통해서만이 가능한 것이다. 테일러와 그의 팀이 자전거 볼 베어링을 만드는 공장을 재편해달라는 의뢰를 받았을 때 테일러는 전례 없는 일을 해냈다. 볼을 검사하는 작업을 하는 여성 노동자들의 근무 시간을 10.5시간에서 8.5시간으로 줄인 것이다. 더 짧은 작업 시간으로 산출량은 동일하게 유지되었는데, 이는 작업자들을 까다롭게 선별해야만 가능했다. 가장 효율성이 높은 여성 노동자가 반드시 가장 똑똑하거나 신뢰할 수 있거나 열심히 일하는 것은 아니다. 공에서 결함을 가장 재빨리 찾아낼 수 있는 눈을 가진 사람이면 되는 것이다. 검사상 시각 인지가 빠른 것으로 나온 사람들만 남겨두고 다른 이들은 작업에서 제외시켰다. 여기서 교훈은 **여러 다양한 작업에서 해당 작업에 따라 특정한 자질이 요구되는 것이며, 모든 작업을 잘할 수 있는 일반적으로 우수한 자질이란 없다**는 것이다. 이와 같은 연구는 '차등 능률 임금 제도'를 낳게 되었다. 이 제도로 말미암아 작업의 양과 품질이 크게 향상되었다.

과학적 사고와 노동자 인간성

과학적 관리법은 생산비를 크게 절감했고, 이는 곧 상품의 가격을 낮추는 결과를 가져왔다. 반면 표준화된 생산 방식은 더 일률적인 품질을 보장하게 되었다. 한 세기 전에는 50~100명의 노동자가 해야 했던 일을 오늘날에는 한 사람이 할 수 있게 된 놀라운 생산성의 향상은 테일러주의적 사고에서 나온 결과다.

그럼에도 테일러 경영 혁명의 결과 중 하나는 설사 그가 책에서 노사 상생에 대해 좋은 의도를 피력했다 하더라도 많은 일터에서 필연적으로 인간성을 말살했다는 것이다. 개인의 장인정신은 마치 기계가 제품을 제조하듯이 '가장 효율적인 한 가지 방법'으로 대체되었고 만약 그 방법에 동의하지 않는다면 그 즉시 직장에서 쫓겨났다. 테일러주의는 헨리 포드의 자동차 공장에서 그 절정을 보여주었다. 분명 포드가 자동차 가격을 낮추어 생산성을 엄청나게 높일 수 있게 해준 것은 생산라인 자체가 아니라 모든 작업과 절차를 최대한 효율적으로 끌어올리기 위해 개선한 덕분이었다. 노동자들은 5달러라는 높은 일당을 받았겠지만 그에 대한 대가는 아주 지루한 단조로운 노동이었다. 테일러는 노동자들을 위한 밝은 신세계가 열릴 것이라 주장했지만 과학적 관리법을 기반으로 한 노동의 고속화는 하루 일과가 끝날 때 노동자들을 녹초로 만들었다.

과학적 관리법을 폄하하는 이들 중에는 과거의 수공업 방식을 보호하려고 하는 전 세계의 노동조합도 있었다. 무정부주의자 엠마 골드먼Emma Goldman과 철학자 안토니오 그람시Antonio Gramsci 두 사람 모두 과학적 관리법이 노동자들에게 가져올 결과에 몸서리를 쳤다. 1960년대에 더글러스 맥그레거는《기업의 인간적인 측면》에서 테일러주의를 정면으로 반박했다. 맥그레거는 그것이 근본적으로 인간의 동기를 불신하던 선조들의 옛날 발상에서 기인한 것이라 보았다. **테일러는 노동자를 근본적으로 게으르고 돈만을 위해 일하는 존재로 보았기에 매의 눈으로 감시해야 한다고 생각한 것이다.** 그에 비해 인간을 일에 대한 자부심, 책임감, 창조성과 같은 더 높은 수준의 동기를 지닌 존재로 보는 맥그레거의 확장된 관점은 대안적 패러다임을 구축했다. 그 결과 오늘날 대부분의 기업은 맥그레거의 관점을 직장 문화의 주요 비전으로 내세우는 동시에 실제 사업은 테일러주의적인 무자비한 효율성을 기반으로 운영하고 있다.

(함께 읽으면 좋은 책) 마틴 포드《로봇의 부상》, 더글러스 맥그레거《기업의 인간적인 측면》, 제임스 워맥, 다니엘 존스, 다이엘 루스《더 머신 댓 체인지드 더 월드》

톰 버틀러 보던의 한마디

테일러주의는 결코 사라지지 않았다. 그저 다른 형태로 표현되고 있을 뿐이다. 경영 컨설턴트가 제안하는 '업무 과정 재설계'나 입사 지원자나 근무자 중 적합한 인재를 가려내기 위해 행동 과학을 활용하는 것, 노동자들이 소셜 미디어에 얼마나 많은 시간을 소비하는지 알아보기 위해 감시 장치를 사용하는 것 등이 모두 테일러가 동의했음직한 방법이다. 과학적 관리법의 최종 단계가 생산성을 향상시키고 지속적으로 비용을 낮추는 것이라면, 계속해서 인간을 완전히 소외시키는 자동화와 알고리즘의 시대는 그야말로 테일러주의의 꿈이 실현된 것이라 볼 수 있겠다. 마르크스의 관점에서 봤을 때, 테일러주의는 모든 사람들이 구입할 수 있는 더 저렴한 상품을 만든다는 것을 구실로 노동의 힘을 약화시키기 위한 자본의 도구로 비춰질 수 있다.

part
4

마케팅과
고객 이해

BOOK
35

Marketing Myopia

정확히 어떤 사업을 하고 있는지
파악하라
《마케팅 마이오피어》

"산업을 상품 생산의 과정이 아니라 고객을 만족시키는 과정으로
바라보는 관점은 모든 사업가들이 가져야 할 아주 중요한 관점이다.
산업은 특허나 원자재, 판매 기술에서 시작되는 것이 아니라
고객과 고객의 요구에서 시작된다."

시어도어 레빗 Theodore Levitt

1925년에 독일의 폴메르츠에서 태어났다. 열 살 때 미국으로 이주했고, 오하이오주 데이튼에서 성장했다. 안티오치칼리지를 졸업하고 오하이오주립대학에서 경제학 박사 학위를 취득했다. 하버드대학 경영대학원 교수로 재직했으며, 〈하버드 비즈니스 리뷰〉의 편집자로 활약했다. 주요 저서로 《마케팅 상상력》 등이 있다.

시어도어 레빗이 2006년 세상을 떠났을 때 〈하버드 비즈니스 리뷰〉는 《마케팅 마이오피어》 재판본이 85만부 이상 팔렸다고 밝혔다. 1983년에 〈하버드 비즈니스 리뷰〉에서 레빗이 국가 간의 차이가 점점 줄어들고 있음을 지적한 '시장의 세계화The Globalization of Markets'라는 글은 '세계화globalization'라는 단어가 대중적으로 널리 쓰이게 된 계기가 되었다. 이토록 레빗은 세상이 사회를 바라보는 시각에 큰 영향을 미친 인물이다.

레빗이 미국의 대형 영화 스튜디오를 예로 들었다. 레빗은 "할리우드는 TV의 등장을 엔터테인먼트 산업을 확장할 수 있는 기회로 여기고 환영했어야 할 시기에 TV를 멸시하고 거부했다."라고 말한다. 기업은 시장이나 산업이 포화 상태라서 쇠퇴하는 것이 아니라 경영진이 기업의 목적에 대해 분명한 상을 가지고 있지 못하기 때문에 쇠퇴한다. 즉, 현재 제공하고 있는 제품이나 서비스에만 집중해 있고 사람들이 실제로 필요로 하거나 원하는 것이 무엇인지에 대해서는 관심을 기울이지 않는 것이다.

대체재가 없는 시장에 주의하라

20세기 초에 보스턴의 한 백만장자는 자신의 전 재산을 전기 전차에 투자하라고 유언장에 남겼다. '효과적인 도시 운송 수단에 대한 요구가 항상 높을 것'이라 생각했기 때문이다. 그 남자는 전차가 그저 하나의 발전 단계로 거쳐 지나가는 도시의 운송 수단임을 보지 못했기 때문에 재산을 상속한 가족들을 극빈 상태로 몰아넣고 말았다고 레빗은 지적한다. 사람들은 현재 활발히 성장하고 있는 산업은 앞으로도 항상 그럴 것이라 간주하는 경향이 있다. 레빗이 이 책을 집필하고 있던 당시 전자 공학과 화학은 미래를 주도할 산업으로 여겨졌다. 하지만 오늘날 이들은 한물간 산업이다.

레빗은 모든 산업은 처음에는 그것이 제공하는 제품이나 서비스에 대한 대체재가 없어 보이므로 성장 산업으로 보인다고 설명한다. 드라이클리닝과 같이 평범한 업종들조차도 드디어 울로 된 의류를 쉽고 빠르게 세탁할 수 있게 되었기에 한때는 빠른 성장 산업으로 비춰졌다. 드라이클리닝을 하는 세탁소들은 자신의 미래가 밝다고 생각했다. 의류와 유행이 바뀌어 면과 합성 섬유를 훨씬 더 많이 사용하게 되어 드라이클리닝의 필요성이 줄어들 때까지는 말이다.

'경쟁이 없는' 산업에 투자하는 것은 실패하게 마련이다. 예컨대 사람들에게 독점적으로 전기를 공급할 수 있다는 점에 매료되어 전기 사업에 투자했다면 시간이 지나면서 다른 에너지원(풍력, 태양력, 원자력)이 수익을 감소시킨다는 사실을 알게 될 것이다. 산업은 갑자기 좋은 대체재가 등장하기 전까지 수년 또는 수십 년 동안 좋은 투자처로 비춰질 수 있다. 한때는 토머스 에디슨Thomas Edison이 백열전구를 발명하기 전까지 석유램프가 유망 사업이었던 것을 생각해 보라. 레빗은 "어떤 기업이든 생존하기 위해서는 현재 생계를 책임져 주고 있는 것이 노쇠하게 되는 경우를 상상해 볼 필요가 있다."고 말한다. 다시 말해서 현재 존재하고 있는 것의 수익을 감소시킬 제품을 개발해야 한다는 것이다. 이것이 새로운 시장에서 우위를 차지할 수 있는 유일한 길이다.

한때는 사람들이 동네 체인 식료품 가게에서 대부분의 식품을 구입했다. 하지만 슈퍼마켓이 생겨나기 시작했을 때 식료품 체인들은 사람들이 친숙하고 개인화된 서비스를 포기하고 얼마 안 되는 금액을 절약하기 위해 몇 마일을 운전해 가리라고는 예상하지 못했다. 이와 같이 자신들의 사업 모델이 우월하다는 완고한 믿음이 어느 정도는 위로가 되었을 것이다. 고객들이 모두 사라지기 전까지는 말이다. 새로 등장한 식료품 쇼핑 업계의 강자는 **고객의 요구를 가장 잘 들어준 헌신적인 슈퍼마켓 기업**이었다.

'활황 시장'을 주의하라

레빗은 성장 산업이란 존재하지 않으며 오직 성장 기업만이 존재한다고 주장한다. 단순히 **자신의 산업이 성장 분야이기 때문에 '자동으로 성장하는 에스컬레이터' 위에 올라타고 있다고 믿는 기업은 곧 쇠락의 길로 접어들게 될 것이다.** 기업을 계속 잘나가게 만드는 것은 좋은 아이디어와 경영이지 해당 산업의 고유한 성질이나 인구통계학적 역학관계 때문이 아니다. 레빗에 따르면 기업과 투자자들은 인구가 성장하고 점점 더 부유해지는 환경에서 제품이나 서비스를 판매하고 있다는 이유만으로 자신들이 돈나무를 심었다고 생각한다는 것이다. 또한 제조업체는 단순히 규모의 경제에 입각해 그들이 상품을 더 싸게 생산할 수 있다는 이유로 그들이 내놓는 상품이 반드시 팔릴 것이라 생각하는 실수를 범한다. 하지만 실제로는 어느 정도의 부를 얻게 되면 소비자는 그 즉시 현재 구매할 수 있는 제품을 얼마에 판매하든 더 이상 원하지 않게 된다. 새로운 방식으로 한 단계 업그레이드된 제품이나 서비스를 요구하게 되는 것이다. 레빗은 활황 시장이 기업을 사고하지 않는 게으른 기업으로 만든다고 말한다. 그래도 어쨌든 사람들이 그들의 상품을 구매하는 것처럼 보인다면 그건 분명 기분 좋은 일이 아닌가?

디트로이트의 대형 자동차 제조 기업이 결국 소형 자동차를 생산해 많은 판매를 달성하게 되었을 때 그들은 당연하다는 듯 그것을 자신들의 마케팅 능력을 보여준 사례라고 생각했다. 하지만 실상 소형 자동차의 성공은 과거에 디트로이트의 대형 기업이 그들이 아주 잘 안다고 생각했던 시장의 요구를 충족시키지 못했으며 오히려 시장을 다른 제조 기업에게 내어주었다는 사실을 드러낸 것이었다. 그들은 시장 조사에 수백만 달러를 지출했음에도 소비자가 진정 원하는 것이 무엇인지 묻기보다는 이미 계획된 안을 보여주고 기존의 것과 비슷한 상품들 중 선택할 것을 요구했을 뿐이었다. 디트로이트 기업에 대한 레빗의 직관은 적중했다. 디트로이트의 기업은 미국인이 무엇을 필요로 하고 원하는지 미국의 자동차 기업 경영진들보다 훨씬 더 잘 이해하고 있었던 외국의 자동차 기업에게 그 후 20년 동안 꾸준히 시장 점유율을 빼앗겼다.

산업의 게으름과 집단적 사고: 혁신과 경쟁의 한계

레빗은 대체재가 없는 산업이자 활황 시장의 좋은 예로 석유 산업을 들고 있다. 대형 석유 회사들은 수십억대의 자동차들이 전 세계의 도로 위를 달리고 있다는 사실을 감안할 때 전속 시장을 나누어 가짐으로써 거대 수익을 벌어들이고 있다. 이미 수요는 존재하므로 새로운 수요를 일으킬 필요가 없으며 기업은 효율성을 높이고 더 높은 수익을 확보하기 위해 비용을 낮추는 데 집중한다.

그럼에도 그것이 바로 상품의 필요성이 좀처럼 오래 지속되지 않는 자본주의의 창조적이면서도 파괴적인 성격이다. 기업가들이나 과학자들이 더 싸고 좋은 대체재를 들고 나오도록 여러 장려책들이 압박한다. 이 책을 집필하던 1960년에 레빗은 조만간 **아웃사이더가 석유 산업의 가치를 떨어뜨리거나 대형 기업이 모르는 새로운 석유 수요를 창출함으로써 석유 산업을 뒤집을 것이라 관측했다.** 레빗은 석유 산업이 등장했을 때 자동차가 함께 등장했다는 점에서 석유 산업이 아주 운이 좋았다고 분석한다. 하지만 어쨌든 백열전구가 석유램프 시장을 가져갔고 석탄을 사용하는 가정용 중앙난방이 석유 난방기의 필요성을 앗아간 것도 사실이다. 자동차 연료로 사용되기 시작한 휘발유는 석유 산업의 구세주였다. 나중에는 휘발유에 항공 연료로서의 필요성도 더해졌다. 이 모든 발전은 석유 산업 외부에서 온 것이지만 대형 석유 기업은 운이 좋게도 그 기회를 최대한 활용할 수 있었다. 그러나 그들은 너무도 근시안적으로 석유에 집중하고 있었으므로 새로운 천연가스 산업의 전망을 우습게 보며 그 분야로 진입하려는 생각을 하지 못했다. 천연가스뿐만 아니라 연료 전지와 전력 저장 배터리 개발, 태양열 및 풍력 에너지 개발 모두가 업계 밖에서 생각해 낸 것이어서 석유 업계는 '발전을 구경하는 역할'에 만족해야만 했다.

마케팅의 본질과 기업의 가치 창조

마케팅이란 고객이 현재 당신의 기업이 채택하고 있는 방식을 어떻게 생각하는지, 또는 현재 존재하는 제품과 서비스에 대해 그들이 어떻게 느끼는지 알아보는 것이 아니라고 레빗은 지적한다. **진정한 마케팅은 소비자의 기본적인 요구와 필요에 가까이 다가가는 것이다.** 산업 저널들을 한번 보라. 산업이 얼마나 잘하고 있는지, 또는 효율성이 아주 조금 증대된 것에 대한 자화자찬적 내용이 대부분을 차지하고 있다. 산업의 기본적인 작업 방식에 대해서는 어느 누구도 문제 제기를 하지 않는다. 장기적으로 그 산업의 제품이나 서비스를 무엇이 대체할 수 있을 것인지나 외부에서 개발한 제품이 기습 공격을 할지도 모른다는 생각은 하지 않는다. 그렇지만 산업과 기업의 운명을 결정하는 것은 바로 그런 것들이다.

역설적이게도 많은 기업이 '연구 개발'에는 과학적인 접근을 하면서도 진짜 목표나 잠재 고객이 진정으로 원하는 것이 무엇인지에 대해 시험 가능한 가설을 활용해 알아보는 데에는 별로 관심이 없다. 인정하건대 그것은 어려운 일이지만 마케팅이 사업 활동의 '의붓자식'으로 남아있는 한 산업의 쇠퇴에 놀라게 될 것이고 기업은 소비자가 더 이상 그들이 만드는 제품을 원하지 않게 되어 충격을 받게 될 것이다.

20세기에 접어들면서 철도 분야는 최고 유망 산업으로 떠올랐다. 최고의 투자처이자 미래 산업을 대표했다. 그러나 겨우 30년이 지난 후 트럭과 자동차가 출현하자 철도 산업은 정부 보조금으로 연명하며 무릎을 꿇고 말았다. 레빗은 그러한 신세를 모면하기 위해서는 **현재의 기업이 '고객을 창출하고 고객을 만족시키는 유기체'가 되어야 한다고 강조한다. 경영자는 자신을 제품 생산자가 아니라 '가치 창조자'로 바라봐야 한다.** 최고경영자는 이 역할을 담당하는 것이 특히 중요하다. 전체 조직을 더 창조적이고 상상력이 풍부하며 고민하는 조직으로 만들기 위해서는 직원들과 대중이 회사의 비전에 감화되어야 할 필요가 있기 때문이다. 그저 큰 공장과 사무실에서 상품을 대량 생산해 내는 것만이 중요한 것이 아니다. 사람들의 필요와 요구에 섬세하게 맞춰진 지극히 인간적인 공간이 필요한 것이다.

(함께읽으면좋은책) 클레이튼 크리스텐슨 《혁신 기업의 딜레마》, 김위찬, 르네 마보아 《블루오션 전략》, 리처드 코치, 그레그 록우드 《무조건 심플》, 잭 트라우트, 알 리스 《포지셔닝》, 사이먼 시넥 《스타트 위드 와이》

톰 버틀러 보던의 한마디

포드나 GM이 자신을 내연 자동차 산업이 아니라 개인용 이동 수단 산업으로 바라보았다면, 지금보다 더 높은 기업 가치를 인정받게 되었을 것이다.

그러나 알 리스(Al Ries)가 2013년 애드에이지(AdAge)에 실린 '마케팅 마이오피어 재고'라는 제목의 기사에서 주장한 것처럼 레빗의 글은 많은 기업이 자신의 전문 분야를 넘어 경험이 없고 실패할 수밖에 없는 분야로 영역을 확장하도록 부추김으로써 그들에게 도움이 되기보다는 방해가 되었다고 주장할 수도 있다. 예컨대 컴퓨터 본체 부문에서 1위 자리를 지켜왔던 IBM은 다른 종류의 제품들로 영역을 확장한 후 고전을 면치 못했다. 또한 일부 열차 기업은 '운송 기업'으로 경쟁하기보다는 지역적 특색을 살려 더욱 특화함으로써 명맥을 유지하며 승승장구했다. 2009년 워런 버핏의 버크셔 해서웨이(Berkshire Hathaway)는 미국 서부 지역을 관통하는 철도인 벌링턴 노던 산타페(Burlington Northern Santa Fe)를 260억 달러에 인수했다. 이 철도 회사는 가장 잘하는 분야인 화물 운송에 집중했기에 여전히 수익성이 좋다.

그럼에도 레빗의 글은 기업이 목적과 전략을 더 깊이 고민하고, 모든 기업이 다르다는 점을 인식하는 계기를 마련해 주었다. 종종 오늘날의 고객을 만족시키기 위해 집중과 전문화를 통해 균형을 맞추는 상반된 행동이 필요할 때도 있다. 그와 동시에 미래 시장에 편승하거나 더 나아가 미래 시장을 창출하기 위해 기업의 위치 재고도 필요하다. 산업은 새로운 것을 발명하거나 상품을 만드는 과정, 또는 발견에서 시작된다는 것이 일반적인 통념이다. 그러나 레빗은 산업의 가장 핵심은 '고객을 만족시키는 과정'이라고 말한다. 고객의 필요에서부터 시작해 거꾸로 거슬러 올라가야 하는 것이다.

여성의 의견에
귀 기울여라
《린 인》

"우리는 여성에게 집 안 또는 집 밖에서 일할지를 선택하게 했다.

여성에게 이 결정을 내릴 권리가 있다는 사실에 기뻐했고

마땅히 그럴만했다. 하지만 개인의 선택에 너무 집중한 나머지

여성이 지도자가 되기를 열망하도록 격려하는 데

실패한 것은 아닌지 자문해 봐야 한다."

셰릴 샌드버그 Sheryl Sandberg
1969년에 워싱턴 DC에서 태어나 하버드대학에서 경제학을 전공하고 동 대학원을 최고 우
등상으로 졸업했다. 세계은행과 〈맥킨지〉에서 근무했으며, 현재 페이스북의 최고운영책임
자다. 심리학자 애덤 그랜트(Adam Grant)와 공동 집필한 《옵션 B》는 남편의 죽음이 가족
에게 미친 영향에 대한 이야기를 담은 책이다.

페이스북의 최고운영책임자인 셰릴 샌드버그는 기업 내에서 하위 직급에서 시작해 최고위 직급에까지 오르면서 여성의 일자리 혁명은 여전히 갈 길이 멀다는 생각을 하게 되었다. 샌드버그는 여성이 부모 세대가 기대했던 평등 수준에 도달하지 못한 이유를 알아보고 싶었다. 관습적인 이유에 초점을 맞추는 것이 일반적이긴 하지만 샌드버그는 분명 다른 요소들도 작용했을 것이라고 추측했다. 사실상 여성 자신의 태도가 어떻게 작용했는지에 대해서는 아무도 이야기하지 않았다. 여성은 직업 세계에서 자신에게 가장 나쁜 적이 될 수 있다고 샌드버그는 말한다. **여성이 채용되어 조직에 기여할 수 있게 도와주는 규정이나 최소 할당 제도를 마련하는 것에는 큰 의미가 없다.** 만약 여성이 결정권을 행사할 수 있는 높은 자리에 앉는 것, 일반적으로 말하자면 일에 '적극적으로 참여하는 것'을 주저하게 만드는, 겉으로 드러나지 않는 미묘한 우대책이나 압력이 작동한다면 그런 규정들이 의미가 없다는 것이다.

여성과 일: 전망과 현실

샌드버그가 대학에 다니던 1980년대 후반에는 남자 동기들과 여자 동기들 사이에 능력이나 기대치에 있어 차이가 전혀 없었다. 샌드버그는 사회생활을 하면서도 이런 분위기가 이어질 것이라 예상했지만 20년이 흘러서 보니 기업의 임원 직책에는 대다수가 남성이고 대학을 졸업한 많은 여성은 집에 있거나 직급이 낮은 전일제 일자리에서 일하고 있었다. 상황은 자기만족적인 수준에 그치곤 했다. 기업과 조직들은 남성의 경우 계속 직장에 다니며 투자한 만큼의 수익을 안겨줄 것으로 보였기에 남성에게 더 투자를 많이 했다. 반면 여성의 경우는 직업적으로 가장 많이 발전할 수 있는 시기가 아기를 가지기에도 가장 좋은 시기이다. 그리고 그 두 가지 일은 병행하기 어렵다.

여성은 점점 남성보다 교육 수준이 높아지고 있지만 여성이 사회에 나가면 예상치 못한 일이 벌어진다. 직급이 올라갈수록 대학에서 학위를 받는 데 필요했던 능력들은 조직의 높은 자리에서 성공하는 데에는 필요치 않다는 것을 깨닫게 되는 것이다. 기업에서 고위직에 있으면 어느 정도의 자기 홍보와 위험 감수 능력이 필요하다. 2012년의 연구에 따르면 여성은 기업에서 경영 간부 자리에 오르고자 하는 열망이 남성의 절반 정도인 것으로 나타났다. 권력과 책임이 따르고 매우 도전적인 일이 단순히 남성을 끌어당기는 매력이 더 많아서 인지도 모르겠다. 젊은 밀레니얼 세대의 여성은 남성만큼 야망이 큰 것처럼 보이지만 남성은 최고의 일자리를 아주 중요하게 여기는 성향이 있어 더 좋은 직장을 구하게 될 가능성이 높다. 샌드버그는 "**남성은 야심이 많고 권력과 성공을 추구하는 행동에 대해 계속 박수갈채를 받는 반면 똑같은 특성을 드러내는 여성은 종종 사회적으로 불이익을 당한**

다.”라고 말한다. 이렇게 내밀한 문화적 기대를 고려할 때 지금까지 직장에서의 남녀평등이 기대에 못 미치는 상황이라는 것은 놀랄 일이 아니다.

차이 인정하기: 인식과 예상에 반하는 역할

샌드버그는 남녀 사이에 생물학적 차이가 존재한다는 사실을 인정한다. 이를테면 여성은 더 보살피고 돌보는 성향을 가지고 있고 남성은 더 적극적이고 자기주장이 강한 성향을 가지고 있는 등의 차이다. 하지만 사회는 이 차이를 더 두드러져 보이게 만들고 남성과 여성이 각각 무슨 일을 하고 어떻게 행동해야 한다는 기대감을 형성한다. 예를 들면, 여자아이들은 지배하려 들거나 우두머리 행세를 하는 행동이 여전히 금기시되는 경우가 많다. 그러나 사람들을 리드하려고 하는 남자아이들은 적극적이고 집중력이 강한 것으로 비춰진다. 남자아이들과 남성은 평생에 걸쳐 목표를 열정적으로 추구하는 태도에 대해 긍정적인 피드백을 받는다. 그러나 여자아이들과 여성은 그와 같은 추진력이나 투지를 보일 때마다 콧대가 꺾이는 경험을 하게 된다. ‘까다롭다’거나 ‘너무 공격적’이라거나 ‘성격이 원만하지 못하다’는 말을 듣기 십상이다.

여성은 전통적으로 더 공동체적인 이익을 추구하고 감수성이 예민하고 너그러운 성격을 지닌 것으로 인식되어 있어 직장에서도 이러한 성향이 요구되는 것이다. 이와 같이 '여성에 대한 선입견'으로 인해 여성은 특정한 방식으로 행동해야 한다고 느끼게 되었다. 그러나 그 과정에서 그들은 스스로를 직업적으로 불리한 입장으로 밀어 넣고 말았다. 예를 들면, 남성에게는 아무도 직장 동료를 무리해서 도와주기를 기대하지 않으며, 도와주지 않는다고 해서 불이익을 당하지도 않는다. 하지만 여성이 동료를 돕지 않으면 그들은 차갑고 이기적인 사람으로 비춰지며 소외당할 위험에 처하게 되기도 한다. 여성은 원하든 아니든 당연하게 착해야 하며 '무조건 다른 이들을 기분 좋게 대해야 한다'는 것이다.

샌드버그는 여성에 관한 이런 종류의 전형적인 인식에 대해 전혀 달가워하지 않는다. 오히려 그런 것이 존재하지 않는 것처럼 행동하려 노력한다. 그녀는 어느 정도까지는 여성이 기대에 부응해 행동할 필요도 있지만 이것을 강점으로 바꿔야 한다고 제안한다. 여성은 공동의 선과 객관적인 공정성에 초점을 맞춤으로써 회사에서 귀중한 인적 자원으로서 남성을 능가할 수 있게 된다. 여성은 연봉을 협상할 때도 내가 이것이나 저것을 원한다고 '나'에 초점을 맞춰 이야기하는 것을 지양해야 한다. 대신 "우리 팀을 대표해서 제가 협상하는 것입니다."라고 말하거나 비슷한 직급의 모든 여성 직원들을 대표해 협상하는 것이라 말하는 것이 좋다. 여성은 나약함으로 간주되었던 공동체적 특성을 그들 스스로와 회사, 일반 여성 모두에게 혜택을 주는 장점으로 바꿀 수 있다.

가면 증후군: 성차별과 여성의 자기인식

〈포브스〉지가 '가장 영향력 있는 여성' 리스트에서 샌드버그를 미셸 오바마보다 상위 순위인 5위에 올렸을 때 샌드버그는 당혹스러워 어찌할 바를 몰랐다. 샌드버그는 모두에게 그 순위 리스트가 터무니없고 비과학적이라고 말했고, 동료들에게 페이스북에 올린 관련 게시글을 내려달라고 부탁했다. 그러자 샌드버그의 비서는 굳이 그 기사를 부정하려고 하지 말고 그냥 "감사합니다."라고 화답하라고 귀띔했다. 어쨌든, 남성이라면 샌드버그처럼 행동했을까? 페이스북에서 두 번째로 가장 높은 자리에 앉아있는 인물로서 샌드버그는 다음과 같이 말한다.

> "저는 여전히 제가 두려워하는 상황을 마주하는 것이 어렵습니다. 아직도 제가 자격이 없는 사람같이 느껴지는 때가 많습니다. 그리고 여전히 가끔은 제 옆에 앉아있는 남성 임원들은 그렇지 않은데 제 목소리만 묻히고 무시당하는 것처럼 느껴질 때가 있지요. 하지만 이제는 숨을 깊이 들이쉬고 저 자신을 인정할 수 있게 되었어요. 이 자리에 앉는 법을 배우게 된 거죠."

샌드버그만 이렇게 느끼는 것이 아니다. 여러 조사에 따르면 **여성은 그들의 직위에서 종종 스스로를 허울 좋은 가짜 관리자인 것처럼 느낀다고 한다.** 그리고 자신의 업무 성과에 대해 불공정하리만치 가혹하게 평가한다. 반면 남성은 그와 완전히 반대로 행동한다. 자신의 업무 성과를 실제보다 더 과장해서 말한다. 또한 여성은 일반적으로 자신의 성공을 운이나 좋은 인간관계, 멘토의 공으로 돌리는 반면 남성은 당연하다는 듯 스스로에게 모든 공을 돌린다. 여성은 '권력'이나 '영향력 있는'이라는 단어가 그들에게 수식어로 붙는 것을 싫어하는 듯하다. 그러나 무슨 일인가를 하려면, 또는 새로운 사업을 개척하려면, 모든 사람들의 호응을 받을 수 없을 것임이 분명하다. 샌드버그가 페이스북 CEO 마크 저커버그와 함께 처음으로 그녀의 업무 평가를 하던 자리에서 저커버그는 샌드버그에게 한 가지가 방해가 될 것이라 말했다. 그 한 가지는 바로 '모두에게 사랑받고 싶은 욕망'이다. 이 무의식적 욕망을 내려놓자 샌드버그는 페이스북 안에서뿐만 아니라 밖에서도 대담성을 보이기 시작했다. 위험을 무릅쓸 줄 알게 되었으며 여성과 일과 관련된 사안에 대해 솔직하게 발언하게 되었다. 샌드버그는 "단순히 이 책을 쓴다고 해서 다른 이들에게 적극적으로 직장 생활에 몰입하도록 격려할 수 있는 것이 아니다. 내가 먼저 적극적으로 일해야 한다. 내가 두렵지 않아야 이 책을 집필하는 것도 가능한 것이었다."라고 말한다.

일터는 치열한 현장이고 많은 것들의 성패가 걸려 있다. 단순히 일의 감정적인 측면을 이해하는 것만으로도 당신은 더 좋은 상사가 될 수 있다고 샌드버그는 말한다. 직장에서 가끔 한 번씩

울거나 혼자 감정이 북받쳐 오르는 정도는 괜찮다. 여성이 직장에서 절대로 울지 않으려 한다는 것은 직장이 남성의 규율과 기대에 따라 운영되어야 한다고 인정하는 것이나 마찬가지일 것이다. 샌드버그의 사명은 여성이 자신을 조직에 '맞추려고' 노력하지 않게 만드는 것이다. 있는 그대로의 자신이 될 수 있는 용기를 가짐으로써 여성은 비즈니스와 조직의 문화를 더 좋은 방향으로 변화시킬 수 있다. 최고의 리더들이라고 해서 완벽하지는 않다. **진실하게 행동하는 것이면 충분하다.** 즉, 감정을 기꺼이 표현하려 해야 한다. 그것을 보고 사람들은 당신이 얼마나 열정적이며 최고의 결과를 원하는지 느낄 수 있다. 이는 나약함이 아니라 최선을 다하고 있다는 증거다.

열린 동반자 관계의 중요성

샌드버그는 "여성이 내리는 일과 관련된 결정 중 가장 중요한 한 가지는 평생의 동반자를 맞이할 것인가와 그 동반자는 누가 될 것인가 하는 점이다."라고 대담하게 말한다. 직장 생활이 요구하는 시간과 에너지를 고려해 볼 때 많은 사람은 미혼 여성만이 직장에서 높은 자리에 오를 수 있다고 생각한다. 하지만 실제로 샌드버그가 알고 있는 고위 관리자 직책을 맡고 있는 모든 여성의 옆에는 지원을 아끼지 않는 배우자가 있다. 아내가 일적인 목표를 이루는 것만 돕는 것이 아니라 기본적인 자녀 양육과 가사 노동은 물론이고 어떤 어려운 일도 기꺼이 도울 의향이 있는 남편들이다.

경영 전문가인 엘리자베스 모스 캔터Elisabeth Moss Kanter는 언젠가 이런 질문을 받은 적이 있다. "여성 리더를 돕기 위해 남성이 할 수 있는 가장 좋은 일이 뭘까요?"라고 질문하자 캔터는 "빨래를 도와주세요."라고 대답했다. 2015년에 갑작스럽게 세상을 떠난 샌드버그의 남편 데이브 골드버그Dave Goldberg는 기술 분야에서 성공적인 기업가였다. 야후에서 일하다가 서베이몽키SurveyMonkey 의 최고경영자가 되었다. 하지만 골드버그는 가정에서 아이를 직접 돌보는 아빠가 되고자 일하는 시간을 줄였다. 그래서 아내가 업무량이 많은 페이스북의 임원으로서의 역할을 충실히 수행할 수 있도록 지원했다. 전통주의자들은 그러한 행동이 남편을 무력하게 만든다고 지적할 것이다. 하지만 샌드버그는 일과 집안일, 육아를 동등하게 분담하는 관계일수록 더 평등하므로 더 행복하다고 말한다. 그리고 샌드버그의 경험상 "집안일을 함께 하는 부부가 성관계도 더 자주 가진다. 직관에 반하는 이야기로 들릴지도 모르지만 남편이 아내에게 보내는 관계 제안의 신호로 가장 좋은 방법은 설거지를 하는 것이다."라고 말한다.

샌드버그는 때때로 아이들의 특별한 날 행사에 참석하지 못하고 출장을 가야했던 것에 대해 아주 큰 죄책감을 느꼈다. 그렇지만 '어머니의 보살핌 속에서만 자란 아이들이 다른 이들의 손에 길러진 아이들과 다른 모습으로 성장하지는 않았다'는 내용의 2006년에 나온 보고 내용을 접하고 위안을 받았다. 엄마가 항상 옆에 있어 주지 못한 아이들은 인지 능력과 사회성, 인간관계 형성 능력에 있어서 다른 아이들에게 뒤지지 않는 것으로 나타났다. 그보다 아동 발달에 있어 더 중요한 부분은 관심을 보여주며 호응하는 긍정적인 아버지와 아이들이 스스로 뭔가를 하며 배우도록 격려하는 어머니, 그리고 정서적으로 서로 친밀감을 느끼는 부모의 존재다. 보고서에서 다음의 문장들은 샌드버그의 뇌리에 강한 인상을 남겼다. "어머니의 특별한 보살핌이 아이들에게 더 긍정적이거나 부정적인 결과를 가져오지는 않는다. 그러므로 엄마들은 자신이 일을 한다고 해서 아이들에게 나쁜 영향을 미치고 있다고 생각할 필요는 없다."

실제로 가장 큰 차이를 가져올 수 있는 부분은 **아이들이 엄마가 사랑이 넘치는 가정을 꾸리면서 동시에 성공적인 직장인으로서 커리어를 쌓아가는 모습을 보는 것이다.** 그리고 결정적으로 일에서 성공에 대한 야망이 큰 만큼 가족과 가정생활도 중요하게 생각하는 아버지를 아이들이 보면서 자라는 것이 중요하다. 이것은 분명 '한 가정씩' 일으킬 수 있는 혁명이라고 샌드버그는 말한다.

여성의 선택과 경제적 영향: 일과 육아의 균형을 찾아서

샌드버그는 적어도 미국에서는 "여성이 1년 동안만이라도 휴직을 하면 연간 평균 소득이 20퍼센트 줄어든다. 연간 평균 소득은 2~3년 후에는 30퍼센트 낮아진다. 2~3년은 직장에 다니는 여성이 휴직하는 평균적인 기간이다."라고 지적한다.

일부 여성은 아이의 인생에서 첫 2~3년 동안은 엄마로서 육아에만 전념하기를 갈망한다. 또 다른 여성은 육아 도우미에게 아이를 맡기는 비용이 너무 비싸서 직장으로 복귀하는 것이 비경제적이라는 이유로 거의 영구적으로 전업 주부가 되기를 선택하기도 한다. 샌드버그는 이것이 잘못된 시각이라고 주장한다. 아이를 맡기는 비용이 비싸다 할지라도 육아비는 가족의 미래를 위한 투자이다. 오랫동안 일을 쉬는 것에 비해 직장에 오래 남아있음으로 미래에 훨씬 더 많은 수입을 벌게 될 가능성이 높아지기 때문이다. 샌드버그는 그녀가 구글과 페이스북에서 근무할 때 출산 후 비교적 빨리 회사로 복귀하는 결정을 내린 것에 대해 언급한다. 그런 결정을 내리기는 쉽지 않았지만 그녀는 자신이 함께 일하는 사람들 또한 사랑했고 그 두 조직의 임무 모두를 아주 중요하게 생각했기에 수개월에서 수년에 걸쳐 회사에서 자리를 비우는 것 또한 잘못된 일처럼 느껴졌던 것이다. **일과 아이들을 돌보는 일 사이에 선택하는 일은 결코 쉬운 결정이 아니다. 하지만 당신에게 맞는 결정을 내려야 한다.** 야후의 최고경영자였던 마리사 메이어Marissa Meyer가 출산 휴가 기간 동안 일을 하는 결정을 내렸을 때 거센 비판의 화살을 쏟아부은 사람들은 대부분 다른 여성이었다고 샌드버그는 지적한다. 여성은 무엇보다도 다른 여성의 결정에 대해 자신만 고결한 척 상대를 누르려고 하기보다는 함부로 판단하거나 지지하지 않도록 주의해야 한다. 설사 그것이 명백한 오해라 하더라도 아이를 방치하는 나쁜 엄마라는 말을 듣는 것만큼 큰 상처는 없다. 그리고 그런 말을 가장 듣고 싶지 않은 상대가 다른 여성이기 때문이다.

(함께읽으면좋은책) 피터 드러커 《피터 드러커의 자기 경영 노트》, 에릭 슈미트, 조너선 로젠버그 《구글은 어떻게 일하는가》

톰 버틀러 보던의 한마디

엘리사 셰빈스키(Elissa Shevinsky)의 《린 아웃》과 같은 책들은 샌드버그가 기술 기업에서 여성을 너무 남성의 기준에 맞추어 일하도록 만든다면서 기술 기업의 지극히 남성중심적인 문화를 거세게 비판하기도 했다. 이 기업이 주장하는 것과 현실 사이의 상당한 격차는 2017년에 있었던 '구글 레터' 사건에서도 드러났다. 이 사건은 구글의 한 남성 소프트웨어 엔지니어가 더 많은 여성을 고용하고자 하는 회사의 정치적으로 정당한 시도를 잘못된 것으로 심하게 비난하는 익명의 게시글을 올린 사건이었다. 기술 기업에서는 여성이 태생적으로 남성에 비해 기술 관련 업무에 적합하지 않아서 여성 노동자의 비율이 매우 낮은 것일 뿐이라고 그는 주장했다.

이 논쟁에서 사람들은 컴퓨터 업계에서 큰 업적을 남긴 수도 없이 많은 여성, 이를테면 유니박(Univac)의 그레이스 호퍼(Grace Hopper)와 사물인터넷의 주역 데보라 에스트린(Deborah Estrin), 그리고 아마존, 구글과 같은 기업에서 열정적으로 일하고 있는 수많은 여성까지 상기시키며 반박했다. 인식이 바뀌는 데에는 시간이 필요한 법이다. 샌드버그는 '영향력 있는 여성이 예외적인 존재로 대우받지 않을 때 진짜 변화가 찾아올 것'이라고 말한다. 소수 성별이나 인종의 사람들이 다수의 사람들과 다르게 행동할 때 그것을 이유로 비난하기는 쉬운 일이다. 하지만 '여성이 고위직의 50퍼센트를 차지하고 있다면 그렇게 많은 사람을 싫어하기는 불가능할 것이다'라고 샌드버그는 지적한다. 무슨 일이든 일반적인 일로 받아들여지게 되면 쉽게 수용이 가능하다.

세상의 발전을 위한
경영을 펼쳐라
《스타트 위드 와이》

"위대한 리더들은 '왜'에 대한 분명한 답을 가지고 있기에
카리스마를 발휘할 수 있다. 자신보다 더 큰 목적이나 대의명분에 대한
수그러들지 않는 믿음이 있는 거다. 에너지는 사람들을 흥분시키지만
오로지 카리스마만이 영감을 줄 수 있다. 카리스마는
충성을 요구하지만 에너지는 그렇지 않다."

사이먼 시넥 Simon Sinek
1973년에 런던에서 태어나 뉴저지주의 데마레스트에서 고등학교를 마친 후 브랜다이스대
학에서 인류학을 전공하고 런던시티대학에서 한동안 법학을 공부했다. 세계 최고의 싱크탱
크라 불리는 랜드연구소의 객원 연구원이며, 전략 커뮤니케이션 전문가로 활동하고 있다. 주
요 저서로 《인피니트 게임》, 《나는 왜 이 일을 하는가》 등이 있다.

《스타트 위드 와이》의 내용을 기반으로 한 사이먼 시넥의 TED 강연 '훌륭한 리더는 어떻게 행동하게 만드는가'는 조회수 2900만을 기록했다. 시넥은 2000년대 초에 사업가가 되기를 간절히 열망했고 시장 포지셔닝 및 전략 컨설팅 회사를 운영하게 된 첫 2~3년 동안은 한껏 열의에 차 있었다. 그러나 2005년이 되자 겨우 버텨내며 사업이 도산하게 될까 봐 두려움에 떨고 있는 자신을 발견하게 되었다. "정말 절박했어요. 사업가에게는 거의 자살 행위라 볼 수 있는 취업을 고민하기 시작했지요."라고 회상한다.

무엇이 잘못된 것이었을까? 시넥은 자신이 개인적인 성공에만 너무 매달려 있었다는 사실을 깨닫게 되었다. 잠재 고객들은 시넥과 회사의 존재 의미가 무엇인지 알지 못했던 것이다. 그 결과 일거리가 많지 않았다. 위기 상황은 시넥이 사업을 하는 동기에 대해 생각해 보게 만들었다. **어떤 일을 하는 근본적인 이유에 해당하는 '왜'**라는 부분에 대해 생각해 보게 된 것이다. 이 어둠의 터널을 빠져나와 분명한 목적이 중요하다는 사실을 깨닫게 되면서 시넥은 강연을 하고 《스타트 위드 와이》를 집필하게 되었다.

골든 서클: 왜와 어떻게가 성공을 결정하는 열쇠

모든 기업은 그들이 무슨 일을 하고 있는지를 알고 있다. 대부분의 기업은 그 일을 하는 방법(고유한 실행 계획, 상표를 등록하는 과정, 경쟁업체에 비해 상품을 더 잘 만들거나 다르게 만드는 방법 등)을 이해하고 있다. 하지만 그들의 존재 이유를 정확히 이해하고 있거나 말할 수 있는 기업은 아주 드물다. 쉽게 말해서, 아침에 그 기업의 직원들이 침대에서 이불을 박차고 일어나도록 동기를 부여하는 목표나 사명이 그에 해당한다.

예컨대, 한 컴퓨터 회사가 영업 프레젠테이션을 할 때는 무엇(우리는 훌륭한 컴퓨터를 만듭니다)으로 시작해서 어떻게(훌륭하게 설계되었고 사용이 쉽습니다)를 설명하고, 그러고 난 뒤, 왜 또는 왜 아닌지(구입하시겠어요?)에 대해 이야기한다. '왜'에 관한 이야기가 왜 가장 마지막에 나오는 걸까? 그 이유는 '무엇'은 분명하고 구체적이지만 '왜'는 모호하고 어렵기 때문이다. '무엇'이 가장 중앙에 있고 '어떻게'가 중간에, '왜'가 가장 바깥에 있는 동심원을 한번 떠올려 보라. 이 순서를 반대로 돌리면 당신의 회사를 완전히 변화시킬 수 있는 '골든 서클'이 된다고 시넥은 말한다. 그가 보여주는 사례는 일반적인 컴퓨터 회사들과는 정반대의 동심원을 보여주는 애플이다. 골든 서클의 특징은 다음과 같다.

- **왜**, 우리는 언제나 현상 유지에 반대하며 다르게 사고한다.
- **어떻게**, 아름답고 단순한 사용자 중심 제품으로 이상을 실현한다.
- **무엇**, 우리 컴퓨터를 구입하겠는가?

사람들은 당신이 하는 일을 사는 것이 아니라 당신이 그 일을 하는 이유를 사는 것이라고 시넥은 말한다. 애플의 경우, 그들의 제품에는 대의명분이 있다.

우리는 지금은 잊고 있지만 애플이 최초의 컴퓨터를 가지고 등장했을 때 대다수의 기업은 비즈니스와 조직을 도와주는 이 커다란 기계에 미래가 달려 있다고 믿었다. 애플은 "아니오, 우리는 거실에 있는 사람에게 회사와 똑같은 힘을 부여하고자 합니다."라고 말했다. 시간이 흘러 그들은 아이팟을 대중 앞에 내놓으며 그것이 '무엇'인지 설명하기보다는 주머니 속에 '1,000곡을 담아서 다니세요'라고 말하며 '왜' 아이팟이 필요한지 설명했다.

'무엇'에 방점을 두는 기업이 되었을 때 문제는 소비자가 당신이 무슨 일을 하는 기업인가와 연결지어 당신이 만드는 제품을 알아본다는 것이다. 이를테면 델Dell은 컴퓨터 기업으로 인식된다. 그래서 다른 종류의 제품으로 확장하는 데 언제나 어려움을 겪었다. 하지만 당신의 기업이 애플과 같이 '왜'(특정 제품이나 서비스를 뛰어넘어 기업을 움직이게 만드는 정신)로 인식되는 기업이라면 기존의 생산 제품과 상관이 없는 분야로(그것이 시계이든 자동차이든) 확장하는 데에도 문제가 없을 것이다. 당신은 애플을 구입하고 있다. 하지만 델의 경우에는 델에는 별로 관심이 없고 단지 그들의 제품을 구입하고 있을 뿐이다.

제품의 특징보다는 목적이 구매를 불러일으킨다

기업의 목표는 사람들이 그들의 제품이나 서비스를 진정으로 원

해서 구입 결정을 내리도록 만드는 것이다. 만약 소비자가 당신의 상품을 구입할지 결정하기 위해 실증적인 자료를 기반으로 손익 계산을 해본다면, 당신은 수년, 또는 수십 년 동안 지속되는 관계를 형성하지 못한 것이다. 당신은 소비자가 당신의 목적과 제품을 좋아해서 제품을 사용하면 기분이 좋아지기 때문에 당신의 제품만을 고수하기를 원한다. 사람들이 본능적으로 당신의 제품을 찾기를 원한다.

티보TiVo는 분명한 이점을 제시하며 잠재 구매자들에게 마케팅 활동을 펼쳤다. 이 기기는 생방송 TV를 일시 중지하거나 앞으로 돌려주기도 하며 광고 건너뛰기와 당신이 좋아하는 프로그램을 대신 녹화해 주는 기능도 가지고 있었다. 그러나 티보는 기업으로서의 기대에는 부응하지 못했다고 시넥은 지적한다. 왜냐하면 티보의 제품이 제공하는 합리적인 이점(그 기업이 하는 일)을 판매하는 데 그쳤기 때문이다. 그리고 대다수의 사람들은 그 기능이 필요하다고 생각하지 않았던 것이다.

티보의 설립자들은 사람들에게 그들이 믿는 바가 무엇이며, 애초에 그들이 제품을 고안한 이유와 그 제품이 TV 시청에 대해 완전한 통제권을 줌으로써 사람들의 삶을 어떻게 더 풍요롭고 편리하게 만들 것인지에 대한 전망을 전달했어야 한다고 시넥은 지적한다. 특별한 기능들은 제품이 기본적인 목적을 수행하도록 도와주고 있을 뿐이다. '티보'라는 단어는 텔레비전 프로그램을 녹화

한다는 뜻의 동사처럼 쓰이게 되었지만 티보 입장에서는 애석하게도 사람들은 케이블 TV나 위성 TV에서 제공하는 녹화 기능도 티보의 녹화 기능만큼이나 자주 이용하게 되었다. 그래서 그러한 기능들 외에 그 제품을 뒷받침하는 철학이 없었기에 사람들은 굳이 티보 녹화기를 구입해야 할 필요성을 느끼지 못한 것이다.

사람들이 델보다 애플에서, 또는 포드보다 테슬라에서 일하는 것을 선호하는 이유는 두 경우 모두 자신이 뭔가 더 큰 것의 일부로 존재하며 미래를 창조하는 일을 돕고 있다는 느낌을 원하기 때문이다. 고객 입장에서도 맥북이나 테슬라 모델 S를 구입하면 첨단 기술을 앞장서서 누리고 있다는 우월감이 든다. 결국 다른 기업과 비슷한 기업 구조의 애플이나 테슬라라는 기업을 사랑해서가 아니라 그 기업이 생산하는 제품을 사용하면 내가 어떤 기분이 들고 이 제품이 나를 어떻게 표현해 주는가가 중요한 부분이다.

영감을 주는 성공적인 기업의 반대편에는 최저가로 제품을 판매한다는 이유만으로 시장 선두 주자가 된 기업이 있다. '그렇지만 월마트는 가격을 강조한 덕분에 엄청난 성공을 거두지 않았는가?'라고 반문할 것이다. 사실 저가 전략은 항상 대가가 따르기 마련이라고 시넥은 말한다. 월마트가 연루된 대부분의 스캔들은 가격 할인에 지나치게 열중하느라 가격을 내리기 위해 임금이나 공급업체의 납품 가격을 낮추려 한 것과 관련된 문제들이었다.

기업의 규모가 커질수록 기업은 돈벌이를 위해 무엇을 생산해야 하는지는 알고 있지만 그들이 존재하는 이유는 잊어버리기 쉽다. 월마트 창립자 월튼의 애초 월마트 설립 동기는 상품을 저렴한 가격에 제공함으로써 지역 주민들의 생활 수준을 높이고 도시까지 운전해 가지 않고도 동네에서 편안히 쇼핑할 수 있도록 해주고 지역 사회 발전 계획에 이바지함으로써 지역 공동체를 돕는 기업이 되는 것이었다. 그런데 창립자가 세상을 떠나고 난 뒤에는 왠지 '왜'는 사라지고 월마트는 그저 저가와 수익에만 급급해 하는 듯하다. 결과적으로 월마트는 직원과 공급업체에 대한 부당한 처우 문제로 다수의 소송에 휘말렸고 고객들은 다른 마트에서 똑같은 제품을 싸게 구입할 수 있다면 기꺼이 월마트를 떠나겠다는 입장이다.

신뢰와 성공: 가치 공유

1970년대 초반에는 미국인 중 겨우 15퍼센트만이 비행기 여행을 했다. 사우스웨스트 항공의 허브 켈러허와 그의 파트너 롤린 킹Rollin King은 서민을 대변하는 입장에서 이런 상황을 바꾸고자 했다. 그래서 텍사스주의 도시들 간 비행기 여행을 훨씬 더 저렴하게 만들었다. 사우스웨스트 항공에서 처음 내걸었던 슬로건은 '이제 여러분도 전국 어디에든 갈 수 있습니다'였다. 이제 비행기 여행은 두 단계의 가격 체계로 운행되며 저렴하고 재미있고 쉬워졌다.

몇 년 후 유나이티드 항공은 사우스웨스트 항공을 모방하여 자회사인 테드Ted를 설립했고, 델타 항공 역시 송에어Song Air라는 저가 항공사를 만들었다. 그러나 둘 다 4년 내로 사업을 접을 수밖에 없었다. 왜일까? 그들이 훨씬 더 많은 자원을 쏟아서 사우스웨스트 항공과 동일한 서비스를 제공하고 있었는데도 말이다. 결국 소비자가 선택을 할 때는 그저 가격, 품질, 기능만을 고려하는 것이 아니라는 것이다. **우리는 우리가 잘 아는 것과 쉽고 확실한 것, 긍정적인 느낌을 불러일으키는 것, 이를테면 신뢰나 충성심에 마음이 끌린다.** 테드와 송에어는 왜 생겨났는가? 우리가 알고 있는 바에 따르면, 거대 항공사를 지켜내기 위한, 또는 시장 점유율을 지켜내기 위한 필사적인 행보였다. 그러나 우리는 소비자로서 비록 사우스웨스트 항공이 항상 가장 저렴한 가격을 제공하는 것은 아닐지라도 언제나 고객을 위해 더 나은 서비스를 제공하려고 고민하고 있다는 느낌을 왠지 모르게 받고 있었던 것이다.

최고의 배우자가 당신과 가치를 공유하고 있는 사람인 것처럼 최고의 고객은 당신이 믿는 바를 믿는 사람들이다. 최고의 직원은 당신이 필요로 하는 기술을 가지고 있는 사람이 아니라 당신이 회사로서 하고자 하는 일을 믿는 사람이다. 시넥은 어니스트 섀클턴Ernest Shackleton의 남극 탐험을 예로 들어 설명한다. 그들은 광활한 남극 대륙을 횡단하겠다는 목표에 근접하지 못했다는 점에서는 실패했지만 다른 측면에서 보자면 성공한 것이었다. 수개월 동안 생존에 대한 희망이 거의 없는 상태로 얼음으로 뒤덮인 곳에 고립되어 있었음에도 한 사람도 빠짐없이 모두 살아 돌아왔기 때문이다. 리더십 전문가들은 이를 두고 섀클턴이 같은 뜻을 가진 사람들로 팀을 조직한 덕분이라고 분석했다. 섀클턴이 당시 남극 탐험 대원 모집을 위해 〈더 타임스〉에 냈던 유명한 광고를 보면 특별한 기술이나 자격, 경험을 요구하기보다는 대신 이렇게 말했다.

"인간은 위험한 여행을 원했다. 적은 임금과 모진 추위, 수개월 간의 칠흑 같은 어둠, 계속되는 위험을 견뎌내야 하는 안전한 귀환이 보장되지 않는 여행 말이다. 이런 여행에서 성공했을 때 존경과 인정을 받게 된다."

시넥은 무조건 '열정적이기만 한 사람들'을 채용하는 것이 아니라 당신과 동일한 열정을 가지고 있는지 봐야 한다고 말한다. 많은 기업은 이른바 '스타' 영업자들이나 경영인을 채용하지만 다음의 두 가지 조건 속에서 발전하는 문화를 구축하기 위해 시간과 노력을 들이는 기업은 드물다. 첫째, **모두가 공유하고 있는 아주 분명한 사명** 둘째, 신뢰하는 분위기. 훌륭한 조직은 조직원이 보호받고 가치를 인정받는다고 느끼며, 그 결과 **조직원이 더**

욱 분발하도록 만드는 조직이다. 허브 켈러허는 고용인을 최우선 순위에 두고 고객을 두 번째, 주주를 세 번째 순위에 둠으로써 일반적인 통념과는 반대되는 경영을 했다. 항공업계의 다른 기업은 매우 저조한 수익률과 높은 이직률을 나타내며 파괴적인 경쟁을 치르는 다른 세계에 존재하는 것처럼 보였던 반면, 그의 방식은 수익과 안정성을 가져오는 결과를 낳았다.

(함께읽으면좋은책) 리처드 코치, 그레그 록우드 《무조건 심플》, 잭 트라우트, 알 리스 《포지셔닝》, 피터 센게 《제5경영》

톰 버틀러 보던의 한마디

'왜' 조직을 구축해야 하는 중요한 이유는 의사결정을 훨씬 더 쉽게 만들어준다는 것이다. 당신이 무슨 일에 관여해야 하는지, 또는 하지 말아야 하는지, 그리고 누구와 일을 해야 하고 하지 말아야 하는지에 대한 분명한 기준을 가지게 될 것이기 때문이다. 시넥은 자신과 잘 맞지 않을 것 같은 사람들과는 거래를 회피하려고 해 사업 파트너를 화나게 하곤 했었다. 그들이 맞지 않아 보인 이유는 그들이 가지고 있는 관점이나 정신이 그의 것과 비슷하지 않다는 것이었다. 어쨌든 시넥은 다음과 같이 판단했다. 만약 사람들에게 영감을 불어넣는 일에 관심이 없는 사람들이 시넥과 함께 일한다면 그들은 오래 버티지 못할 것임이 분명했다. 분명한 목적은 영감을 불러일으키고 기운을 북돋워줄 뿐만 아니라 맞지 않는 사람들과 부적합한 프로젝트를 진행하는 데 허비하게 되는 시간과 노력을 절약해 주기도 한다. 반면 모두가 '왜'라는 분명한 목적을 가지고 있고 그들의 삶과 일이 목적을 드러내는 도구가 되는 세상을 한번 상상해 보라. 그런 세상에서는 삶과 비즈니스에서 잠재성을 온전히 발현하는 것이 당연한 일이 될 것이다.

BOOK
38

Crossing the Chasm

신제품이 수용되는
분명한 패턴을 파악하라
《제프리 무어의
캐즘 마케팅》

"아주 혁신적인 첨단 기술 제품들은 열풍에서 시작된다. 시장 가치나
목적보다는 소수 얼리어답터 그룹에서 폭발적인 관심을 갖는 특징 있는
제품이 유행을 낳는 것이다. 이것이 초기 시장이다. 그리고 나머지 사람들이
이것이 어떻게 될지 지켜보는 시기가 온다. 이것이 바로 캐즘이다."

제프리 무어 Geoffrey A. Moore

1946년에 태어나 스탠퍼드대학을 졸업한 후 워싱턴대학에서 영문학 박사학위를 받고 올리벳대학에서 교수를 역임했다. 여러 기업에 경영 자문을 해주면서 자신의 컨설팅 회사인 제프리 무어 컨설팅을 설립했다. 이후 캐즘 그룹(Chasm Group)으로 발전한다. 주요 저서로 《인사이드 더 토네이도》, 《이스케이프 벨로시티》 등이 있다.

제프리 무어의《제프리 무어의 캐즘 마케팅》은 전 세계에서 100만 부의 판매고를 올린 밀리언셀러이다. 이 책은 무어가 기술 기업에게 수백 건의 자문을 제공하면서 얻은 결과물이다. 무어는 첨단 기술 분야의 마케팅을 전문으로 하지만 다른 분야에도 일반적으로 적용될 수 있는 교훈을 준다.

무어는 실리콘밸리에서 일하기 전에는 영문학 박사 학위를 취득해 영문학 교수로 재직했다. 때문에 내용이 유익할 뿐만 아니라 문체가 명료하고 재미있어서 마케팅 및 전략에 관한 도서 중에서 단연 돋보인다. 무어는 책에서 실패에는 보통 근본적인 문제가 존재한다고 주장한다. 즉, 제품이나 서비스가 초기의 작은 시장에서 큰 주류 시장으로 옮아가는 방식에 대해 제대로 이해하고 있지 못하다는 것이다. 그 두 시장 사이에는 아주 깊고 두려운 협곡이 놓여 있어서 수천의 이름 없는 스타트업이 그 협곡을 건너지 못하고 사라졌고 지금도 계속해서 사라지고 있다. "그 협곡을 성공적으로 건넌 첨단 기업은 이른바 대박이 나고 실패하면 사라지게 되는 것이다."라고 무어는 말한다.

기술 수용 주기: 초기 제품 발표와 수익 극대화

신기술을 기반으로 개발된 순수 전기 자동차 테슬라 모델 S를 한번 살펴보자. 이 제품이 더 깨끗하고 조용하고 환경에 더 좋다는 가정하에 **마케팅 담당자의 입장에서 관심이 있는 질문은 자동차**

가 환경에 바람직한지의 여부가 아니라, 소비자가 언제 그 자동차 구매를 고려할 것인가 하는 부분이다.

동네에서 당신이 가장 먼저 테슬라 자동차를 소유하는 사람이 되고 싶고 테슬라의 기술에 매료되어 있다면 이른바 기술 수용 주기에 따라 당신은 '혁신 수용자 또는 얼리어답터'라 할 수 있다. 그러나 만일 주변에 충전소가 충분히 많이 생길 때까지 전기 자동차를 사지 않고 기다리고 있다면 '전기 다수 수용자'로 분류될 것이다. 전기 자동차 구매를 고려는 하고 있지만 다수의 사람들이 전기 자동차를 사용해야 구매하겠다는 입장이라면 당신은 '후기 다수 수용자'에 속한다. 그리고 만일 새로운 제품에 대한 저항감이 커서 가솔린 자동차에서 다른 자동차로 갈아탈 마음은 없지만 언젠가는 바꿀지도 모르겠다고 생각한다면 '느린 수용자'이거나 '회의론자'이다.

전기 다수 수용자는 조금 시간을 두고 해당 기술이 유행이 되는지, 또는 주류가 되기 시작하는지 지켜보기를 원한다. 그렇게 될 것이라 판단될 때 대규모의 새로운 시장이 형성된다. 어떤 기업이 기술을 가지고 그 시장에 가장 먼저 뛰어들어 초기 제품을 신상품으로 발표할 수 있게 되면 사실상 독점을 누리거나 시장의 50퍼센트 이상을 가져갈 수 있는 기회를 가지게 된다. 실리콘밸리에서는 소프트웨어 분야에서 MS, 관계 데이터베이스 분야에서 오라클Oracle, 라우터와 스위치 분야에서 시스코Cisco, 검색어 광고 분야에서 구글이 이에 해당한다. 이 기업은 이와 같은 방식으로 큰 수익을 얻게 되는 것이다.

캐즘 기업의 판단과 실제 시장 현실

기술 수용 주기의 바탕을 이루고 있는 생각은 당신이 신제품을 내놓으면 가장 먼저 얼리어답터가 사용하기 시작하면서부터 회의론자가 사용하게 되기까지 단계를 거치며 자연스럽게 이행한다는 것이다. 일례로 2009년 출시된 태블릿 컴퓨터인 애플의 아이패드를 들 수 있다. 아이패드는 초기에는 맥 컴퓨터의 열광적인 팬들이 사용하기 시작했고 짧은 기간 내에 경영 간부와 영업자들의 책상 위로 그 범위를 확장하더니 외관상 컴퓨터처럼 보이지 않으면서도 놀라운 기능을 수행할 수 있는 최초의 컴퓨터라는 이유로 어린아이부터 노인까지 모두가 사용하는 기기가 되었다.

하지만 유감스럽게도 그런 제품은 아주 찾아보기 힘들다고 무어는 말한다. 기술 수용 주기는 현실을 제대로 보여주지 못한다. 실제로는 특정 단계의 사용자에서 다른 단계의 사용자로 자연스럽게 넘어가는 흐름이 존재하지 않기 때문이다. 완전히 새로운 시장을 창출하겠다는 신생 기업의 약속을 믿었다가 새로운 시장이 만들어지지 않아 손해를 본 경험을 한 적이 있는 **투자자라면 얼리어답터들이 신제품을 수용하는 자그마한 시장과 전기 다수 수용자들의 신흥 주류 시장 사이에 커다란 간극이 존재함을 짐작**

할 수 있을 것이다. 그것이 바로 캐즘이다.

캐즘은 기업이 현재 존재하는 제품보다 비전문가의 시각에서 그저 조금 더 사용이 쉬운 것이 아니라 엄청나게 더 사용이 쉬운 제품을 개발할 때 극복할 수 있다. 기술에 열광적으로 관심이 많은 사람이 제품을 극찬한다고 해서 나머지 사람들이 관심을 가질 것이라는 보장은 없다. 사람들은 자신과 같은 사람들(대중)이 제품을 추천하기 시작해야 비로소 그것을 구매하게 될 것이다.

기업은 종종 자사의 혁신적인 제품의 판매율이 초기에 급등한 것을 보고 주류 시장으로 이어지는 지속적인 상승 곡선의 시작점이라고 잘못 판단한다. 하지만 실제로는 이러한 초기의 판매 양상은 대개 일시적인 현상으로 그친다. 가끔 신기술 제품이 대중의 삶을 바꿀 수 있다고 홍보되기도 하지만 결국에는 세그웨이의 경우처럼 오락용으로 사용되거나 일부 산업 용도로 사용되는 데 그친다. 세그웨이는 계단이 있는 곳에서 이동이 제한된다는 단순한 이유로 광범위한 사용이 가로막혔다.

B2B 시장에서의 캐즘 뛰어넘기

B2B 기술 시장에서는 신제품의 선지자나 얼리어답터들은 기업의 생산성이나 고객 서비스를 크게 향상시킬 수 있는 돌파구를 찾고 있다. 예컨대, 넷플릭스의 회장 리드 헤이스팅스Reed Hastings 가 넷플릭스의 전 사업을 아마존 클라우드에 올리기로 결정한 사

례와 메릴린치Merrill Lynch의 부회장 해리 맥마혼Harry McMahon이 전체 영업 시스템을 검증되지 않은 세일즈포스Salesforce 클라우드 플랫폼에 올리겠다고 한 사례가 이에 해당한다.

유감스럽게도 검증되지 않은 제품을 공급하는 업자에게 이런 고객은 소수에 불과하다. 대다수의 기업은 돌파구를 찾기보다는 기존 시스템을 보존하고 향상시키기를 원한다. 이것이 주류 시장이고 이런 실용주의자들에게 상품을 판매하고 싶다면 그들의 입장에서 생각하고 그들이 어떤 문제를 해결하고자 하는지 알아야 하며 산업 콘퍼런스에도 참석해야 한다. 무어는 "높은 품질과 서비스를 제공한다는 명성을 얻어 항상 선택받는 확실한 공급 업체가 되어야 한다."라고 조언한다.

업계에는 실용주의자 외에 보수주의자가 존재한다. 그들은 자신에게 적합한 것을 찾게 되면 그것을 고수하고 싶어 한다. 당신의 기업 서비스를 보수주의자에게 판매하는 길은 아주 구미가 당기도록 만들어 거절할 수 없게 만드는 것이다. 예를 들면, 간단하게 묶음 패키지 서비스로 만들어 아주 할인된 가격에 제공하고 그들이 가지고 있는 다른 시스템과 완벽하게 조화롭게 잘 돌아가도록 해주는 것이다. 즉, '완전한 솔루션'을 만드는 데 모든 노력을 쏟아붓는 것이다.

마지막으로 보수주의자 다음 단계에는 회의론자가 있다. 그들은 판매 회사를 적극적으로 불신하고 제품의 홍보 내용과 실제로 제공하는 가치 사이의 차이점을 찾아낸다. 회의론자의 말에 방어적인 태도를 취하고 무시하기보다는 그들의 말에 귀를 기울이면 큰 이득이 될 수 있다. 어쨌든 홍보 내용과 실제 제품 사이에 차이가 있다면 그것이 계속 판매 기업의 발목을 잡게 될 것이기 때문이다. 하지만 회의론자들까지도 만족하게 만들 수 있다면 그 시장이 견실하고 장기적일 것임은 두말할 필요가 없을 것이다.

캐즘을 뛰어넘으려면 상륙 거점을 확보하라

무어는 기업이 저지르는 가장 큰 실수는 그들이 탄력을 받을 수 있을 것으로 보이는 모든 종류의 영업을 진행함으로써 초기에 번창할 수 있을 것이라 믿는 것이라고 말한다. 그러나 무어는 경험에 비추어 보았을 때 성공하는 기업은 좁은 틈새시장을 확보해 그것을 장악하는 데 매우 집중한다고 한다. 큰 시장에 작은 상륙 거점을 먼저 확보하는 것이다. 그렇게 할 수만 있다면 그들의 제품이 주류 시장으로 진입할 때 경쟁은 거의 없을 것이다. 그는 이것을 노르망디 상륙작전 디데이에 비유하면서 파리를 점령하려면 노르망디를 먼저 확보해야 한다고 말한다.

상륙 거점을 확보하기 위해서는 사용자에게 단일한 혜택을 안겨주는 데 초점을 맞추어 완전한 세트 상품과 서비스를 제공하는 '완전완비제품'을 개발해야 한다. 이렇게 해서 고객을 확보할 수 있다는 것을 알게 되면 더 많은 고객을 얻을 수 있는 분명한 기준을 가지게 된다. 너무 많은 제품이나 서비스를 가지고 실험을 하면 노력한 만큼의 성과를 얻지 못할 수 있다. 이와 같은 방식이 성공적인 이유는 입소문 때문이다. 좁은 틈새시장에 초점을 맞추면 그 분야의 사람들은 당신의 제품이 마음에 들면 그 제품에 대해 서로 이야기할 것이고 그러면 머지않아 당신이 하는 일을 지원하려는 사람이 점점 더 늘어날 것이다. 그러나 만약 당신이 여러 분야에 걸쳐 영업 중심적인 접근법으로 어떤 사업을 진행한다면 고객층은 너무 넓게 분산되어 입소문이 나지 않을 것이다.

신기술 기업이 마주해야 하는 냉혹한 진실은 업계의 실용주의자들은 보통 완벽한 '완전완비제품' 솔루션을 제공하는 시장 주도 기업의 상품만을 구입하기를 원한다는 것이다. 이 사실을 고려해 볼 때 **신생 기업으로서 당신이 가질 수 있는 유일한 희망은 처음부터 특화된 자기 시장을 가지기 위해 '작은 연못의 큰 물고기' 전략을 구사하는 것이다.** 고객들은 제품의 한계점에 대해 불평할지도 모르지만 다른 한편으로는 그들이 제품에 '길들여졌음'을 인정할 것이다. 당신의 제품이 고객을 위해 모든 과정을 간소화했고 그들도 그 사실을 알고 있기 때문이다.

애플이 매킨토시를 가지고 대기업의 그래픽아트 부서를 공략했을 당시에는 그것이 작은 시장이라는 사실이 실제로 유리하게 작용했다. IT 부서들이 IBM의 컴퓨터를 선호함에도 불구하고 애플이 기업 내에서 특허 표준을 만들 수 있었기 때문이다. 그러나 이렇게 상륙거점을 구축하자 애플은 그 기업의 마케팅과 영업팀에 컴퓨터를 판매하기 시작했다. 그러고 난 뒤 그들과 협업하는 광고 및 마케팅 에이전시에도 판매했다.

일반적으로 '문제가 더 심각할수록 목표 틈새시장은 당신을 캐즘에서 더 빨리 끌어내 줄 것'이라고 무어는 말한다. 일단 캐즘에서 빠져나오면 다른 틈새시장으로의 확장 기회가 어마어마하게 늘어난다. 이제 실용주의자 고객들이 당신의 뒤를 든든하게 받쳐주고 있어 다른 이들이 새로운 거래 업체로 나설 때 그 위험성이 훨씬 줄어들기 때문이다.

(함께 읽으면 좋은 책) 클레이튼 크리스텐슨《혁신 기업의 딜레마》, 짐 콜린스《위대한 기업의 선택》, 벤 호로위츠《하드씽》, 잭 트라우트, 알 리스《포지셔닝》, 피터 틸《제로 투 원》

톰 버틀러 보던의 한마디

무어가 말하고자 하는 핵심은 아마도 **캐즘을 뛰어넘기 전의 기업은 캐즘을 뛰어넘은 기업과는 목표가 완전히 다르다**는 사실이다. 스타트업 설립 초기에는 투자자들에게 확실한 고객층을 보유하고 있는 서비스를 구축했음을 보여주는 것이 목표다. 예컨대, 온라인 소셜 미디어 기업의 가장 큰 고민은(페이스북, 트위터, 인스타그램의 초창기를 생각해 보라) 그들의 분야에서 사용자층이 계속 늘어나는 시장 지배적인 플랫폼을 구축하는 것이다. 그들은 지속적으로 창출되는 수익 흐름을 만들기 시작하겠지만 그렇다고 높은 수익성을 기대할 수는 없다. 온라인 소매 기업의 경우도 원리는 동일하다. 아마존은 수년 동안 흑자로 돌아서지 못했지만 내내 시장 지배적인 지위를 확고히 하는 데 필요한 기술과 기반 시설에 막대한 투자를 했다. 이러한 부분이 충족될 때에만 투자자들과 기업이 돈벌이 체계를 만들 수 있게 되는 것이다. 이 시점에서 기업은 필연적으로 다른 기업으로 거듭난다.

BOOK
39

How Google Works

좋은 인재가 성패를 좌우한다

《구글은 어떻게 일하는가》

"혁신하려면 잘 실패하는 법을 배워야 한다. 무엇이든 실패한

프로젝트는 다음 도전에서 좋은 정보가 될 기술과 사용자,

시장에 관한 소중한 통찰을 제공해 준다.

기존 제품의 기획을 변형한 아이디어를 묵살하지 마라."

에릭 슈미트 Eric Schmidt

1955년에 태어나 프린스턴대학에서 전기 공학을 전공하고 컴퓨터 공학 석사와 박사 학위를 취득했다. 1997~2001년 최고경영자로 노벨(Novell)을 이끌었고, 2001년에는 구글의 최고경영자가 되었다. 2011년 구글 회장이 되었다.

조너선 로젠버그 Jonathan Rosenberg

1961년에 태어나 클레어몬트 맥케나칼리지에서 경제학 학사 학위, 시카고대학에서 MBA를 취득했다. 2002년에 구글에 합류했다. 부사장으로 제품 개발을 이끌었다. 2011년 래리 페이지가 최고경영자가 되었을 때 부사장직에서 물러났다.

《구글은 어떻게 일하는가》의 공동 저자이자, 구글의 회장 에릭 슈미트는 스티브 잡스의 친구였고 2006~2009년 사이에 애플 이사회에도 몸담고 있었다. 그러나 구글과 애플 사이의 iOS와 안드로이드 운영 시스템의 차이에 대한 법정 다툼이 벌어지면서 관계가 경직되었다. 슈미트 부부가 함께 운영하고 있는 슈미트 패밀리 재단은 지속 가능성과 재생 에너지 사용을 지원하고 있다.

구글이 현대인의 삶을 바꾸어 놓았음은 두말할 필요가 없는 사실이다. 어느 날 밤, 래리 페이지는 잠에서 깨어 훨씬 더 월등한 검색 아이디어가 떠올랐다. 페이지는 '월드와이드웹에 있는 모든 페이지의 데이터를 수집해 순위를 매겨서 어떤 검색어를 입력하든 정확한 정보를 산출해 낼 수 있도록 만드는 것이 가능할까'라는 의문이 든 것이다. 수학적으로 계산해 본 후 그것이 가능하다는 사실을 깨달았다.

구글은 과학 및 수학적 접근법을 우선시한다면 이전에는 해결할 수 없어 보였던 문제들이나 상상의 영역에 남겨져 있었던 사안에 대한 놀라운 해답을 도출해낼 수 있다는 통찰을 기반으로 건설된 기업이다. 구글의 작업 방식은 대부분의 기업과는 정반대였다. 사업 모델로 시작해서 그 사업 모델에 들어맞는 상품을 거꾸로 찾아가는 것이 아니라 먼저 그 자체로 대단히 흥미로운 '기술적 통찰'을 찾는 것이다. 그렇게 할 때만이 엔지니어들은 사용과 적용을 실험해 볼 수 있게 된다.

구글에서 알파벳으로: 사고와 행동의 혁신

2017년《구글은 어떻게 일하는가》개정판에서 '알파벳은 어떻게 일하는가'라는 새로운 장을 추가하게 되었다. 2015년에 주식회사 구글을 주식회사 알파벳Alphabet Inc.으로 전환한 래리 페이지의 구조 조정은, 아주 창조적인 사람을 관료주의와 진부한 사고방식으로 퇴보시키는 대기업적 사고방식을 지양하고자 하는 취지에서 추진되었다. 여러 부문과 회사로 분화함으로써 직원들이 안주하지 않고 기민함을 유지하며 제 역할을 다하게 한다는 생각이었다. 신기술에 힘입어 개인과 작은 팀들은 한때 전체 분과가 지녔던 것보다 더 큰 영향력을 지닐 수 있게 되었다. 구글의 성공에는 모든 기업이 참고할 만한 교훈이 숨어 있다.

문화를 중요시하라: 창조성으로 나아가는 길

구글은 애초부터 경영자가 아니라 엔지니어들이 절대 다수를 차지하고 있는 기업이었다. 브린과 페이지는 셰릴 샌드버그가 합류하는 것을 반대했다. 샌드버그는 엔지니어가 아니었기 때문이다. 결국 샌드버그는 구글에 합류해 6년 동안 일했지만 현재까지도 경험적 원칙상 회사의 절반 이상이 엔지니어여야 한다. 슈미트가 구글의 최고경영자로 채용된 것은 그가 유닉스Unix 전문가이자 자바 프로그래밍 언어 개발을 도왔기 때문이다. 로젠버그는 MBA 학위 소지자여서가 아니라 애플과 익사이트앳홈Excite@Home

에서 제품 개발에 성공한 이력을 가지고 있었기 때문에 영입된 것이었다. 설립자들이 전통적인 경영 전문 지식이나 경영 학위에 대해 강한 반감을 가지고 있었던 것이 기업의 문화를 좌우했다. 그들은 경영과 조직 관리에 관한 한 절대로 '기존에 행해지던 방식'을 그대로 답습하지 않았던 것이다.

이 책의 많은 부분은 슈미트와 로젠버그가 찾아낸 '영리한 창조성'을 이끌어내는 데 유용한 단계들과 그것이 어떻게 그들을 편안하게 해주는 문화를 조성하는 데 도움이 되었는지에 대한 이야기로 채워져 있다. 많은 이들에게 직장 문화는 어딘가에서 일하기로 결정할 때 고려하는 많은 요소들 중 하나에 불과하다. **슈미트와 로젠버그는 더글러스 맥그레거의 이론과 같은 맥락에서 영리한 창조성을 발현시키기 위해서는 문화가 첫 번째로 중요한 요소라고 말한다.** 그들은 자신이 열정을 느끼는 장소와 자신의 재능을 마음껏 발휘할 수 있는 곳에서 일하기만을 원한다. 2004년에 구글이 주식 공모에 나섰을 때 페이지와 브린은 다음을 기업 강령에 포함시키기 위해 부단한 노력을 기울였다. "사용자를 무엇보다도 우선시하고 장기적인 시각에서 고민하며 세상을 더 나은 곳으로 만들기 위해 노력한다. 즉, 악이 되지 말자."

그들은 진정한 실력주의를 확립하기 위해 노력했다. 이를테면 금요일마다 열리는 전체 회의에서는 직원들이 어떤 것이든 문제 제기를 할 수 있었고, 이른바 '하마'들의 이야기는 주의 깊게 듣지 말라'는 분위기가 형성되기도 했다. 여기서 '하마들의 이야기'는 '가장 높은 연봉을 받는 사람들의 의견'을 지칭한다. 재미있게도 구글에서는 반대하는 태도가 의무이지 선택 사항이 아니라고 저자들은 말한다.

알파벳이 민첩성을 유지할 수 있었던 것은 자기 사업을 하고 싶어서 몸이 근질거리는 사람들을 계속 그곳에서 일하도록 만든 덕분이었다. 사업가들을 다양한 분야로 뻗어나가는 회사 내에 붙잡아두고 스타트업 문화를 유지한 것이 기업 성공의 비결이었던 것이다. 저자들은 "좋은 인재를 붙잡아두기 위해 최선을 다하고 조직이 그에 적응해 나가야 한다."라고 말한다.

경쟁력: 구글과 MS의 대립

구글은 2000년대 초반에 MS에 비하면 피라미에 불과했다. 구글은 사내 보고서에서 MS를 '핀란드'라는 코드명으로 지칭하기도 했다. MS는 인터넷 검색 분야에서 1위의 자리에 있는 것이 광고 수익 면에서 얼마나 수익성이 좋을지 알고 있었고 소문에 따르면 MSN 검색과 윈도우스 라이브, 빙Bing에서의 다양한 시도는 약 120억 달러의 비용 지출을 가져왔다. 구글은 핀란드의 공세를 막아내는 유일한 방법은 끊임없이 검색 역량을 향상시키는 것이라는 사실을 알고 있었고, 시간이 지나면서 이미지 정보와 도서 정보, 지도, 언어 등을 추가했다. 데이터양이 폭증하더라도 검색 속도를 빠르게 유지할 수 있도록 기반 시설을 개선하고 고객을 위한 효과적인 검색 광고 시스템을 개발하는 데 많은 노력을 기울였다. 그 결과 구글은 MS 익스플로러를 능가하는 브라우저인 크롬Chrome을 출시하게 되었다.

경쟁은 제품을 더 향상시키도록 열의를 불어넣는다는 점에서는 바람직하지만, 동시에 **끝이 보이지 않는 실력주의의 소용돌이 속으로 빠져들게 만드는 경쟁에 너무 집착하는 것은 실수**라고 슈미트와 로젠버그는 지적한다. 래리 페이지는 이렇게 묻는다. "당신이 최선을 다할 때 똑같은 일을 하고 있는 다른 기업을 완파할 수 있다면 출근길이 얼마나 흥분되겠는가?" 경쟁만을 추구하다 보면 정말 혁신적인 일을 하지 못하게 될 것이다. 사업에서의 승리는 모든 소비자를 충족시키기 위해 광범위한 제품을 개발하는 기업(모토로라가 추구하던 방식)에게 돌아가는 것이 아니라 **너무나 훌륭해서 사람들이 다른 제품으로 갈아탈 생각을 하지 못하게 만드는 몇 가지 제품을 만드는 데 모든 자원을 쏟아붓는 기업**에게 돌아간다.

구글의 혁신과 실험: 자존심 없는 창조성을 향한 여정
모두가 혁신에 대해 이야기하고 있고 어떤 기업은 '최고혁신책임자'까지 지명하여 혁신적인 조직이 되고자 노력한다. 하지만 혁신하기 위해서는 혁신이 기업의 유전자에 새겨져 있어 기업

이 하는 모든 일에 스며들어야만 한다. 래리 페이지는 이렇게 말하며 구글 엔지니어들을 압박한다. "여러분은 더 크게 사고하지를 못하는군요." 그는 어떤 기초 과학 분야가 지금 당장이 아니라 향후 5년, 10년, 25년 후에 어떤 효용 가치를 만들어낼 수 있을지 상상해 보라고 말한다. 구글의 기치와도 같은 '5년 후에는 어떻게 될까?'라는 질문은 현재의 상품과 서비스가 신흥 기술과 동향의 영향을 받아 어떻게 변화하게 될지 끊임없이 살펴보게 하고, 미래의 상품을 상상해 보도록 자극한다. 이를테면 저자들은 2014년에 책이 출간된 이후로 머신러닝(단순히 뭔가를 하도록 프로그램되어 있는 기계가 아니라 학습하면서 점점 더 발전하는)이 얼마나 커다란 발전을 이루었는지에 주목한다. 구글에서 개발한 상품들도 컴퓨터 이미지 인식과 발화 이해, 번역, 길 찾기, 스팸 메일 거르기 부문에서 큰 혁신을 이루었다.

세르게이 브린은 70/20/10 원칙에 따라 구글의 자원을 배분했다. 이 원칙은 '자원의 70퍼센트는 핵심 사업에, 20퍼센트는 신흥 사업에, 그리고 나머지 10퍼센트는 신규 사업에 배분해야 한다는 것'이다. 이는 '80퍼센트의 매출이 나오는 곳에 80퍼센트의 시간을 할애해야 한다'는 빌 게이츠의 관측(슈미트가 격언으로 삼고 있는)과 비슷하다. 실제로 2015년 구글 구조조정의 주요 근거는 투기적인 성격이 강한 야심차고 혁신적인 사업들에 주의력을 분산시키지 않고 캐시카우(고수익 사업)인 검색 광고를 전폭적으로 지원하기 위해서였다.

'10퍼센트가 아니라 10배 더 나은 상품을 만든다'는 구글의 원칙은 자율주행차, 당뇨병 환자의 인슐린 수치를 측정해 주는 콘택트렌즈, 풍력 에너지를 발생시키는 연 등으로 시동을 걸었지만 2017년 구글은 목적의식과 지속적인 반복을 통해 더 많은 발전을 이룰 수 있다는 사실을 깨닫게 되었다. 그에 따라 달성 가능한 범위 내에서 세운 목표로는 매년 구글 검색 엔진에 500여 회 개선 작업을 시행하고, 구글 데이터 센터의 효율성을 크게 증대시키며, 3년 내로 유튜브 동영상 시청 시간을 하루 1억 시간에서 10억 시간으로 크게 늘리겠다는(사용자들에게 봐야 할 동영상을 추천해 주는 알고리즘을 발전시켜 그 목표를 달성하겠다는 것이다) 계획 등이 있었다. 현실은 구글의 아주 소수의 인력만이 '야심차고 혁신적인 사업'과 '10배 더 나은 상품 만들기' 프로젝트에 투입되고 있고 나머지 인력은 이미 보유하고 있는 상품을 크게 개선하는 작업에 집중하고 있다.

구글의 유명한 '20퍼센트' 원칙 덕분에 직원들은 일주일 중 약 하루에 해당하는 시간을 할애해 자신의 프로젝트나 새롭게 떠오르고 있지만 아직 검증되지 않은 분야의 사업에 도전함으로써 검색을 더 쉽고 빠르게 만드는 검색어 자동 완성 기능 구글 뉴스 같은 구체적인 혁신 성과를 내기도 했다. 그러나 현실은 20퍼센트의 시간이 120퍼센트의 시간처럼 느껴진다는 것이다. 결국 구글

직원들은 그들이 소중하게 여기는 프로젝트를 진행하기 위해 본 업무를 마치고 난 뒤 밤 시간과 주말에까지도 계속 일을 하게 되기 때문이다. 그러나 중요한 것은 구글은 회사 차원에서 그 일을 전폭적으로 지지하며 심지어 기대한다는 것이다.

'10퍼센트' 프로젝트는 성공할 가능성은 낮지만 만약 성공한다면 아주 커다란 성과를 가져다줄 것으로 기대되는 프로젝트이다. 불확실하거나 주변적인 제품에 너무 많은 자원을 투자하게 되면 어느새 확증 편향이 기어들어 영향을 미치는 것이 문제라고 저자들은 지적한다. 어떤 사업에 자금을 많이 쏟아부을수록 사람은 그것이 좋다고(실제로 좋지 않을 때에도) 믿기 시작한다는 것이다. 심리적으로도 금전적으로도 사업을 철회하는 부담이 너무 클 것이기 때문이다. '창조성은 제약을 좋아하기' 때문에 10퍼센트 원칙은 효과가 있다. 적은 양의 시간과 자금이 독창성을 요구할 때 결과물은 더 좋아진다. 그림은 프레임이 있어 돋보이고 소네트는 14행밖에 되지 않기 때문에 더 여운이 남는 것이다.

2002년에 래리 페이지는 출판된 모든 책의 모든 지면을 인터넷에서 검색할 수 있게 만드는 것이 가능할지에 대해 고민했다. 이 아이디어를 현실화하기 위해 수백만 달러를 들여 한 사업 단위를 구축하는 대신 그는 자신의 사무실에서 삼각대 위에 카메라를 설치해 책 한 권의 모든 지면을 카메라로 찍기 시작했다. 그리고 시간이 얼마나 걸리는지 측정했다. 이 간단한 실험을 통해 프로젝트를 발전시킬 가치가 있다는 결론을 내렸고 구글 북스가 탄생하게 되었다. 세르게이 브린은 구글 스트리트 뷰에 대한 아이디어를 평가할 때도 비슷한 방식으로 접근했다. 차를 타고 돌아다니며 마운틴뷰 주변의 모든 거리를 사진으로 찍기 시작했다. 후에 수백만 마일을 촬영한 이미지로 제작된 스트리트 뷰는 세계 거의 모든 도시와 시내를 구석구석 보여줌으로써 시각적인 여행을 가능하게 해 구글에서 가장 인기 있고 혁신적인 제품이 되었다. 이렇게 **혁신에 접근하는 가장 좋은 방법은 간단하면서도 저렴한 실험을 해보는 것이다.**

한 사람의 힘: 구글의 인재 채용 전략

저자들은 유통과 브랜드, 광고 파워가 기업이 얼마나 크게 성장할 수 있는지를 결정하는 동인이 되었던 20세기보다 오늘날에는 제품 혁신이 더 중요해졌다고 주장한다. 현재에는 작은 기업이 더라도 인간의 큰 문제를 해결해 줄 수 있다면 큰 기업이 될 수 있다. 전산 기능과 같은 필요 자원이 매우 저렴해졌고 인터넷을 통해 목표 시장에 쉽게 접근할 수 있게 되었기 때문이다. 이는 개별 직원들의 존재가 엄청나게 중요해질 수 있다는 의미이다. 기업의 미래를 바꿀 수 있는 혁신적인 아이디어를 내는 한 사람이 중요한 것이다. 이런 이유로 구글은 최고의 인재를 영입하기 위해 강박적으로 큰 관심을 쏟는다. 선발 기준을 아주 높게 잡아서 정말 똑똑하고 좋은 인재들이 그 조직을 마치 들어가고 싶은 소수 고급 인재들의 클럽같이 바라보도록 만든다는 계획이다. 'A급 회사는 A급 인재를 채용하는 반면 B급 회사는 B급 인재만이 아니라 C, D급 인재들도 채용한다. 따라서 기준을 타협해서, 또는 실수로 B급 인재를 채용하면 곧 당신의 회사는 B, C, 심지어 D급 인재들까지 채용하게 될 것'이라고 슈미트와 로젠버그는 지적한다.

(함께 읽으면 좋은 책) 마틴 포드 《로봇의 부상》, 월터 아이작슨 《스티브 잡스》, 더글러스 맥그레거 《기업의 인간적인 측면》, 앨프리드 P. 슬론 《나의 GM 시절》, 브래드 스톤 《아마존, 세상의 모든 것을 팝니다》

톰 버틀러 보던의 한마디

2006년 구글의 검색 엔진은 중국 시장으로 진출했다. 중국의 반체제 인사들의 G메일 계정 해킹 시도를 포함해 중국의 소행으로 밝혀진 수차례의 해킹 사건이 발생한 후 래리 페이지와 슈미트 또한 중국에서 사업을 계속하는 것이 구글의 '악이 되지 말자' 정신에 위배되는 일이 될 수도 있다는 생각을 하기에 이르렀다. 결국 구글 경영진은 2010년 1월 중국 해커의 공격과 구글이 더 이상 중국 당국의 비위를 맞추기 위해 검색 결과 검열을 수용하지 않을 것이라는 점을 공식적으로 발표하기로 결정했다. 사이트가 폐쇄될 것임을 알고 있었던 구글은 스스로 사이트를 폐쇄하고 모든 Google.cn의 트래픽을 구글 홍콩 사이트로 옮겼다. 이제 중국에서 검색은 바이두가 장악하고 있다. 기업이 성장함에 따라 모든 가능한 시장으로 확장하여 지배하고자 하는 유혹이 따른다. 하지만 그 유혹에 넘어가면 기업의 성격과 가치가 손실되고 만다. 기업의 '성공'은 단순히 경영이나 혁신적인 기업 활동에만 달려 있는 것이 아니라 그들을 이끄는 더 높은 가치가 있어야 한다. 신중하게 공식화된 구글의 중국 철수 결정은 직원들로부터 우레와 같은 긍정적인 반응을 받았다. 모두가 그것을 옳은 결정이라 생각한 것이다. 조직이 창립 정신을 잃어버린다면 무엇이 남겠는가?

고객의 충성심을 활용하라

《아마존, 세상의 모든 것을 팝니다》

"아마존은 역사상 소비자에게 가장 매력적으로 다가오는
기업일 것이며 아직 시작 단계에 놓여 있을 뿐이다. 이 기업은 사회적
사명과 수익 창출 모두를 목적으로 하고 있으며, 비즈니스의 역사와
모든 인간사를 통틀어 그 둘은 항상 강력한 조합을 보여주었다."

브래드 스톤 Brad Stone

컬럼비아 대학을 졸업하고 〈뉴스위크〉, 〈뉴욕타임스〉 등에서 15년 넘게 실리콘밸리 전문 기자로 활동해 왔다. 〈블룸버그〉 샌프란시스코 지사에서 주요 기술 기업에 관한 기사를 쓰고 있으며, 3만 명의 트위터 팔로워를 보유한 있는 영향력 있는 기술 전문 기자다. 주요 저서로 《업스타트》《아마존 언바운드》 등이 있다.

시가 총액 2,000조에 달하는 아마존을 이끄는 이는 누구일까?《아마존, 세상의 모든 것을 팝니다》의 주인공 제프 베이조스Jeff Bezos다. 저널리스트 브래드 스톤이 이 책에서 풀어내는 아마존 창립 후 18년간의 스토리는 독자의 흥미를 불러일으킨다. 스톤은 아마존의 경영진과 직원들, 그리고 창립자의 친구들과 가족들을 만나 300여 차례 인터뷰를 진행했으며 베이조스 본인과도 10차례 이상 인터뷰했다. 이 책을 쓰면서 스톤은 테드 조르겐슨Ted Jorgensen이 베이조스의 생부임을 밝혀내기도 했다.

세계 최대의 온라인 소매업체인 아마존은 3억 명이라는 놀라운 등록 사용자 수를 자랑하며 1,360억 달러의 매출을 올리고 있다. 그럼에도 일상 속에 늘 존재하는 것에 대해서는 언제나 그렇듯 대다수의 사람들은 이 거대 기술 기업이 어떻게 탄생했으며 어떤 난관과 성공을 겪어왔는지에 대해서는 거의 모르고 있다. 아마존의 트레이드마크라 할 수 있는 극도의 고객 중심주의와 매우 장기적인 관점, 무언가를 창조해 내려는 끊임없는 열망은 이제 다른 기업이 닮고자 노력하는 부분이 되었다.

머물러야 할까 떠나야 할까: 아마존 창립과 그의 독특한 비전
베이조스는 1963년에 뉴멕시코주 앨버커키에서 제프리 프레스턴 조르겐슨Jeffrey Preston Jorgensen으로 태어났다. 베이조스의 어머니 재키는 겨우 열여섯 살이었고 아버지 조르겐슨도 겨우 몇 살 더 많았다. 두 사람은 헤어지게 되었고 재키는 카스트로 정권에서 탈출해 미국으로 이주한 한 젊은 쿠바 남자 미구엘 베이조스Miguel Bezos를 만났다. 엔지니어였던 미구엘은 엑슨 모빌Exxon Mobil의 임원 지위에까지 올랐다. 매사에 열성적이고 똑똑한 아이였던 제프는 자신의 아빠가 새아빠라는 사실을 열 살 때부터 알고 있었다.

1990년대 초에 프린스턴대학을 졸업한 베이조스는 헤지펀드 회사인 D. E. 쇼D. E. Shaw & Co.에서 근무했다. 베이조스는 29세의 나이에 이 회사의 부사장이 되었고, 1994년에는 새롭게 떠오르는 인터넷의 폭발적인 성장세를 활용하는 사업의 책임을 맡게 되었다. **베이조스는 가칭 '모든 것을 파는 가게'라는 온라인 쇼핑 개념을 고안했다.** 이 기획은 받아들여지지 않아 그 이상 발전하지는 못했지만 이것을 계기로 그는 인터넷을 통해 도서를 판매하는 가능성에 관심을 기울이게 되었다.

1994년에는 이미 몇 개의 온라인 서점이 존재했지만 서비스 수준이 열악했고 상당수는 오프라인 서점 매장의 부속일 뿐이었다. 진정으로 고객 중심적인 온라인 서점을 만들어야겠다는 생각에 사로잡힌 베이조스는 멘토인 데이비드 쇼David Shaw에게 온라인 서점 사업을 해보고 싶다고 말했다. 회사의 후원을 받아서가 아니라 혼자 힘으로 하겠다고 말했다. 쇼는 베이조스를 센트럴파크로 데리고 가 주변을 걸으며 베이조스를 설득했지만 회사에 머물 것을 강요하지는 않았다.

어떻게 하는 것이 좋을지 결정하기 위해 베이조스는 일명 '후회 최소화 프레임워크'를 가동시켰다. 회사를 그만둔다면 그는 거액의 상여금을 포기하는 것이었다. 베이조스는 80세가 되어 자신의 삶을 되돌아본다고 가정해 보았다. 마치 베이조스가 가장 좋아하는 책 중 하나인 가즈오 이시구로의 《남아있는 나날》에 등장하는 집사처럼 말이다. 베이조스는 월스트리트에서 부자가 될 수 있는 기회를 포기하고 D. E. 쇼를 그만둔 것을 후회할까? 아니다. 인터넷 사업에 발을 들여놓지 않은 것을 후회할까? 그렇다.

아마존의 탄생: 독자 후기와 고객 중심적인 비전

베이조스는 도서 가격을 낮추기 위해 스타트업을 인구가 적은 지역에서 시작해야 한다고 판단했다. 회사 사무실이 소재한 주에서만 판매세를 징수하기 때문이다. 베이조스는 시애틀을 선택했다. MS가 그곳에서 성공했기 때문이다. 시애틀에는 컴퓨터 공학을 전공한 대학 졸업생들도 많았고 오리건주에 있는 도서 유통사인 인그램Ingram도 멀지 않았다. 베이조스는 서른한 살이었고 그의 아내 맥켄지는 스물네 살이었다. 그들은 텍사스에서부터 자동차를 운전해 중간에 그랜드캐니언에 들렀다가 서부로 건너갔다.

베이조스 부부는 시애틀의 차고에 임시 사무실을 만들었다. 사무실에 놓을 첫 책상들은 베이조스가 홈디포에서 구매한 싼 문짝으로 만들었다. 베이조스의 부모는 이 신사업에 10만 달러를 투자했다. 돈을 모두 잃게 될 가능성도 있다고 경고했음에도 불구하고 말이다. 소설가의 꿈을 품고 있었던 아내 맥켄지가 재무를 처리하고 인력 채용을 도왔다. 1994년 11월 베이조스는 사전에서 알파벳 A 섹션을 훑어보다가 'Amazon'이 눈에 들어왔을 때 '바로 이거야!'라는 확신이 들었다. 아마존은 지금까지 세계에서 가장 큰 강이므로 일이 잘 풀리면 그 무엇보다도 훨씬 더 크게 성장할 서점의 이름으로 완벽한 이름이었다.

이듬해 3월에 오픈한 아마존닷컴 시험용 웹사이트는 아주 엉성했다. 거의 텍스트로만 이루어져 있었고 디자인이 매력적이지 못했다. 그래도 장바구니와 검색 엔진은 있었다. 중요한 특징은 독자 후기 코너였다. 베이조스는 이것이 당연히 아마존 사이트를 차별화해 줄 것이라 생각했다. 당시 일부 출판사 간부들은 아마존 사이트에 올라오는 부정적인 도서 후기가 업계에 타격을 주게 될 것이라 우려하기도 했다. 하지만 베이조스는 **기업의 진정한 가치는 단순히 상품을 판매하는 데에 있는 것이 아니라 고객이 객관적인 구매 결정을 내릴 수 있도록 돕는 데 있다는 사실을** 인지하고 있었다. 아마존은 처음부터 엄격한 규율 아래 움직였다. 전 직원은 물류 창고에서 도서 배송 작업을 밤늦은 시간까지 도왔다. 야후가 아마존의 이름을 디렉토리 페이지에 올리기 시작하자 성장 속도는 점점 더 빨라졌다. 그렇지만 회사는 자금이 바닥나고 있었고 더 많은 자금이 필요했다. 베이조스는 시애틀의 가능성 있는 투자자들에게 2000년까지 1억 1,400만 달러의 매출을 달성할 것이라고 말했다. 이는 아주 환상적인 목표치였다. 기업 가치가 600만 달러에만 도달해도 환상적인 시절이었다. 그러나 1996년 아마존은 〈월스트리트 저널〉 1면에 몇 개월마다 매출 기록을 경신하는 아마존에 관한 기사가 실렸다. 아마존은 매달 30~40퍼센트씩 무서운 속도로 성장했다.

야망과 혁신: 아마존의 거대 기업화

실리콘밸리의 벤처 기업 클라이너 퍼킨스Kleiner Perkins의 존 도어 John Doerr가 지분 13퍼센트를 소유하는 조건으로 800만 달러를 투자하기로 했을 때 신임 투표가 가결되자 베이조스의 야망은 불타올랐다. 공격적으로 인력을 채용했고, 아마존을 수십 년간 발전해 나갈 수 있는 최초의 인터넷 거대 기업 중 하나로 구상하기 시작했다. 사업 모델은, 빠른 속도로 성장해서 더 저렴한 가격을 제공하여 다시 더 성장하게 만든다는 것이었다. 베이조스는 '일과 생활의 균형'이 중요하다고 말하는 사람들은 걸러내고 가능한 가장 똑똑한 인력을 채용해야 한다고 주장했다. 그는 **완전한 헌신을 원했고, 누구든 일이 허투루 된 것을 보고도 그냥 지나치는 사람이라면 오래가지 못했다.**

베이조스는 반스앤노블이 아마존을 '누르기 위해' 자사 사이트를 구축하겠다는 계획을 발표하자 이에 대해 우려했다. 그는 직원에게 **아마존에서의 쇼핑이 기분 좋은 경험이 될 수 있도록 고객 서비스에 더욱 박차를 가하라**고 말했다. 결국 반스앤노블 사이트는 아마존만큼 매력적이거나 효율적이지 못했다. 반스앤노블은 온라인보다 훨씬 더 높은 수익을 내는 오프라인 매장에 너무 집중해 있었기 때문이다. 1997년에 아마존은 주식 상장으로 5,400만 달러의 모집액을 기록했다. 그에 따라 베이조스의 부모와 형제들은 하루아침에 백만장자가 되었다.

베이조스는 미국뿐만 아니라 영국과 독일에 새로운 물류 창고를 포함해 유통 인프라를 새로이 구축하고 다른 기업을 인수하는 데 주력했다(인수한 대부분의 기업은 성공적이지 못했다). 그는 월마트의 임원들을 스카우트해서 사업 확장을 꾀하려 했으나 월마트는 아마존이 '회사 기밀을 가로챘다'면서 소송을 제기했다. 베이조스는 사실 월마트의 월튼을 열성적인 추종하며《샘 월튼 불황없는 소비를 창조하라》을 열심히 연구한 바 있다. 베이조스는 직원경비에 있어서는 월튼의 철저한 근검절약 정신을 본받으려 애썼고 월마트의 '실천 편향'과 다른 기업의 가장 훌륭한 특징을 배우려는 월튼의 자세를 따르려 했다.

이베이와의 경쟁과 실패에서의 성장

1998년에 아마존은 다른 기업과 구분되는 두 가지 특징을 선보였다. 하나는 모든 도서와 상품의 판매가 이루어질 때마다 판매

순위를 매기는 것이었다. 베이조스는 저자들과 출판사들이 실시간으로 도서 판매 순위가 오르내리는 것을 지켜보는 것에 중독될 것이라 예상했고 실제로 그렇게 되었다. 판매 순위를 보여주는 것은 베스트셀러 순위를 20위나 50위, 또는 100위까지만 보여주었던 당시로서는 굉장히 새롭고도 놀라운 시도였다.

또한 같은 해 아마존은 특허를 낸 '원클릭 주문'도 시작했다. 사람들이 온라인 상거래에서 자신의 신용카드 정보 입력을 경계했던 시기에 이는 아주 이례적인 행보였다. **재주문을 더 쉽게 할 수 있도록 만든 것은 기업에 대한 신뢰성을 높이는 결과를 가져왔다.**

그럼에도 이베이의 존재는 아마존이 '모든 것을 파는 상점'이 되겠다는 목표를 이루는 데 위협으로 다가왔다. 이베이는 인터넷 시대에 더 적합한 모델처럼 보였다. 고비용의 물류 센터를 건설하지 않고도 구매자와 판매자가 손쉽게 이용할 수 있는 플랫폼이었다. 어쩌면 정찰 가격 판매는 이베이와 같은 경매 방식으로 대체될 수 있는 구시대적인 제도가 아닐까? 베이조스는 1999년에 아마존 옥션을 런칭했으나 실패했다. 이베이는 이미 그들의 시스템에 익숙해진 수많은 판매자들을 보유하고 있었고 아마존의 단골 구매자들은 경매 방식에 별로 관심이 없었다.

그해 베이조스는 〈타임〉에서 선정하는 '올해의 인물'로 선정되었지만, 2000년과 2001년은 아마존으로서는 위신이 실추된 해였다. 닷컴 거품 붕괴로 인해 아마존의 주가는 한 자릿수로 급락했다. 아마존에 합류한 사람들은 그들의 스톡옵션이 거의 휴지조각이 되는 것을 지켜봐야 했고 베이조스는 투자 분석가인 라비 수리아Ravi Suria가 아마존이 파산할 가능성이 있다는 예측을 내놓은 것을 반박하는 데 집중하고 있었다.

그럼에도 베이조스는 전자 상거래와 그 속에서 아마존의 역할에 대해 특유의 장기적인 관점을 포기한 적이 없었다고 스톤은 강조한다. **베이조스는 직원에게 고객을 기쁘게 하는 경험을 더 많이 선사하기 위해 열심히 노력하면 회사의 성장은 지속될 것이라고 끊임없이 상기시켰다.** 고객에 대한 그의 집착을 보여주는 하나의 사례로, 해리포터 4권이 출간되었을 당시 아마존은 40퍼센트 할인 혜택에 더 빠른 배송을 제공했다. 판매된 25만부에 대해 권당 몇 달러씩 손해를 본 셈이었다. 경영진과 월스트리트는 회사의 손해를 우려했지만 베이조스는 이를 장기적인 충성 고객을 얻기 위한 장기 투자라고 믿었다.

끊임없는 혁신: 프라임 서비스와 클라우드 컴퓨팅

2002년에 아마존은 무료 배송을 시험적으로 시행하기 시작했다. 처음에는 주문 금액이 100달러 이상일 때에만 무료 배송을 제공했다. 소비자는 그 금액을 맞추기 위해 다양한 분야의 상품들로 장바구니를 채웠다. 아마존 사이트를 한곳에서 모든 것을 살 수 있는 상점으로 만들고 싶었던 베이조스는 이 상황이 반가웠다. 시간이 흐르면서 무료 배송 기준은 100달러에서 25달러로 내려갔고, 이는 아마존 프라임 서비스의 시발점이 되었다. 프라임 서비스는 무모한 선택처럼 보였다. 1년 동안 수많은 제품을 구매한 소비자로 인해 아마존은 막대한 배송비를 감당했기 때문이다. 그러나 스톤은 실제로 프라임 서비스가 사람들을 '아마존 중독자'로 만들었다고 말한다. 그들은 (이를테면 나중에 제공된 무료 프라임 영화와 TV를 비롯해) **특별한 혜택을 받는다는 것과 무엇을 주문하든 아주 빨리 배송된다는 사실에 열광했다.** 아마존은 그들의 특송 서비스를 아마존에서 제품의 포장 배송 처리가 이루어지고 있는 독립 판매자(아마존 플랫폼을 통해 상품을 판매하고 있는 제3의 판매자)에게도 열어 주었다. 물류 창고에서는 알고리즘을 이용해 비슷한 종류의 주문을 묶어서 처리하면 비용을 절감할 수 있었다. 이는 **주문 처리와 유통을 재창조하는 작업**이었다. 베이조스는 끊임없이 혁신하도록 아마존의 직원들을 몰아붙였고 2003년에는 또 하나의 새로운 기능을 내세워 경쟁자들을 긴장시켰다. 바로 '책 미리보기' 기능이다. 많은 이들은 이 기능이 고객의 책 구매율을 떨어뜨릴 것이라 예상하고 미친 짓이라 생각했다(사실 미리 읽을 수 있는 부분은 제한적이었다).

이러한 혁신에도 불구하고 아마존이 2005년에 창립 10주년을 축하하기 위해 기념행사를 개최했을 당시만 해도 여전히 그 시대의 스타 기업인 구글 옆에서 조명을 받지 못하는 찬밥 신세였다고 스톤은 말한다. 아마존의 얄팍한 수익률은 구글과 같이 수익률이 높은, 돈이 되는 사업을 하는 기업과 비교되었다.

베이조스는 곤경에 빠지지 않고 장기적으로 잠재성을 실현할 수 있는 유일한 방법은 '출구를 직접 만드는 것'이라고 강조했다. 성공적이었던 도전 사례로는 아마존 웹서비스를 들 수 있다. 아마존 웹서비스는 클라우드 컴퓨팅의 선구자로, **자체 서버 구축을 위해 많은 투자를 하지 않고도 원활한 컴퓨터 작업을 필요로 하는 수천의 소기업 및 스타트업들에게 저렴한 서버 공간을 제공했다.** 베이조스가 별개의 두 팀에게 무한히 확장 가능한 서비스안을 내도록 요구한 결과로 탄생한 아마존 웹서비스는 수년에 걸쳐 개발되어 지금은 넷플릭스와 핀터레스트, NASA와 같은 미국 정부 기관들을 고객으로 해서 수십 억 달러의 매출을 올리고 있다. 스톤은 아마존 웹서비스가 선 마이크로시스템스Sun Microsystems와 같은 거대 하드웨어 기업보다 훨씬 선수를 쳤다고 말한다. 구글의 에릭 슈미트마저 클라우드 컴퓨팅의 제왕으로 스스로를 혁신한 이 '온라인 서점'에 경의를 표했다.

끝까지 살아남는 기업: 킨들 출시와 독서의 패러다임

아마존은 2000년대 중반 또 다른 성공을 일궈냈다. 2004년에는 전자책e-book을 MS와 어도비Adobe 프로그램을 이용해 볼 수 있었지만 그다지 많이 팔리지는 않았다. 전자책은 다운로드 받기가 까다로웠고 대부분의 사람은 데스크톱 컴퓨터에서 파일을 열어서 읽었다. 아마존은 하드웨어 방면으로는 경험이 전무했지만 **베이조스는 내부의 극심한 반대를 무릅쓰고 아마존 전용 전자책 단말기를 만들자는 색다른 계획안에 착수했다.** 소니 리더Sony Reader와 팜 트레오Palm Treo와 같은 기존의 전자책 단말기와는 달리 베이조스는 아마존 단말기가 놀랍도록 사용이 쉽기를 원했고 사용자들이 일반 휴대전화 네트워크를 통해 책을 다운로드 받을 수 있게 만들고자 했다. 이 기기는 도서 다운로드가 가능한 사실상의 전화기였다. 2007년 11월 '킨들Kindle' 출시를 앞두고 아마존은 출판사들에게 모든 책을 전자책으로도 제작할 것을 압박했다. 최초 버전의 킨들은 구입 가능한 전자책 10만 권의 선택지를 제공했고 200권의 책을 기기에 담을 수 있었다. 가장 논란을 불러온 특징은 모든 전자책을 균일가 9.99달러에 판매한 것이었다. 아마존은 시간이 갈수록 출판사들에게 더 공격적인 태도로 접근했다. 출판사에게 수익률을 낮추도록 강요하면서 그러지 않는다면 검색 순위에서 밀려날 것이라 협박하기도 했다. 대형 출판사들은 이런 아마존을 따돌리기 위해 애플과 결탁하여 저항했다. 아마존도 이에 반격했다.

판매세를 지불하는 월마트와 코스트코와 같은 오프라인 소매점들과 비교했을 때 아마존은 수년간 주 판매세 지불을 회피해 왔다는 언론의 혹평을 받아오기도 했다. 아마존은 상품 가격을 더 비싸게 만드는 판매세를 피하기 위해 복잡한 대응 방안을 마련해야만 했다. 유럽에서는 세율이 낮은 룩셈부르크로 수익을 옮겨서 세금을 회피했다. 비난에 대한 베이조스의 반응은 항상 '어리둥절한 당혹스러움'에 가까웠다고 스톤은 지적한다. 아마존은 시장 지배력이 높아질수록 고객을 만족시켜야 한다는 명분을 내세워 시설적으로 더 확장하려 했을 뿐이었다.

(함께 읽으면 좋은책) 던컨 클라크 《알리바바》, 월터 아이작슨 《스티브 잡스》, 에릭 슈미트, 조너선 로젠버그 《구글은 어떻게 일하는가》, 하워드 슐츠 《스타벅스, 커피 한 잔에 담긴 성공 신화》, 애슐리 반스 《일론 머스크, 미래의 설계자》

톰 버틀러 보던의 한마디

창립 초기에 아마존은 느긋한 문화를 가지고 있었다. 그러나 성공하자, 그것도 아주 크게 성공하자 성공이 베이조스를 대담하게 만들었다. 2017년 아마존의 주가는 고급 슈퍼마켓 체인을 137억 달러에 인수하고 난 뒤 또 다시 최고 기록을 경신했다. 반면 전통적인 소매업체들의 주가는 하락했다. 아마존은 손을 댄 거의 모든 것을 바꿔놓은 것처럼 식료품 구매의 풍경을 바꿔놓을 계획이다. 이제 기업 가치는 월마트의 두 배이자 페이스북과 거의 맞먹는 5,000억 달러에 달한다. 애플, 구글, MS의 가치가 더 높긴 하지만 이 순위가 영원하리란 보장은 없다. 이렇게 환상적일만큼 많은 부를 누리게 되면서 베이조스는 반려동물과 언론 매체, 우주 개발에 대한 남다른 관심을 드러내기 시작했다. 〈워싱턴 포스트〉를 개인 돈으로 인수했고, 블루 오리진(Blue Origin)은 상업적인 우주여행을 혁신하겠다는 포부로 설립되었다.

다음은 아마존의 리더십 14계명 중의 하나이다.

"크게 생각하라. 작게 생각하는 것은 자기 충족적인 예언일 뿐이다. 리더는 결과를 낼 수 있는 과단성 있는 길을 만들어내고 소통해야 한다. 다르게 사고하며 고객을 만족시킬 수 있는 길을 찾기 위해 구석구석 살펴볼 줄 알아야 한다."

BOOK
41

Penguin and the Lane Brothers

소비자가 사고 싶은 가격인지 점검하라
《펭귄북스 앤드 레인 브라더스》

“새롭고 진보적이며 접근이 쉽다. 저가 대량 유통 모델과 문학, 과학,

정치, 언론, 교육, 어린이, 고전, 요리, 지도, 음악, 게임, 예술, 건축, 역사,

사회학, 유머, 성을 아우르는 풍성한 출판 목록으로 펭귄은 방대한

‘빈자의 대학’이자 종이와 잉크로 만들어진 인터넷의 원형이 되었다.”

스튜어트 켈스 Stuart Kells

멜버른대학에서 경제학과를 우등으로 졸업, 석사 학위를 취득하고 모내시대학에서 법학 박사 학위를 취득했다. 희귀본 연구자이자 출판 역사가로 출판 문화의 다양한 측면들을 소개하는 책을 써오고 있다. 주요 저서로 《더 라이브러리》, 《셰익스피어의 서재》, 《빅 포》, 《희귀 고서들과 함께한 삶》 등이 있다.

저명한 출판 역사학자 스튜어트 켈스가 《펭귄북스 앤드 레인 브라더스》로 애셔스트 비즈니스 저작상을 수상했다. 현재의 종이 한 장으로 표지를 장정한 작고 간편한 페이퍼백은 당연하게 받아들여지기 쉽다. 그렇지만 1930년대에 펭귄북스가 처음으로 페이퍼백을 내놓았을 때만 해도 페이퍼백은 고급 소설 작가들과 지식을 대중과 연결해 줌으로써 출판계에 혁신을 몰고 왔다. 가격이 싸면서도 소설과 비소설을 아우르는 아주 매력적인 도서를 선보이는 이른바 '빈자의 대학'인 펭귄 브랜드는 선풍적인 인기를 모아 1961년 주식 공모에서 모집액을 1만 5,000퍼센트 초과했다. 공식적인 대표 역할을 맡고 있었던 앨런 레인Allen Lane은 오늘날 페이스북의 마크 저커버그가 페이스북 주식 공모 당일 그랬던 것처럼 환대받았다.

전기에 따르면 앨런 레인은 펭귄북스를 창립한 레인 삼형제 중 '맏형이며 지략이 뛰어나고 야심 찬 인물'이었다. 그러나 호주의 고서 전문가이자 작가인 스튜어트 켈스는 앨런 레인의 형제인 리처드와 존이 더 많은 주목을 받아야 한다고 생각했다. 켈스는 **펭귄북스를 발전시킨 것이 삼형제 사이에 대조적인 창조성의 차이**였다고 주장한다. 펭귄북스가 창립되었을 때 처음 7년 동안은 세 사람이 공동으로 회사를 운영했다. 그러나 2차 세계대전 당시 존 레인이 사망하면서 세 사람의 동업 관계는 막을 내리게 되었다. 그 후 앨런과 리처드는 친구라기보다는 라이벌에 가까워졌다.

그러나 펭귄북스의 콘셉트가 아주 강렬했기 때문에 펭귄북스는 '최초의 진정한 글로벌 미디어 기업 중 하나'가 되었다고 켈스는 말한다. 2013년 펭귄북스가 랜덤하우스Random House와 합병하자 24억 파운드 가치의 기업이 탄생하게 되었다.

경영서를 읽고 싶어 하는 독자들에게는 《펭귄북스 앤드 레인 브라더스》가 창립자들의 삶에 대한 이야기를 너무 많이 다루고 있다고 생각하겠지만 이 책은 출판 전성기 시절 책을 출판하는 일의 흥분감을 잘 담아내고 있으며, 더 중요한 점은 혁신이 전통적인 산업을 어떻게 재편하는지를 잘 보여주고 있다.

초창기

장남인 앨런 윌리엄스는 1902년에 태어났고, 그 뒤를 이어 1905년에 리처드가, 1908년에 존이, 그리고 1911년에 여동생 노라가 태어났다. 아이들은 브리스톨과 영국 서부의 시골에서 목가적인 어린 시절을 즐기며 자랐고, 특히 남자아이들은 대학에 진학할 필요 없이 학교를 일찍 마쳤다.

학교를 졸업한 앨런은 농부가 될 준비를 하고 있었지만 그때 유명 출판사 보들리 헤드The Bodley Head의 사장이었던 외가 쪽 아저씨뻘인 존 레인은 앨런에게 런던에 위치한 자신의 회사에서 일해보지 않겠느냐고 제안했다. 궁극적으로 회사를 앨런에게 물려줄 심산이었던 것이다(레인에게는 자녀가 없었다). 가족 회의 결과 앨런

이 그곳에서 일하는 것에 모두 동의했다. 하지만 조건이 한 가지 따랐다. 앨런과 형제들이 '레인'으로 성을 바꾸어야 한다는 것이었다.

보들리 헤드는 오스카 와일드Oscar Wilde와 오브리 비어즐리Aubrey Beardsley의 작품들을 출판하고 있었으며 쇼윈도 진열과 광고를 이용한 도서 마케팅을 이끈 바 있는 앞서가는 출판사였다. 앨런은 시골 고향을 떠나 갑자기 분주하고 자극적인 런던 문학계로 던져졌다. 존 레인 밑에서 수습사원으로 일하며 그는 파리에 가서 아나톨 프랑스Anatole France와 앙드레 모루아Andre Maurois를 만나고 런던 도체스터에서 토마스 하디Thomas Hardy와 차를 마시는가 하면 보들리의 또 한 명의 대표 작가인 아가사 크리스티Agatha Christie와 친구가 되기도 했다. 앨런은 명성 있는 출판사의 자손으로서 한량의 삶을 즐기기 시작했다.

앨런이 런던에서의 삶을 즐기고 있는 동안 그의 동생 리처드는 호주의 사우스오스트레일리아 주와 뉴사우스웨일스주에서 농장의 계약 노동자로 3년 동안의 지긋지긋한 생활을 버텨냈다. 낡은 판잣집에서 책도 없이 살아가던 리처드는 영국으로 다시 돌아가 문학을 하는 삶을 개척하기로 마음먹는다. 마침내 영국으로 돌아온 그는 먼저 서점에서 일하기 시작했고, 그다음에는 멋있는 장정의 고품질의 책을 출판해 고가에 판매하는 퍼스트에디션클럽First Edition Club의 총무로 일했다. 리처드는 보들리 헤드의 원고를 검토하는 업무에서 시작해 정식으로 출장 영업 사원으로 일하게 되고, 그 후 저자와 문학 에이전트를 상대하는 핵심 연락책의 역할을 담당하게 된다. 리처드는 앨런보다도 책을 진심으로 좋아하는 심한 애서가였다. 그러던 중 동생 존 또한 런던으로 거처를 옮긴다. 존은 한동안 시티 오브 런던the City of London의 금융특구에서 보험 계리사로 일했으나 해외여행을 다녀온 뒤 보들리 헤드에서 해외 영업을 담당하게 되었다.

레인 형제와 펭귄북스의 성장

1925년 이 형제들의 삶은 송두리째 바뀌었다. 존 아저씨가 갑작스레 세상을 떠났고 1927년에는 개성 있는 매력의 소유자로 스스로도 재력가였던 숙모도 그 뒤를 따랐다. 숙모는 레인 형제들에게 상당한 재산을 남겼다. 앨런 레인은 현금과 함께 보들리 헤드 주식 대부분을 보유하게 되었다.

   존 레인이 세상을 떠나고 난 뒤 몇 년 동안은 회사에게 있어 새로운 시작이라기보다는 하락에 가까웠다. 보들리 헤드는 편집의 견지에서 봤을 때 더 이상 앞서가고 있지 않았고, **레인 형제들은 가격과 제품 조합을 제대로 이뤄내는 데 어려움을 겪었다. 레인 형제는 새로운 형태의 책과 출판 모델을 실험해 보고 싶어졌다.** 그렇지만 그들은 전체 회사를 소유하고 있는 것은 아니었기에 다른 주주들을 설득해야 했다. 그 결과 흔치 않은 합의에 도달하게 되었다. 회사의 이사회는 실험적 시도를 허락하되 회사의 평상시 재무와는 별개로 진행할 것을 요구했고 레인 형제는 사업 비용을 개인적으로 부담하는 데 동의했다. 사업 손실도 그들이 책임지고 수익도 그들의 몫이 되는 것이었다.

이와 같은 '회사 내의 회사' 형태로 시도한 최초의 사업은 피터 아르노Peter Arno의 생기 넘치는 만화《퍼레이드》출판이었다. 판매는 성공적으로 이루어졌고 그로 인해 어느 정도 자신감을 얻을 수 있었다. 그다음 성공작은 영국 출판물인 제임스 조이스James Joyce의《율리시스》였다. 이 작품은 오랫동안 출판이 금지되어 있었고 당시 미국에서만 출판 금지가 풀린 지 얼마 안 되었을 때였다. 레인 형제는《율리시스》를 고급 장정의 한정판으로 출간함으로써 처벌을 피해 갈 수 있었다.

형제들로 구성된 공고한 팀은 그들이 런던의 아파트에 함께 살게 되면서 훨씬 더 공고해졌다. 독특하게도 그들은 아파트의 새롭게 개조한 욕실에서 많은 시간을 함께 보냈다. 그곳이 회사의 '실질적인 중역 회의실이자 통제 센터이자 혁신소'가 된 셈이다.

대중을 위한 책의 탄생

리처드 레인은 '왜 책은 싼값에 잘 만들어서 팔 수 없는 것일까?' 라는 의문을 제기하기 시작했다. 펭귄북스의 탄생 스토리는 이렇게 시작된다. 어느 날 앨런 레인은 기차역에서 기차를 기다리면서 역사 신문 가판대에서 읽을 만한 책을 찾으려고 했지만 찾을 수 없었다. 유일하게 있는 소설이라고는 《리더스 라이브러리》와 같이 칙칙한 디자인의 작고 저렴한 책이었다. 바로 그때 레인은 저렴한 가격에 멋진 표지를 씌운 일류 소설 라인을 출간하기로 결심한다. 그러나 켈스는 유감스럽게도 정황상 이 스토리가 기술 기업의 '차고 신화'와 같은 창립 스토리로, 의도적으로 다른 협력 자들의 역할과 영향을 미친 여러 요소들을 배제한 꾸며낸 이야기 라고 말한다.

예컨대, 보들리 헤드에서 일했던 한 젊은 경리 사원이 앨런 레 인에게 저작권 보호 기간이 만료된 작품들을 이용해서 페이퍼백 도서로 제작해 단돈 6펜스(오늘날 가격으로 따지면 약 2~3달러)의 싼 가격에 판매하는 아이디어를 내놓았다. 한편 유럽 출판사인 알바 트로스 출판사Albatross Verlag는 다채로운 컬러의 저가 페이퍼백 도 서를 유럽 지역에서 판매하고 있었다. 알바트로스는 인쇄 비용을 공동 부담하는 조건으로 유사한 시리즈 상품을 영어권 시장에 판 매하고자 보들리 헤드에게 협력 관계를 맺을 것을 제안한 바 있 었다.

레인 형제는 협력 관계 제안은 거절했지만 대신 영국판 '알바 트로스'를 기획하기 시작했다. 그러나 새로운 이름이 필요했다. 돌고래와 피닉스는 이미 다른 출판사에서 상징으로 사용되고 있 었지만 (선명한 검정색과 백색 조합의) 펭귄은 검정색 잉크로 인쇄하기에 적합해 보였고, 런던 동물원에 새로 생긴 펭귄 풀과 함께 당시 대중의 마음속에 쉽게 떠올릴 수 있는 상징물로 판단되었다.

사업 차원에서 따져보면 펭귄 시리즈가 기대 소매가인 6펜스에 맞추려면 작가들은 매우 낮은 인세를 받아야 할 것이고 수익을 남기기 위해서는 아주 대량 인쇄를 해야 할 것이었다. 켈스는 대중을 위해 저렴한 가격의 책을 만들자는 생각이 새로운 것은 아니었다고 말한다. 하지만 정밀하고 경제적인 인쇄가 가능한 기계 조판과 밝은 색상으로 책의 표지를 인쇄할 수 있는 새로운 기술과 시각적·촉각적으로 향상된 새로운 종이의 등장은 적절했다. 같은 저가의 페이퍼백 출판이 갑자기 더 가능성이 높아진 것이었다. 펭귄 페이퍼백 시리즈 기획에 호재가 된 또 다른 주요 요인은 부유한 국가에서는 거의 모든 이들이 글을 읽을 수 있게 되었다는 사실이었다.

레인 형제는 펭귄 시리즈 1차분의 표지 디자인 계획에 착수했다. 일반 소설은 오렌지색, 범죄 추리 소설은 녹색, 전기는 파란색으로 결정했다. 1차분에 속하는 10명의 작가에는 아가사 크리스티Agatha Christie, 어니스트 헤밍웨이Ernest Hemingway, 콤프턴 맥켄지Compton Mackenzie, 앙드레 모루아Andre Maurois, 도로시 L. 세이어스(Dorothy L. Sayers) 등이 포함되어 있었다. 리처드 레인이 계산해 본 결과 손익분기점을 넘어서기 위해서는 권당 1만 7,000부씩 판매해야 했다. 시리즈에 포함된 모든 책들이 과거에 다른 형태

로 출판된 적이 있다는 점을 고려해 볼 때 이는 보들리 헤드에게
나 다른 출판사에게나 터무니없는 기대치였다. 당시는 책이 수천
부 이상 팔려나가는 경우가 거의 없었던 시절이었기 때문이다.

펭귄의 행진: 책의 대중화를 이끈 혁신

펭귄 시리즈가 본전치기를 하려면 20만부를 팔아야 했다. 그러
나 출간일인 1935년 8월이 다가오자 레인 형제는 재고 7만부만
을 확보해 두었다. 당시로서는 과감한 행보를 보이는 것이 분명
한 실패로 이어지는 자만으로 여겨졌기 때문이다.

　그렇지만 밝은 오렌지 색상의 표지는 쇼윈도 진열에 힘을 실어
주었다. 대공황 시기 잿빛 분위기에 휩싸여 있던 영국에서 펭귄
의 책들은 뭔가 달라 보였고 사람들의 기분을 전환시켰다. 사람
들은 펭귄의 책을 사기 시작했고, 단순히 책을 수집하기 위해 사
는 사람들도 생겨났다. 할인 소매점인 울워스Woolworths에서 6만
부 주문이 들어왔을 때 레인 형제는 드디어 성공을 거머쥐었음을
직감했다. 울워스와 같이 (보통 서점 이외의) 일반적이지 않은 유통
채널은 펭귄이 이 사업을 성공시키기 위해 필요로 한 대량 주문
을 따낼 수 있는 핵심 판로였던 것이다.

　이제는 주문을 받는 것이 문제가 아니라 들어온 주문을 처리하
는 것이 문제였다. 레인 형제는 런던의 유스턴 로드에 위치한 홀
리 트리니티 교회의 창문도 없고 공기도 통하지 않는 지하실을

물류 창고로 임차했고 책을 출고하기 위해 밤낮으로 일했다. 쉴 새 없이 윤전기를 돌려 펭귄 시리즈는 4개월 만에 백만 부를 판매했고 1년 만에 놀랍게도 300만부 판매를 돌파했다. 1936년을 맞이하면서 레인 형제의 펭귄은 펭귄북스 유한 책임 회사로 새롭게 거듭났다. 그리고 같은 해 수익성이 악화된 보들리 헤드의 사업은 막을 내리게 된다.

펭귄은 1930년대 후반 빠른 속도로 사세를 확장했다. 눈에 띄는 밝은 파란색으로 상징되는 논픽션 임프린트 펠리컨 북스Pelican Books는 조지 버나드 쇼의《지적인 여성을 위한 사회주의 자본주의 안내서》로 성공적인 첫발을 내디뎠다. 이어서 앱슬리 체리-가라드Apsley Cherry-Garrard의 남극 탐험가 로버트 팰컨 스콧에 관한 책을 출간했다. 펭귄은 또한 군대와도 협력하며 '군대 북클럽' 프로그램을 만들어 2차 세계대전 참전 중인 영국 군인들에게 각 타이틀당 수만 부씩을 보내주기도 했다. 2차 세계대전으로 수급이 어려운 종이를 배급하던 시절 펭귄이 이런 활동을 할 수 있었다는 사실은 펭귄과 영국 정부 사이의 관계가 그만큼 공고했음을 말해 준다. 전쟁 중 **펭귄은 비록 사기업일지라도 BBC와 다를 바 없는 국영 문화 기관으로 거듭났다.** (신간과 재발간을 합쳐) 600권의 도서를 보유하고 있었고 어린이 도서 임프린트 퍼핀Puffin을 설립했으며 예술 잡지〈모던 페인터스〉까지 창간해 대중의 생활 곳곳으로 파고들었다.

성숙과 유산: 문학의 저변을 확대하다

2차 세계대전 참전 중 존 레인이 세상을 떠나자 남은 두 형제들 사이의 역학 구도는 바뀌었다. 활동적이고 관심 끌기를 좋아하는 앨런은 사람들에게 펭귄과 그가 하나이며 펭귄이 곧 그 자신이라는 인식을 심어주었으나 펭귄의 문학적 성과물을 계속 발전시켜 나간 사람은 현실적인 애서가인 리처드였다. 전쟁이 끝난 후에는 그레이엄 그린Graham Green과 버지니아 울프Virginia Woolf의 책이 높은 판매량을 기록하며 펭귄의 성공을 견인했다. 또한 레인 형제는 전후 미국에서의 펭귄의 입지를 굳히기 위해 노력했다. 그들이 고용한 이들은 값이 싸지만 품질이 좋은 페이퍼백 출판 개념을 차용해 밴텀Bantam와 시그넷Signet 같은 새로운 미국 출판사를 설립했다. 리처드와 앨런은 펭귄을 호주에서도 대형 출판사로 키워내기 위해 많은 노력을 기울였다. 시간이 흘러 호주는 펭귄북스 전 세계 매출의 4분의 1을 담당하게 되었다.

1959년 펭귄은 D. H. 로런스D. H. Lawrence의 자극적인 소설 《채털리 부인의 연인》을 출간해 외설 시비로 법정 소송까지 갔으나 무죄 선고를 받게 되면서 더욱 더 유명세를 타고 많은 돈을 벌게 되었다. 《채털리 부인의 연인》은 수십만 부가 판매되면서 세전 수익이 세 배로 증가해 주식 시장 상장의 길이 열렸고, 그게 아니더라도 펭귄을 인수하겠다고 나서는 기업이 여럿 등장했다. 그들 중 하나가 〈더 이코노미스트〉였다. 〈더 이코노미스트〉는 펭귄의 사업을 애초부터 지지했고 '얼마 못 가 쓰레기통에 버려지는 책을 주로 보았던 가정에 잘 인쇄된 진지한 책과 진정한 문학을 가져다준' 노고에 찬사를 보낸 매체였다.

펭귄의 대량 생산 저수익 출판 모델은 사업의 수익성 측면에서 엇갈린 기록을 남겼지만, 펭귄은 당시 런던 외곽에 위치한 하몬즈워에 새로 지은 본사 건물을 포함해 많은 자산과 토지를 보유하고 있었다. 그렇지만 가치의 가장 큰 부분을 차지하고 있는 것은 바로 펭귄 브랜드 자체였다. 1960년 펭귄은 연간 1,700만 부의 도서를 판매하고 있었다. 이듬해 주식이 상장될 즈음에는 3,250개 작품으로 2억 5,000만 부의 판매고를 올렸다. 펭귄의 사무실에는 펭귄 주식 매입에 관심 있는 사람들의 문의 편지가 쇄도했다. 실제로 상장했을 때는 45만 파운드 가치의 주식을 매입하려는 1억 파운드의 자금이 몰렸다. 그렇게 엄청난 초과 청약 사태가 벌어지자 주가는 첫 거래일에 50퍼센트 상승했다.

앨런 레인과 다른 주주들은 기뻐했으나 리처드는 기뻐할 상황이 아니었다. 앨런에게 압박을 받고 있었던 리처드는 상장 전에 자신이 보유하고 있었던 25퍼센트의 지분을 파는 것에 동의한 것이었다. 그래도 그는 여전히 부유했지만 그가 오늘날의 펭귄을 만들기 위해 쏟은 노력에 대해 대중의 평가를 받을 기회를 놓친 셈이었다. 켈스가 지적하는 것처럼 펭귄의 쾌활한 기풍과 출판의 오만함을 버리고 위대한 문학 작품들을 가능한 폭넓은 독자들에게 전달하고자 했던 것은 애초에 리처드 레인이 추구한 목적이었다. 호주에서 성장의 시간을 보내고 돌아온 리처드는 호주의 가식 없고 평등주의적인 관점을 받아들여 전통 중심적인 영국 출판에 적용한 것이었다.

(함께읽으면좋은책) 김위찬, 르네 마보안 《블루오션 전략》, 리처드 코치, 그레그 록우드 《무조건 심플》

톰 버틀러 보던의 한마디

조지 오웰(George Orwell)은 작가들을 걱정하며 훨씬 가격이 싼 책이 나오면 사람들은 책에 대한 요구가 충족되어 다른 곳에 돈을 쓰게 될 것이라 경고하기도 했다. 하지만 갑자기 훨씬 더 저렴한 가격의 상품이나 서비스가 나왔을 때 보통 그렇듯이 책 수요는 폭발적으로 증가했다.

펭귄 페이퍼백은 **모두가 승자가 될 수 있는 흔치 않은 혁명**을 불러온 것이었다. 저자는 많은 새로운 독자를 얻게 되었고, 출판사는 더 큰 시장을 얻게 되었으며, 대중은 아주 싼 가격에 훌륭한 문학 작품을 접할 수 있는 즐거움을 얻게 된 것이다. 갑자기 저소득층의 사람들도 책을 도서관에서 빌리지 않고 처음으로 살 수 있게 된 것이다. 펭귄의 사업 모델 분석에서 리처드 코치와 그레그 록우드는 펭귄이 '선의 균형'을 이뤘다고 말한다. 즉, 레인 형제는 '책 표지에 보이는 요소들이 아니라 책 내용으로 품질을 재평가함으로써 가격과 품질 사이의 전통적인 교환 관계를 깨뜨렸다'. **펭귄의 성공은 '책은 하드웨어가 아니라 소프트웨어'라는 사실을 상기시켜 주었다.** 코치와 록우드는 '원하는 상품의 가격이 이전 가격의 몇 분의 일로 떨어지면 항상 방대한 새로운 시장이 생겨난다. 더욱이 그 시장의 규모는 아주 적게 추산되는 경향이 있다'라고 지적한다. 그렇지만 펭귄의 성공이 상징하는 것은 단순히 가격이 저렴한 책이 아니라 전 국민을 정신적으로 고양시킨 것이었다. 이 공로 덕분에 펭귄이 아주 사랑받는 브랜드로 남아있게 된 것이다.

part
5

경영자 역량과
리더십

Strength-Based Leadership

강점을 극대화하면
성공도 극대화된다

《스트렝스 베이스드 리더십》

"조직은 의사소통에 탁월한 능력이 있거나 선지자적 사고를 하거나

일을 완수하고 뒷마무리까지 잘하는 인물을 리더로 세우기를 원한다.

물론 조직이 성공하는 데 필요한 바람직한 자질이다.

하지만 역설적이게도 모든 분야를 다 잘하려고 노력하는 이들은

가장 효율성 낮은 리더가 된다."

톰 래스 Tom Rath
미시간대학과 펜실베니아대학에서 심리학을 전공했다. 대학을 졸업한 후 갤럽에서 일하기
시작해 현재는 고문으로 남아있다. 주요 저서로 《당신의 물통은 얼마나 채워져 있습니까》,
《당신은 완전히 충전됐습니까?》, 《스트렝스파인더》가 있다.

배리 콘치 Barry Conchie
기업 리더십과 팀 진단, 승계 계획 분야의 컨설턴트이다. 영국에서 공무원으로 일하다가 갤
럽 런던 지사에 합류했고, 현재는 워싱턴 DC 본사에서 일한다.

《스트렝스 베이스드 리더십》은 모든 분야에서 잘하려고 노력하는 이들이 전반적으로 가장 효율성이 낮은 리더가 된다'는 주장을 펼치며 '전인적인' 리더에 대한 환상을 깨뜨려 준다. 책에서는 도널드 클리프턴Donald Clifton의 통찰력 있는 의견을 인용하며 갤럽에서 수십 년간 진행한 조사 결과를 제시하고 있다. 클리프턴은 기업의 리더에서부터 비영리 단체와 국가의 리더에 이르기까지 모든 리더들을 만나 2만 건의 인터뷰를 진행했다. 톰 래스와 배리 콘치는 이것을 기반으로 1만 명의 팔로워와 함께 자체적인 조사를 진행했다.

클리프턴은 다음의 질문을 던졌다. "우리가 무엇이 사람들에게 더 도움이 되는 방향인지를 연구한다면 어떤 일이 벌어질까?" 사람들이 자신의 약점을 바로잡으려고 하기보다 반대로 자신의 재능을 계속 개발하는 데 모든 노력을 기울인다면, 사람들은 어떻게 될까? 클리프턴은 재능을 '갈망과 빠른 학습, 만족, 시간 초월'이라는 특징을 나타내는 '생산적으로 활용될 수 있는 자연스럽게 일어나는 패턴적 사고나 느낌, 행동'이라고 정의했다. 그 재능이나 친밀감을 기술, 지식, 경험과 함께 활용할 때 당신은 강점을 가지게 된다. 재능은 학습이 가능하며 하나로 연결되어 있다는 클리프턴의 믿음은 '클리프턴 강점 평가Clifton StrengthsFinder'를 탄생시켰다. 클리프턴 강점 평가는 강점으로 전환할 수 있는 재능을 측정하기 위해 만들어진 평가다.

발전과 행복에 집중: 리더십과 개인 성장의 관계

래스와 콘치는 위대한 리더들이 가진 공통점은 자신이 무엇에 재능이 있고 무엇에 재능이 없는지에 대해 아주 잘 인식하고 있으며, 일하면서 그 우위를 최대한 활용해 재능을 더 예리하게 발전시킨다고 말한다. 좋은 리더의 특성을 확실히 정리해 놓은 목록 같은 것은 있을 수 없다. 모든 사람이 저마다 다른 특성을 가지고 있으며, 그 사람이 자신의 특성을 훨씬 더 특별하게 만듦으로써 훌륭한 업적을 달성하게 되는 것이라는 간단한 이유에서다.

역설적이게도 사람들이 다른 이들을 모방하려고 지나치게 노력할 때 그들은 자신을 진정 성공으로 이끌 수 있는 한두 가지 특성을 스스로 포기하고 만다. 더욱이 상황이 달라지면 그에 따라 다른 종류의 리더십이 필요해진다. 래스와 콘치가 지적하듯이 처칠의 호전적인 성격은 나치에 대항하는 데 적합한 리더십이었다. 반면 인도가 독립 투쟁을 했을 당시에는 간디의 침착하면서도 완강한 접근 방식이 영국의 지배 권력에 저항하는 싸움에서 성공적인 결과를 가져왔다. 그는 역사 속에 등장하는 지배하려 드는 리더의 모습을 모방하려고 노력하지 않았기 때문이다.

2008년 플로리다대학의 팀 저지Tim Judge는 7,000명 이상의 남녀 성인을 대상으로 한 종적 연구의 결과를 발표했다. 10대 때와 20대 초반에 자신감이 높았던 것으로 나타난 사람들은 25년이 지난 후에 자신감이 낮은 것으로 나타난 사람들보다 직업적으로 훨씬 더 큰 성공을 거두고 교육 수준도 더 높고 더 건강한 것으로 나타났다. 이 연구 결과는 자신이 무엇을 잘하는지를 알고 그것을 지렛대로 활용하는 것이 자신감에서 큰 부분을 차지한다는 래스와 콘치의 데이터를 뒷받침해 주었다. 이렇게 한다면 당신은 자연스럽게 당신이 좋아하는 일을 하면서 더 많은 급여를 받게 될 것이고 이러한 행복과 권력을 누리기 위해 건강하려고 노력할 것이다. **결론적으로 자신의 강점에 초점을 맞추는 것은 사치가 아니라 행복한 삶의 기반인 것이다.**

래스와 콘치는 자신의 두드러진 강점을 지렛대로 삼아 큰 성공을 이룬 네 명의 인물을 소개하고 있다. 첫 번째 인물은 대학을 갓 졸업하고 '티치 포 아메리카Teach For America'를 설립한 웬디 콥Wendy Kopp이다. 티치 포 아메리카는 대학을 갓 졸업한 우수한 졸업생들을 교사로 채용해 저소득 지역에 있는 열악한 환경의 학교에 배치해 가르치도록 하는 단체이다. 콥은 이 프로젝트를 시작하기에 앞서 최소 500명의 교사를 채용하는 것을 목표로 모금 활동을 벌였고 12개월 동안 250만 달러를 모금할 수 있었다. '지난 세기 동안 가장 성공적인 스타트업 중 하나'로 시작한 티치 포 아메리카는 이제 비영리 단체가 되었다. 이는 **콥이 자신이 사업을 조직화하고 실행하는 데 탁월한 능력을 지녔다는 사실을 알고 있었고, 그 강점을 자신의 또 다른 특성인 높은 수준의 사회적 양심을 따르는 데 이용했기에** 실현 가능한 일이었다. 현재에는 수천 명의 대학 졸업자들이 최고의 일자리로 알려져 있는 은행이나 경영 컨설팅 기업의 일자리를 포기하고 티치 포 아메리카의 활동에 동참하고자 지원하고 있다. 저자들은 이와 같은 성공은 개인이 자신의 강점을 지렛대로 활용했을 때 어떤 일이 일어나는지 보여주는 사례라고 말한다.

강점과 다양성을 통한 소속감과 목표 달성

약점을 바로잡으려는 것은 자신감을 낮추기만 할 뿐이다. 반면 **조직원이 자신의 강점이 무엇인지 알아내고 그것을 표출하도록 하라. 조직원이 자신의 가치를 인정받고 있다고 느끼며 조직에 대한 소속감도 높아질 것이다.** 소속감은 조직원에게 당연히 좋은 것이고 결과적으로 조직이 목표를 쉽게 달성하게 해준다.

저자는 경영진에 관한 연구를 진행하면서 대부분의 경영진이 그들이 가진 지식이나 기능 덕분에 채용되었다는 사실을 발견했다. 이는 당연한 이야기로 들리겠지만 다시 생각해 보면 최고의 영업자가 영업 관리자가 되고(설사 영업에만 뛰어나고 사람 관리에는 재능이 없다 해도) 가장 능력 있는 회계 담당자가 최고재무책임자가 된다(설사 조직이 추구해야 할 전체적인 목표나 전략을 세우는 데 재능이 없어도)는 뜻이다. 그 결과 사람과 직위 사이에 부조화가 자주 발생하게 되는 것이다. 따라서 **사람을 채용할 때는 직무만을 고려할 것이 아니라 먼저 사람의 강점이 무엇인지 살펴보고, 그다음**

에 어떤 일에 기여하는 게 좋을지 결정하는 것이 더 나은 방법이다. 어떤 경우에는 독특한 세계관을 지니고 있어서 그들 스스로가 조직이 판단하는 것보다 자신에게 적합한 자리를 더 잘 알기도 한다.

래스와 콘치가 말하고자 하는 핵심은 '최고의 리더는 전인적이지 않더라도 최고의 팀은 그렇다는 것'이다. 팀의 구성원들은 리더로서 가져야 할 다음의 네 가지 강점을 갖춰야 한다. 실행력(일을 완수하는 사람), 영향력(기업의 메시지를 대중과 언론, 업계에 납득시킬 수 있는 사람), 관계 구축 능력(사람들을 하나로 묶고 조직을 단결시키는 데 특별한 능력을 가진 사람), 전략적 사고 능력(조직이 앞으로 나아가야 할 방향을 내다보는 사람). 저자는 심지어 팀을 구성하는 사람들이 서로 '극단적으로 달라야' 한다고까지 말한다.

에이브러햄 링컨의 '경쟁자들로 구성된 팀'을 한번 생각해 보라. 그의 내각은 각자 나름의 권력을 행사하는 다양한 성격을 가진 인물들로 구성되어 있었고 링컨이 구상하는 전체적인 비전 아래에서 각자의 강점을 실현하는 것이 허용되었다. 기업의 사례를 살펴보자면 맥도날드 창립 초창기에 레이 크록이 구축한 팀을 한번 보자. 이보다 더 어울리지 않는 구성원들을 섞어놓을 수는 없을 것이라 생각할 것이다. 크록은 그들에게 비교적 많은 부분 자유재량을 부여했고 자신은 명목상의 최고경영자로 머물러 있었다.

많은 조직들은 최고경영자가 이미 가지고 있는 강점을 그저 흉내 내거나 그것을 조금 받쳐줄 강점을 가진 사람들을 채용하는 실수를 저지른다. 리더의 이미지 속에 세워진 조직을 만드는 것이다. 이것이 한동안은 강한 권력으로 비춰질 수도 있겠지만, 시장 상황이 처음으로 크게 바뀌는 상황이 발생하면 팀 내에 존재하는 강점이 다양하지 못해 여러 가지 상황에 대한 대처 능력이 떨어진다는 사실이 드러날 것이다. 이스라엘 전 대통령 시몬 페레스는 갤럽과의 인터뷰에서 이렇게 말했다. "대부분의 지도자들은 재능보다 충성을 더 좋아합니다. 그들은 자신의 권력이 약화되는 걸 두려워하죠." 반대로 **좋은 조직에서는 연령, 성별, 인종의 다양성을 존중한다고 래스와 콘치는 지적한다.** 같은 방식으로 사고하고 똑같은 배경과 경험을 가진 사람들로 이루어진 팀은 빠르게 변화하는 다양성의 세계에서 성공의 비결이 될 수 없다.

리더십 연구의 필요성과 따르는 사람들의 기본 욕구

우리는 왜 이렇게 많은 시간을 들여 리더들을 연구하고 있는가? 그보다 그들을 따르는 이들에게 무엇이 훌륭한 리더십의 조건인지 물어보는 게 더 낫지 않을까 하고 저자들은 생각했다. 어쨌든 다른 이들이 당신을 따르고자 할 때만 당신은 리더가 될 수 있다. 저자들은 연구에서 리더를 따르는 사람들의 '네 가지 기본 욕구'가 무엇인지 알아보았다.

신뢰, 조직원의 열의-일의 효율을 높이는 열쇠

조직과 경영진에 대한 신뢰는 조직원들의 몰입도를 높이는 데 결정적이다. 경영진을 믿는다면 조직원은 더 열심히 일하려 할 것이다. 신뢰감은 일의 속도와 효율도 높인다. 업무를 진행하면서 매번 관계를 새로 형성할 필요가 없기 때문이다. 성공적인 팀은 그들 사이에 신뢰감이 항상 존재하기에 신뢰에 대해 논할 필요가 없다. 오로지 성공적이지 못한 팀에서만 그것이 문제가 되는 것이다.

연민, 인간적인 상사와의 관계-조직원의 동기와 충성도 증진

사람들은 상사가 그들에게 한 인간으로서 관심을 가지는지를 알고 싶어 한다. 만일 그렇게 느낀다면 회사를 위해 열심히 일하고 그 회사에 오래 머물 가능성이 훨씬 높아진다.

안정성, 조직 안정성과 핵심 가치
-재정적 만족과 일자리 보장의 상호 연관성

사람들은 조직을 안정적으로 느끼기를 원한다. 미래의 재정적 만족이 보장된다는 느낌에 더해 핵심 가치가 변하지 않기를 바란다. 저자는 리츠칼튼Ritz-Carlton 호텔 컴퍼니의 최고운영책임자였던 사이먼 쿠퍼Simon Cooper에 대해 언급한다. 쿠퍼는 많은 직원들이 회사에서 받는 임금으로 대가족을 먹여 살린다는 사실을 확실히 인식하고 있었다. 그래서 쿠퍼에게는 직원들의 일자리를 보장하는 것이 돈벌이가 되는 손님을 유치하는 것만큼이나 중요한 일이었다.

희망, 리더의 역할-긍정적인 분위기 조성과 미래 설계

조직원들이 미래에 대해 열정을 가진다면 생산성과 몰입도가 더 높아질 것이다. 리더의 중요한 역할 중 하나는 긍정적인 분위기를 조성하는 것이다. 그러나 래스와 콘치는 그들이 인터뷰한 대다수의 리더들이 이 일을 하지 않고 오히려 발생하는 문제를 처리하는 데 시간을 들이고 있다는 사실을 발견했다. 리더는 그저 발생하는 일을 수습하는 것이 아니라 일을 개시하는 사람이다. 문제를 처리하거나 미결 사항을 효율적으로 깨끗이 해결해주고 찬사를 받는 편이 더 쉬울 것이다. 그러나 진정한 리더의 자질은 미래를 설계하는 능력에 있다.

래스와 콘치는 가장 훌륭한 리더는 '개인적인 성공을 그 자체로서 끝이라고 보지 않는다'고 말한다. 그들은 오히려 자신의 활동과 비전이 그들이 세상을 떠난 뒤에도 그를 따르던 사람들의 삶이나 그들의 정신을 기리는 단체를 통해 실현되어 계속 이어지기를 원한다. "아마도 진정한 리더를 가리는 최종 시험은 지금 여기에서 무엇을 할 수 있는가보다는 리더가 세상을 떠나고 난 뒤에도 무엇이 세상에 오랫동안 남아서 성장하는가에 달려 있다."

라고 저자는 말한다.

함께 읽으면 좋은 책 피터 드러커 《피터 드러커의 자기 경영 노트》, 패트릭 렌시오니 《팀워크의 부활》, 에릭 슈미트, 조너선 로젠버그 《구글은 어떻게 일하는가》

톰 버틀러 보던의 한마디

사람들은 자신이 무언가를 잘하면 그것을 당연하게 받아들이는 경향이 있다. 우리는 자신을 제대로 볼 수 없기 때문에 강점 찾기 테스트와 같은 것을 해볼 필요가 있다. 강점을 겉으로 드러내고 소리 내어 말해 볼 수 있도록 말이다. 이를테면 나의 여섯 가지 강점은 미래지향성(미래가 어떻게 될 것인지 상상하기)과 기획 능력(새로운 아이디어 제출하기), 정보 수집(정보를 수집해서 제공하기), 사고 작용(아이디어 논의), 공부(자신을 위해 공부하기), 전략적 사고(대안 찾기)이다. 자신의 강점을 확실히 알고 있으면, 당신이 적극적으로 관계를 형성하는 사람이나 분위기를 조화롭게 만드는 사람, 타인을 잘 수용해 주는 사람이 아니라고 해서, 또는 당신이 어떤 자질이 부족한 사람이라고 해서 스스로를 자책할 필요가 없다. 물론 학교 교육도 있고 가능한 많은 훈련과 경험을 쌓을 수 있는 기회가 열려 있는 대학 1학년 시절도 있지만 성인의 삶은 에너지를 한곳에 집중해야 할 필요가 있다. 그렇다고 더 이상 배울 것이 없거나 여러 영역을 연결지을 수 없을 정도로 한 분야에만 골몰하는 전문가가 되어야 한다는 말은 아니다. 이미 가지고 있는 자신의 강점을 극대화한 자신이 됨으로써 커다란 영향력을 미치는 인물이 되는 방법을 확실히 알 수 있다는 뜻이다.

The Snowball: Warren Buffett and the Business of Life

시간을 집중해서 잘 써라,
부를 쌓을 것이다
《스노볼》

"거의 60년간 투자를 해오면서 가치와 위험성에 대한 생각이
바뀐 적이 없는 버핏이 2008년 봄의 대혼란 속을 지나가고 있었다.
사람들은 늘 게임의 규칙이 바뀌었다고 말하곤 한다. 그러나 버핏은
투자 기간이 너무 짧아서 그렇게 보이는 것일 뿐이라고 말한다."

앨리스 슈뢰더 Alice Schroeder

1956년 출생한 슈뢰더는 재무학을 전공하고 텍사스대학 오스틴 맥콤경영대학원에서 MBA
를 취득했다. 회계사가 되어 미국 재무회계 기준심의회에서 근무한 경력을 가지고 있으며,
모건스탠리의 이사로 재직했다. 〈블룸버그 뉴스〉의 칼럼니스트이자 미국 메릴린치 은행의
사외 이사를 맡고 있다.

칼럼니스트이자 애널리스트 앨리스 슈뢰더는 2000년대 중반에 직장을 그만두고 오마하로 가 워런 버핏이 주인공인《스노볼》집필 작업에 착수했다. 이 책은 선인세로 700만 달러를 받았고 〈뉴욕 타임스〉 선정 베스트셀러에 올랐다. 슈뢰더는 힐러리 클린턴과 함께 '2008년 주목할 만한 인물'로 선정되기도 했다.

버핏은 기술 기업에 투자하는 것을 꺼리는 것으로 유명했다. 잘 아는 분야가 아니었기 때문이다. 하지만 많은 이들과 언론에서는 그가 우리 시대에 거머쥐어야 할 최대 기회를 놓쳤다고 말했다. 하지만 주식 시장은 급작스럽게 폭락했고 기술주들의 가치는 바닥을 쳤다. 버핏은 버크셔 해서웨이를 자신의 '예배당'으로 묘사한다. 앨리스 슈뢰더의 표현에 따르면 그것은 예술 작품일 뿐만 아니라 '버핏의 믿음을 그대로 보여주는 텍스트'라 할 수 있다. 그의 사업 파트너이자 오랜 친구 찰리 멍거Charlie Munger는 버크셔 해서웨이는 단순한 사업체가 아니라 세상이 어떻게 돌아가는지 가르침을 주는 버핏의 도구라고 말한다.《스노볼》은 단순한 워런 버핏의 연대기가 아니다. 이 책은 완성되는 데 5년이라는 긴 시간이 걸렸고 꼼꼼히 천천히 읽어봐야 할 필요가 있다.

금전에 밝았던 아이: 버핏의 돈과 성공에 대한 여정

1930년 네브래스카주 오마하에서 태어난 버핏은 어려서부터 숫자와 돈에 매료되었다. 버핏이 가장 좋아한 책은《1,000달러를 버는 천 가지 방법》이라는 제목의 책이었고, 버핏은 서른다섯 살 즈음에는 백만장자가 되어 은퇴하겠다는 목표를 세우기도 했다.

워싱턴 DC에서 고등학교를 다니던 시절 버핏은 이미 신문 배달을 하고 골프공을 팔고 핀볼 기계를 관리하는 사업가였다. 버핏의 아버지의 원래 직업도 주식 중개인이었으므로 아들이 어린 나이부터 재미삼아 주식을 해보는 것을 굳이 말리지 않았다. 버핏은 어린 시절 주식을 하며 한 실수를 통해 주식을 매수했을 때의 가격에 크게 신경 쓰지 않아도 된다는 사실을 알게 되었다. 중요한 것은 오래 버티면 훨씬 더 큰 수익을 볼 수 있을 때 적은 수익을 빨리 보려고 너무 빨리 매도하지 않아야 한다는 것이었다.

십 대 시절 버핏은 기업가와 금융업자의 위인전이라면 무엇이든 단숨에 읽어버렸고 사람들이 자신을 좋아하도록 만들기 위해 중학교 때는《데일 카네기 인간관계론》을 읽었다. 이 책은 성공하는 방법을 알아내고자 그가 찾아 헤맸던 성공 법칙을 제시하고 있어 그는 책을 읽으며 전율했다. 돈과 관련된 내용뿐만이 아니라 세상 사람들을 대하는 카네기의 지혜도 담겨 있었다. 그중 가장 중요한 조언은 '비판하거나 비난하거나 불평하지 마라'였다. 사람들은 자존심에 쉽게 상처를 입어 비판을 받으면 거세게 반격하기 쉬워지기 때문에 사람들을 칭찬하거나 찬탄하면서 무언가를 하도록 만드는 편이 항상 더 지혜롭다. 그때까지 독설을 잘했던 버핏은 자신이 없거나 잘난 체하는 사람에게 카네기의 방법을 실험해 보고는 이것이 효과가 있다는 사실을 깨달았다. 하지만 책을 읽고 난 뒤 금방 잊어버리는 대다수의 사람들과는 달리 버핏은 그 법칙을 흔치 않은 집중력으로 계속해서 적용했다고 슈뢰더는 말한다. 그는 오늘날 우리가 알고 있는 긍정적이고 소탈한 옆집 아저씨같은 인물로 서서히 변모해갔다.

학교 공부를 모두 마쳤을 즈음 버핏은 벤저민 그레이엄Benjamin Graham의 《현명한 투자자》라는 책을 접하게 된다. 이 책은 투기적인 주식 투자에 대한 대안적 모델을 제시하고 있었다. 시장의 거품이나 현재 주가의 가변성과 별개로 주식 평가를 할 수 있는 합리적이고 수학적인 체계를 제공하고 있었기에 버핏은 이 책에서 신선한 충격을 받았다.

가치를 찾아서: 버크셔 해서웨이까지

펜실베이니아대학에서 금융학을 전공한 버핏은 하버드대학의 석사 과정에 지원했지만 불합격했다. 하지만 더 좋은 문이 열렸다. 벤저민 그레이엄이 콜럼비아대학에서 금융학 강의를 하고 있다는 사실을 알게 된 버핏은 입학처장인 데이비드 도드David Dodd에게 강의를 듣게 해달라고 간청했다.

버핏은 그레이엄의 강의를 통해 투자 심리를 이해하게 되었다. 즉, 기업의 수익과 현금 잔고 등 기본적인 지표들을 고려한 주식의 내재 가치와 시장에서 결정되는 주가 사이에는 차이가 있다는 것이다. 또한 '안전 마진'에 대해서도 배우게 되었는데, 안전 마진은 가치보다 훨씬 더 낮은 가격에 주식을 매수하고 부채를 이용해 매수하지 않으면 확보할 수 있다.

버핏은 저평가된 것으로 보이는 기업을 연구하는 데 열중하기 시작했고 특히 가이코(GEICO, Government Employees Insurance Company 자동차 전문 보험 회사)에 관심을 주목해 다른 주식을 대부분 매도하고 가이코 주식을 350주 매수했다. 가이코는 포화 상태인 보험 업계에서 빠르게 성장하고 있는 기업이었고 더 큰 기업보다 주가 수익률이 낮았다. 버핏은 가이코의 가치가 5년 내로 두 배가 될 것이라 생각했다. 그는 그레이엄을 거의 숭배했지만 가이코는 그레이엄의 투자 기준에 부합하지 않았고 버핏은 점차 자신만의 투자 체계를 세워나가기 시작했다.

뉴욕에서 잠시 주식 중개인 겸 애널리스트로 일한 버핏은 도시 생활에 염증을 느끼고 1956년 오마하로 돌아가 자신의 사업을 시작하기로 마음먹는다. 오마하는 비록 역사적으로 철도 중심지로 중요한 곳이었지만 금융과 관련해서는 시골이었다. 슈뢰더는 '1950년대에는 대학 졸업자가 자기 사업을 하려고 하거나 집에서 일하거나 혼자 일하는 것이 아주 드문 일이었다'고 설명한다. 대기업에 입사해 그곳에서 승진하는 것이 일반적인 성공의 행로였다. 그러나 버핏은 항상 자신의 시간을 소중하게 여기고 자신이 하루를 어떻게 보냈는지에 대해 아주 중요하게 생각했다. 게

다가 사모 투자 펀드는(곧 여러 개의 펀드로 불어났다) 그에게 자유를 줄 것이었다. 그 후 몇 년간 그는 여러 친구들과 가족들을 포함해 소그룹의 투자자들을 모집해 순식간에 엄청난 돈을 벌었다.

신중한 그의 아버지와 벤저민 그레이엄의 의견과는 반대로 버핏은 미래의 미국 산업 경기에 대해 매우 낙관적으로 바라보고 있었다. 버핏은 브랜드명과 고객 호감도, 신뢰도 면에서 엄청나게 큰 무형의 가치를 지니고 있는 기업에 투자하기 시작했다. 이를테면 이제 많은 자금을 끌어들이고 있는 버핏 파트너십은 많은 아메리칸 익스프레스 주식을 사들이기 시작해 1964년까지 300만 달러를 투자하고 1966년까지 1,300만 달러를 투자했다. 버핏은 파트너들에게 다른 펀드들은 보유 주식의 '다변화'(이는 그레이엄의 방식이기도 했다)에 중점을 두고 있지만, 그는 그의 판단에 아주 자신이 있는 만큼 언제라도 펀드의 40퍼센트를 단일 주식에 투자할 수 있다고 말했다.

버핏이 말하고자 하는 핵심은 누구든 정량적 척도를 기반으로 어떤 기업의 주식이 매수할 만한 가치가 있는지에 대해서는 수익성 있는 결론에 도달할 수 있지만, **정말 어려운 것은 정성적 척도를 기반으로 한 평가라는 것이다.** 그는 '정말 큰돈'이 만들어지는 부분은 바로 이 지점이라고 믿었다. 나중에 그가 훌륭한 브랜드를 지닌 코카콜라와 고객이 잘 믿지 못하는 보험 업계에서 어느 정도 높은 신뢰도를 자랑하는 재보험사인 젠 리, 그리고 더 최근에는 애플에 끌렸던 것도 바로 이 때문이었다.

그러나 버핏은 자산에 비해 가치가 크게 저평가되고 있는 작은 기업에도 주목했다. 그리고 메사추세츠주에 위치한 버크셔 해서웨이라는 이름의 한 방직 회사에 아주 큰 관심을 보였다. 이는 그가 한 최악의 투자 중 하나였던 것으로 드러났지만 그 이름은 버핏의 지주 회사명으로 남게 되었다.

버핏의 투자 철학: 주식과 저평가된 기업

1966년 버핏은 약 900만 달러의 순 자산을 가지게 되었다. 그의 아내 수지는 그들이 일정 수준 이상의 부를 얻게 되면 버핏이 일을 그만 둘 것이라는 데 의견을 같이 하고 있다고 생각했다. 하지만 **버핏을 움직이게 하는 것은 돈이 아니라 주식과 저평가된 개인 기업을 인수하는 것에 대한 지칠 줄 모르는 열정이었다.** 1960년대에 제록스와 폴라로이드Polaroid와 같은 기술 기업이 대중의 상상력을 사로잡았을 때조차도 버핏은 그가 완전히 이해하지 못하는 산업 분야에는 투자하지 않겠다는 입장을 고수했다. 그는 또한 '인간 사회에 커다란 문제를 가져다줄 가능성을 높이는' 기업에는 투자하지 않는다는 입장이다. 다시 말해서 사람이 직접 경영하는 기업을 선호했다. 페인트, 벽돌, 보험, 제과와 같이 단순하거나 심지어 지루할 수도 있는 업종에 관심이 많았다.

버핏은 '**시간은 훌륭한 기업의 친구이자 평범한 기업의 적**'이라는 사실을 실패 경험을 통해 배웠다. 찰리 멍거가 훌륭한 기업에 관심을 가지는 것을 본 버핏은 '아주 좋은 가격에 평범한 기업의 주식을 사는 것보다 훌륭한 기업의 주식을 보통 가격에 사는 것이 훨씬 더 좋다'는 시각을 가지게 되었다. 예컨대, 그는 캘리포니아 소재의 제과 기업인 시스 캔디See's Candy를 온전한 호가로 매수해야 했지만 그 브랜드를 너무나 좋아했고 미래 성장 잠재력도 커 보였으므로 기꺼이 그렇게 하고자 했다. 또한 (가장 친한 친구 중 한 명이 된) 캐서린 그레이엄Katharine Graham이 신문의 품질과 지면을 계속해서 향상시켰기에 〈워싱턴 포스트〉에 투자하게 되었다. 인색한 성향에도 불구하고 버핏은 그가 잘 알고 있는 분야이고 관련 종사자들이 마음에 들면 그 분야에 직접 투자하는 것을 선호했다. 비록 수익성은 조금 낮더라도 말이다. 일례로 그는 방직 산업에 대한 투자를 계속했다. 이미 오래전에 투자하기에 좋은 업종이 아님을 깨달았음에도 불구하고 버핏은 '방직 일을 하는 사람들이 좋아서' 그 분야에 투자를 계속한다고 말한다.

투자자로서의 자신감과 기업에 대한 끊임없는 고민

버핏은 개인적으로는 수줍음이 많고 불안한 성격을 가지고 있었지만 투자자로서는 언제나 자신의 판단에 대해 누구도 따라가지 못할 자신감으로 넘쳤다.

수십 년간의 투자를 통해 버핏은 효율적 시장 가설이 틀렸음을 몸소 입증해 왔다고도 볼 수 있다. 효율적 시장 가설은 시장을 둘러싼 모든 정보가 이미 자산의 가격에 반영되어 있으므로 개인은 시장 평균 이상의 수익을 얻을 수는 없다는 가설이다. 이 가설의 주창자 중에《랜덤 워크다운 월스트리트》의 저자 버튼 말키엘 Burton Malkiel은 버핏이 〈월스트리트 저널〉 주식 거래 종목표에 다트를 던지는 원숭이 같았을 뿐이라고 주장했다. 버핏은 운이 좋았지만 시간이 흐르면 그가 보여준 성과는 필연적으로 장기적인 평균값으로 되돌아갈 수밖에 없다는 주장이었다. 효율적 시장 가설을 지지하는 사람들은 어느 한 시점의 주가에는 가능한 모든 정보가 반영되어 있다고 보았다. 따라서 보이지 않는 가치를 찾아내려는 노력은 성공할 수 없다는 입장이었다. 그러나 버핏과 멍거는 효율적 시장 가설의 수학적 모델을 눈가림이라고 판단했다. 효율적 시장 가설 추종자들은 증권 가격의 작은 변동에 즉, 단기적 변동성에 수십억의 사람들이 돈을 걸게 만들었다. **버핏의 투자 스타일은 시장 변동성을 무의미하게 만드는 기업에 장기 투자하는 방식이었다.** 버핏의 시각에서는 작은 주가 변동에 따라 단기적으로 투자하는 것은 결코 투자가 아니었다.

'버핏은 기업 활동에 대한 고민을 멈추지 않았다. 무엇이 좋은 기업을 만들고, 무엇이 나쁜 기업을 만드는지, 또 그들이 어떻게 경쟁하는지, 무엇이 고객을 충성하도록 만드는지에 대해 끊임없이 고민했다'고 슈뢰더는 적고 있다. 멍거는 그의 파트너를 '학습

기계'라고 표현한다. 버핏이 수백 시간을 들여 매년 주주 서한을 직접 작성하는 것도 세상에 대해 알게 된 것을 가르쳐주고자 하는 갈망인 것이다.

돈과 사람: 버핏의 집중력과 성공

버핏은 사람들로부터 지혜를 얻기 위해 그들에게 들러붙는 습관이 있었다. 캐서린 그레이엄에게도 그런 적이 있었고 나중에는 빌 게이츠에게도 그랬다. 버핏은 수십 년의 나이 차이에도 불구하고 빌 게이츠의 기술 업계에 대한 지식과 사업 수완을 흡수했다. 그들이 캐서린 그레이엄의 친구가 소유한 한 섬의 휴양지에서 처음 만났을 때 저녁 식사 자리에서 게이츠의 아버지는 이렇게 질문했다. "사람들은 인생에서 원하는 것을 얻는 데 가장 중요한 요인이 무엇이라 생각할까요?"

버핏은 "집중이요."라고 대답했다. 그리고 빌 또한 똑같이 대답했다고 버핏은 당시를 회상한다. 그는 가끔 '조직 관성'에 대해 언급하기도 했다. 슈뢰더의 표현을 빌어 다시 말하자면 '기업이 동종 업계의 기업을 앞지르려고 노력하기보다는 기계적으로 사업 활동을 하며 다른 기업을 따라하려고 하는 경향'을 일컫는다. 기업의 입장에서는 미래에 신경을 쓰는 동시에 그들이 가장 잘했던 것을 계속 잘하기란 결코 쉽지 않다.

버핏이 기업 전망에 예리하게 집중한 결과 1993년 버크셔 해서웨이의 주식은 한 주당 1만 8,000달러에 달했고 버핏 자신도 80억 달러 이상의 자산을 보유하게 되었다. 그의 첫 번째 투자 회사의 원년 파트너들은 1,000달러를 투자했다면 현재 600만 달러를 보유하게 되었을 것이다. 당시 버핏 가족은 3만 1,500달러에 매입한 널찍하지만 여전히 검소한 집에서 살고 있었다.

(함께 읽으면 좋은 책) 월터 아이작슨《스티브 잡스》

톰 버틀러 보던의 한마디

슈뢰더가 이 자서전을 집필하던 때 버핏의 자산은 300억 달러였다. 그리고 2017년 그의 버크셔 해서웨이 지분의 순 가치는 (만약 매도한다면) 800억 달러에 육박했다. 버핏이 거의 전 재산을 빌앤멜린다 게이츠 재단에 기부할 때가 되면 눈덩이처럼 불어난 버핏의 재산은 복리 가치까지 감안하면 다시 두 배로 늘어날 것이다. 그는 빌앤멜린다 게이츠 재단이 선행을 베푸는 데 있어서는 자신보다 훨씬 더 전문성이 있다고 믿고 있다.

버핏은 "주식은 시간이 흐를수록 소유해야 하는 것이다. 생산성은 증대될 것이고 주식은 그와 함께 가치가 증가할 것이다."라고 일반 투자자들을 위해 조언한다. 전체 주식 시장을 좇아가는 아주 저가의 인덱스 펀드에 돈을 넣어두었다가 시간이 흐르면서 집단적으로 수익을 얻는 것이 가장 바람직하다고 말한다. 버핏은 주주 서한에서 이 투자에 대해 언급하며 부자들은 더 성과가 좋은 기업을 매수하고 싶어 하지만 정작 최고의 수익은 매우 수수료가 낮은 일반적인 투자 수단에서 나온다는 사실을 강조했다. 탐욕스럽게 더 높은 수익만을 좇는다면 보통은 눈물의 결말을 맞이하게 된다. 일반적으로 기업이 점점 생산성이 높아지고 경제는 성장한다는 사실을 믿는 것이 좋다. 당신의 지능이나 기지가 아니라 국가의 번영을 믿으라는 것이다.

Simplify

큰 성과를 이루려면
무조건 단순화하라
《무조건 심플》

> "단순화에 성공한 사람들은 항상 시장의 문을 열고 그것을 변화시킬
> 새로운 열쇠를 제시한다. 이 열쇠들은 결코 시장 조사에 기반을
> 두고 있지 않다. 그보다는 십중팔구 사무실 밖에서 일어나는 갑작스러운
> 신의 계시나 섬광같이 스치고 지나가는 생각과 같은 통찰에서 나온다.
> 그러나 이 책의 목적 중 하나는 통찰을 단순화하고 시스템화하는 것이다."

리처드 코치 Richard Koch

1950년 런던에서 태어난 코치는 옥스퍼드대학에서 근대사를 전공하고 펜실베이니아대학 와튼스쿨에서 MBA를 취득했다. 1983년에 자신의 컨설팅 회사 LEK 파트너십을 설립했고 7년 뒤 개인 투자와 집필 활동을 위해 퇴직했다. 〈선데이 타임스〉에서 선정한 '부자 명단'에 오르기도 했다.

그레그 록우드 Greg Lockwood

네트워크를 기반으로 수익을 창출하는 기업에 투자하는 런던의 벤처 투자 기업, 피톤 캐피털의 공동 창립자이다. 그 전에는 정보 통신 분야와 기업 재무, 광고 매체에서 일한 바 있다. 켈로그 경영대학원에서 경영학 석사 학위를 취득했다.

리처드 코치는 그 유명한《80/20의 법칙》을 세상에 내놓은 저자다.《무조건 심플》은《80/20의 법칙》20년 만에 나온 걸작이라는 세간의 평가를 받는다. 코치는 급성장하는 시장에서 최고의 기업만이 지배력을 행사하는 것이 아니라 가장 단순한 기업 또한 승승장구하고 있다는 사실을 알게 되었다. 코치와 벤처 투자가 그레그 록우드가《무조건 심플》을 집필하기 위해 조사 작업을 시작했을 때 지난 100년 동안 모든 훌륭한 기업의 성공 스토리는 극적인 단순화와 관련이 있다는 사실을 확실히 알게 되었다. 사색가와 혁신가, 그리고 발명가에게 찬사를 보내는 것은 당연하지만 **인류에게 가장 큰 경제적 혜택을 안겨 주는 이들은 단순화를 통해 대중 시장에 발명과 발견의 결실을 가져다주는 사람들이다.** 저자들은 사업에서 중요한 공식은 '혜택 X 혜택을 받는 사람의 수'라고 강조한다. 세상은 '운이 좋은 소수가 새로운 제품이나 서비스의 혜택을 누릴 때가 아니라 수백만의 사람들이 그것을 이용 가능할 때' 실제로 변화한다는 것이다.

가격 단순화: 비용 효율과 수요 상승을 통한 사업 성장

단순화를 달성하는 데에는 두 가지 방법, 또는 전략이 있다. 한 가지는 가격을 통해서이고 다른 한 가지는 제안을 통해서다. **기업에게 있어 가장 불리한 입장은 제품의 품질 차원에서 선두 주자가 되지 못했을 뿐만 아니라 가격 차원에서도 선두 주자가 되지 못했을 때다.** 이런 경우 품질이나 가격 어느 한 가지에 집중하고 있는 기업에게 필연적으로 추월당하게 된다. 기업은 전략을 아주 분명히 선택해야 한다. 즉, 품질에 집중할 것인지, 아니면 가격에 집중할 것인지 확실한 입장을 정하는 것이 중요하다.

가격 단순화하기

이 전략은 상품이나 서비스의 가격을 절반 이하로 대폭 낮추는 것이다. 그렇다고 상품의 품질을 지나치게 낮추라는 뜻은 아니다. 하지만 공급 물량을 훨씬 높게 잡아서 효율을 극대화함으로써 비용을 훨씬 더 낮출 수 있다. 제품의 가격이 반값으로 떨어지면 재미있는 일이 벌어진다. **수요는 그저 두 배 상승하는 데 그치는 것이 아니라 모두가 예상하듯이 '5배, 10배, 100배, 1,000배'로 상승한다.** 책의 네 번째 파트에 가격을 절반으로 낮추는 결단을 내린 기업의 놀라운 투자수익률을 보여주는 데이터가 제시되어 있다.

제안 단순화하기

제안을 단순화하기 위해 가장 우선적으로 해야 할 일은 '제품이나 서비스를 조금 더 잘 만드는 정도가 아니라 엄청나게 더 잘 만들어서' 시장의 어떤 제품과 비교해도 눈에 띄게 다르게 만드는 것이다. 단순히 사용이 쉬운 정도가 아니라 훨씬 더 효용 가치가 높아야 한다. 하지만 그 단순함 속에 사람들이 그것을 아주 사용하고 싶어 하도록 만드는 '예술적' 요소가 있어야 한다. 예를 들면, 애플 아이패드나 구글 검색 엔진, 우버 택시 애플리케이션이 이에 해당한다. 이런 종류의 제품들은 보통 완전히 새로운 시장을 창출해 낸다. 이전의 복잡성이나 이용의 어려움으로 인해 충족시키지 못했던 억눌린 수요를 이끌어내기 때문이다.

동종 업계의 기업이 모두 매우 다른 제안을 한다면 각각의 기업이 다른 부분의 수요를 충족시키고 있으므로 시장 참여자들이 끼어들 여지가 있다고 코치와 록우드는 말한다. 그러나 기업이 모두 비슷한 제안을 하는 업계에서라면 가격을 단순화한 기업이 나타나 다른 기업을 모두 눌러버릴 수 있다. 또한 훨씬 더 나은 제품을 만드는, 제안을 단순화한 기업은 소비자의 주문이 쇄도하는 경우에 대비해야 한다. 업계에서 사라지지 않기 위한 유일한 방어책은 독자적인 제안을 개발하는 것이다. 즉, 다른 경쟁자들보다 훨씬 더 좋은 제품을 만들거나 제품을 훨씬 더 싸게 판매해야 한다.

가격을 단순화한 기업은 일반 대중을 대상으로 한 시장을 창출하게 되는 반면 제안을 단순화하는 기업에게 자연스레 주어지는 보상은 프리미엄 시장이다. 후자는 시장이 더 작긴 해도 수익성이 더 높아서 각각의 제안에 대한 투자 대비 수익률은 결국 거의 비슷해질 수 있다. 가끔 애플의 아이폰과 같이 프리미엄 제품이 대중 시장에 진출하는 경우도 있지만 그런 경우는 극히 드물다.

포드의 모델 T: 가격 단순화의 성공

헨리 포드는 45세에 비교적 성공적인 자동차 제조 회사의 사장이 되었지만 자서전 《나의 삶과 일》에서 그가 만든 자동차가 다른 자동차들과 크게 다르지 않았으며 만들어진 방식도 업계의 표준을 따랐다고 말했다. 업계 표준은 극도로 생산성이 낮았다. 20세기 초에 포드의 회사는 하루에 단 5대의 자동차만을 생산하고 있었다. 목표 시장은 자동차를 열렬히 좋아하는 부유한 계층의 사람들이었다.

그러나 포드는 당시 분위기에 걸맞지 않게 자동차가 단순히 즐거움을 주는 대상이 되어서는 안 되며, 수백만의 삶을 훨씬 더 쉽고 생산적으로 만들어주는 대중을 위한 필수품이 될 수 있다는 생각을 가지고 있었다. 1905~1906년에 포드는 두 가지 모델의 자동차를 판매하고 있었는데 하나는 1,000달러, 다른 하나는 2,000달러였다. 그해 총 판매량은 1,599대였다. 그러나 이듬해 포드는 두 모델 모두를 단순화해 가격을 각각 600달러와 750달러로 인하했다. 당신은 매출이 두 배 증가했을 것이라 예상할 것이다. 사실 포드는 8,423대의 자동차를 판매했고, 그가 더 비싼 가격에 팔았을 때보다 다섯 배 증가한 수치다. 이는 믿기 어려울 만큼 대단한 성공처럼 보였지만 포드는 그저 가격 단순화를 시행한 것에 불과했다. 그는 1909년에 단일 모델을 판매하기로 결정했고, 이것이 바로 공학 기술과 설계 측면에서 단순화의 정수를 보여준 '모델 T'였다.

하지만 가격이 더 싸다고 해서 품질이 열등한 것은 아니었다. **더 가벼우면서도 더 튼튼한 모델 T를 만들기 위해 포드는 차체에 바나듐 강을 최초로 사용하기 시작했다. 바나듐 강을 이용하면 일반 강으로 자동차를 제조하는 것보다 더 비용이 적게 들었다.** 가벼운 자동차는 연료 소비량을 줄여주었고, 이는 운전자들에게는 반가운 소식이었다. 그 후 1913년부터 포드는 끊임없이 움직이는 조립 라인을 만들어 자동차 생산을 혁신했다. 그 결과 1914년에는 디트로이트 소재의 하이랜드파크 공장에서 한 해 동안 25만 대의 자동차를 생산할 만큼 생산 속도가 크게 향상되었을 뿐만 아니라 품질도 향상되었다. 전문 기술자들이 자동차 부품을 하나하나 조립하는 수고를 하게 하기보다는 최소한의 훈련을 받은 노동자들이 하나의 제조 공정에 배치되어 완벽해질 때까지 연습하도록 했다. 이렇게 해서 1917년에는 모델 T의 가격이 360달러까지 하락했다.

코치와 록우드가 관측한 바와 같이 당사자인 포드조차도 가격 하락에 따른 엄청난 수요 증가에 놀랐다. 600달러와 750달러 모델에서 가격이 40퍼센트 하락해 360달러의 단일 모델로 판매되자 수요는 700배 증가했다. 모델 T는 다른 자동차들보다 훨씬 더 쌀 뿐만 아니라 당시 다른 자동차들에 비해 작동도 매우 간단했다. 포드는 누구나 운전할 수 있는 자동차를 판매하기를 원했다. 차가 아주 단순하다는 것은 생산 비용이 그만큼 덜 든다는 것을 의미했지만 그럼에도 모든 부품은 검증되고 시험을 거친 것이었다. 사용의 용이성과 품질에 대한 신뢰성, 저렴한 가격의 조합은 누구도 따라갈 수 없는 제안이었다.

가격을 대폭 낮추었을 때 일어나는 폭발적인 반응은 우주에서 가장 강력하게 작동하는 경제적 힘 중 하나라고 저자는 강조한다. 판매 수량을 크게 늘려서 비용과 가격을 더 낮추는 선순환을 만들어내면 훨씬 더 많은 판매를 이룰 수 있게 되는 것이다. 포드의 자동차 사용에 대한 급진적인 단순화와 민주화는 엄청난 규모의 글로벌 시장을 창출하여 파생 산업과 새로운 일자리를 만들어내며 20세기를 규정했다. 코치와 록우드가 말하고자 하는 핵심은 바로 이것이다. 급진적인 가격 단순화는 엄청난 수익을 안겨주고 오래 지속되는 기업을 만들뿐만이 아니라 사회에 많은 혜택을 확산시키기도 한다. 에디슨도 같은 맥락에서 다음과 같이 말한 바 있다. "우리는 전기를 아주 싸게 만들어서 부자들만이 촛불을 사용하게 할 것이다."

가치와 감성의 조합: 높은 효용 가치

제안을 단순화하는 기업은 서비스 사용을 쉽고 재미있게 만들거나 예술적인 요소를 가미해 사람들이 그것을 훨씬 더 많이 사용하고 싶도록 만들어 시장을 아주 크게 확대할 수 있다. 제안을 단순화한 기업인 우버, 스포티파이Spotify, 에어비앤비의 애플리케이션과 웹사이트가 바로 여기에 해당한다. 아이튠즈를 사용할 때와 같이 1달러에 개별 트랙을 다운로드하는 대신 스포티파이는 저렴한 정액 요금을 지불하고(만일 요금 지불을 원하지 않으면 무료로 음악을 감상할 수는 있지만 광고를 들어야 한다) 원하는 곡을 무제한으로 감상할 수 있도록 해주는 구독제 서비스를 내놓는 천재적인 책략을 발휘했다. 이와 같이 포괄적인 서비스 제공과 스포티파이의 단순하고 세련된 애플리케이션과 웹사이트로 인해 서비스 이용자들은 음악을 더 많이 소비하게 된다. 에어비앤비를 이용해 숙박 장소를 찾는 일은 아주 간단하다. 그리고 호텔과 비교했을 때 어디에 머물든 다른 곳에서 경험할 수 없는 더 특별한 경험을 얻을 수 있다. 또한 주택 소유주는 집에 있는 노는 방을 빌려줌으로써 돈을 벌 수 있게 된다. 에어비앤비의 방 가격은 보통 호텔 객실보다 훨씬 더 저렴하기 때문에 에어비앤비의 등장은 여행을 활성화하는 효과를 가져왔다.

스티브 잡스는 애플의 초창기 컴퓨터인 매킨토시가 '친근해 보이기'를 원했다. 나중에는 아이팟, 아이맥, 아이패드, 아이폰에 대해서도 이렇게 말했다. "우리는 뉴욕 현대미술관급 디자인을 목표로 하고 있습니다." 잡스는 제품을 포장하는 박스조차도 아름답고 촉감이 좋아야만 했다. 물론 애플 기기의 아름다움 속에는 놀라운 복잡성과 여러 기술의 결합이 감추어져 있다. 그리고 그 것이 바로 핵심이다. 저자는 올리버 웬델 홈즈Oliver Wendell Holmes의 말을 인용한다. "나는 저 너머에 있는 복잡성을 감춰주는 단순함에 대해서라면 어떤 대가라도 치를 것이오." 사람들은 삶을 더 단순하고 쉽고 아름답게 만들어주는 제품이라면 훨씬 더 높은 가격이라도 지불하려 할 것이다. 제품 속에 '예술적 요소'를 가미하는 전략의 핵심은 사용자와의 사이에 정서적 교감을 만들어낸다는 것이다. 경쟁 상품들이 많은 환경에서 정서적 교감은 가격을 매길 수 없을 만큼 중요한 요소다.

1997년 스티브 잡스가 애플에 복귀해 제품군을 단순화하겠다는 계획을 공표했을 당시 애플의 기업 가치는 20억 달러를 조금 넘는 수준이었다. 그리고 2015년에는 그 330배에 해당하는 7천억 달러를 넘어섰다. 그것이 바로 단순화의 힘이다. 훨씬 더 향상된 편의성과 효용 가치, 미적 즐거움을 달성한 급진적 단순화를 단행할 만큼 성숙한 기업이 몇이나 되겠는가?

손실 없는 대중 시장 공략과 성공

만일 당신의 기업이 가격을 단순화하여 대중 시장에 나서기로 했다면 소비자에게 구미가 당기는 거래를 제안할 수 있다. 코치와 록우드는 회사가 겉으로 보기에는 상품을 거저 주는 것처럼 보여도 사실은 그 배의 수익을 얻는 '선순환적 교환 거래'에 대해 이야기하고 있다. 이케아 매장에 마련되어 있는 가격이 싸고 질이 좋은 음식과 아이들의 놀이 공간은 기업에게 '손실'이 아니다. 어디까지나 사람들이 여유롭게 오후 쇼핑을 즐기며 더 많이 상품을 구매하도록 장려하기 위한 것이다. 잉바르 캄프라드Ingvar Kamprad 는 소비자가 가구를 직접 운송해 가서 조립하게 함으로써 저렴한 가격에 훌륭한 디자인의 가구를 판매할 수 있었다. 이는 많은 소비자에게 행복한 맞거래다.

1930년대에 영국의 출판업자 앨런 레인은 최고 품질의 작품을 대중 시장에 내놓고 싶어 했고, 그럴 수 있는 유일한 방법은 최고 현대 작가들의 작품을 가격이 싼 페이퍼백 형태로 출간하는 것이었다. 독자들은 보기 좋은 하드 커버를 포기해야 했지만 저렴한 가격과 펭귄 시리즈의 상징적 디자인에 대한 대가로 기꺼이 그럴 수 있었다.

기업이 성숙해짐에 따라 제품은 시장이 원하는 정도를 넘어서서 자연스럽게 더 정교해지고 복잡해지는 경우가 많다. 큰 시장은 그와는 반대 방향으로 가는 기업에게 열려 있다. 즉, 제품에서 기능을 빼는 것이다. 코치와 록우드는 클레이튼 크리스텐슨의 연구를 인용하고 있다. 크리스텐슨은 큰 기업이 업계를 선두에서 이끌어야 한다는 생각에 사로잡혀 사람들이 실제로 원하는 더 싸고 간단한 버전의 제품 시장을 미처 보지 못한다고 지적했다.

함께 읽으면 좋은 책 클레이튼 크리스텐슨《혁신 기업의 딜레마》, 월터 아이작슨《스티브 잡스》, 시어도어 레빗《마케팅 마이오피어》, 브래드 스톤《아마존, 세상의 모든 것을 팝니다》

톰 버틀러 보던의 한마디

'가격 단순화를 단행하는 가장 효과적인 성공 기업은 그들이 하는 일을 사명 즉, 이전에는 특정 상품을 살 형편이 안 되었던 사람들의 삶을 적어도 조금은 더 향상시키는 데 도움을 주는 운동으로 여긴다'라고 코치와 록우드는 분석한다. 헨리 포드는 자동차로 그것을 실현했고, 마이클 마크스(Michael Marks)와 톰 스펜서(Tom Spencer)는 고품질의 의류를 노동자 계층의 사람들이 부담 없이 구입할 수 있는 가격에 판매해 그것을 실현했으며, 캄프라드는 디자인이 훌륭한 저렴한 가구로 그것을 실현했다.

그러나 이와 같이 산업을 변화시키거나 산업을 창조하는 개념을 어떻게 생각해 낼까? 분명한 길은 '아주 작은 규모로 이미 존재하지만 보편적인 제품으로 만들어져 전 세계에 출시될 수 있는 단순화 시스템을 찾는 것이다'. 이것이 레이 크록의 맥도날드 모델이다. 또 다른 방법으로는 기존에 존재하는 과정을 가져다가 자동화하는 것이다. 우버는 택시 호출을 자동화했고, 틴더(Tinder)는 파트너를 찾는 것을 자동화했고, 벳페어(Betfair)는 베팅을 자동화했고 뱅가드(Vanguard)는 인덱스 펀드를 만들어 투자를 자동화함으로써 인간 펀드 애널리스트가 필요 없도록 만들어 수수료를 대폭 낮출 수 있었다.

우리는 업계에서 현재 행해지고 있는 방식에 압도되어 익숙해지기가 쉽다. 그에 관해 누가 문제제기를 하겠는가? 그러나 포드가 자동차 제조와 마케팅과 관련된 모든 부분에 의문을 제기해 알아낸 것처럼 '사업을 하는 일반적인 관행이 최선의 방식은 아니다'. 업계 사람들은 상품을 최소한 복잡해 보이도록 윤색하기를 좋아한다. 하지만 가장 큰 이득은 항상 스스로 좌절감을 느끼고 상품이 훨씬 더 단순하기를 희망하는 아웃사이더 기업에게 돌아간다.

Management in Ten Words

실제로 고객 편에 서라

《위대한 조직을 만드는
10가지 절대 법칙》

"삶의 기본적이고 간단한 진실이 '너무나 당연해서 중요하지 않다'는
식으로 무시되는 것을 보았다. 이렇게 되면 사람들은
'간단함'과 '간소함'을 혼동하게 된다. 하지만 우리가 살아가는 세상이
복잡하기 때문에, 문제에 대한 해법도 복잡해야 한다."

테리 리히 Terry Leahy

1956년 리버풀에서 아일랜드계 부모 사이에서 태어났다. 맨체스터 과학기술대학을 졸업하고 테스코(Tesco)에 입사했다. 테스코 최초의 마케팅 이사로 근무하면서 고객충성도 프로그램인 '테스코 클럽카드'를 처음 도입했다. 14년간 테스코의 최고경영자로 일하면서 테스코를 세계 3위 유통업이자 다국적 기업으로 변모시켰다.

테스코의 성공 비결은 무엇이었을까? 특히 테리 리히가 경영권을 쥐고 있었던 동안에는 영국 슈퍼마켓에서의 시장 점유율이 20퍼센트에서 30퍼센트로 증가하며 급성장을 보였다. 세계 유통업계에서 가장 놀라운 성과를 다룬 테스코의 성공 역사가 궁금하다면 《위대한 조직을 만드는 10가지 절대 법칙》을 읽어보자. 14년간 테스코의 최고경영자로 일하면서 테스코를 세계 3위 유통업이자 다국적 기업으로 변모시킨 장본인, 리히는 책에서 말한다. "세계는 복잡하지만 성공은 놀랄 만큼 간단할 수 있다."

우리는 종종 가장 기본적인 전략으로 목표에 도달하면서 가장 발전된 해법을 찾으려는 경향을 보인다. 물론 여기서에서의 함정은 어떻게 먼저 그렇게 기본적인 전략을 찾고 해법에 다다를 수 있는지 알 수 있냐는 것이다. 그것을 찾아내기 위해서는 현재 그 기업이 놓여 있는 상황에 대해 먼저 확실히 파악해야 한다. 탁월함을 유지하기 위해서는 고객에 대한 감사를 포함한 확고한 가치가 있어야만 한다. 이 책은 진실, 충성심, 단순화, 가치 중에서, 이 가치에 초점을 맞추고 있다.

진실: 고객의 목소리를 따르다

1992년 리히가 테스코의 마케팅 이사 자리에 올랐을 때 마케팅은 회사 내에서 개별적으로 분리되어 있는 부서였고, '고객 만족' 부서 또한 분리되어 가공 처리 및 물류와 거의 비슷한 중요도를 지니고 있었다. 리히는 고객과 고객의 요구를 테스코 사업의 중심에 두는 작업에 착수했다. 지금은 이 말이 당연하게 들리지만 당시만 해도 대다수의 기업이 몇 차례 포커스 그룹(신제품을 개발할 때 아이디어의 실행 가능성 등을 검토하기 위해 소수의 대상 고객으로 구성한 그룹-옮긴이)을 진행하는 것 이상의 고객 연구를 하지 않았다. **리히는 고객들이 실제로 테스코를 어떻게 생각하는지에 대한 전면적인 연구 프로그램을 진행하기 시작했다.** 정해진 질문들을 가지고 딱딱한 포커스 그룹을 진행하기보다는 리히가 직접 자유롭게 회의를 진행하며 고객들이 자신의 쇼핑 경험뿐만 아니라 살아가는 이야기 등을 자유롭게 이야기할 수 있도록 했다. 이런 자리를 통해 테스코는 자신의 존재 이유를 확인할 수 있었다. 즉, '계층에 차별 없이, 모든 소득층의 고객에게 가치와 매력적인 선택지를 제공하는 것'이었다. **테스코는 소비를 많이 할 수 있는 고객뿐만 아니라 모든 고객으로부터 충성심을 이끌어내기 위해 노력했다.**

기업은 고객의 말을 경청한다고 말하지만 고객이 무슨 생각을 하고 어떻게 느끼는지 진정으로 알고 싶어 하는 기업은 별로 없다. 리히는 진실에 귀를 기울이고 그것을 수용한 것이 테스코가 크게 확장할 수 있는 기반이 되었다고 말한다. 만일 테스코에 대한 솔직한 시각을 받아들이려는 노력이 없었다면 영국의 중간급 소매 체인에서 거대 기업으로 거듭나는 데 필요한 변화를 이뤄내지 못했을 것이다.

테스코는 심지어 매장을 재설계하고 개조하는 데에도 고객이 직접 참여할 수 있도록 했다. 매장 설계에서 고객이 중요하다고 생각한 부분은 디자이너나 관리자가 좋다고 생각한 것과 다른 경우가 많았다. 부모들은 테스코가 특정 건강 식단을 원하는 이들을 위한 제품 코너를 선구적으로 만들었다고 인정해 주었다. 이는 특정 건강 식단을 위해 일부러 다른 상점에 가야 하는 번거로움을 덜고, 가족 구성원 모두를 위한 식품 쇼핑을 한곳에서 해결할 수 있도록 배려한 것이었지만, 이런 호의적 행보가 의도치 않게 수익성을 높여 주기도 했다.

충성심: 고객과의 독특한 관계 구축

모든 기업은 매출, 시장 점유율, 수익률, 직원들의 근무 만족도, 투자 수익률, 평판 등을 경쟁 목표로 하고 있다. 그러나 리히는 '모든 목표를 아우를 만한 하나의 목표를 정해서 모든 직원이 나침반으로 삼을 수 있게 하라'고 강조한다. 리히는 조직이 가질 수 있는 최고의 목표는 고객의 충성심을 얻고 유지하는 것이라 보았다. 조직이 어느 쪽으로 가야 할지, 어떤 선택이나 판단을 해야 할 때마다 스스로 이렇게 질문해야 한다. "이렇게 하는 것이 고객 충성도를 더 높이는 길일까?"

충성심을 제일의 목표로 삼는 것은 아주 타당해 보인다. 왜냐하면 지난 30년 동안 소비자는 폭발적으로 늘어난 수많은 선택지와 정보 속에서 살아왔기 때문이다. 1980년에는 청바지 브랜드가 8개 정도에 불과했다. 하지만 오늘날은 어떠한가. 800개에 달한다. 선택지와 정보의 홍수 속에서는 고객에게 애착을 형성하는 기업만이 성공하게 될 것이다. 당신의 기업은 고객이 상품을 구매하고 투자하고 정보를 얻을 디폴트 선택지가 되어야만 한다. "고객 행동에서 드러나는 충성도는 수익 증대 차원에서 주변적인 요소가 아니다."라고 리히는 강조한다. 고객 충성도는 수익을 견인하는 가장 중요한 동력이다. 만약 고객을 더 오래 붙잡아 둘 수 있다면 기업은 새 고객으로 대체하기 위한 비용을 들일 필요가 없다. 기업이 충성도 높은 고객을 가졌다면 새로운 고객을 유치하는 것보다 훨씬 더 느린 속도로 기존의 고객을 잃을 것이므로 더 빨리 성장할 것이다. 충성도 높은 고객이 상품을 더 많이 구매하기도 한다. 실제로 리히는 고객의 지출이 더 많을수록 해당 기업에 대한 신뢰도가 높다는 사실을 발견했다. 그리고 고객이 기업을 신뢰할수록 고객은 그 기업의 신제품이나 서비스를 더 많이 사용해 보고 싶어 한다.

이런 관점을 기반으로 고안된 것이 바로 테스코의 클럽카드 제도였다. 1995년에 출시된 클럽카드는 고객이 쇼핑을 할 때마다 리워드로 1퍼센트를 할인해 주는 제도다. 그리고 기업은 그 대가로 쇼핑객과 그들의 쇼핑 습관에 대한 엄청난 양의 소중한 데이터를 얻게 된다. 당시 문제가 되었던 부분은 데이터 저장 비용이었다. 기업이 더 많은 데이터를 입수해 검토할수록 더 많은 비용이 들었던 것이다. 그러나 리히는 고객의 정보를 절실히 원했다. 기업이 고객이 누구인지 제대로 모른다면 어떻게 그들이 원하는 것을 제공할 수 있겠는가? 세인스버리Sainsbury's는 테스코가 내놓은 클럽카드 제도를 무시했지만 리히는 세인스버리가 테스코의 전략이 훌륭하다는 걸 인정했어야 한다고 말한다. "언제나 경쟁자의 혁신에서 약점을 찾기보다는 강점을 찾는 편이 더 득이 됩니다. 경쟁자를 공격해야 마음이 더 편할지는 몰라도 장기적으로 보면 그들에게 배우는 게 지혜로운 처사죠."

클럽카드 도입의 핵심은 모든 고객이 많이 구입하든 적게 구입하든 동일한 할인율을 제공받는다는 것이었다. 더 많은 판매를 유도하기 위한 책략이 아니라 단순한 감사의 표시인 것이다. 그리고 고객도 그 뜻을 알고 감사했다. 리히는 다음과 같이 썼다.

"클럽카드는 내게 단순한 진실을 가르쳐 주었다. 사람들은 감사받기를 원하며, 감사를 받으면 그들의 충성도는 높아지기 시작한다. 이는 단순한 진실이지만 이것의 영향력은 우리의 경쟁사들이 혼이 나고 난 뒤에야 깨달았던 것처럼 엄청날 수 있다."

클럽카드는 영국 최초의 슈퍼마켓 고객 카드로써 고객의 진정한 호감을 이끌어냈다. "기업이 단순히 돈벌이를 하려는 것이 아니라 고객의 요구를 충족시키려고 노력한다는 것을 보여줌으로써 고객은 테스코와의 관계를 남다르게 여기기 시작했다."라고 리히는 강조한다. 직원의 충성도 또한 기업의 비용과 시간을 엄청나게 절감해 주는 동시에 직원들 사이에 공동체 의식을 높인다. 리히가 테스코를 떠날 즈음에 테스코는 영국에서 가장 직원 주주의 수가 많은 기업이 되었다.

용기: 자각과 결단

아일랜드로 향하는 비행기를 기다리는 동안 리히는 테스코가 달성해야 할 목표가 무엇인지 분명히 깨닫는 '자각의 순간'을 경험하게 되었다. 리히가 최고경영자가 되기 불과 몇 개월 전의 일이었다. 리히가 다른 임원들에게 다음의 계획을 밝혔을 때 그들은 '놀라울 정도의 불신'을 드러냈다고 그는 회상한다.

- **영국 1위의 소매 기업이 된다.** 이 시점에서 테스코는 세인스버리를 따라잡았으나 마크스앤드스펜서에게는 여전히 크게 뒤지고 있었다.
- **식품 분야에서와 같이 비식품 분야에서도 강자가 된다.** 당시 비식품 분야의 매출은 총매출의 3퍼센트에 불과했다.
- **수익성 높은 서비스 분야를 개발한다**(예, 금융이나 휴대전화). 1996년에는 테스코가 이 분야의 사업을 하지 않았다.
- **영국에서와 같이 해외에서도 막강한 기업이 된다.** 당시에는 해외로 진출하는 기업이 1퍼센트도 되지 않았다.

리히는 '크고 위험하고 대담한 목표'를 세워야 한다는 짐 콜린스의 말을 상기시키며 '좋은 전략은 대담하고 과감해야 한다'고 주장한다. 사람들은 경험을 확장할 필요가 있고 목표는 흥미와 '약간의 두려움'을 유발할 수 있어야 한다. 그러나 무엇보다도 대담한 전략은 선택을 하도록 만들어야 한다. 이 순간을 놓치지 않고 뭔가 큰 것을 좇을 것인지 아니면 제자리걸음할지 선택하는 것이다. 사람들의 삶을 변화시킬지 말지 말이다. 리히는 소니Sony 의 모리타 아키오Morita Akio에게서 많은 영감을 받았다. 모리타는 기업이 발전하려면 일본 밖의 시장을 정복해야 한다는 사실을 알고 있었다. 리히는 테스코가 승리의 월계관을 쓰고 안주하는 것을 용납할 수 없었고 '아무것도 하지 않는 것이 종종 가장 큰 위험 요소'일 수 있다는 사실을 알고 있었다.

실행: 전문가와 아마추어의 역할 분배

테스코는 영국 슈퍼마켓 체인 중 최초로 온라인 서비스를 제공한 기업이었다. 미국의 닷컴 식료품 기업이었던 웹밴은 3억 7,500만 달러를 벌어들이며 거대한 물류 센터를 짓고 있었던 와중에 테스코는 간단히 전화와 팩스, 컴퓨터를 통해 주문을 받아서 매장 선반에 놓여 있는 제품을 가져다가 몇 군데 시범 지역에 배송했다. '비록 특별할 것은 없었지만 적어도 온라인 판매를 하고는 있었던 것이다. 더 중요한 것은 다른 곳에서 온라인 판매가 막 시작되는 시점에서 시도했다는 점이다. '우리는 해야 하는 모든 일들과 기업의 수익성을 높이기 위해 개선해야 할 것들을 배우기 시작했다'고 리히는 당시를 회상한다.

웹밴은 엄청난 초기 비용 압박으로 인해 파산에 이르고 말았다. 테스코의 세부 사항에 아주 크게 신경 쓰는 낮은 자세의 접근법이 옳았음이 증명된 것이다. 리히는 '프로젝트가 실패로 돌아가는 경우는 일을 지시하는 이들이 일반적으로 새로운 시스템으로 무엇을 이루고자 하는지 진지하게 고민하지 않을 뿐만 아니라 일의 절차를 확실히 정해 놓지도 않기 때문'이라고 지적한다. 성공적인 실행을 위해서는 다음의 다섯 가지 요소가 필요하다. 즉 시작 단계에서의 정확한 판단, 단순한 절차, 확실한 역할 규정, 잘 작동하는 시스템, 훈련 등이다. 사업에서 과정과 실행은 지루하거나 전략에 비해 부차적인 것으로 여겨지는 경우가 많다. 하지만 과정과 실행이야말로 성공 여부를 좌우하는 것이다.

리히의 말은 윈스턴 처칠이 2차 세계대전을 승리로 이끌었을 때 가슴에 새기고 있었던 카를 폰 클라우제비츠Carl von Clausewitz가 남긴 다음의 명언을 떠오르게 한다. "아마추어는 전략에 집중하고 전문가는 실행에 집중한다."

가치: 고객 가치와 감성의 역할

테스코는 1919년 런던 이스트엔드 출신의 시장 상인이었던 잭 코헨Jack Cohen이 설립한 기업이다. 그래서 리히가 테스코에 합류했을 때만 해도 여전히 산만한 노점상 정신이 남아있는 듯했다. 조직의 서열이나 자격에 개의치 않고 언쟁이 자주 벌어졌고 아주 경쟁이 치열한 분위기였다. 시간이 지나면서 차츰 문화가 성숙해 졌지만 테스코의 평등 정신은 그대로 이어졌다. 여전히 아주 능력주의적이며 조직 구조도 비교적 수평적이었다. 계산대에서 근무하는 직원과 최고경영자 사이에 겨우 여섯 단계가 존재할 뿐이었다. 따라서 누구든 좋은 아이디어를 내는 것이 가능했다.

리히는 어린 시절과 가톨릭 교육을 돌이켜보며, '**배경과 상관 없이 모든 이들이 더 나은 삶을 살 수 있도록 도움을 주고 싶다는 간절한 소망**'을 가지게 되었다고 말한다. 리히의 이러한 세계관 은 테스코의 높낮이 없이 '모두가 환영받는' 가치 중심적 세계관 과 완벽하게 맞아떨어졌다.

사람들은 모든 것에 이성적이기보다는 감성적으로 반응한다 고 리히는 강조한다. 누군가에게서 물건을 살 때는 단순히 실용적인 이유에서만 사는 것이 아니라 가치를 공유하고자 하는 것이다. 즉, 파는 사람이 표방하는 것을 좋아해야 한다. 테스코는 '시장 점유율'이나 '주주 가치'에 집중하는 편이 더 쉬웠을 것이다. 하지만 테스코는 '고객 가치'에 지속적인 관심을 기울이는 것이 기업의 존재 이유라는 사실을 잘 알고 있었다. 고객을 고려하기 를 그만둔다면 기업은 표류하게 되는 것이다.

함께읽으면좋은책 존 케이《우회 전략의 힘》, 리처드 코치, 그레그 록우드《무조건 심플》, 사이먼 시넥《스타트 위드 와이》, 브래드 스톤《아마존, 세상의 모든 것을 팝니다》

톰 버틀러 보던의 한마디

리히는 자신이 최고경영자 자리에 있을 당시 했던 수많은 실수와 회사가 겪었던 어려움을 부인하지 않는다. '프레시앤이지(Fresh & Easy)' 체인 사업이 미국 식품 소매 시장 진출에 실패한 것도 그 실수 중 하나였다. 리히는 그에 대한 변명으로 절반의 실패 원인이 타이밍에 있었다고 말한다. 금융 위기가 시작된 직후 프레시앤이지 사업을 시작했기에 '사람들이 어려운 시기에는 새로운 것을 시도하지 않는다'는 것이다.

테스코가 경쟁 기업과 똑같은 방식으로 사고했다면 엄청난 시장 확대와 경쟁자들을 제압하는 승리를 일궈내지 못했을 것이다. "크게 생각하고 더 큰 계획을 세울 때만이 진정한 변화를 이룰 가능성이 생긴다."라고 리히는 말한다. 리히는 미국 건축가 다니엘 번햄(Daniel Burnham)이 한 말을 덧붙인다. "작은 계획은 세우지 마라. 그것들은 사람들의 피를 끓게 할 마법을 일으키지 못하므로 실현될 가능성이 거의 없다." 장기적인 관점 또한 리히의 성공 비결 중 하나였다. 예컨대, 새로운 국가로 시장을 확장하려고 한다면 매장 네트워크를 구축하는 데 10년이 걸리고 선두 소비자 브랜드를 만드는 데 또 10년 정도가 더 걸린다. 크게 생각하는 것은 장기적인 관점이 수반되지 않으면 결실을 보기 어렵다.

리히는 인간의 역사 속에서 기업이 보여준 역할에 대해 되돌아보며 책을 끝맺고 있다. 많은 기업은 인류에게 커다란 혜택을 가져다주었지만 또 다른 편으로는 악덕 기업도 많았다. 테스코가 '역사의 캔버스 위에 작은 점 하나에 불과하다'는 사실은 인정하지만 소매업을 넘어 다른 분야에서도 테스코의 성공을 본보기로 삼을 수 있을 것이라고 말한다. 대중에게 더 큰 혜택을 가져다주고자 하는 리히의 소망이 경영자들의 자화자찬 일색의 수많은 자서전들 중《위대한 조직을 만드는 10가지 절대 법칙》을 돋보이게 하는 이유이다. 책 속에서 리히는 시종일관 겸손한 인상을 풍기고 있다. 짐 콜린스와 피터 드러커 등의 경영 저술가들이 지적한 바대로 겸손은 가장 성공한 경영자가 가지고 있는 가장 중요한 자질이다.

The Art of the Deal

인내력, 조심성, 유연성을 기르고,
대담성을 키워라
《거래의 기술》

"나는 크게 생각하는 것을 좋아한다. 지금까지 항상 그랬다.

크게 생각하는 것은 내게는 매우 간단하다. 어차피 할 생각이라면

크게 하는 게 더 좋다. 대다수의 사람들은 작게 생각한다.

성공을 두려워하고 결정을 내리는 걸 두려워하고 승리를 두려워하기

때문이다. 그래서 나와 같은 사람들이 훨씬 더 유리해지는 것이다."

도널드 J. 트럼프 Donald John Trump

1946년 뉴욕 퀸즈에서 태어난 트럼프는 5형제 중 넷째로 태어났다. 뉴욕 육군사관학교에 입학해 그곳에서 10대를 보냈다. 졸업 후 영화 학교에 입학하려다가 포드햄대학을 선택했다. 펜실베니아대학 와튼스쿨에서 재무학을 전공하고 1968년에 졸업했다. 1971년부터 아버지의 회사인 트럼프 그룹에서 근무하기 시작해 독립적인 사업가로서의 기반을 마련했다.

2017년 1월 20일 도널드 J. 트럼프는 대통령 선거에서 힐러리 클린턴 후보를 제치고 미국 대통령에 취임했다. 트럼프는 자기선전과 사치스러운 생활, 거액의 거래 덕분에 1987년《거래의 기술》이 출간되었을 때 이미 유명인이었다. 트럼프는 자본주의의 상징과 뉴욕, 더불어 호화로운 1980년대를 하나로 합쳐 놓은 듯한 존재였다. 그리고 이 책은 1980년대 후반과 1990년대 초반에 트럼프를 파산 지경으로까지 몰고 간 어려움이 발생하기 전에 출간되었다. 트럼프의 적들에게는 매우 유감스럽게도 트럼프는 다시 문제를 해결하고 그 어느 때보다 더 강해져서 돌아왔다. F. 스콧 피츠제럴드F. Scott Fitzgerald가 "미국에서의 삶에는 두 번째 기회란 없다."라고 말했을 때, 피츠제럴드는 트럼프라는 브랜드가 세상에 나올 줄 몰랐다.

방송 제작진이 트럼프에게 연락해 기업 경영을 주제로 한 신규 리얼리티 TV 시리즈의 주인공이 되어줄 것을 요청했을 때 트럼프는 이것을 자신의 명성을 높일 기회로 받아들였다. 이 TV 시리즈 〈어프렌티스〉의 성공을 최대한 활용하기 위해 당시 트럼프가 책을 여러 권 출간했었지만, 토니 슈왈츠Tony Schwartz와 같이 쓴《거래의 기술》은 사업가로서 트럼프의 통찰을 가장 잘 드러내는 책으로 남았다. 1987년에 나온 책이지만 트럼프가 수십 년간 근본으로 삼은 철학과 사업 방식을 한눈에 보여주고 있다. 이 책에서 우리는 어려운 시기에도 트럼프가 번영하고 성공할 수 있게

해준 일부 거래와 신념, 전략을 살펴본다. 트럼프가 워싱턴 DC
의 정가로 자리를 옮기게 된 일에 대해서는 다루고 있지 않다.

크게 생각하라

트럼프의 아버지 프레드는 뉴욕 자치구의 임대료 통제 주택의 개
발자였다. 수익성이 낮고 그다지 매력적이지는 못한 직업이었지
만 끈기 있는 근성이 프레드를 성공으로 이끌었다. 어린 도널드
는 현장에서 아버지를 따라다니며 유년 시절의 많은 부분을 보냈
지만, 항상 맨해튼에서의 삶을 꿈꾸고 자신의 생각을 담은 획기
적인 프로젝트를 실현하는 것을 꿈꿨다.

　맨해튼에서의 **첫 번째 프로젝트는 임대료가 낮은 구역에 위치
한 오래된 대형 호텔 코모도였다.** 트럼프는 당시 겨우 스물일곱
살이었고 호텔에서 잠을 자본 경험도 거의 없었다. 하지만 1,400
개의 객실을 갖춘 25년간 뉴욕에서 가장 큰 호텔로 꼽히는 몬스
터급 호텔 건설에 착수했다.

홍보하고 또 홍보하라

트럼프는 부동산 가격에서 위치가 결정적인 역할을 한다는 말을
근거 없는 믿음이라고 강조한다. 위치는 실제로 중요한 부분이지
만 **부동산의 활용을 극대화하기 위해 필요한 것은 사람들이 그것
을 구입하고 싶게 만드는 가치나 신비감을 창조하는 것이다.**

"사람들은 자신이 항상 크게 생각하지는 않지만 크게 생각하는 사람들을 보면 아주 흥분한다. 그래서 어느 정도 배짱을 부리는 사람이 손해를 보지 않는 것이다. 사람들은 무언가가 가장 크고 가장 훌륭하고 가장 멋있다는 사실을 믿고 싶어 한다."

프로젝트가 주목받기 위해서는 뭔가 달라야 한다. 설사 아주 별나서 언론의 기삿거리가 될 가능성이 높아진다 해도 상관없다. 트럼프는 그저 유명세를 위해 대중의 관심을 끌어서는 안 되겠지만 〈뉴욕 타임스〉에 한 줄 기사가 나가는 것이 10만 달러짜리 전면 광고보다 훨씬 더 가치가 높다고 강조한다. 비록 부정적인 견해를 불러일으킨다 할지라도 말이다.

인내심을 갖고 기습 공격을 준비하라

트럼프는 화려한 이미지에도 불구하고 그를 성공으로 이끈 중요한 요인은 기다릴 준비가 되어있는 것이었다. 예컨대, 트럼프는 트럼프 타워가 될 본위트 텔러Bonwit Teller 건물을 수년간 소중하게 여겼다. 여러 차례 건물주에게 편지를 보내 건물에 대한 관심을 표명했다. 그리고 계속해서 공을 들였다. '엄청난 끈기는 당신이 생각하는 것보다 훨씬 더 자주 성공과 실패를 가른다'고 트럼프는 말한다. 본위트 텔러가 재정적으로 어려움을 겪게 되었을 때 마침내 트럼프는 그 건물을 차지하게 되었다.

또 다른 예로, 트럼프는 경영진이 기업 소유의 보잉 727기를 타고 다니며 사치스러운 생활을 일삼는, 경영난에 시달리고 있는 한 기업에 대한 뉴스 기사를 접했다. 당시 이 비행기의 가격은 3,000만 달러였다. 트럼프는 터무니없게도 겨우 500만 달러를 제시했고, 최종적으로 800만 달러에 매입하게 되었다. 800만 달러도 헐값이었다. 만약 얼굴색 하나 안 바꾸고 터무니없어 보이는 요구를 할 수 있다면 당신은 헐값에 매물을 손에 넣을 수 있게 될 것이라고 트럼프는 말한다.

트럼프는 자산이 시장에 나오기도 전에 매입을 제안해서 성공한 경우가 많았다. 많은 판매자들에게는 자기 손안의 새 한 마리가 숲에 있는 새 두 마리보다 더 나은 법이다. "거래에서 절대로 해서는 안 되는 최악의 행동은 이 거래를 반드시 성사시켜야 하는 것처럼 간절하게 행동하는 것이다."라고 트럼프는 말한다. 당신에게는 지렛대가 필요하다. 판매자가 필요로 하거나 원하는 것이 무엇인지 알아내어 매입 가격 외에 추가적인 프리미엄을 제시하라.

거래 성공의 비결

뉴욕에서는 대규모의 부동산 개발이 복잡한 문제다. 행정적으로 엄격하고 복잡하며 대부분의 개발 제안들, 특히 대규모 개발 계획들에 지장을 주는 토지이용규제법이 적용되고 있기 때문이다.

5번가 57번 거리에 있는 그 유명한 트럼프 타워 건물(대리석 폭포 로비와 명품 매장, 유명 연예인 및 억만장자들이 사는 아파트가 있는)은 대성공이었다. 하지만 그 건물을 짓기 위해 트럼프는 건물 높이와 외관(가장 눈에 띄는 시내 중심부에 위치해 있으므로), 그리고 대중 편의 시설을 얼마나 제공하는가에 대해 시 당국과 기 싸움을 벌여야만 했다. 임치한 (당시 본위트 텔러가 입주해 있었던)기존의 건물이나 그 건물의 부지 매입, 또는 바로 옆 티파니 매장 위의 공중권, 그리고 뒤뜰을 내기 위해 필요한 작은 부지(또 하나의 뉴욕시의 요건) 확보와 관련해 장기간의 세부 협상을 거쳐야만 했다. 트럼프는 이 프로젝트를 성사시키기 위해 자금을 마련해야 했지만 은행들은 모든 행정적인 절차가 완료되기 전에는 자금을 대출해 줄 수 없다는 입장이었다. 마침내 담보 대출을 받을 수 있었던 것은 트럼프가 과거에 이룬 코모도-하얏트 호텔의 성공 덕분이었다.

트럼프의 성공을 이해하는 데 있어 핵심은 실제로 트럼프가 복잡한 일을 해결하는 것을 좋아한다는 사실이다. 다른 사람들에게는 어려운 문제로 보이는 일이 트럼프에게는 창조성을 발휘하게 만드는 커다란 기회로 보인다는 것이다. 트럼프가 하는 모든 거래는 여러 개의 공을 가지고 한 번에 저글링을 하는 것과도 같다. 게다가 그게 건물 공사가 첫 삽을 뜨기도 전이라는 것이다. 트럼프는 거래가 복잡할수록 애초에 그것에 관심을 보이는 개발자의 수가 적으며, 이는 곧 성공할 경우 잠재적 보상이 그만큼 클 것임을 의미한다고 말한다. 대다수의 사람들이 그런 불확실성에 승부수를 둘 만큼 배짱이 없어 망설일 때 트럼프는 대담하게 승부수를 두어 번창했다.

트럼프의 트레이드마크 중 하나가 자신만만한 태도임에도 불구하고 사실 트럼프는 거래 협상을 시작할 때면 언제나 거래가 성사되지 못할 가능성도 고려한다. 트럼프는 '일이 잘못될 경우의 보호책만 마련해 둔다면 상황이 좋을 때 모든 문제는 해결된다'고 강조한다. 모든 거래에는 대비책을 마련해 두어야 한다. 예컨대, 트럼프가 부지나 건물 매입에 나선다면, 거절당할 경우를 대비한 계획이 있어야 한다. 원래 아파트로 사용하려던 건물을 필요하다면, 사무실이나 호텔로 전용할 줄 알아야 한다. 성공적인 거래자는 수익성 높은 결과를 이끌어 내기 위해 기꺼이 개인적 선호를 내려놓을 수 있어야만 한다.

트럼프의 성공 방식

이 책에서 트럼프에 대해 알 수 있는 그 밖에 사항은 다음과 같다.

- 대학 시절 친구들이 만화책과 신문의 스포츠 면을 보고 있을 때 트럼프는 압류 부동산 리스트를 자세히 보고 있었다.
- 맨해튼에서 트럼프의 첫 거주지는 바로 안마당이 보이는 임대 스튜디오 아파트였다.
- 파티나 한담을 나누는 것을 그다지 좋아하지 않으며 일찍 잠자리에 든다.

- 너무 많은 미팅을 잡는 것을 좋아하지 않으며 하루 동안 무슨 일이 벌어지는지 지켜보는 것을 더 좋아한다. 일상적으로 하루에 50~100통의 전화 통화를 한다.

- 까다롭게 청결에 신경 쓰는 성격으로, 모든 물건을 광이 날 만큼 깨끗이 관리한다.

- 자신의 직감을 신뢰한다. 언론에 아무리 긍정적인 관측이 나왔더라도 '느낌이 좋지 않을 때'는 거래를 진행하지 않았다. 반대로 종종 참모들이 반대해도 거래를 밀어붙이기도 했다. 애틀랜틱시티의 힐튼 카지노 매입이 그에 해당했으며 그 결정은 성공적이었다.

- 힐튼이 전 세계에 150개의 호텔을 소유하고 있지만 라스베가스에 있는 카지노 두 개가 힐튼 전체 수익의 40퍼센트를 차지한다는 사실을 알았을 때 트럼프는 도박 사업에 관심을 가지게 되었다.

- 트럼프는 이 원칙을 고수한다. "나는 사기당했다는 생각이 들면 설사 비용이 많이 들고 어렵고 아주 위험할지라도 맞서서 싸운다."

- 트럼프는 자신이 글래머를 좋아하는 것은 어머니에게서 물려받은 천성이고 열심히 일하는 직업윤리는 아버지로부터 물려받은 천성이라고 말한다.

- 트럼프는 수많은 고위직에 여성을 채용하기를 좋아한다.

- 트럼프가 가장 좋아하는 곳은 플로리다주에 위치한 인상적인 경관의 마라라고다. 1920년대에 시리얼 회사 포스트가의 상속녀가 건설한 리조트로, 트럼프가 아주 싼 가격에 매입했다.

- 트럼프는 센트럴파크에 있는 울먼Wollman 아이스링크를 재건한 것을 자랑

스럽게 여기고 있다. 재건축 공사는 시 당국에 의해 수년간 지연되다가 4

개월 만에 완공되었다.

함께 읽으면 좋은 책 P. T. 바넘《부의 황금률》, 콘래드 힐튼《호텔 왕 힐튼》

톰 버틀러 보던의 한마디

도널드 트럼프의 진짜 모습은 어떤 것일까? 트럼프는 과장과 자기 홍보를 좋아하는 것으로 유명하지만 그 속에는 일을 사랑하는 사업가가 있다. 로버트 슬레이터(Robert Slater)는《트럼프의 성공 방식》에서 이렇게 말한다. 〈어프렌티스〉에서 "자넨 해고 야."라는 트럼프의 유명한 대사에도 불구하고 트럼프의 회사에서 해고된 직원은 거의 없다. 트럼프는 보여지는 이미지보다 일반적으로 더 포용력이 많다. 트럼프는 또한 오 랫동안 옆에서 재무 및 법률 자문관 역할을 해온 믿을 수 있는 참모들에게 충실하다. 트럼프는 스스로에 대해 이렇게 말한다. "살면서 내가 가장 잘했다고 생각한 두 가지 일은 난관을 극복하는 것과 좋은 사람들이 자신의 재능을 최대한 발휘하도록 동기부 여를 하는 것이다."

현재의 르네상스 속에서는 1970년대와 1980년대에 뉴욕이 거의 파산 지경에 이르 렀던 범죄가 들끓는 혼란스러운 도시였다는 사실을 망각하기 쉽다. 그러나 트럼프는 확실히 그의 도시를 사랑했고 뉴욕이 우주의 중심이라 여겼다. 그런 자신감에 대한 보 상으로 적은 비용으로 아주 가치가 높은 부동산들을 고를 수 있었다. 트럼프는 자만심 으로 가득한 인물로 묘사되는 경우가 많지만 그 동전의 반대편에는 자기 믿음이 강한 인물이 있다. 자신에 대한 강한 믿음이 없이는 중소규모의 부동산 개발업자 정도에 머 물렀을 것이다.

책을 마무리하면서 트럼프는 사색적이 되어 트럼프의제국의 궁극적인 의미가 무엇 일까 되돌아본다. 트럼프의 솔직한 대답은 자신이 현재 얼마의 돈을 가지고 있는지와 상관없이 거래 자체를 아주 좋아한다는 것 외에는 그 자신도 모른다는 것이다. 인생은 깨지기 쉽다. 따라서 무슨 일을 하든 즐기면서 해야 한다고 그는 강조한다.

BOOK
47

Positioning

새롭게 선두가 될
새로운 제품이나 서비스를 개발하라
《포지셔닝》

"지금까지도 기업은 브랜드보다는 제품을 만드는 데

초점을 맞추고 있다. 제품은 공장에서 만들어지는 것이고

브랜드는 마음속에서 만들어지는 것이다. 오늘날 시장에서

성공하기를 원한다면 제품이 아니라 브랜드를 구축해야 한다."

잭 트라우트 Jack Trout
리스와 함께 GE에서 근무하다가 리스가 설립한 기업에 합류해 파트너가 되었다. 후에 트라우트 앤드 파트너스(Trout & Partners)를 설립했고, 중국과 인도에 사무소를 설립하기도 했다. 주요 저서로 《마케팅 불변의 법칙》, 《잭 트라우트의 차별화 마케팅》 등이 있다.

알 리스 Al Ries
1950년에 드포대학을 졸업하고 GE 광고 부서에서 근무했다. 그러다가 1963년 뉴욕에서 자신의 광고 에이전시를 운영하기 시작했다. 2016년 미국 마케팅 협회는 리스를 명예의 전당에 이름을 올릴 인물로 선정했다. 주요 저서로 《포커스》, 《브랜딩 불변의 법칙》 등이 있다.

많은 이들은 《포지셔닝》이 역대 가장 쉬운 최고의 마케팅서, 마케팅 역사의 바이블이라고 이야기한다. 이 책은 사람들의 마음속에 특정한 심리적 공간을 '점유'할 수 있도록 제품이나 서비스를 포지셔닝하는 방법을 알려주고 있다.

이 책이 초베스트셀러가 되면서 저자인 잭 트라우트와 알 리스는 직업을 바꾸기에 이른다. 그들은 광고 분야에서 일하고 있었지만 기업에게 정말 중요한 것은 포지셔닝 개념을 기반으로 한 마케팅 전략이라는 사실을 알게 되었다. 그래서 그들은 마케팅 전략가가 되었다. 그들은 포지셔닝 개념이 비즈니스에서 뿐만이 아니라 생활 속에서도 유효하기 때문에 강력한 힘을 발휘할 수 있다고 말한다. 대부분의 사람은 경쟁을 통해서가 아니라 차별화를 통해 발전한다. '포지셔닝'이라는 개념은 광고 및 마케팅 분야에 혁신을 몰고 왔다. 이 개념이 등장하기 전에는 기업은 광고와 마케팅이라면 '최초', '최고' 또는 '고품질'에 신경 쓸 뿐이었다. 하지만 '포지셔닝'이 등장한 이후에 '최초, 최고, 고품질'이 아님을 인정하는 홍보에 더 편안함을 느끼게 되었다.

포지셔닝: 마음속에 남는 제품 이미지 구축의 중요성

포지셔닝은 예상 고객의 마음속에 당신의 제품을 남다르게 기억시키는 방법이다. 즉, 그들의 인식 속에서 당신의 제품이 무언가를 떠올리도록 만드는 것이다. **매일 정보와 광고의 홍수 속에서**

살아가고 있는 시대에 무언가를 상징하는 것으로 보인다는 자체 **가 성과다.** 잘 만든 광고로 '창조적'이라는 찬사를 들으며 고객의 마음을 사로잡을 수는 없다. 고객은 이미 당신의 제품이나 서비스에 대해 확고한 이미지를 가지고 있을 것이기 때문이다. 그리고 한번 확고한 이미지를 가지게 되면 광고에 엄청난 돈을 쏟아붓는다 해도 그 생각을 바꾸기는 아주 어렵다. 대중적인 소통을 통해 소비자에게 호소하는 유일한 방법은 **상품이나 서비스를 확실히 포지셔닝해서 사람들의 마음속 공간을 점유해 광고조차 할 필요가 없게 만드는 것이다.** 이를테면, 볼보는 안전, 페덱스는 하루 배송 같이 말이다. 인간이 받아들일 수 있는 정보량과 집중력에는 한계가 있다. 막대한 광고비가 점점 더 늘어나고 있는 '정보 과잉의 세계'에서 살고 있다는 현실을 고려할 때 사람들이 이에 방어할 수 있는 유일한 수단은 단순화이다. 고객은 확실히 알고 신뢰하는 것만 받아들이고 나머지는 모두 걸러버린다.

　마케팅적 관점에서 당신은 어떤 메시지가 소비자에게 가장 확실한 이미지를 심어주거나 전달이 잘될 가능성이 높은지 알아내야 한다. 제품의 실제가 아닌 소비자에게 심어줄 인식에 집중해야 한다. 광고와 정치에서도, 그리고 실제로는 사회의 모든 부문에서도 중요한 것은 인식이다. 엄청난 비용 지출에도 불구하고 광고가 목표를 달성하는 데 자주 실패한다는 점을 고려해 볼 때 사람이나 제품, 서비스에 대한 인식을 형성하기 위해 노력하거나 대중 홍보를 하는 일이 하나의 산업으로 발전했다는 사실은 놀라운 일이 아니다.

최초이자 최고: 마케팅에서의 일차적 위치의 힘

모든 사람들은 달에 인류 최초로 발을 내디딘 사람, 닐 암스트롱Neil Armstrong의 이름을 기억한다. 하지만 두 번째로 달에 갔다 온 사람의 이름을 기억하는 이는 거의 없다. 모든 이들은 지구에서 가장 높은 산(에베레스트 산)의 이름은 알아도 두 번째로 높은 산의 이름은 잘 모른다. 제품이나 서비스를 판매할 때에는 당신의 것이 최고인지 아닌지가 그렇게 중요하지는 않다. **중요한 것은 사람들의 마음속에 어떻게 먼저 자리를 잡는가이다.** IBM은 컴퓨터를 발명하지 않았지만, 최초의 컴퓨터 대기업이었으며 수십 년이 지난 뒤에도 많은 사람의 마음속에 그렇게 남았다. 코카콜라는 최초의 콜라였고 지금도 여전히 그렇다. 허츠는 최초의 렌터카 회사였고 여전히 1위 기업이다. 그렇다. 어떤 분야에서 두 번째나 세 번째 위치이면서도 잘나갈 수도 있다. 그러나 최초일 경우 성공하기가 훨씬 더 쉬워진다.

수치에 따르면 그 분야에서 유명한 최초의 브랜드는 두 번째 브랜드보다 두 배 높은 시장 점유율을 나타내고, 두 번째 브랜드는 세 번째보다 두 배 높은 점유율을 나타냈다. 맥도날드는 항상 버거킹보다 더 매출이 높을 것이고, 하버드대학은 항상 예일대학보다 더 유명할 것이다. 그럼에도 저자는 "선두 기업은 항상 일정 정도의 겸손한 자세를 유지하며 소통해야 한다."라고 말한다. 대신 특별히 떠벌리지 않더라도 항상 당신 제품이 정통성을 지니고 있다는 사실을 상기시켜주는 게 좋다. 코카콜라의 최고의 광고 문구는 '이건 진짜예요'였다. 단순하면서도 정확했다. **어떤 브랜드든 해당 부문에서 최초가 되면 사람들은 자연스럽게 그것을 진짜로 받아들인다.** 케첩 부문에서 하인즈와 라이터 부문에서 지포, 복사기에서 제록스를 생각해 보라. 최초의 제품이 등장하고 난 이후에 등장한 제품은 최초 제품을 모방한 것으로 인식된다.

1등이 될 수 없다면 그걸 인정하고 그 위치를 최대한 이용하라. 에이비스는 계속 성장을 거듭한 후 '저희는 더 열심히 노력합니다'라는 광고 문구를 버리고 '에이비스는 1위가 될 것입니다'로 바꾸었다. 예전 광고에서 약자의 위치에 서 있음을 좋아했었던 사람들을 배신한 불편한 허세였다. 사람들은 에이비스를 2위로 생각하고 있었다. 에이비스는 사람들 마음속에서 그 자리를 점유한 것에 기뻐했어야 했다. 세븐업7UP 역시 광고에서 에이비스와 비슷한 실수를 범했다. '미국인은 세븐업으로 바꾸고 있다'라는 광고 문구는 코카콜라와 펩시를 마시던 사람들이 세븐업으로 갈아타고 있다는 것을 암시하고 있었다. 그러나 그 광고를 본 사람들은 모두 '아니오, 그렇지 않은데요.'라고 생각했다. 엄청난 액수의 광고비만 허비한 셈이다.

구멍을 찾아라: 후발주자의 전략

대부분의 기업은 성공적인 후발 주자가 되는 것을 원치 않는다. 선두 주자가 되기를 원한다. 하지만 그렇게 되기 위한 방법은 시장에 이미 확고히 자리를 잡고 있는 브랜드와 정면 승부를 벌이는 것이 아니다. 이길 수 있는 새로운 상품을 개발하는 것이다.

　업계 후발 주자로서 우위를 차지할 수 있는 가장 좋은 전략은 '구멍을 찾는 것'이다. 다시 말해서 전체 업계가 무엇을 하고 있든 상관없이 그 반대로 하려고 노력해 보라. 수년 동안 자동차 업계는 차체를 길고 낮고 날렵한 모양으로 만들어야 한다는 생각에 사로잡혀 있었다. 그러다가 짧고 뚱뚱하고 못생긴 폭스바겐 비틀이 등장하자 대히트를 쳤다. 차체가 큰 자동차가 많은 미국 시장을 공략하기 위한 폭스바겐의 광고 문구는 '작게 생각하라'였다.

　제품이 소비자의 마음속에 확고하게 자리 잡도록 만드는 **또 다른 방법으로는 제품의 가격을 훨씬 더 높게 책정하는 방법**이 있다. 소비주의가 만연해 있는 사회에서 사람들은 내구성 좋게 설계된 제품에 대해서는 기꺼이 더 많은 비용을 지불하려고 한다. 메르세데스 벤츠가 그 예라 할 수 있겠다. 저자들은 '(비싸든 싸든) 가격 또한 다른 그 무엇보다도 중요한 제품의 큰 특징이 될 수 있다'고 강조한다.

　제품에는 하나도 변경을 가하지 않고 광고에서 역방향 접근을 하는 것만으로도 성공할 수도 있다. 모든 담배 광고에는 오랫동안 예쁜 여성이 등장했다. 왜냐하면 대다수의 흡연자가 남성이었기 때문이다. 그러다가 필립 모리스Philip Morris가 말보로 광고에 남성을 등장시키기로 결정했다. 그것도 상남자로 불리는 카우보이들을 말이다. 어떻게 모두가 가는 방향과 반대 방향으로 제품을 광고할 생각을 할 수 있었을까?

1위가 되는 또 다른 방법은 현재 1위 기업의 제품을 공격하거나 그 제품의 포지션을 바꾸는 것이다. 아스피린이 일부 사람들의 경우 위벽을 자극해 알레르기 반응이 나타날 수도 있다는 보도가 나왔을 때 타이레놀은 이때를 놓치지 않고 바이엘 아스피린을 공격하는 광고를 실었다. 그리고 마지막에 이렇게 덧붙였다. "다행스럽게도 여러분에게는 타이레놀이 있습니다." 오늘날 타이레놀은 미국에서 진통제 부문 1위 브랜드이다.

소비자층 대역 확장 VS. 브랜드 포지셔닝

가장 어리석은 마케팅 전략은 라인 확장이나 기존의 유명 제품의 이름을 신제품에 재사용하는 것이다. 진 브랜드인 텐커레이Tanqueray는 텐커레이 스털링Tanqueray Sterling 보드카를 출시하려고 많은 노력을 기울였다. 하지만 이는 실수였다. 모든 이들의 마음속에 텐커레이는 진을 의미했기 때문이다. 리바이스Levi-Strauss는 사람들이 리바이스에서 만든 '맞춤 바지'를 사고 싶어 할 것이라 생각했다. 리바이스의 '맞춤복 라인'은 예상대로 실패로 돌아가고 말았다. 하지만 리바이스가 닥커스Dockers라는 이름으로 동일한 상품을 출시하자 거대 글로벌 시장을 개척할 수 있었다.

수십 년간 대기업은 여전히 상황 파악을 제대로 하지 못하고 있다. 가장 최근의 예로, 대기업이 어떤 브랜드를 인수하고 난 뒤에는 제품의 브랜드 옆에 작은 글씨로 'GE Company' 또는 병에 담긴 생수병에 'Coca-Cola Company'와 같이 표기하기도 한다. 하지만 대중은 오로지 제품에만 관심이 있을 뿐이다. 받아들이기 힘들겠지만 **냉정한 진실은 '사람들에게 브랜드는 중요하지만 소유 기업은 중요하지 않다'**는 것이다.

"상품을 확장하듯이 소비자층도 확장하려고 한다."라고 리스와 트라우트는 적고 있다. 그들은 모든 소비자에게 모든 상품이 되려고 노력한다. 한때 캐딜락은 대중의 마음속에서 미국의 값비싼 고급 대형 세단으로 자리매김하고 있었다. 그때 그보다 크기가 작은 캐딜락 스빌Seville이 등장했다. 이로 인해 매출은 급증했으나 캐딜락의 네임 파워는 약화되었다. 문제는 경영진과 투자자들이 항상 제품 라인을 더 확장하기를 원하며 끼어든다는 것이었다. **제품 라인을 확장하게 되면 단기적으로는 매출과 수익이 상승하지만, 장기적으로는 브랜드를 죽이는 꼴이 되고 만다.** 리스와 트라우트는 '미래 고객들의 마음속에 확고한 자리를 차지하기 위해서는 광범위한 제품 라인이 아니라 중요한 성과가 있어야 한다'는 것이 삶의 단순한 진리라고 말한다. 당신의 브랜드를 모든 것으로 만들려고 하지 마라.

마인드셋을 바꾸는 브랜딩 전략: 명성과 이름의 중요성

그렇다면 과연 사람들의 마음속에 어떻게 '당신'에 대한 인식을 심을 것인가? 저자들은 당신이 인생을 바쳐온 훌륭한 목표나 관심사로 유명해질 것을 권한다. 그렇게 되면 사람들은 당신을 바라만 보기보다 돕고 싶어 한다. 설사 시도한 것의 **절반 이상을 실패한다 해도 아주 많이 시도하는 사람으로 알려져라.** 역사상 가장 훌륭한 기수 중 한 사람인 에디 아르카로Eddie Arcaro는 첫 우승을 거머쥐기 전에 경기에서 무려 250회나 패배했다.

　유명해질 수 있는 또 다른 전략은 이름을 바꾸는 것이다. 랄프 로렌Ralph Lauren이 만약 랠프 리프쉬츠Ralph Lifshitz로 남아있었다면 오늘날의 랄프 로렌이 되었을까? 마리온 모리슨Marion Morrison이 존 웨인John Wayne으로 이름을 바꾸지 않았다면 그렇게 거물이 될 수 있었을까? 커크 더글라스Kirk Doublas가 이서 다니엘로비치Issur Danielovitch로 계속 남아있었다면 어땠을까? 저자들은 "**이름이 안 좋으면, 좋을 일이 없다. 이름이 안 좋으면 사업 상황도 더 안 좋아지고 이름이 좋으면 사업 상황도 더 좋아진다.**"라고 주장한다.

　회사나 신제품의 이름을 정할 때는 종이에 적기 전에 큰소리로 말해 보라. 그리고 그 이름을 사람들이 쉽게 말하고 좋아할 것인지 생각해 보라. 마음은 눈으로 보이는 형상보다는 귀에 들리는 소리에 의해 움직인다. 제프 베이조스는 회사 이름을 '카다브라 Cadabra'에서 '아마존'으로 바꾸었다. 왜냐하면 창업 초기에 한 직원이 그 이름이 마치 '커대버(Cadaver, 시체라는 뜻)'처럼 들린다고 했기 때문이었다. 최종적으로 결정된 이름인 '아마존'은 듣기에도 좋았고 넓고 풍요로운 이미지를 떠오르게 했다.

(함께읽으면좋은책) 클레이튼 크리스텐슨《혁신 기업의 딜레마》, 김위찬, 르네 마보안 《블루오션 전략》, 리처드 코치, 그레그 록우드《무조건 심플》, 시어도어 레빗《마케팅 마이오피어》

톰 버틀러 보던의 한마디

리스와 트라우트는 '둘의 법칙'에 대해 언급하고 있다. '둘의 법칙'이란 보통 한 분야에는 하나의 시장 지배적인 브랜드와 상당히 많은 시장 지분을 보유한 하나의 후발 브랜드가 존재한다는 법칙이다. 코카콜라와 펩시, 허츠와 에이비스가 그 예이다. 해당 분야에서 인지도가 낮은 다른 주자들은 줄어드는 시장 지분을 차지하기 위해 서로 다툰다. 리스와 트라우트가《포지셔닝》을 집필하고 있었던 때만 해도 이런 양상이 약간 불안정해 보였지만 이제 그 역학은 어느 때보다 더 분명하다. 오늘날 온라인 산업 무대에서 플랫폼의 이용자 수가 더 많아질수록 더 강해진다는 네트워크 효과로 인해 승자 독식적 성격이 강해져 '하나의 법칙'이 더 적절한 표현이 되어버렸다. 최소한 미국에서는 소셜 미디어 분야에서 페이스북과 겨룰 경쟁자는 존재하지 않는다. 아마존은 온라인 소매업을 장악했다. 리스와 트라우트가 말한 것처럼 1위 기업에 정면으로 맞서서는 성공할 수 없다. 뭔가 다른 것으로 자신의 위치를 잡아야 한다. 설사 그 위치가 더 낮다 하더라도 말이다. 인스타그램은 페이스북이 될 수 없지만 온라인 이미지 공유 분야는 장악할 수 있다. 트위터는 페이스북이 될 수 없지만 트위팅에서는 1위가 될 수 있다.

BOOK
48

Up the Organization

신규로 인력을 채용하는 것보다
기존 인력의 역량을 키우는 것이 낫다

《업 디 오거나이제이션》

"보통의 기업에서 우편물실 사원과 사장, 부사장, 속기 담당 사원

사이에는 세 가지 공통점이 존재한다.

바로 유순하고 따분하며 우둔하다는 것이다.

그들은 닭장 안에 갇힌 채 아무도 바꿀 수 없어서

무분별하게 계속 이어지는 계급 원칙에 길들여진 노예가 되었다."

로버트 타운센드 Robert Townsend
1942년 프린스턴대학을 졸업한 후 2차 세계대전 당시 미 해군에 복무했다. 1948년 아메리칸 익스프레스에 취직해 14년 동안 근무하다가 에이비스로 옮겨 최고경영자로 일했다. 주요 저서로 《업 디 오거나이제이션》의 업데이트 버전인 《퍼더 업 디 오거나이제이션》, 《B2 크로니클스》 등이 있다.

에이비스를 세계적 대기업으로 변모시킨 것으로 유명한 로버트 타운센드는《업 디 오거나이제이션》를 통해 GM에서부터 미 국 방부에 이르기까지 1960년대에 주류로 떠오른 거대 조직에게 이의를 제기했다. 이 책은 사내 회람과 제록스 기계가 사무실을 지배하고 직원은 장거리 전화를 걸려면 요청서를 작성해야 하고, 고위직에 있는 여성은 야망에 찬 주부였던 시대에 쓰인 책이다. 하지만 알파벳순으로 정리된 이 짧은 책은 요즘 출간된 평범한 경영서 수십 권보다 더 시대를 초월한 가치를 지니고 있다.

타운센드는 에이비스의 매출을 두 배로 증가시키고 혁신기업 으로 거듭나게 만들었으며 최초로 흑자를 냈다. 그 유명한 '우리 는 더 열심히 노력합니다'라는 광고 카피를 사용한 것도 타운센 드가 경영권을 쥐고 있었던 시기였다.

열정적이고 아주 창조적인 광고

타운센드가 주는 첫 번째 조언은 기존에 거래하던 광고 대행사를 자르고 가장 잘 나가는 새로운 광고 대행사를 찾으라는 것이다. 열정적이고 아주 창조적인 곳 말이다. 그래서 그들에게 원하는 광고를 만들 수 있는 자유 재량권을 부여하라는 것이다.

일반적으로는 광고 대행사에서 광고를 만들어서 오면 경영진 이 그것을 보고 광고의 수위를 약하게 조절하기 일쑤다. 하지만 타운센드는 오늘날 전설적인 광고인이 된 빌 번벅Bill Bernbach에게 광고를 맡기기로 결심했다. 번벅의 대행사가 에이비스가 원하는 광고를 만들 수 있다고 믿었기 때문이다. 번벅의 팀은 에이비스에 대해 많은 조사를 벌인 후 '솔직히 말하자면 에이비스는 업계 2위 기업이지만 더 열심히 일하고 있다'라는 직설적인 광고 문구를 들고 왔다. 광고 캠페인이라고 하기에는 부족한 감이 있었지만 타운센드는 이 광고를 통과시키고 진행을 밀어붙였다. 그 후 어떻게 되었는지는 모두가 알고 있는 대로다. (1963년에 나온) '우리는 더 열심히 노력합니다'라는 광고 문구는 공전의 대성공을 거두었고 현재에도 여전히 사용되고 있다.

여기서 우리가 얻을 수 있는 교훈은 무엇일까? **'예술가를 고용해 명작을 그려달라고 해놓고서는 그림 그리는 학생이 예술가의 어깨 너머로 그가 그린 그림을 바라보며 이래라저래라 훈수를 두게 하지 말라'**고 타운센드는 당부한다.

컴퓨터와 컴퓨터 전문가

타운센드는 IT 업계 종사자를 '무언가를 단순화하기보다는 오히려 복잡하게 만드는 이들'이라고 비판한다. 그들의 전문 용어는 그들이 무슨 일을 하고 있는지를 사람들이 알지 못하게 하고 주변에 신비한 분위기를 구축한다. 물론 컴퓨터 및 IT 종사자들도 조직의 발전을 위해 일하고 있다는 사실을 잊어서는 안 된다. 타운센드는 인재를 채용할 때는 서비스 부서나 영업직을 2~4주 동안 의무적으로 경험하게 하라고 제안한다. 그러한 경험이 조직을 그들의 기술과 발전의 수단으로 바라보는 여느 IT 종사자들과는 다르게, 진정으로 조직을 받쳐주는 IT 종사자로 그들을 차별화시킬 것이다.

타운센드는 충분한 전환 기간을 거치지 않고 수작업을 단번에 자동화하지 말 것을 당부한다. 자동화를 매우 늦게 도입했다고 해서 실패한 기업은 없지만 제조 시설이나 사무 공간을 너무 빨리 컴퓨터화해서 실패한 기업은 여럿이 있다. 정보통신 기술에 관한 모든 결정은 최고위층에서 이루어져야 하며 어떤 일들이 결부되어 있는지 완전히 이해하고 결정해야 한다.

재무 통제

재정이 부족하면, 원래 계획안보다 더 비용이 적게 들 뿐만 아니라 더 빠르고 좋은 계획안을 제출할 가능성이 크다.

직무기술서

타운센드의 또 하나의 급진적 제안은 직무기술서 폐지하라는 것이다. 직무기술서는 직무 내용을 고정시킨다. 급여 수준이 높고 단순 반복적이지 않은 일이 진정으로 창조성을 발휘할 수 있는 기회를 제공한다. 고정된 직무기술서에 따라 평가하는 것보다 직원이 무엇을 달성했는지를 보고 판단하는 것이 더 정확하다.

관료주의 타파

열성적인 직원을 뽑아 회사를 돌아다니며 소모적인 양식 작성과 보고서 작성 같은 제도화의 사례를 발견할 때마다 '쓸데없는 짓은 그만하시죠!'라고 외치게 하라.

고용

인재를 고용할 때는 몸값이 비싼 외부인을 영입하기보다는 회사 내부에서 능력을 증명해 온 사람을 승진시켜라. 그들은 기존 지식이 기반이 되어 그들이 모르는 것도 수개월 내에 빨리 학습할 수 있다. 최고 수준의 외부 인재는 회사와 업계에 적응할 때까지 수년간을 이리저리 휘젓고 다닐 것이다. 하버드 경영대학원 졸업생은 채용하지 마라. 그들은 자신이 대실업가가 될 것을 꿈꾸도록 교육받았지만 좋은 조직에서 일반적으로 필요로 하는 겸손, 최전선에서 수고하는 사람들에 대한 존경심, 근면성, 충성심, 판단력, 공정성, 정직성과 같은 능력은 결여되어 있다.

진정한 리더십

노자가 말하길 "최고의 지도자는 스스로 빛나려고 하기보다는 다른 사람을 지원하는 데 완전히 집중하고 있어 거의 눈에 띄지 않는다." 훌륭한 관리자는 자만하지 않으며 팀에 도움이 되는 일이라면 하찮은 일이라도 기꺼이 한다. 군대에서 훌륭한 지휘관이 가장 나중에 식사를 하는 것처럼 말이다. 오로지 주가에만 신경 쓰고 일반 직원에게는 얼굴을 비추지 않으며 솔직한 비판을 원하지 않고 자신을 신이라고 생각하는 기업 리더는 자격이 없다.

마케팅

핵심 임원을 심어두는 부서로 이용하라. 1년에 한두 번 비밀 회의를 통해 회사가 무엇을 왜 누구에게 얼마에 판매하는지를 결정해야 한다. 마케팅 업무를 '마케팅 부장' 명함을 가지고 있는 한 사람에게만 맡겨두어서는 안 된다.

화성인처럼 사고하라

"화성인이라면 자동차를 렌트해 주는 기업의 본사 건물을 어디에 둘까?" 정답은 '경쟁 기업이 위치해 있는 맨해튼이 아니라 뉴욕 JFK 국제공항 같은 공항 근처'이다. 현장 관리자와 본사 관리자가 빨리 만날 수 있기 때문이다. 현재에도 에이비스 본사는 뉴저지주에 위치해 있다.

회의

회의는 항상 최소한으로 해라. 그리고 회사 부서 간에 서로 메모를 통해 싸우는 일이 없게 하라. 메모로 전달되는 대부분의 내용은 대면해서 말하는 편이 좋다. 그렇지 않다면 아예 말하지 말라.

실수

타운센드는 자신이 내린 결정 세 개 중 두 개는 잘못된 것이었지만, 실패에 대해 부정적인 낙인을 찍고 비난하지 않았기 때문에 실수를 공개적으로 의논하고 바로잡을 수 있었다. "실수를 공개적으로 인정하라. 가급적이면 즐거운 마음으로 그렇게 하라."라고 말한다. 그리고 회사의 다른 직원도 그렇게 행동하도록 만들라. 실패에 대해 부정적인 꼬리표를 달지 않는 기업 문화만이 훌륭한 결과물을 탄생시킬 수 있다.

목표

에이비스는 다음의 한 가지 목표를 들고 나오는 데 6개월이라는 시간이 걸렸다. "가장 빠르게 성장하는 가장 수익성 높은 렌터카 기업이 되자." 이렇게 한 가지 분야에 주력하는 것은 의미가 컸다. 호텔, 항공사, 여행사를 인수하고자 했던 계획이 무산될 수 있기 때문이다. 타운센드는 피터 드러커의 말을 인용한다. "집중은 경제적 결과를 가져오는 핵심 요소다. 이것이 기업가들이 거듭 위배하는 효율성의 원칙이기도 하다. 오늘날 우리는 마치 '모든 것을 조금씩 모두 하자'가 신조인 것처럼 행동하고 있다." 타운센드는 방 벽에 이 말을 붙여두었다. "내가 지금 하고 있는 일이나 할 예정인 일이 우리를 목표에 더 가깝게 다가가게 해주는가?" 이 말을 마음에 새김으로써 불필요한 출장과 점심 약속, 콘퍼런스, 유람 여행, 회의에 쏟는 시간을 절약할 수 있었다.

사람들

많은 조직들은 여전히 가톨릭 교회나 로마 군대를 본으로 삼고 있다. 이는 노동자가 '교육을 받지 못한 농부'였던 당시에는 타당했을지 모르지만 오늘날 우리는 지성을 보고 인재를 채용한다. 타운센드는 노동자가 자신의 근무 시간과 휴가일을 스스로 결정할 수 있게 하는 것을 옹호한다. '모든 사람들은 언제 박차를 가하고 언제 긴장을 풀고 쉬는 게 좋은지에 대해 각자 다른 시스템을 가지고 있을 것'이기 때문이다.

기업은 더 높은 임금과 건강 보험, 휴가, 퇴직금, 배당금, 회식과 농구 동호회를 제공할 것을 약속하며 노동자들을 유혹하지만 타운센드가 지적하듯이 이들 중 근무 시간에 즐길 수 있는 것은 없다. 이러한 특전은 예비 직원에게 그들이 일을 좋아하지는 않을 것이라 말하는 것이나 마찬가지다. 하지만 더글러스 맥그레거가 보여주었듯이 사람들은 근무 시간이 쏜살같이 빨리 지나갈 만큼 일 자체에서 동기를 부여받을 수도 있다.

타운센드는 최고경영자가 되었을 때 경영진의 입지를 약화시키지 않으면서도 직원에게 재량권을 부여함으로써 훨씬 더 효율성을 높이게 했다. 기업이 훌륭한 성과를 내는 데 가장 중요한 것은 일반적으로 이야기하듯 훌륭한 인재를 채용하는 것이 아니라 기존 직원이 능력 발휘를 할 수 있게 해주는 것이다. 물론 일부 사람들은 바뀌기 어려울 수도 있겠지만 많은 이들은 열의를 가지고 그들의 지성과 헌신성을 최대한 발휘하려고 노력할 것이다.

사람을 부속품처럼 대하는 인사 부서는 폐지하라. 그냥 직원 한 명이 급여 지급과 관련된 기본적인 업무를 맡게 하고 적절한 근무 환경을 제공하는 데 집중하라. 적절한 환경과 자양분을 제공하고 직원이 스스로 성장하도록 놔두라. 그러면 그들은 당신을 놀라게 할 것이다.

조직도

조직도는 사용하지 않는 것이 좋다. 사람들은 다른 사람들의 큰 박스 아래에 위치한 작은 박스 안에 자신의 이름이 들어가 있는 것을 보고 싶어하지 않는다. 직무에 따라, 또는 알파벳순으로 직원들의 성명을 나열하라. 훌륭한 조직은 서열을 드러내는 수직적인 조직도나 차트로 바라보기보다는 원형의 조직으로 바라보는 조직이다. 좋은 조직은 목표를 추구하면서 끊임없이 변화한다. 따라서 타운센드는 조직이 작동하는 방식을 정형화해서는 안 되며 만약 다이어그램으로 그려야 할 일이 있다면 연필로 그리되 그것을 인쇄해서 모두에게 돌리지는 말라고 당부한다.

비서

비서를 두지 마라. 비서는 편파성을 지닌 문지기가 된다. 타운센드는 비서를 거치지 않고 자신에게 직접 보고하는 사람들과 훨씬 더 가까워진다는 사실을 발견했다. 사람들은 당신에게 직접 연락할 수 없을 때 불쾌해하며 당신이 직접 전화를 받거나 손 편지로 답변할 때 감동을 받는다.

직장에서의 사교

당신에게 보고하는 직원들과 친분 관계를 맺지 마라. 편파적이라는 비난을 받게 되기 쉽다. 동기들하고만 친분을 쌓아라.

(함께 읽으면 좋은 책) 피터 드러커《피터 드러커의 자기 경영 노트》, 패트릭 렌시오니《팀워크의 부활》, 더글러스 맥그레거《기업의 인간적인 측면》, 잭 트라우트, 알 리스《포지셔닝》

톰 버틀러 보던의 한마디

조직에는 오로지 자기 발전에만 관심이 있는 정직하지 못한 사람과 자기선전가, 아첨꾼으로 가득하다고 타운센드는 말한다. "승진은 동료들과 가능한 재미있게 일하면서 그들이 효과적으로 일할 수 있도록 도울 때 따라왔다. 반면 많은 돈을 벌려고 하거나 높은 자리에 오르려는 약은 생각을 할 때마다 완전한 실패로 돌아갔다." 후에 출간된 개정판에서 타운센드는 직장에서의 여성에 관한 내용을 추가했다. 타운센드는 여성에게 있는 그대로의 자신이 되려고 노력하되 남성처럼 행동하려고 노력하지 말라고 조언한다. 회사의 이득이 당신의 이득이라면 그곳은 시간과 노력을 들여 일할 가치가 있는 의미 있는 일터인 것이다. 혼자 위대해지려 노력할 것이 아니라 위대한 조직의 일부가 되려 노력하라.

BOOK
49

Zero to One

탁월한 제품으로 자연스럽게 독점하라

《제로 투 원》

"경쟁이 치열한 생태계는 사람들을 무자비함이나 죽음으로 내몬다.
그러나 구글과 같은 독점 기업의 경우는 다르다. 누구와도 경쟁할
필요가 없으므로 노동자와 상품, 세상에 미치는 영향에 대해
고민하는 넓은 아량을 베풀 수 있다. 그것은 바로 독점적 이윤이다."

피터 틸 Peter Thiel

1967년 프랑크푸르트에서 태어나 1992년에 스탠퍼드 로스쿨을 졸업했다. 뉴욕에서 변호
사와 파생상품 트레이더로 일하다가 벤처 투자 회사 틸 캐피털을 설립했다. 1999년 맥스 레
브친과 함께 페이팔을 창업했고 2002년에 페이팔을 이베이에 매각한 후 투자 회사를 2곳
설립했다. 2003년 페이스북에 50만 달러를 투자해 10퍼센트의 지분을 얻어 이사회의 일
원이 되었다.

페이팔 창립자이자 벤처 투자자인 피터 틸은 《제로 투 원》에서 기업이 점진주의로 돌아서는 상황을 개탄한다. 실제로 닷컴 열기 속에서 허풍스럽게 만들어진 기업이 많았지만 새로운 것을 창조 하겠다는 목표를 너무 높게 잡은 탓도 있었다. 틸은 '시시한 것보 다는 위험을 무릅쓰는 편'이 당연히 더 낫다고 보고 있다. 비즈니 스의 세계에서 일어나는 일 중 많은 부분은 모방이 아니면 점진 적으로 발전하는 것이지만 진정 새로운, **신선하고 생소한 무언가 를 창조하는 것은 무에서 유를 창조하는 일**이라고 틸은 말한다. 《제로 투 원》은 틸이 스탠퍼드대학에서 스타트업에 대해 강의한 내용을 기반으로 하고 있다. 수많은 경영서가 그 시대의 가장 지 배적인 이론에 대해 설명을 늘어놓는 와중에 틸의 역발상적 지혜 는 《제로 투 원》을 의미 있는 책으로 한층 돋보이게 만든다.

경쟁 이데올로기 VS. 독점의 미

2012년 미국의 항공사들은 1,600억 달러라는 업계 전체 매출에 도 불구하고 항공기 승객 한 명당 평균 37센트의 수익을 남긴 것 으로 나타났다. 같은 해 구글은 500억 달러의 매출을 올렸고 그 중 21퍼센트가 순이익이었다. 그 결과 구글은 모든 항공 회사를 합친 것보다 더 가치가 높았다. 항공사와 구글 사이의 차이점은 항공사들은 서로 치열한 경쟁을 치르고 있는 반면 구글은 온라인 검색과 광고 분야를 홀로 장악하고 있다는 점이다.

경제학에서는 경쟁을 좋은 것이라 말한다. 상품과 가격 사이에 균형점을 찾아주기 때문이다. 그렇게 완벽한 경쟁도 경쟁 참여자들에게 아주 적은 수익이나 아예 수익을 주지 않기도 한다. 이런 경쟁과 완전히 반대되는 개념이 바로 독점이다. 부정행위나 족벌 경영으로 행해지는 독점을 말하고 있는 것이 아니라, 다른 이들이 만들 수 없는 제품으로 시장을 지배하는 기업의 독점을 말하는 것이다. 틸은 "미국인은 경쟁을 신성화하고 우리가 경쟁 덕분에 최저 생활 수준을 모면할 수 있다고 말한다. 그러나 실제로 자본주의와 경쟁은 반대의 것이다."라고 말한다.

기업은 종종 비슷해 보이지만 가까이에서 들여다보면 그들은 완전히 다르다. **독점 기업은 경쟁에 가담해야 하는 기업보다 훨씬 더 성공적이다.** 그래서 더 많은 규제나 대중의 항의가 두려워 그들은 성공을 감추기 위해 여러모로 애를 쓴다. 비영리적 활동에 나서고 노동자를 살피는 것이 가능한 기업은 독점 기업뿐이다. 틸은 '행복한 가정은 모두 똑같다'는 톨스토이의 유명한 구절을 상기시키며 모든 행복한 회사들은 다르다고 주장한다. 각자 고유한 문제를 해결함으로써 독점적 지위에 오르기 때문이다. 반대로 실패한 모든 기업은 똑같다. 모두 경쟁을 피하는 데 실패했기 때문이다. 일반적인 통념과는 **반대로 좋은 독점은 사회 진보와 행복에 크게 기여할 수 있다.** 그 예로 20세기 초의 존 D. 록펠러의 스탠더드오일을 들 수 있다. 스탠더드오일은 조명의 질과 안전성을 극적으로 개선했고 자동차의 급유를 표준화했다. 구글도 또 다른 사례로 볼 수 있을 것이다.

틸이 말하는 경쟁은 기업에서만이 아니라 삶에서의 경쟁도 포함하고 있다. 사람들은 앞다투어 최고의 대학에 들어가기 위해 좋은 성적을 받으려고 경쟁한다. 그리고 최고의 은행이나 로펌, 경영 컨설팅 기업에 취직하기 위해 또 다시 경쟁한다. 이 일을 이룬 사람은 '성공할 준비가 된' 것이다. 틸 또한 한때는 이러한 행로를 거쳤다. 틸은 대법원 서기관으로 선발되지 못해 좌절하기도 했지만 뒤돌아보면 그것은 최고의 행운이었다. 만약 틸이 영혼을 갉아먹는 경쟁으로 인생을 낭비했더라면 결코 페이팔같이 새로운 무엇인가를 만들어내지 못했을 것이다. 경쟁에 나서서 경쟁자를 무너뜨리려 노력하거나 경쟁자와 연합해야 할 때도 있다. 틸이 페이팔을 창업할 때 일론 머스크와 협력한 것처럼 말이다. 하지만 **대부분의 경우 직접적인 경쟁은 에너지 낭비이다. 독점적 지위를 획득하는 것이 훨씬 더 바람직하다.**

틸은 스타트업들이 자주 저지르는 실수는 그들이 '1,000억 달러 규모의 시장에서 1퍼센트'의 지분을 가져감으로써 성공할 것이라 믿는다는 데 있다고 지적한다. 그 시장은 이미 경쟁으로 포화 상태이기 때문이다. 그보다는 특정 소그룹의 소비자에게 가치를 제공하는 새로운 시장을 개척하는 편이 더 성공 가능성이 높다. 아마존의 제프 베이조스는 온라인 소매업을 지배하기를 원했지만, 제품의 형태가 균일하고 배송이 용이한 도서를 판매하기 시작했다. 이베이는 소수의 특정 취미에 사로잡혀 있는 사람들을 만족시키는 일로 사업을 시작했다. 그리고 페이스북은 한 대학 캠퍼스에서 서비스를 시작했다. "항상 지나치다 싶게 작게 시작하라."고 틸은 말한다. 이유는 간단하다. 큰 시장보다 작은 시장을 정복하기가 더 쉽기 때문이다. 초기에 목표로 잡은 시장이 너무 크다는 생각이 든다면 대부분 그 판단이 맞다. 틸과 그의 페이팔 동료들은 일반 대중을 겨냥하기보다는 이베이의 '파워 셀러'라는 매우 특정 그룹을 겨냥해서, 그들이 대량 상거래를 쉽게 처리할 수 있도록 돕는 것을 시작으로 초기 사업을 확장해 나갔다.

오늘날 경영에서는 '파괴적 혁신'을 지나치게 강조한다고 틸은 말한다. 스타트업 창업자들은 무엇인가 진정으로 새로운 일을 시작하기보다는 음흉한 대기업이나 업계라는 '적에 대항해 싸우는 것'에 집중해 있는 것처럼 보인다. 그러나 적에 대해 너무 많이 생각하면 창의력 발휘에 방해가 된다. 파괴적 혁신에는 창조적이기보다는 파괴적인 부정적인 의미가 내포되어 있다. 스타트업 창업자는 경쟁을 선동하지 말고 피해야 한다.

절대적인 낙관론자는 어디에 있는가?

틸은 자신을 자유지상주의자라고 생각하지만, 단 몇 년 만에 달에 인간을 보내거나 핵폭탄을 만든 과거 정부의 대단한 노력을 존경한다. 틸은 오늘날 정부가 발전을 도모하기보다는 사회 보험에 더 관심이 많은 것에 대해 한탄한다. 좌파 진보 평등주의자든 자유 개인주의자든 아무도 확실한 계획을 가지고 있지 못하다. 좌파 진보 평등주의자는 공정성과 평등한 분배에 집중하고 자유 개인주의자는 개인의 자유에 집중하지만 누구도 미래에 대해 크고 구체적인 계획을 세우고 있는 것 같지 않다. **기업은 미래에 대한 구체적인 계획이 없기 때문에 새로운 프로젝트에 투자하지 않고 대차대조표에 자본을 쌓아가고 있다.** 틸은 상황이 점점 나아질 것이라 믿지만 어떤 청사진이나 확실한 포부도 보여주지 않는 '애매한' 낙관론자와 미래를 설계하고 건설할 수 있다고 믿는 '확실한' 낙관론자는 분명히 다르다고 말한다.

틸은 애플의 성공 뒤에 감추어져 있는 진짜 비결은 단순히 훌륭한 제품이 아니라 '기획'이었다고 주장한다. 애플은 향후 몇 년 동안 출시할 신제품 계획을 가지고 있었다. 이 제품들은 포커스 그룹 토론이나 타사 제품을 모방해서 탄생한 것이 아니었다. '확실한 계획을 가지고 시작하는 사업은 사람들이 앞날의 결과를 알 수 없는 무작위적인 것으로 바라보는 세계에서 언제나 과소평가 된다'고 틸은 지적한다.

2006년에 야후는 페이스북에 10억 달러의 투자를 제안했지만 마크 저커버그는 자신의 회사에 대한 큰 계획이 있다는 이유로 이를 고사했다. 그의 판단은 옳았다. 계획이 클수록 그것을 실행에 옮기는 데 더 긴 시간이 필요하다. **최고의 기술 기업은 현재 그들이 벌어들이고 있는 수입으로 가치를 평가받는 것이 아니다.** 그들의 계획이 틈새시장에서 지배적인 플랫폼이 되는 것이라면 10~15년 후의 사용자 수로 평가받게 될 것이다. 시장을 만들거나 변화시키겠다는 크고 확실한 계획이 커다란 가치로 환원되는 것이다.

창업의 핵심: 동료 선택의 중요성

틸이 주장하는 법칙 중 하나는 '창업 초기에 실패하는 스타트업은 다시 일으켜 세우기가 불가능하다'는 것이다. 런칭하는 새로운 제품이나 서비스와는 별개로 **창업자로서 당신이 내릴 가장 중요한 결정은 누구와 함께 사업을 이끌어나갈 것인가 하는 부분이다.** 물론 상호보완적인 능력은 중요하지만 다른 이들과 함께 성공적으로 일을 성사시킨 경력을 가지고 있는 사람인지의 여부가 훨씬 더 결정적인 부분이다. 파티에서 처음으로 만난 사람과 결혼하지 않는 것처럼 친목 행사에서 처음으로 만난 사람과 함께 창업하는 것은 정신 나간 행동이다.

새로운 직원을 채용하면 당신은 그들이 실제로 당신과 당신의 동료들과 하루 종일 함께 일하기를 원하는지, 당신의 회사와 잘 맞는지 알고 싶을 것이다. 당신은 그들에게 '좋은 사람들과 더불어 특별한 문제를 풀어나가는 대체 불가능한 노동 기회'를 제공해야 한다. 1999년의 구글이나 2001년의 페이팔과 같은 환경을 제공할 수 있다면 좋을 것이다. 초창기 페이팔의 팀은 아주 유대가 돈독해서 일도 함께 하고 사교 활동도 함께 즐겼다. 틸은 당시 팀 사람들의 개인 성향이 아주 비슷했다는 점을 분명히 한다. "우리는 모두 어떤 것에 광적으로 몰입하는 덕후들이었죠." 그들은 공상과학과 자본주의, 그리고 미국 달러를 비롯해 정부 화폐를 대체할 새로운 디지털 화폐를 만드는 일에 심취해 있었다. 가장 성공한 스타트업들은 거의 사이비 종교 집단이나 아웃사이더처럼 보인다.

한 바구니에 달걀 담기

벤처 투자는 새로운 기업의 기하급수적 성장 초기 단계를 포착하는 것으로 성패가 결정된다. 이 기업은 나머지 기업의 수 배, 수십 배의 수익을 안겨준다. 틸은 설사 미국에서 1퍼센트 이하의 새로운 기업이 벤처 투자를 받는다 할지라도 그들 중 성공하는 기업은 경제 전반에 엄청난 영향을 미치게 된다고 설명한다. 벤처 투자 기업의 투자를 받는 기업은 민간 부문 신규 일자리의 11퍼센트를 창출하고 GDP의 21퍼센트에 해당하는 매출을 발생시킨다. 오늘날 그 가치가 2조원이 넘는 가장 성공적인 기술 기업은 12곳 모두 벤처 투자 기업으로부터 재정 지원을 받았다.

전문 투자자들조차도 성공적인 기업과 나머지 기업 사이의 차이를 과소평가하기 일쑤였다고 틸은 말한다. 그들이 투자하는 기업의 전체적인 수익 분포가 상당히 고를 것이라 가정하고 성공하는 기업이 실패하는 기업의 손실을 메꿔줄 것이라 믿고 투자자들은 투자 다각화 전략을 추구한다. 그러나 이 접근 방식은 종종 완전한 실패로 돌아가기도 한다. 당신에게 필요한 것은 단 하나의 성공 스토리이며 그 성공(이를테면 틸의 벤처 투자사 파운더스 펀드가 페이스북에 투자한 것)은 다른 모든 투자들(20~30개 기업에 투자한다 할지라도)을 훨씬 능가할 것이다. 따라서 **벤처 투자사의 투자자는 포트폴리오에 담겨 있는 모든 기업의 가치를 합친 만큼의 수익을 가져다줄 수 있는 스타트업에만 투자한다.** 25만 달러를 수백 개의 스타트업에 투자한다면 당신은 금방 빈털터리가 될 것이다. 언제든 틸의 벤처 투자사는 탄탄한 펀더멘털에 근거해 거대 독점 기업으로 성장할 수 있을 것으로 판단되는 대여섯 개의 기업에 투자한다.

삶에서 그냥 조금 해보거나 대상을 여러 곳으로 다양화하고 위험 상황에 대한 대비책을 만든다면, 스스로에게 자신의 앞날에 대한 자신감 부족과 결과에 확신이 없는 것이라고 틸은 말한다. "삶은 포트폴리오가 아니다. 스타트업 창업자이든 누구에게든 그렇다."

틸은 자기 사업을 시작하기 전에 한 번 더 고민해 봐야 한다고 강조한다. 이미 빠르게 성장하고 있는 기업에 합류하는 것이 더 현명한 처사일 것이다. 예컨대, 자기 소유 회사의 단독 사장이 되기를 원하겠지만 만약 사업에 실패하면 모든 것을 잃게 된다. 그에 비해 당신이 창업 초기에 구글에 합류했다면, 단 0.01퍼센트의 지분만 보유하고 있어도 당신은 현재 3,500만 달러를 소유하게 되는 것이다.

(함께읽으면좋은책) 론 처노《부의 제국 록펠러》, 클레이튼 크리스텐슨《혁신 기업의 딜레마》, 벤 호로위츠《하드씽》, 김위찬, 르네 마보안《블루오션 전략》, 리처드 코치, 그레그 록우드《무조건 심플》, 애슐리 반스《일론 머스크, 미래의 설계자》

톰 버틀러 보던의 한마디

성공에는 어떤 공식도 존재하지 않는다고 틸은 말한다. 또 기업가 정신 또한 어느 선까지만 교육이 가능하다. 새롭고 가치 있는 것을 창조하는 것은 여전히 조금은 미지의 영역이다. 그럼에도 틸은 '성공하는 사람들은 예상치 못한 곳에서 가치를 발견한다'는 점에서 강력한 패턴을 관측했다. 많은 사람은 새로운 운영 시스템이나 소셜 미디어 플랫폼을 구축해 훌륭한 기업을 만들 수 있다고 생각한다. 그러나 틸의 말처럼 '비즈니스에서의 모든 결정적인 순간은 단 한 번만 존재한다'. 차세대 스타 기업가들은 지금 미처 아무도 필요하다고 느끼고 있지 못하는 무엇인가를 만들고 있을 것이다. '아무도 하지 않고 있는 가치 있는 사업은 무엇일까?'라는 틸의 질문은 모든 기업가의 마음속에서 가장 먼저 떠오르는 화두여야 할 것이다.

틸은 여러 기술이 융합해 생활 수준을 크게 높인다는 '단일성'이라는 기술 유토피아적 생각에 대해 고찰하며 책을 끝맺고 있다. 그런 일이 실제로 일어나든 아니든 중요한 것은 우리가 개인으로서 우리의 잠재력을 최대한 발휘해 단순히 다른 미래가 아니라 더 나은 미래를 만드는 새로운 것을 창조할 수 있는 기업을 탄생시켜야 한다는 것이다. 그리고 그런 '점진성을 뛰어넘는' 진보를 달성하기 위한 최고의 수단은 여전히 스타트업이다.

Jack: Straight from the Gut

나답게 행동할 때
성공이 자연스러워진다
《끝없는 도전과 용기》

"누구에게도 비전이나 꿈에 도달하는 직선로는 없다. 내가 산 증인이다.

지금부터 들려줄 이야기는 운이 좋은 한 남자의 이야기다.

비틀거리면서도 포기하지 않고 앞으로 나아가 결국 살아남아

세계적인 기업에서 승승장구한, 일반적인 성공 법칙을 따르지도

전통적이지도 않은 유형의 인물이다."

잭 웰치 Jack Welch

1935년 매사추세츠 피바디에서 태어나 일리노이 대학에서 화공학 박사 학위를 받았다. 1960년에 제너럴 일렉트릭(General Electric, 이하 GE)에 입사하여 처음으로 사회생활을 시작했다. 수년 동안 독특한 사업 및 경영 방식으로 승진을 거듭하다가, 1981년에 마침내 GE의 최연소 회장이 되었다. 이때부터 GE는 전혀 새로운 조직으로 다시 태어났다.

전 세계 경영자들이 가장 존경하는 기업가, 한국의 CEO들이 가장 많이 벤치마킹하는 비즈니스 리더, 잭 웰치는 수시로 사람들에게 수백 통의 편지를 받았다. 그렇게 《끝없는 도전과 용기》가 세상에 나오게 되었다. 사람들은 평생 동안 일해 오면서 성공적인 인생을 살기 위해서는 순응해야 한다는 압박감을 느꼈지만 웰치에게서는 사회적 관행을 따르지 않는 이단아의 성공을 엿볼 수 있었다. 즉, 웰치는 자신이 일하는 조직에 맞춰 변화하기보다는 조직을 적극적으로 변화시킨 인물이다.

1960년에 GE의 신종 플라스틱 개발팀에 채용된 웰치는 처음부터 관료주의에 맞서 싸우며 자신답게 일하기로 결심했다. 설사 그러다가 해고를 당하는 한이 있더라도 말이다. 사실 직장 생활을 시작한 첫해는 아주 재미가 없어서 회사를 거의 그만둘 뻔했다고 회고한다. 그리고 자신은 1960년대에 인기를 끌었던 영화 《졸업》에서 스물한 살의 더스틴 호프만에게 아버지의 친구가 "앞으로는 플라스틱의 시대."라고 강조한 대사에서 영향을 받아 직업을 선택했다고 고백한다.

당시 시작 단계에 놓여 있던 GE의 플라스틱 사업을 3년 만에 두 배 이상 성장시킴으로써 웰치는 GE에 입사한 지 8년 만에 본부장으로 승진했다. 그리고 1981년 최연소 최고경영자 자리에 올라 2001년까지 GE의 경영을 책임지게 되었다.

매버릭의 부상

1970년대에 미국의 기업 경영 방식은 '명령과 지배'로 요약되었고 아무도 '열정'이나 '재미'에 대해서는 언급하지 않았다. 그러나 웰치는 다른 접근 방식을 택했다. "대기업의 영혼 속에 동네 식료품점의 형식에 얽매이지 않는 기풍을 불어넣으려 노력했죠." 형식을 허물고자 하는 웰치의 철학으로 말미암아 중간 단계의 작은 목표를 달성했더라도 그때마다 소란스럽게 자축하기도 했다. "그 시절의 저는 우리의 발목을 잡는 전통과 형식적 절차를 모두 폭파해 버리겠다는 생각으로 수류탄을 던지고 있었죠."

하지만 정말 그가 인정받게 된 것은 순전히 웰치의 업무 성과 덕분이었다. '미국에서 가장 존경받는 기업가'라는 수식어를 달고 다녔던 레지널드 존스Reginald Jones 회장은 웰치를 GE 본사의 소비재 담당 최고 책임자라는 새로운 자리에 앉혔다. 소비재 부문은 GE 전체 매출의 20퍼센트를 차지하고 있었다.

웰치는 이제 자신이 GE의 최고 자리를 승계할 후보자 명단에 올라가 있음을 직감하고 있었다. 웰치는 항상 자신이 최고경영자 감이라고 믿을 만큼 자신감에 차 있었다. 하지만 이번에는 정말 그 꿈이 실현될 것만 같았다. 다수의 유력 후보자들과의 팽팽한 승계 경쟁 끝에 1981년 4월 웰치는 마침내 최고경영자 자리에 올랐다. 〈월스트리트 저널〉은 미국의 거물 기업을 이끌어갈 인물로 지목된 웰치를 '열정가의 전설'을 잇는 후임이라고만 표현했다. 결코 웰치를 신임하는 분위기가 아니었다.

인재를 얻는 것이 첫 번째다

웰치는 회사를 어떻게 이끌어가겠다는 세부적인 계획을 가지고 있지 않았음을 인정한다. 그저 회사가 어떤 분위기였으면 좋겠다는 전체적인 그림만 가지고 있었을 뿐이었다. 관료주의적 조직 체계를 가지고 40만 명의 직원과 2만 5,000명의 관리자들 사이에 새로운 문화를 꽃피워 낸다는 것은 언제나 어려운 일이다. 결국 20년이 걸리는 일이 될 수도 있다.

웰치는 사람이 가장 중요하다는 생각을 가지고 있었다. **최고의 인재를 채용함으로써 최고의 아이디어를 얻을 수 있고, 그 아이디어가 '무경계' 환경에서 자유롭게 확산될 수 있다면 세계에서 가장 좋은 직장 중 하나가 될 것이다.** 초기에 그는 직원 평가에 많은 시간을 쏟았다. 썩은 나무는 베어내고 숨은 보석을 찾아내기 위해서다. 개인에 대한 인정사정없는 철저한 평가를 위해 비공개 집중 논의가 이루어졌고 그 결과 많은 직원들이 회사를 떠나게 되었다.

웰치는 매년 10퍼센트씩 직원 수를 감축하는 관리 시스템을 최초로 구축했다. 대다수의 사람들은 이 시스템을 힘들고 고통스럽다고 느꼈지만 두려운 분위기를 조성하는 것이 목적이라기보다는 사람들이 자신의 위치를 정확히 파악할 수 있게 하는 데 그 목적이 있었다. 웰치가 직원 개인과 조직 모두를 배신하는 과거 인사 고과의 '거짓 친절'이라고 표현한 것과는 극명한 대조를 이루는 입장인 것이다. GE 직원 설문 조사에서는 실제로 대다수의 직원들이 그 시스템이 더 실적 위주가 되기를 희망하는 것으로 나타났다. 직원들은 운영 목표가 있을 때 더 일을 잘하고 가까스로 달성 가능할 것 같은 큰 목표가 있을 때 훨씬 더 일을 잘한다. GE의 시스템은 실적이 좋으면 승진시키고 실적이 나쁘면 강등시키는 것이 사기 진작에 좋지 않다는 일반적인 통념을 무너뜨렸다. 우리는 모두 학교와 대학 간판으로 등급이 매겨지는데 왜 직장에서는 그것을 멈추어야 하느냐고 웰치는 반문한다. 그리고 만약 야구팀의 선수들이 아주 크게 다른 연봉을 받으면서도 여전히 팀으로 훌륭한 경기를 보여줄 수 있다면 왜 이것이 직장에서는 적용되어서는 안 되는 것일까? 그는 '철저한 차별 대우는 슈퍼스타를 탄생시키고 그 스타들이 커다란 사업을 일으킨다'고 말한다.

1980년대 중반까지 웰치는 GE의 인력을 25퍼센트 감축해 '중성자탄 잭'이라는 별명을 얻기도 했다. 폭탄에 사람들은 날아가도 회사 건물은 남아있다는 뜻이다. 동시에 웰치는 본사에 새로운 피트니스 센터와 콘퍼런스 센터를 짓는 데 7,500만 달러를 지출하고, GE의 크로톤빌 경영 개발 센터의 주요 개선 작업을 진행했다. 대중의 반발은 즉각적으로 나타났다. 그런 호화 시설에는 돈을 펑펑 쓰면서 어떻게 그렇게 많은 직원을 정리 해고할 수 있는가 말이다. 웰치의 말대로 GE가 앞으로 나아가려고 한 것이었다면 직원에게 더 많은 돈을 투자했어야 했다.

직원 30만 명에 대한 동기부여 전략

GE에서 수많은 사업들을 추진하면서 웰치가 사용한 특유의 사업 전략은 각각의 사업이 그 분야에서 1, 2위가 되지 못하면 매각한다는 것이었다. 이 전략은 실적이 부진한 직원들을 두려움에 사로잡히게 만들었지만, 그들이 목표를 쉽게 이해하게 하고 집중력을 끌어올리는 효과를 발휘하기도 했다. 1, 2위를 하지 않을 거라면 도대체 왜 그 사업을 한단 말인가?

또 다른 전략은 모든 사업이 10퍼센트의 시장 점유율만을 기록하고 있다고 가정하고 급속한 성장을 이룰 방안을 모색하는 것이다. 이 전략으로 얻게 된 한 가지 성과는 GE가 자사의 제조 부문을 부양하기 위한 서비스 분야로 옮겨가기 시작했다는 것이다. GE는 제품과 관련된 모든 서비스를 포함해 총 시장 규모를 계산한 (제트 엔진이라면 그것의 연료부터 재무에 이르기까지 모든 것) '시장 정의'라는 개념을 개발했다. 이러한 정책들의 도움으로 그들의 잠재 시장은 훨씬 더 커졌다. 단순히 '제품을 만들어 판매하는 것'이 아니라 그들은 경영을 판매하고 있었다.

웰치가 개발한 다른 계획안으로는 식스 시그마 품질 관리와 글로벌화(해당 지역에서 재능 있는 인재 개발)다. 식스 시그마 품질 관리는 100만 개의 생산 제품 중 3.4개의 불량품만을 허용한다는 개념이다. 그리고 전자 상거래가 있다. 웰치는 1997년에 컴퓨터로 타자를 치거나 인터넷을 사용할 줄 몰랐다. 그러나 2~3년 후 GE는 스타트업들로부터의 도전에 공격적으로 맞서기 시작했다.

또한 GE는 몇 차례의 투자은행의 잘못된 인수와 EU 규제 기관 덕분에 허니웰 인터내셔널Honeywell International 인수가 무산되면서 막대한 피해를 보았었다. 그럼에도 GE는 웰치가 경영권을 쥐고 있는 동안 CT 스캐너에서부터 금융, TV(NBC 네트워크 인수)에 이르기까지 모든 분야에서 주요 기업으로 떠오르면서 6배 더 성장했다. 그가 경영을 지휘하던 마지막 해(2000년)에는 매출 1,300억 달러 중 수익이 127억 달러로 껑충 뛰어올랐다. 앞서 6년 동안 GE는 매출이 두 배 이상 상승하며 '세계에서 가장 가치가 높은 기업'이라는 타이틀을 얻었다.

잭 웰치로 대변되는 GE

웰치는 매사추세츠주 세일럼의 노동자 계층이 거주하는 지역에서 성장했다. 아버지는 아일랜드계 미국인 철도 기관사였고 부모 모두 고등학교를 졸업하지 못했다. 웰치는 자신이 성공하게 된 것은 의지가 강한 어머니 덕분이라고 말한다. 어머니는 카드 게임을 할 때 치열하게 승부를 겨루는 법을 가르쳐 주기도 하고, 웰치가 말을 더듬는 건 머리가 너무 빨리 돌아가 입이 그 속도를 따라가지 못해서라고 격려하기도 했다. 웰치가 GE 직원들을 대할 때 사용하는 '포옹과 걷어차기' 접근 방식은 어머니 그레이스 웰치에게서 전수받은 것이었다. 이는 웰치의 자신감을 드러내는 트레이드마크가 되었다. 하지만 책에서 웰치는 다음과 같이 자신감을 설명한다. "오만함은 사람을 죽일 수 있고 야망을 드러내는 것 또한 동일한 효과를 가져올 수 있다. 자신감 있는 사람들은 누군가가 그들의 관점이 틀렸다고 이의를 제기하는 것을 두려워하지 않는다. 그들은 생각을 풍성하게 해주는 지적인 논쟁을 아주 즐긴다." 이렇게 자신만만한 열린 태도는 GE 문화의 일부로 자리 잡게 되었다.

웰치는 책의 끝부분에서 '아픈' 기업이 사회에서 소모적인 존재가 될 수 있다고 말하고 있다. **수익을 창출하는 건강한 기업만이 환경 보호를 위한 대안에 투자할 능력이 있고 대체로 그런 기업이 좋은 기업이 되어 도시나 동네의 경기를 부양할 수 있다는 것이다.**

웰치에게 프랭클린 루스벨트 대통령이 세상을 떠난 날, 어머니가 눈물을 흘리며 애도한 일은 꽤 인상적이었다. 어머니는 루스벨트 대통령을 보고 정부를 믿었기 때문이다. 이렇듯 웰치는 자신의 세대가 정부에 대해 가지고 있었던 불신을 떠올리며, 무엇인가가 세상을 구원할 거라면 그게 바로 성공 기업이라는 믿음을 설파한다.

장기적 사고의 힘

특히 일본의 기업이 장기적인 전망을 세우는 것으로 유명하지만, 상업용 차량을 제공하면서 시작된 GE는 이제 135년이 넘은 기업임을 기억할 필요가 있다. GE의 시가 총액은 여러 개의 주 소득을 초라하게 보이도록 만든다. 〈포천〉은 GE의 긴 역사에도 불구하고 로마 교황청에서 교황이 바뀌는 것보다 지금까지의 GE 최고경영자의 수가 적었다는 점을 지적했다. 실제로 웰치는 차기 최고경영자를 뽑기 위한 과정이 새 교황을 선출하는 길고도 복잡한 과정과 크게 다르지 않다고 보았다.

웰치의 후임인 제프리 이멜트Jeffrey Immelt는 다음과 같이 표현했다. "저는 125살 먹은 회사를 경영하고 있습니다. 제가 경영을 책임지기 전에 누군가가 있었던 것처럼 제가 자리에서 물러난 후에도 누군가가 새로 이 자리를 채울 것입니다." 이멜트의 아버지 조셉은 GE 신시내티 공장에서 항공기 엔진 부서장으로 퇴직할 때까지 평생을 일했다. 2001년 이멜트가 웰치의 자리를 물려받았을 때 이멜트는 세계적으로 최고의 기량을 발휘하는 기업을 조사하도록 지시했다. 이 조사에서 발견한 사실은, 이 실적이 좋은 기업은 '한 분야에 대해 깊게 이해하는 전문성'을 중요시한다는 것이었다. 즉, 그들은 '조직 쇄신'이나 '가치 창출'을 내세우며 외부 경영자를 영입하는 일은 벌이지 않는다. 대신 그 회사에서 오랜 기간 근무하며 최고 관리자가 되기에 적합하게 다듬어진 사람들의 깊은 지식과 전문 기술을 굉장히 중요하게 여긴다.

조직이 분명한 목적을 가지고 이 목적을 달성하는 기간을 더 길게 잡았을 때만 이렇게 될 수 있다. 삶에서와 마찬가지로 사업에서도 더 멀리 바라봄으로써 큰 차이를 만들 수 있다. 웰치는 과장된 성격에도 불구하고 잘 알려져 있듯이 GE가 실천한 집중과 장기적 사고의 힘이 얼마나 큰 영향을 미칠 수 있는지를 잘 보여주었다.

(함께 읽으면 좋은 책) 앨프리드 P. 슬론《나의 GM 시절》

톰 버틀러 보던의 한마디

요즘에는 자기 사업을 하지 않으면 어쨌든 뒤처진다고 말하며 여러 방송이나 책에서 기업가나 혁신가가 되는 것에 대해 이야기하곤 한다. 하지만 실제로 대다수의 사람들은 여전히 회사에 다니고 있고 이 책이 전하고자 하는 메시지는 만약 돈벌이에 못지 않게 새로운 아이디어를 생각해 내는 일에 관심이 많은 기업을 찾을 수만 있다면 여전히 매우 만족스러운 직장 생활을 할 수 있다는 것이다.

《끝없는 도전과 용기》는 단순히 웰치의 성공 때문만이 아니라 20세기의 마지막 수십년 동안 미국 대기업의 우수한 성적표이기 때문에 경영서의 고전이라 할 수 있다. 이책은 세계에서 가장 큰 기업 중 하나의 최고경영자가 되는 것이 어떤 것인지(유명한 사람들과 골프를 치는 것은 여러 특전 중 하나일 뿐이다) 독자들에게 엿볼 수 있는 기회를 주고 있다. 또한 저자의 경영권 다툼에 대한 묘사는 흥미진진하다.

《끝없는 도전과 용기》는 〈비즈니스위크〉의 필자인 존 번(John A. Byrne)의 도움을 받아 웰치가 재임한 마지막 해에 집필되어 그 마지막 날들의 기록을 담고 있다. GE는 이 멜트의 경영 체제 아래에서도 성장했지만 웰치가 경영권을 쥐고 있었던 때에 비할 수는 없었다. 개인의 존재는 거대 기업에게 있어서도 큰 차이를 만들 만큼 중요하다.

1. 크리스 앤더슨 Chris Anderson 《**롱테일 경제학** The Long Tail 》
실리콘밸리의 기업가가 쓴 중요한 책으로 인터넷이 어떻게 구매 습관과 경제를 영구적으로 바꾸었는지를 보여준다. 최근에 새로운 사례를 추가해 재출간되었다.

2. 피터 드러커 Peter Drucker 《**기업가정신** Innovation and Entrepreneurship 》
혁신과 기업가 정신은 일시적인 시도가 아니라 꾸준한 단련으로 체계적으로 추구해야 하는 정신이다.

3. 캐서린 그레이엄 Katherine Graham 《**캐서린 그레이엄 자서전** Personal History 》
〈워싱턴 포스트〉를 경영하던 남편이 자살하고, 사업 경험이 거의 없었던 저자가 이를 이어받아 미국 최고의 언론사로 성장시켰다.

4. 토니 셰이 Tony Hsieh 《**딜리버링 해피니스** Delivering Happiness 》
셰이가 설립한 온라인 신발 판매 업체 자포스 Zappos는 직원의 행복과 고객을 기쁘게 해주겠다는 열망을 가장 우선순위에 두어 성공에 이르게 되었다.

5. 살림 이스마일 Salim Ismail 《**기하급수 시대가 온다** Exponential Organizations 》
우리는 새로운 기업이 커뮤니티와 빅데이터, 알고리즘과 같은 자산을 도구로 활용해 빠른 속도로 확장을 도모하며 기존의 기업보다 훨씬 더 빨리 성장하기 위해 기술을 활용할 수 있는 시대에 살고 있다.

6. 잉바르 캄프라드 Ingvar Kamprad 《**어느 가구상의 증언** A Testament of a Furniture Dealer 》
저가에 훌륭한 디자인의 제품을 제공하기 위해서는 낭비와 비용을 최대한 제거할 것을 촉구하는 이케아 창업주가 쓴 16페이지 분량의 선언문이다.

7. 트레이시 키더 Tracy Kidder 《**새로운 기계의 영혼** The Soul of a New Machine 》
컴퓨터 회사의 주 100시간 일하는 노동 문화와 상품 출시 경쟁에 관한 기록으로, 퓰리처상 수상작이다. 기술은 바뀌었어도 미친 듯이 일하는 기술 업계의 관행에는 변함이 없다.

8. 레이 크록 Ray Kroc 《**사업을 한다는 것** Grinding It Out 》
캘리포니아에 있었던 맥도널드 형제의 햄버거 가게를 발견해 맥도날드의 시스템을 미국 전역으로 확장한 크록의 이야기이다.

9. 데이비드 맥클리랜드 David McClelland 《**성취 사회** The Achieving Society 》

저자 하버드대학 교수 데이비드 맥클리랜드는 기업가 정신을 이해하기 위해서는 성취에 대한 심리적 욕구를 이해할 필요가 있다고 주장한다.

10. 샘 월튼 Sam Walton 《샘 월튼 불황없는 소비를 창조하라 Made In America 》
월마트의 초창기 모습과 엄청난 규모로 사업 확장을 가능하게 한 원칙을 알아본다.

11. 토머스 왓슨 주니어 Thomas Watson Junior 《거인의 신념 A Business and Its Beliefs 》
IBM 창업주는 기술 자체보다는 문화와 가치를 회사 성공의 원인으로 꼽는다.

12. 체스터 바너드 Chester Barnard 《경영자의 역할 The Functions of the Executive 》
피터 드러커와 짐 콜린스가 등장하기 전에는 AT & T의 경영자이자 나중에는 정부 산하 기관에서 일한 체스터 바너드가 있었다. 바너드는 과거의 조직 모델에서 벗어나 경영자가 실제로 무슨 일을 했고 어떻게 하면 더 효율적으로 일할 수 있는지에 대해 설파했다.

13. 워렌 베니스 Warren Bennis 《워렌 베니스의 리더 On Becoming a Leader 》
워렌 베니스에 의하면 리더십은 '사람들을 관리하는 것'이 아니라 자기표현이다. 즉, 스스로가 가장 강력한 방법으로 있는 그대로의 자신이 될 수 있는 역할을 맡는 것이다.

14. 켄 블랜차드 Kenneth Blanchard , 스펜서 존슨 Spencer Johnson 《최고 성과의 조건 The One Minute Manager Builds High Performing Teams 》
확실한 목표를 세우는 것은 많은 에너지를 절약해 주어 그 에너지를 다른 일에 효율적으로 사용할 수 있게 해준다.

15. 존 브룩스 John Brooks 《경영의 모험 Business Adventures 》
오늘날에도 여전히 좋은 지침이 되는 미국 기업 및 금융계의 이야기를 담고 있다. 빌 게이츠와 워런 버핏 모두 그들이 가장 좋아하는 경영서로 이 책을 꼽았다.

16. 브라이언 버로 Bryan Burrough , 존 헬리어 John Helyar 《문 앞의 야만인들 Barbarians at the Gate 》
〈월스트리트 저널〉의 두 기자가 기업 인수 역사상 최대 규모였던 거대 비스킷 회사 RJR 나비스코 RJR Nabisco 의 인수 거래 전 과정을 심층 탐사 보도한 책이다. 차입 매수와 정크 본드가 무엇인지와 기업의 탐욕에 대한 통찰을 얻을 수 있다.

17. 얀 칼슨 Jan Carlzon 《결정적 순간 15초 Moments of Truth 》
칼슨은 스칸디나비아 항공의 고객 중심적인 운영과 평등한 조직 구조를 소개한다. 직원과 고객 사이의 모든 상호작용은 기업에게 있어 성공과 실패를 가르는 '결정적 순간'인 것이다.

18. 에드 캣멀 Ed Catmull 《창의성을 지휘하라 Creativity Inc. 》
캣멀은 30년 동안 픽사 Pixar 를 경영하며 그 시대의 디즈니로 부상했다. 모든 기업 및 사업가들에게 지침이 될 중요한 가르침과 함께 창의성을 발휘하고 훌륭한 팀을 만드는 데 방해가 되는 장벽을 제거하는 방법을 알려준다.

19. 짐 콜린스 Jim Collins 《성공하는 기업들의 8가지 습관 Built to Last: Successful Habits of Visionary Companies》

성공 기업 18곳을 6년동안 분석하여 찾아내서 기업경영의 원칙을 제시한다.

20. 피터 드러커 Peter Drucker 《경영의 실제 The Practice of Management》

목표 설정에서부터 바람직한 의사결정에 이르기까지 이 책에서 주장한 많은 내용은 이제 많은 기업에서 표준으로 자리 잡았다.

21. 앙리 파욜 Henri Fayol 《앙리 파욜의 경영 관리론 General and Industrial Management》

경영의 중요성과 특이성을 강조하며, 경영자의 견지에서 관리 원칙을 다루고 있다.

22. 아리 드 호이스 Ari de Geus 《살아있는 기업 100년의 기업 The Living Company》

위기를 극복하고 오랜 기간 살아남는 기업은 자연스러운 성장을 추구하며 수익보다는 학습과 사람을 우선시한다.

23. 엘리 골드렛 Elihu Goldratt 《더 골 The Goal》

기업은 한 가지 목표와 분야에 집중해 그 목표를 달성하는 데 방해가 될 수 있는 제약이나 장애를 파악하는 것이 중요하다고 말한다.

24. 마셜 골드스미스 Marshall Goldsmith 《일 잘하는 당신이 성공을 못하는 20가지 비밀 What Got You Here Won't Get You There》

기업에서 최고의 자리에 오를 수 있는지의 여부는 종종 성격의 결함을 제거하고 대인 관계 기술을 연마하는 것으로 결정된다.

25. 로버트 그린리프 Robert Greenleaf 《서번트 리더십 Servant Leadership》

월급 값을 하는 리더들은 더 높은 목표를 달성하기 위해, 또는 다른 사람들을 배려하기 위해 기꺼이 서번트가 된다. 그래서 그들의 공로를 인정받아 더 높은 자리에 오르게 되는 것이다.

26. 앤드루 그로브 Andrew Grove 《하이 아웃풋 매니지먼트 High Output Management》

인텔의 전설적 CEO가 쓴 마크 저커버그와 벤 호로위츠가 극찬한 이 책은 정해진 시간 내에 가치를 창출하기 위해 팀과 실적을 관리하는 방법을 알려준다.

27. 마이클 해머 Michael Hammer , 제임스 챔피 James Champy 《리엔지니어링 기업 혁명 Reengineering the Corporation》

1990년대 가장 많이 팔린 경영서 중 하나로, 저자들은 기업이 업무 절차를 면밀히 검토해 21세기에 적합하게 바꿀 것을 촉구한다. 이 책은 '리엔지니어링'을 위해 조직의 모든 것을 근본적으로 바꾸는 어려운 일을 요구하고 있어 대다수의 경영서와 구분된다.

28. 찰스 핸디 Charles Handy 《비이성의 시대 The Age of Unreason》
'비이성의 시대'에 일어나는 끊임없는 변화는 우리를 나락으로 떨어뜨릴 수 있다. 하지만 끊임없이 학습하는 개인과 조직은 사건에 대응하는 능력뿐만 아니라 미래를 창조할 기회를 가지게 될 것이다.

29. 프랜시스 헤셀바인 Frances Hesselbein 《마이라이프 인 리더십 My Life In Leadership》
헤셀바인은 14년간 미국 걸스카우트 연맹 총재로 비영리 단체의 리더로서 모범 사례를 만들며 조직에 새로운 기운을 불어넣었다. 또한 피츠버그대학에서 기초 리더십 강의를 하고 있다.

30. 프레데릭 허즈버그 Frederick Herzberg, 버나드 모즈너 Bernard Mausner, 바바라 스나이더맨 Barbara Snyderman 《일의 동기 The Motivation to Work》
사람들이 단순히 돈만을 위해 일하는 것이 아니라 인정이나 책임, 성취, 개인의 성장 등을 위해서도 일한다는 사실을 보여주는 의미 있는 연구를 담고 있다.

31. 찰머스 존슨 Chalmers Johnson 《통상성과 일본의 기적 Miti and the Japanese Miracle》
존슨은 자본주의와 국가의 강력한 조력을 결합한 형태의 전후 일본과 한국과 같은 국가를 지칭하는 '개발 국가'라는 용어를 최초로 사용했다.

32. 존 P. 코터 John P. Kotter 《기업이 원하는 변화의 리더 Leading Change》
하버드대학 교수가 집필한 변화 관리의 바이블로, 여전히 리더십과 조직 개발 프로그램, 그리고 지속적인 발전 정신을 불어넣고자 하는 기업의 필독서이다.

33. 베서니 맥린 Bethany McLean, 피터 엘킨드 Peter Elkind 《엔론 스캔들 The Smartest Guys in the Room》
엔론의 성장과 몰락 과정을 통해 지나친 기업 이기주의가 어떤 최후를 맞이하는지 보여준다.

34. 데이비드 마르케 David Marquet 《턴어라운드 Turn the Ship Around》
전 미 해군 잠수함 함장이 쓴 이 책은 군대에 비해 덜 극단적인 비즈니스 환경에도 적용이 가능한 협력적 리더십에 대한 영감을 준다.

35. 리처드 넬슨 Richard Nelson, 시드니 윈터 Sydney Winter 《진화경제이론 An Evolutionary Theory of Economic Change》
기업을 이성적인 조직체로 바라보는 정통 경제학 이론은 틀렸다. 기업은 우리가 생각하는 것보다 더 살아 숨 쉬는 생명체에 가깝고 비이성적이며 습관과 틀에 박힌 일상과 문화에 의해 움직인다고 말한다.

36. 타이치 오노 Taiichi Ohno 《토요타 생산 시스템 Toyota Production System》

일본 기술자가 제조업에 혁명을 몰고 온 그의 유명한 '린 생산 방식'과 '적시 생산'에 대해 설명한다.

37. 로자베스 모스 캔터 Rosabeth Moss Kanter 《슈퍼코프 Supercorp 》

하버드대 경영대학원 교수이자 베테랑 경영 컨설턴트인 저자는 기업의 사회적 책임을 물으며 사회적 양심을 지닌 기업이 다른 기업보다 더 크게 번영할 수 있음을 보여준다.

38. 로런스 피터 Laurence Peter , 레이먼드 헐 Raymond Hull 《피터의 원리 The Peter Principle 》

사람들은 자신이 과업을 수행하기에는 역부족인 지위에까지 오르고 싶어 하는 경향이 있음을 이야기한다.

39. 톰 피터스 Tom Peters , 로버트 워터맨 Robert Waterman 《초우량 기업의 조건 In Search of Excellence 》

맥킨지의 경영 컨설턴트인 피터스와 워터맨은 '행동 편향'에서부터 고객 친밀에 이르기까지 8가지 공통적인 주제를 보여주는 미국의 43개 성공 기업을 조사했다.

40. 제프리 페퍼 Jeffrey Pfeffer 《파워 Power: Why Some People Have It and Others Don't 》

권력 관계를 이해하는 것이 여전히 일터에서 성공하는 데 결정적인 역할을 하며 늘 그랬듯이 일을 완수하기 위해서는 확실한 위계가 필요하다고 주장한다.

41. 에드거 샤인 Edgar Schein 《조직 문화와 리더십 Organizational Culture and Leadership 》

경영자와 학생이 문화의 추상적 개념을 '조직과 변화의 역학 관계를 이해하는 데 활용할 수 있는' 실용적인 도구로 탈바꿈시키는 방법을 보여준다. 최근의 사례 연구들을 추가해 지금까지 다섯 번째 개정판이 출간된 샤인의 책은 리더십 및 경영 교육 과정에서 사용되고 있다.

42. 허버트 사이먼 Herbert Simon 《경영 행동 Administrative Behavior 》

경제학자 사이먼의 의사결정 이론은 인간의 '제한된 합리성'을 고려해서 조직 내에서 의사 결정력을 개선하는 방법들을 개괄하고 있다.

43. 매슈 스튜어트 Matthew Stewart 《위험한 경영학 The Management Myth 》

경영 컨설턴트로 활동했던 저자는 프레더릭 테일러에서부터 톰 피터스에 이르기까지 업계의 과학적 허세를 비판한다.

44. 질리언 테트 Gillian Tett 《사일로 이펙트 The Silo Effect 》

인간은 집단에서 스스로를 분리하려는 성향을 지니고 있다. 그러나 조직은 부서별로 분리된 구조를 허물 때에만 번영하고 혁신할 수 있다.

45. 제임스 서로위키 James Surowiecki 《대중의 지혜 The Wisdom of Crowds 》

서로위키는 모범 사례를 제시하며 패러다임의 전환을 알리고 독자들에게 모든 기업에서 상향식 의사결정과 지식 공유의 힘이 얼마나 막강한지 상기시킨다.

46. 세스 고딘 Seth Godin 《보랏빛 소가 온다 Purple Cow》

이제는 사람들이 광고에 반응을 덜 하게 되면서 두드러질 수 있는 유일한 방법은 사람들이 친구에게 이야기를 할 만한 제품이나 서비스를 만드는 것이다.

47. 게리 해멀 Gary Hamel , C. K. 프라할라드 C. K. Prahalad 《시대를 앞서는 미래경쟁전략 Competing for the Future 》

사업의 목적은 경쟁이 아니라 시장과 산업의 미래를 창조하는 것이다.

48. 필립 코틀러 Philip Kotler 《마케팅 관리론 Marketing Management》

한때 마케팅은 제품 생산에서 더 '중요한' 작업에 우선순위를 내어주고 등한시되었다. 코틀러는 가격과 유통에 집중되어 있었던 관심을 고객의 요구를 충족시켜주는 쪽으로 돌려 마케팅을 비즈니스의 중심으로 끌어왔다. 새로운 사례 연구와 최신 경향 및 전략이 추가된 14번째 개정판이 나와 있다.

49. 마이클 포터 Michael Porter 《마이클 포터의 경쟁 우위 Competitive Advantage 》

《마이클 포터의 경쟁 전략》은 견고한 경영 전략 이론을 제공하는 반면 이 책은 수차례의 위협과 많은 경쟁자들에 맞서 제한된 자원으로 실제적인 결과를 얻는 것에 관한 책이다.

50. 리처드 루멜트 Richard Rumelt 《전략의 거장으로부터 배우는 좋은 전략 나쁜 전략 Good Strategy, Bad Strategy 》

내세우는 전략 중 대다수는 엉성하게 만들어진 '전략적 계획'이거나 지나치게 감상적인 '비전'이다. 좋은 전략은 기업이 마주하고 있는 도전과 도전을 극복하고 성공으로 이끌 수 있는 일관적인 실행 방안을 담아야 한다.

옮긴이 강성실

한국외국어대학교 영어과를 졸업했다. 출판사에서 편집자로 다년간 근무했으며, 현재 번역 에이전시 엔터스코리아에서 출판 기획 및 전문 번역가로 활동하고 있다. 주요 역서로는 《시장을 움직이는 손: 나스닥 CEO겸 회장 로버트 그리필드의 미래를 위한 10년의 기록》《레드팀 : 성공하기를 원한다면 적의 입장에서 생각하라》《아침에 일어나면 꽃을 생각하라: 달라이 라마 어록》《인생에 승부를 걸 시간 : 돈은 당신을 기다려 주지 않는다!》《미래의 가격》등이 있다.

세계 경영학 필독서 50

초판 1쇄 발행 2023년 11월 17일

지은이 톰 버틀러 보던
옮긴이 강성실
펴낸이 정덕식, 김재현

책임편집 김지숙
디자인 Design IF
경영지원 임효순

펴낸곳 (주)센시오
출판등록 2009년 10월 14일 제300-2009-126호
주소 서울특별시 마포구 성암로 189, 1711호
전화 02-734-0981
팩스 02-333-0081
메일 sensio@sensiobook.com

ISBN 979-11-6657-127-5(03320)

소중한 원고를 기다립니다. sensio@sensiobook.com